KB178698

한반도 평화의
국제정치학

한반도 평화의
국제정치학

인 쇄 | 2018년 8월 22일
발 행 | 2018년 8월 28일

지은이 | 김성주 외
발행인 | 부성옥
발행처 | 도서출판 오름
등록번호 | 제2-1548호 (1993. 5. 11)

주 소 | 서울특별시 중구 퇴계로 180-8 서일빌딩 4층
전 화 | (02) 585-9122, 9123 / 팩 스 | (02) 584-7952
E-mail | oruem9123@naver.com
ISBN   978-89-7778-492-5   93340

※ 잘못된 책은 교환해 드립니다.
※ 값은 뒤표지에 있습니다.

이 도서의 국립중앙도서관 출판예정도서목록(CIP)은 서지정보유통지원시스템 홈페이지
(http://seoji.nl.go.kr)와 국가자료공동목록시스템(http://www.nl.go.kr/kolisnet)에서
이용하실 수 있습니다. (CIP제어번호: CIP2018025975)

한반도 평화의
국제정치학

김성주 외

Peace and International Politics of the Korean Peninsula

Sung-joo KIM et al.

ORUEM Publishing House
Seoul, Korea
2018

전쟁, 평화 그리고 한반도

김성주 • 성균관대 명예교수

I

지난 인류사는 갈등, 대립, 전쟁으로 점철되었으며, 이 과정에서 인류는 인간 존엄의 황폐화와 비인간화를 경험했다. 물론 협력과 평화를 위한 노력이 없지는 않았지만, 국가, 조직, 혹은 개인의 생존을 보전하기 위해 대부분의 시간을 크고 작은 갈등, 대립, 전쟁으로 보냈다. 한반도도 이로부터 자유롭지 못했다. 수·당·원의 침공, 임진·정유왜란, 정묘·병자호란 등 숱한 전쟁이 한반도를 유린하였고, 종국에는 수백만 명의 사상자를 낸 한국전쟁이라는 민족상잔의 비극에 이르렀다.

최근 전쟁을 예방하고 평화를 증진하려는 국제사회[1]의 노력에도 불구하

---

1) 여기에서 국제사회란 웨스트파리아조약 이후 형성된 국가 체제(국가)뿐만 아니라 국제기구, 국제시민단체, 초국가적 기업 등을 포함한다.

고 인류는 아직도 전쟁의 가능성 속에서 불안하게 살고 있다. 현대 무기의 발달, 특히 핵무기, 생화학무기 등 대량살상무기의 확산은 인류의 미래를 위협하고 있다. 수많은 무고한 사람들, 특히 어린아이들과 부녀자들이 국가, 조직, 테러집단에 의해 합법적·불법적으로 자행되는 폭력 앞에 아무런 방폐막이도 없이 노출되어 있으며, 그 누구도 이에 대해 책임감을 느끼지 않고 있다. 유엔개발계획(UNDP)이 '인간안보(human security)'[2]를 외치며 이러한 폭력으로부터 소외된 자들을 걱정하는 정도이다.

여기에서 우리는 원론적인 문제를 제기하지 않을 수 없다. 왜 인류는 전쟁의 늪에서 헤어나지 못하고 있는가? 왜 '지구촌(global village)'[3] 곳곳에는 갈등과 불신의 벽이 상존하는가? 평화를 위한 논의는 한낱 이상적인 담론에 불과한가? 그리고 전쟁의 가능성이 높은 한반도에서 평화를 위해 우리는 무엇을 해야 하는가?

---

2) 전통적으로 안보는 국가 또는 국제사회 등 집단적인 실체를 대상으로 외부로부터의 군사적 침입에 대응하는 개념이지만, 인간안보는 개인의 안보를 국가안보보다 우선시 한다는 개념이기 때문에 인간의 평화를 해칠 수 있는 모든 요소를 안보위협의 요인으로 보며 여기에는 군사적인 위협뿐만 아니라 경제적 고통으로부터의 자유, 삶의 질, 자유와 인권보장 등이 포함된다. 인간안보는 평화와 안보, 경제발전 및 복지, 인권존중, 환경보존, 사회정의, 민주화, 군축, 법치, 좋은 정치 등 다양한 개념을 포함하는 포괄적 개념이다.

3) '지구촌'이란 시간적·공간적 제약을 넘어서는 그리고 하나의 공동체를 생각하게 하는 매우 낭만적인 용어로 보인다. 이는 하나의 울타리 안에서 공생·공존하는 이상적인 국제사회를 염원하는 의미를 함축한다. 뉘앙스가 다르긴 하지만, 또 다른 표현으로는 'space earth'라고도 한다. 그러나 이러한 용어가 이념적으로 중립화된 혹은 탈이념화된 공동체를 통해 구조화되고 층화된 국제사회의 모순을 은폐하는 또 다른 이데올로기라는 비판이 있다.

II

　　갈등과 전쟁의 원인에는 민족·인종·종교·문화 등 인류 문화적 차원에서부터 정치·경제·사회·심리적 구조에 이르기까지 다양한 요인들이 중첩적으로 나타나고 있다. 그러나 전쟁의 밑바닥에는 문명과 야만의 이중 이데올로기가 끊임없이 추동한다. 인류의 전쟁사는 문명과 야만의 이중성을 경험적으로 유감없이 보여주었다. 이러한 이중성은 인간행위를 정당화시키고 인간의 존엄성을 유린 내지는 황폐화시켰다.

　　우리는 인류의 존엄성을 해친 수많은 참혹한 증거들을 지난 영욕의 인류사에서 목도한다. 특히 우리는 서구 제국주의가 창궐했던 암흑의 시기를 잊을 수 없다. 지난 수세기 동안 서구 제국주의국가들은 자신들의 척도로 국제사회를 바라보고 경영해왔다. 여기에는 서구적 가치, 문화, 기술에 대한 자만심이 뿌리 깊게 깔려 있었다. 찬란한 문화와 역사를 자랑하던 민족들은 서구 기술문명에 밀려 역사의 뒤안길로 사라졌다. 흥망, 성쇠의 열쇠는 기술력 그 자체와 동일시되었다. 냉엄한 '정글의 법칙'[4]만이 유일한 생존 이데올로기였다.

　　제국주의시대 서구 국가들은 다른 지역의 문화를 이해하지 못했고 이해하려고 하지도 않았다. 기독교 문화로 채색된 제국주의는 후진지역을 계몽 혹은 말살의 대상으로 간주했으며, 그들에게 필요한 것은 자원과 노동력을 통한 경제적 잉여가치의 수탈이었다.

　　식민지역의 효과적 경영을 위해, 서구 제국주의 세력들은 후진지역의 상

---

4) '정글의 법칙'은 약육강식과 적자생존의 원리를 바탕으로 한다. 현실주의나 자유주의는 이러한 작동원리를 갖는다. 이는 상생의 원리를 바탕으로 하는 혹은 포괄하는 공동체주의, 생태주의, 공화주의, 공산주의와는 차별된다.

부권력층과 결탁하여 자신들의 영향력을 유지 내지는 확대했다. 제국주의 시대에서는 지배와 복종, 분열과 통치, 교만과 비굴 등은 선진지역과 후진지역이 받아들이고 지켜야 할 미덕이었다. 후진지역은 전통과 근대라는 이중 구조로 분화되고 정치, 경제, 사회적으로 왜곡된 이데올로기에 의해 황폐화했다. 후진지역의 문화는 서구 제국주의의 문화에 편입되어 말살되거나 천박한 문화로 전락하였다.

제2차 세계대전 이후, 새로운 강자로 부상한 미국과 소련은 자신들의 영향권을 유지하면서 제국주의 시절 유럽 국가들이 자행했던 문명과 야만의 이중적 행태를 재현했다. 두 초강대국에 의해 약소국들은 이념적, 영토적으로 분단되거나 통합되고 극단의 양대 서구문화로 편입되었다. 이 시대의 운영논리는 냉전메커니즘과 진영체제였다. 한반도는 이러한 논리의 시험장이었으며, 남북한의 대립은 외적·내적 갈등의 최고점에 있었다.

약소국들은 살아남기 위해 어느 한 진영으로 편입되어야 했으며 제3세계로의 집합은 주변부화의 또 다른 형태였다. 유엔총회라는 공간을 통해 제3세계의 정치력이 확장되는 듯 보였으나 유엔이 안고 있는 구조적 한계 때문에 그들의 운신 폭은 그리 넓지 못했다.

1990년대 후반, 냉전 이데올로기의 논리와 가치가 더 이상 국제사회의 중요한 메커니즘으로 기능할 수 없게 되면서 약소국들은 민족·인종·종교·문화적 갈등과 전쟁이라는 값비싼 희생 속에서 해체와 통합의 진통을 겪게 되었다. 이는 약소국들이 냉엄한 생존 이데올로기에 적응해야만 함을 의미했다. 동티모르, 코소보, 아프리카 등은 약소국의 생존논리를 시험하는 장이 되었으며 중동지역, 한반도 등 아직도 많은 지역이 분쟁과 갈등을 겪고 있다.

III

　　21세기 국제사회는 지난 수세기 동안 서구 국가들에 의해 채색된 질서가 하나의 공동체로 이해되는 그러한 세계는 분명 아니다. 우리는 더불어 살아야만 하는 '지구촌' 시대에 발을 디뎌 놓고 있다. 이는 국제사회의 본질과 성격에 대한 우리의 인식을 변화시키고 있다.

　　기술문명의 급속한 신장은 국가 간 상호의존도를 급속히 확장시키고 있다. 주권은 궁지에 몰리고 국가 간 민감성(sensitiveness)과 취약성(vulnerability)이 증대하고 있다. 비록 국가가 세계무대에서 중요한 행위자로 존속하고는 있지만 초국가적인 조직과 단체들의 영향력 증대를 부정할 수 없게 되었고, 인적·물적 교류의 확대, 시공적 개념의 축소, 세계사회의 일일생활권화 등으로 국가들의 행위패턴이 변하고 있다. 갈등, 대립, 전쟁보다는 화해, 협력, 평화가 국제사회의 중요한 개념으로 강조되고 있다. 다시 말해, 국제사회가 '세계화'5)라는 커다란 물결 속에서 새로운 좌표를 설정하고자 한다.

　　많은 학자들이 자본과 정보기술을 통한 국제사회의 통합과 평화라는 새로운 가능성을 제시하고 있다. 자본과 정보기술이 인류를 하나의 장으로 이끌어 갈 수 있다는 소박한 신념이 오늘의 국제사회를 지배하고 있다.

　　문제는 아직도 힘을 강조하는 정치현실주의 논리가 국가 간 관계에 강력히 작동하고 있다는 점이다. 기술문명을 앞세운 서구 강대국의 파상적 공세는 약소국들을 보다 효과적으로 유린하고 있다. 서구적, 특히 미국적 가치와 제도가 무차별적으로 국경을 넘나들고 있다. 지식산업을 기반으로 한 침

---

5) '세계화'는 세계가 시공간적인 개념을 극복하고 하나의 경제권으로 통합해가는 과정을 상정하고 있다. 이는 상호의존과 공생, 가치의 다양성 등을 전제로 하는 개념이다. 그러나 현실세계에서 '세계화'는 하나의 중심으로 쏠리는 중력 현상, 즉 자유민주주의와 시장경제를 바탕으로 하는 영어권화·미국화와 등치하는 개념으로 보인다.

투는 고부가가치를 창출하고 있으며, '정보화'는 이를 위한 중요한 수단으로 작동하고 있다. 압도적인 선진 기술력은 다시 문명과 야만의 이중구조 속으로 국가들을 몰아넣고 있으며 냉엄한 '정글의 법칙'을 실감케 하고 있다.

또한 세계화로 국가들의 관계가 더욱 긴밀해지면서 약소국들은 강대국들로부터 직·간접적으로 문화의 동질성을 강요받고 있다. 세계가 보편적 가치와 평화를 지향하고 있다는 것과는 상이한 모습이다. 세계화와 정보화를 통한 국제사회의 동질화는 상대성보다는 절대성을 강조하는 맹목적인 함정을 가지고 있기 때문이다.

인류가 추구하는 목표는 국제사회에 평화를 구현하는 일이다. 그러나 현실 세계에서 옳고 그름에 대한 인간의 판단은 항상 불안정하고 불분명하다. 이는 인간본성의 이중적 속성에서 기인하고 있다.[6] 아담과 이브가 선악과를 따 먹은 이후 몸에 옷을 걸치면서 인간은 자신의 모습을 감추기 시작했으며 보다 많은 탐욕을 위해 '정글의 법칙'을 체득해왔는지도 모른다.

지구촌 한쪽에는 풍요로움에 빠져 있는 자들이 있다면, 다른 한쪽에서는 수많은 아이들이 기아로 굶어 죽어가고 있다. 15억 마리의 소를 먹이기 위해 15억의 인류가 굶주림을 감내해야 한다는 아이러니한 세계가 오늘의 모습이다. 하루에 1달러로 살아가는 기아선상에서 허덕이는 수십억의 인구가 이 지구에 살고 있는 한 갈등은 심화되고 전쟁은 계속될 것이다.

그리고 더불어 살아가는 '지구촌'이라는 공동체 의식이 결여되어 있는 한 국제사회의 갈등은 지속될 것이다. 다양한 문화가 존재하는 국제사회를 공동의 가치와 동질화된 문화로 통합하려는 시도 또한 우리 스스로를 갈등으로 얽어맬 것이다.

---

6) 공자, 맹자, 순자, 노자, 마키아벨리, 홉스, 루소, 마르크스 등 수많은 동서양의 철학자들이 인간본성에 대한 논의를 전개해왔으나 그 내용과 결론은 다양하다.

IV

　　그렇다면 국제사회가 더불어 살아갈 수 있는 논의
는 어디서부터 출발해야 하는가? 이제 국제사회는 주제의 다양성과 문화의
상대성을 이해해야 할 상황에 직면하고 있다. 인적인 교류와 이동은 문화,
스포츠, 학문 영역뿐만 아니라 경제 등 모든 영역으로 확산되고 있다. 일정
한 한계에도 불구하고 시민사회의 연대와 실천은 환경, 젠더, 기아 등 특정
영역에서 국가를 넘어 활동할 수 있는 공간을 확보하고 있다.

　　국제사회의 화해와 협력을 위해서는 '상생의 담론'을 통해 '문화적 상대
성(cultural relativism)'을 인정하고 '평화의 가치'를 확대하는 곳에서 출발해
야 한다. '종의 다양성'이 생태계를 건강하게 만든다는 자연의 법칙에 따라,
우리는 상대적 문명권의 존재를 재인식하고 재확인해야 한다. 세계에는 기
독교, 이슬람교, 불교, 유교 등 다양한 문명권이 존재하고 있으며 어느 문명
의 절대성을 강제할 수 없다.[7] 각각의 문명권은 자신들의 고유 가치와 질서
를 가지고 있다. 기독교 문명만을 최선으로 간주하는 과거의 억압적 논리가
다시 강요된다면 이는 또 다른 갈등과 전쟁을 의미하는 것이다.

　　이러한 맥락에서 국제정치학자들은 인류의 존엄성을 보존할 수 있는 '적
극적인' 평화연구에 관심을 기울여야 한다. 우리는 "평화를 원하거든 전쟁에
대비하라(Si vis Pacem, Para bellum)"는 로마의 명장 베제티우스(Vegetius)
의 주술로부터 벗어나야 한다. '소극적인' 평화는 더 이상 국제사회의 갈등
과 반목을 치유하는 패러다임이 될 수 없다. 이는 궁극적으로 '힘의 축적'을
통한 평화를 의미하기 때문이다. 이제 국제사회는 "평화를 위해서는 평화를

---

7) 후쿠야마의 자유민주주의론, 헌팅턴의 문명충돌론, 도일의 민주평화론 등이 또 다른
　이데올로기의 논쟁과 문화적 절대성을 강조하지는 않는지 깊이 성찰할 필요가 있다.

준비하라."는 '적극적인 평화'8)가 필요하다. 16세기 네덜란드 인문학자 에라스무스(D. Erasmus)는 "가장 나쁜 평화도 가장 좋은 전쟁보다 낫다."라고 설파하였다. 앞으로의 평화의 모습은 선·후진국들이 같이 공존할 수 있는 '전일적(holistic)·전 지구적 사고'9)와 '상대성의 원리'로 그려져야 한다.

V

전쟁과 평화의 중심에 한반도가 서 있다. 탈냉전 이후 30년이 지났지만, 남북한은 아직도 정전체제로 대치하고 있으며, 한반도의 분단 상황은 불확실한 개연성을 안고 있다. 2차 대전 이후 같은 민족이면서 분단 상황에 놓였던 대표적인 국가들 중에서, 이미 통일을 경험한 베트남과 독일을 제외하면 한반도가 유일한 분단국으로 남아 있다. 대만 문제가 있기는 하지만, 국제사회는 중국과 대만이 체제경쟁을 벌인다고 생각하지 않는다.

왜 유독 남북한만이 냉전적 대결에서 벗어나지 못하고 있는가? 우리는 어떠한 새로운 접근을 고민해야 하는 것일까? 이것이 이 책 작업에 참여한 연구자들의 공통된 문제제기이다. 남북한 문제를 해결하기 위한 이론적 분석과 정책적 접근은 다양한 차원에서 가능할 수 있다. 돌이켜 보면, 냉전 종식 이후 25년이 넘는 기간 동안 기본적으로 보수정권과 진보정권은 각자

---

8) 전쟁에 대한 의식전환, 군비감축과 복지확대, 핵무기·생화학무기의 전면폐기 등을 포함하는 zero base에서의 새로운 평화패러다임 구축을 의미한다.

9) 여기에는 융합적, 통합적 원리 등이 요구된다.

의 논리적 근거와 정책수단을 통해 북한 문제를 해결해 보고자 노력했다. 하지만 안타깝게도 모두 실패했다. 특히 최근 몇 년 동안은 제재와 압박을 수단으로 하는 대북정책을 전개했지만, 북핵 문제는 6차 실험에 이르는 등 최악의 상황을 맞이했었다.

2018년 현재 한반도를 둘러싼 국제정세는 결코 평화 친화적이지 못하다. 글로벌 테러, 이민자 문제, 신보호주의 무역 등 냉전 종식 이후 지금까지 숨 가쁘게 진행되던 국제적 갈등이 숨고르기에 들어갔으나, 미국, 중국을 포함한 주요국의 지도자들은 21세기형(型) 국가이기주의를 표방하고 있다. 세계 최강대국들에 둘러싸여 동북아라는 지리적 공간에 함몰되어 있는 한국의 경우, 이처럼 국제자유주의가 위축되는 상황에서는 북한 문제 해결과 평화통일의 모멘텀 확보가 더욱 여의치 않을 것으로 판단되었다. 그러나 최근 문재인 대통령과 김정은 국무위원장이 창출한 '판문점선언'은 우리에게 희망을 주고 있다. 이럴 때일수록 한반도 문제 해결에 우리가 중심을 잡고, 평화정착이 적극적으로 실현될 수 있도록 창의적이고 근본적인 고민을 해야 한다.

이러한 배경에서 여기 모인 집필자들은 한반도 문제가 안고 있는 근본적인 문제들을 국제정치 이론적 관점에서 다시 한번 점검해 보고자 노력했다. 우리 국민은 물론 국제사회에서도 북핵 문제를 포함한 한반도 문제는 평화적인 수단을 통해 해결되어야 하며, 평화로운 분단 해소 과정은 궁극적으로 남북한 평화통일로 이어져야 한다는 공감대가 형성되어 있다. 이러한 공감대를 어떻게 학문적으로 반영할 것인가 하는 것이 바로 이 책에 깔려 있는 가장 중요한 문제의식인 셈이다.

이 책은 서장과 4부로 구성되어 있으며, 각 부의 제목은 〈한반도 분단의 지속성과 변화〉, 〈북핵 문제〉, 〈한반도의 외교안보환경〉 그리고 〈한반도 평화체제와 통일〉이다. 각 부에서는 대주제를 중심으로 세부 연구주제를 선정하고 그 결과물을 14편의 연구논문으로 편집하였다. 한반도 문제 관련하여 고민하고 해답을 찾아야 할 문제들이 많이 있지만, 가장 핵심적으로 고려해야 할 연구 주제들만을 고른 셈이다.

각 장의 집필을 맡은 연구진들은 개별 분야의 전문성을 인정받은 학자들로서, 한반도 평화를 고민하는 독자들에게 의미 있는 설명과 아이디어를 제공하고 있다. 이 책은 대체로 대학교 학부 3~4학년 수준의 독자들을 고려해서 집필되었으나, 한반도평화 문제 혹은 한반도와 동북아질서의 연계성을 연구하고 있는 연구자들에게도 두루 읽힐 것으로 예상된다.

끝으로, 이 책은 필자가 2016년 8월 성균관대학교 정치외교학과에서 정년을 맞이한 이후 지난 2년 동안 후학들과 함께 머리를 맞대며 고민한 결과물이다. 본과는 국제정치학 분야에서 활약하는 많은 학자들을 배출하였고 학문적으로도 많은 성과를 이루었다. 이러한 노력 덕분에 선·후학들이 보다 성숙된 여건에서 학문에 매진할 수 있었다고 생각한다.

또한, 이 책이 나오기까지 기획과 출판을 총괄한 이화여대 박인휘 교수, 편집과 교정과정에서 애써준 통일연구원 홍석훈 박사, 통일연구원 나용우 박사, 서울대 통일평화연구원 문인철 박사에게 감사드린다. 무엇보다도 흔쾌히 출판을 맡아주신 도서출판 오름의 부성옥 대표께도 큰 감사의 마음을 전하는 전한다.

본 저서 작업에 참여한 집필진들 모두가 앞으로도 더욱 큰 학문적 성과를 거두기를 바라며, 아울러 한반도 평화를 우리의 시각과 관점에서 접근하는 소위 '한국적' 국제정치학이 향후 더욱 활성화되기를 기대해 본다. 강호제현의 일독과 질정을 바란다.

2018년 7월
집필진을 대표하여 김성주 識

차 례

제2부 북핵 문제

제3부 한반도의 외교안보환경

제4부 한반도 평화체제와 통일

제**1**부

한반도 분단의 지속성과 변화

한반도의 분단과정:
미·소의 전시외교와 점령정책*

김성주 • 성균관대 명예교수

I. 머리말

분단 한반도, 우리의 현대사는 일제 식민지로부터 해방과 함께 그렇게 시작되었다. 설상가상으로, 민족상잔의 비극이 한반도 전역을 휩쓸었다. 대륙세력과 해양세력이 한반도에서 좌우 이념을 명분으로 한판 승부를 벌인 것이다. 이 과정에

---

* 이 글은 필자가 기(旣) 게재했던 한반도와 동북아시아 관련 논문들의 내용을 수정·보완하여 재구성한 것이다. 김성주, "미·소 양군의 한반도 점령정책," 한국정치외교사학회 편, 『해방의 정치사적 인식』(서울: 대왕사, 1990); 김성주, 『남북한 통일외교의 구조와 전략』(서울: 세종연구소, 공저, 1997); 김성주, "김대중정부의 대북 포용정책: 현황과 과제," 한국국제정치학회, 『국제정치논총』 39-3(2000); 김성주, "한반도 비핵화와 평화체제 구축," 한국정치외교사학회, 『한국정치외교사논총』 28-2(2007); 김성주, "동북아 지역정체성과 지역공동체: 관념과 제도," 한국정치외교사학회, 『한국정치외교사논총』 제31집 1호(2009) 등 참조.

서 한반도에는 분단 고착화와 민족모순이 확대 재생산되었다.

21세기, 한반도는 아직도 이념갈등과 전쟁 위협이 상존하는 '냉전의 고도(孤島)'로 남아 있다. 안타까운 점은 한반도 미래를 위해 우리가 선택할 수 있는 자율적 영역과 행동반경이 극히 제한되어 있다는 것이다. 최근, 문재인 대통령과 김정은 국무위원장의 전격회동과 '판문점신언'은 한반도의 평화와 통일을 위한 역사적 전기를 제공하고 있으나 해결해야 할 숱한 난제들이 쌓여 있다.

한반도 분단에 관해서는 많은 연구 결과물들이 있으나, 냉전사적 측면에서 분단에 대한 연구는 전통주의 시각과 수정주의적 시각으로 대별된다. 그러나 많은 학자들의 분단체제에 대한 나름대로의 논리 전개에도 불구하고 학문적 편협성이나 이데올로기적 편향성에 대한 논란을 지울 수 없었다. 최근 비밀문서의 해제로 이러한 논쟁은 부분적으로 전통주의적 시각 쪽으로 교정되고, 냉전체제의 형성과 관련된 논의들도 이러한 방향으로 자리매김하는 것 같이 보이나 아직도 보다 면밀한 검증이 필요하다. 이는 분단체제 극복을 위한 이론화 작업뿐만 아니라 정책화 작업에 기여하고, 향후 통일 문제에 대한 실증성과 구체성을 확립하는 데 있어 중요하기 때문이다.

이 장에서 필자는 "한반도란 무엇인가?"라는 매우 원론적이고 포괄적인 문제를 제기한다. 이에 대한 해답은 간단하지 않을 것이다. 한반도의 문제는 '한반도 문제의 한반도화'라는 우리의 자율적 범위를 넘어 '한반도 문제의 국제화' 범주에 있기 때문이다.

현재 한반도에서 진행되고 있는 남북한 간 갈등은 지난한 역사의 산물이며 미래의 우리 모습을 보여 주는 궤적이다. 냉전사와 민족사의 맥락에서 한반도 분단을 분석할 때 분단체제의 성격 규명이 가능해질 것이다. 이는 역사적 편린을 통사적 측면에서 재해석할 필요가 있음을 의미한다. 이와 함께 현재 한반도가 처한 상황을 대내외적으로 분석하여 분단체제가 안고 있는 총체적 맥락을 이해할 때 향후 바람직한 대안적 패러다임의 도출이 가능할 것이다.

연구방법으로는 1차 문헌에 근거한 문헌조사와 기존 연구물에 대한 비판적 검토가 수행되어야 한다. 1차 문헌은 연구의 실증성을 높이는 데 큰 도움이 되며 2차 결과물에 대한 비판적 검토는 1차 문헌의 해석상 발생할 수 있는 오류를 최소화할 수 있기 때문이다.

분명한 점은 남북한 간 분단구조의 극복과 민족모순의 해결은 궁극적으로 우리의 손에 달려 있다는 것이다. 남북한 문제 해결의 방법은 '한반도의 관점'에서 실마리를 찾아야 한다. 또한, 한반도 문제는 '현상타파'보다는 '현상유지'에 방점을 찍는 프레임에 머물러서는 안 된다. '국제·지역환경의 관점'을 지나치게 강조함으로써 스스로 우리의 문제를 '타인화'하는 우를 범할 수 있기 때문이다.

위에서 제기된 문제의식과 연구방법을 통해, 이 장에서, 필자는 한반도 분단체제의 형성과정을 미·소 전시외교와 점령정책, 연합국의 전시회담을 중심으로 분석한다.

II. 미·소 전시외교의 기본틀

한반도는 왜 분할되었는가? 이에 대한 대답은 당시 미국과 소련의 대외정책 정향이 무엇이었으며 그들의 정책이 한반도에 어떻게 적용되었는지를 파악하는 데에서 출발해야 한다. 국내외적 요인들이 상호보완적으로 분석되어야 하겠지만, 당시 국제정치를 주도했던 연합국, 특히 미국과 소련의 세계전략 및 정책을 명확히 이해하지 않고는 한반도 문제를 제대로 파악하기 힘들기 때문이다. 또한 미·소 양군의 한반도 분할점령은 일본 제국주의로부터 해방이라는 단순한 차원을 넘어 한반도 분단의 고착화, 더 나아가 세계적 냉전 구조의 공고화를 위한 단초를 제공했기 때문이다.

유럽과 동아시아전선에서 연합국의 승리가 확실해지자, 1943년 초 연합국들은 전후 '힘의 진공상태'를 메꾸고 새로운 세계질서를 구축하기 위해 전시외교를 활발히 전개하였다. 독일 파시즘에 대한 공동대처라는 외형상의 명분을 넘어 연합국들의 대외정책의 상이성은 전후 세력 재편성을 둘러싸고 미묘한 갈등과 상당한 진통을 예상하게 했다. 전시외교의 특징은 자본주의 국가들(미국과 영국)의 소련에 대한 견제와 1917년 볼셰비키혁명 이후 사회주의 혁명의 취약기에 있던 소련의 반응 속에서 차선의 대안들을 강구하는 것이었다. 특히, 미·소를 양축으로 하는 새로운 국제질서의 개편논의는 유럽국가 중심의 기존질서가 쇠퇴하고 있음을 의미했다.

1. 미국 전시외교의 정향

1·2차 세계대전을 겪는 동안 세계 평화와 안정이라는 문제를 놓고 미국 내에는 '국제주의'와 '민족주의'라는 두 입장이 대립하면서 미국의 대외정책 결정에 커다란 영향을 미치고 있었다.[1] 국제주의자들은 '자유무역, 개방체제, 세계시장의 원활한 운영 및 대의민주주의, 전쟁피해국에 대한 원조, 그리고 미국이 누리고 있는 혜택의 타국과의 공유 등 초국가적·통합적·전세계적 입장을 강조했다. 이에 반해 민족주의자들은 국가이익, 보호무역 그리고 미국에 대항하는 적에 대한 강력한 대처 등 배타적·지역적인 성향을 강조했다.

대외정책의 이중성(국제주의와 민족주의) 속에서 미국 대통령 루스벨트는 세계질서의 재편과 안정추구를 위해 국제주의적 입장을 강조했다. 루스벨트는 자본주의, 공산주의, 반(反)식민지적 민족주의 등 여러 세력들을 포용하고 통합하는 새로운 국제사회를 구상하고자 했다.[2] 이러한 구상이 미국의

---

1) Bruce Cumings, *The Origins of The Korean War* (Princeton, N.J.: Princeton University Press, 1981), p.102; Bruce Cumings, ed., *Child of Conflict: The Korean-American Relationship 1943-1953* (Seattle: University of Washington Press, 1983) 참조.

2) *Ibid.*

대외정책입안과 결정과정에서 어느 정도 반영되었는지는 확실하지 않지만, 현실적 측면에서 미 군부 내의 일부세력의 반대와 관료들의 이해부족으로 심한 갈등을 빚었다.

루스벨트의 '새로운 국제관계 체제'를 목표로 한 구상은 국제연합을 통한 새로운 국제적 집단안보체제와 식민지 인민에 대한 국제적 신탁통치라는 두 축으로 구성되었다.[3] 그러나 루스벨트의 구상은 결국 전후 세계질서 속에서 어떻게 하면 미국의 입지를 강화시키느냐 하는 데 집중되어 있었으며, 일부 군부나 정책결정자와의 갈등은 접근방법상의 차이를 의미했다.

루스벨트는 강력한 정치·경제·군사력 능력을 바탕으로 미국이 전후 국제연합이라는 거대기구를 통해 국제질서를 주도해 나갈 수 있다고 믿었으며, 이를 위해 국제적 보편주의를 강조했다. 아울러 루스벨트는 식민지지역에 대한 국제적 신탁통치(다국적 신탁통치)를 적절한 접근방식으로 선호했다. 이러한 신탁통치구상은 소련의 안보를 항상 우려하고 있던 스탈린에게도 매우 매력적인 것이었다.[4]

신탁통치는 국가건설과 운영에 있어 식민지 인민들이 자치적으로 여러 가지 문제들을 해결할 수 없다고 보고 '일정한 기간 동안 강대국들에 의한 통치'라는 서구적 시혜에 바탕을 둔 정책이었다. 이러한 논리를 근거로 루스벨트가 제시한 국제적 신탁통치는 일국에 의해 지배된 식민지를 여러 국가의 통치로 대체하여 일정 기간을 두고 점차적으로 독립시키는 구상이었다. 그러나 루스벨트의 신탁통치안에 깔려 있는 정책적 목표는 식민지국가들이 미국의 이익에 배타적이어서는 안 된다는 것이었다.[5] 장기적인 미국의 이

---

3) *Ibid.*, p.103.

4) 김학준, "제2차 세계대전시의 소련외교와 한국문제," 서울대 사회과학연구소, 『사회과학과 정책연구』 제4권 제1호(1982.3), 137쪽.

5) 루스벨트의 국제주의는 광역(grand area)개념에 따른 '어려운 나라들에게 진보를 가져다주기도 하지만 그들을 철저히 복종시킬 목적으로 조직해 들어가는 강대국이 보여주는 현상'이라고 Schurmann은 지적하였다. H. Franz Schurmann, *Logic of World Powers: An Inquiry into the Origins, Currents and Contradictions of World Politics* (N.Y.: Pantheon Books, 1974), p.188; Cumings(1981), *op. cit.*, p.103에

익을 위해 루스벨트는 자국의 영향권 안에 해방된 식민지국가들을 편입시킴
으로써 하나의 광역권을 형성하고자 했다.

이러한 루스벨트의 팽창주의적 정책정향6)은 사실상 미국의 역사만큼이
나 오랜 전통 속에서 발견되며, 윌슨의 논리와 상당한 유사성을 보이고 있
다. 유럽열강들괴는 달리 식민지 종주국으로서 독점권을 향유하시 못했년
미국은 1차 세계대전 이후 식민지에로의 자유로운 접근을 위해 '다국적 위
임체제'를 바탕으로 한 문호개방정책(open door policy)을 꾸준히 강조했다.

> "윌슨주의적 반제국주의는 국제적 개혁주의의 제한된 형태로 나타
> 난다. 즉, 윌슨은 영토의 병합, 무력, 보호주의, 전쟁과 … 같은 전통적인
> 착취적 제국주의에 반대했다. 미국 자본주의를 팽창시켜야 할 필요성과
> 자신의 자유주의적 국제주의 이데올로기를 반영하는 윌슨의 기본적 관
> 심사는 기존의 세계 경제·사회관계를 보다 합리적이고 자비롭게 만드는
> 것이었다. 위임통치제제는 … 윌슨의 온정주의적 정향을 나타내 주는 표
> 본이었다."7)

루스벨트의 신탁통치안이 윌슨주의적 외교와 맥을 같이 할 수 있는 것
도 이상의 논리에 근거하고 있다. 그러나 윌슨시대와 루스벨트시대 사이에
는 현격한 차이가 있었다. 1·2차 세계대전을 거쳐 오는 동안 감상적인 민
족주의가 혁명적 성격으로 변하면서 식민지 민중의 반제국주의 투쟁이 가열

서 재인용.

6) 미국의 팽창주의는 여러 가지 의미를 감춘 자유주의로 외화(外化)되었으며 해외에서
   미국의 자유로운 개입을 보장해주는 문호개방정책으로 구체화되었다. 직접적으로 영
   토를 추구하던 과거의 일국 지배적 식민팽창주의와는 달리, 미국의 팽창주의는 초국
   가적 자본주의 양식에 따라 자유교환관계, 즉 자유경쟁적 시장논리를 강조했다. Louis
   Hartz, *The Liberal Tradition in America* (N.Y.: Harcourt, Brace & World, 1955);
   Gareth Stedman Jones, "The History of U.S. Imperialism," in Robin Blackburn,
   ed., *Ideology on Social Science* (N.Y.: Vintage Books, 1973) 참조.

7) Gordon Levin, Jr., *Woodrow Wilson and World Politics* (London: Oxford Univ.
   Press, 1968), pp.24-26; Cumings(1981), *op. cit.*, p.104에서 재인용.

화하고 있었다. 어느 민족도 강대국의 후원하에 타율적 독립을 원하지 안했으므로 1920년대의 논리를 1940년대에 그대로 적용할 수는 없었다. 그럼에도 불구하고 1940년대 전시외교과정에서 루스벨트의 전후 구상안들이 영향력을 발휘할 수 있었던 이유는 미국의 막강한 정치·경제·군사력이 강력한 동력으로 작용하였기 때문이다.

2. 소련 전시외교의 정향

1917년 볼셰비키혁명을 통해 사회주의 국가건설에 성공한 소련은 서구 자본주의의 위협과 자본의 침투를 억제하고 공산주의 혁명과업을 완수하기 위해 자본주의의 폐지, 소수자에 의한 전체생산수단의 점유 금지 등 사회주의 경제정책을 추진했다. 동시에 구(舊)권력기구를 극복하고 새로운 사회주의적 관료의 대두를 막기 위해 국가기구를 사회의 주인에서 공복의 위치로 전환시키는 등 민주적 측면을 강조했다. 따라서 궁극적으로 국가는 인간에 대한 관리, 즉 정치적 성격의 기능을 상실하고 물자에 대한 관리와 생산과정에 대한 지도, 즉 행정적 성격의 기능만을 갖게 될 것으로 전망했다.[8]

이러한 노력의 결과, 소련은 1930년 후반 사회주의의 기본골격을 확립할 수 있었으나, 볼셰비키혁명 이후 기대했던 서구에서의 혁명 불발, 외부(자본주의 국가들)로부터의 위협, 반혁명세력의 저항 등 국내외적인 위협요인으로부터 자신의 안보를 구축해야만 했다. 따라서 스탈린은 자본주의 국가들을 자극하지 않기 위해 트로츠키파의 '영구혁명론'을 '일국사회주의혁명론'으로 대체하고 내적·외적 억압요인들을 제거해 나갔다.[9]

제2차 세계대전의 발발 가능성이 높아가던 1930년대 소련은 생존과 사

---

8) 김성주, "소련의 개혁·개방화와 대한반도정책변화," 『민족 공동체와 국가발전』(서울: 한국정치학회, 1989), p.736.

9) 위의 논문, p.737.

회주의혁명의 완결을 위해 이데올로기적으로 가까워질 수 없는 나치독일에 접근했다. 1939년 8월 독·소 상호불가침협정의 체결은 주변열강들을 놀라게 했으며, 스탈린은 이 협정이 소련의 안전보장을 위해 최선책임을 굳게 믿었다. 1941년 6월 독일이 상호불가침협정을 파기하고 소련에 대해 무력침공을 개시하자 스탈린의 환상은 깨지고 말았다. '서구자본주의의 최후의 보루'인 미국과 영국의 지원 없이는 생존이 의문시되었던 상황에서 소련은 독일 파시즘에 대항하기 위해 이른바 미·영·소가 참가하는 대연합(Grand Alliance)을 형성하게 된다.10) 독일 파시즘과 맞섰던 4년간(1941~1945)의 '위대한 애국전쟁(the great patriotic war)' 중 소련은 미군 1명에 소련군 50명의 비율이라는 커다란 희생을 감수해야만 했다.11) 엄청난 소련군의 희생은 미·영과의 전시외교에서 소련의 입장을 크게 강화시켜 주었다.

처칠 영국수상은 공개적으로 소련에 대한 지원을 천명했다. 처칠은 독일 파시즘 정권의 파괴라는 하나의 목표를 달성하기 위해 독일 파시즘체제에 반대하여 투쟁하는 어떠한 국가 또는 세력도 지원할 것이라고 밝히면서, 급기야는 1941년 7월 12일 소련과 상호원조협정을 체결하기에 이른다. 처칠은 히틀러의 소련 침공을 영국 침공을 위한 전주곡으로 믿었기 때문이었다.12)

영국에 비해 미국은 소련의 패배가 불가피함을 인식하고 대소접근에 다소 미온적이었다. 스탈린은 루스벨트에게 미군이 소련전선 어느 곳에 주둔해도 좋으니 신속히 파병해 달라고 호소했으며, 영국에게도 소련영토 내에 들어와 독일과 싸워줄 것을 요청했다. 이것이 소련지도자가 서방국가들에게 호소한 처음이자 마지막 요청이었다. 1941년 10월 1일 미·영·소는 비밀의

---

10) 김학준(1982), 앞의 논문, p.131.

11) John Lewis Gaddis, *Russia, The Soviet Union, and the United States: An Interpretive History* (N.Y.: John Wiley and Sons, 1978), p.154; 김학준(1982), 위의 논문, p.130에서 재인용.

12) Richard F. Rosser, *An Introduction of Soviet Foreign Policy* (Englewood Cliffs, N.J.: Prentice-Hall, 1969), p.199.

정서에 서명하고, 소련에게 무기·군화 등 군수물자의 공급을 약속했다. 대소원조의 대부분은 미국이 감당하기로 결정했다.[13]

1941년 12월 7일 일본의 진주만공격과 12월 10일 독일의 대미선전포고는 공동의 적을 분쇄하기 위한 미·영·소의 대연합을 결성시켰다. 대연합은 각국의 이해판단에 따른 일종의 정략결혼이었다. 대연합의 구조는 매우 취약했으며, 스탈린은 서방국가들의 갈등에 개입하지 않고자 최선을 다했다. 이러한 징후는 독일의 패망이 점차 확실해짐에 따라 서서히 부각된다.

전후 세계질서를 재편하는 과정에서 스탈린의 정치적 목표는 무엇이었는가? 스탈린의 협상대상은 히틀러에서 루스벨트, 처칠로 바뀌었을 뿐 역시 자본주의자들이었다. 스탈린은 이들 또한 '사회주의 모국'에 대한 적대감을 결코 버리지 않은 상대라고 믿었다. 스탈린의 목적은 자국의 안보를 위해 독·소 불가침협정 기간 동안 획득했던 기득권의 유지와 히틀러에 의해 거부되었던 영토의 지배권을 획득하는 것이었다. 또한 엄청난 희생의 대가로 스탈린은 연합국이 분할의 대상으로 고려하고 있는 추축국의 영토와 식민지 그리고 점령지에 대한 소련의 지분을 요구하기 시작했다.

스탈린은 군사전략을 정치전략에 종속시키는 레닌의 논리에 따라 미·영과의 협상에 임했다. 그는 단순한 군사적 승리 이상의 것을 추구하기 위해 연합국에 압력을 가했으며, 소련의 안보를 위해 소련의 주변 국가들이 우호적이어야 한다는 보장을 요구했다. 스탈린은 소련 주변국들의 정치체제는 소비에트체제이어야 하며 반(反)소비에트적일 때 그것을 허용할 수 없다는 입장을 거듭 강조한 바 있다. 반면 공산주의적 국제주의(communist internationalism)를 강조할 경우 미국이나 영국을 자극하여 대연합의 단결을 해칠 우려가 있다는 판단에 따라 스탈린은 '일국사회주의'를 천명하고 점령지에서의 공산주의자들에 의한 민족부르주아세력과의 제휴를 통한 저항운

---

13) 종전까지 군사적 조건으로 미국은 소련에 식량, 연료, 수송기구, 기타 군수품, 비행기, 탱크, 자동차 등 약 90억 달러의 물품을 공급했다. 김학준, 앞의 논문(1982), p.133; 김경창, "2차 대전과 전승국 회담외교," 『정경연구』(1977.11), p.257.

동을 강화하였다. 1943년 5월 22일 스탈린은 코민테른을 해체하고 다른 나라들을 소비에트화하기 위해 그들의 국내정치에 개입하지 않는다는 상황변화에 따른 이중적 입장을 표명했다.[14] 스탈린의 이러한 입장은 얄타회담과 포츠담회의에서 여러 차례 나타나고 있다. 그러나 스탈린의 자본주의 국가들에 내한 근본적인 불신감과 적대감은 사라지지 않았으며 1944년 6월 유고슬라비아 공산주의 지도자 질라스와의 대담에도 잘 드러나고 있다.

> "우리가 영국인들의 동반자이기 때문에 그들이 어떤 사람들이며 처칠이 어떤 사람인가를 … 잊고 있다 고 당신은 생각할 것이다.… 처칠은 만일 당신이 그를 감시하지 않는다면 당신의 주머니에서 동전 한 잎을 빼내어 갈 … 사람이다.… 루스벨트는 더 큰 돈이 들어 있을 때만 손을 집어넣는다."[15]

국제연합이라는 집단안보체제와 국제적 신탁통치에 초점을 둔 미국의 입장이 소련에 의해 양해되었음에도 불구하고, 이후 미·영·소의 전후 세계 질서구축에 대한 개념과 전근방법의 차이는 수차례 걸친 정상회담에서 점차 표면화되었다.

---

14) 김학준, 위의 논문(1982), pp.134-135.

15) Milovan Djilas, *Conversations with Stalin* (N.Y.: Harcourt, Brace & World, Inc., 1962), pp.73-74; 김학준, 위의 논문, p.136에서 재인용.

III. 연합국의 전시회담과 한국 문제

1. 워싱턴회의와 신탁통치안

신탁통치 문제를 둘러싸고 국제회의 벽두부터 상당한 논란이 야기되었다. 1943년 3월 24일 워싱턴회의에서 루스벨트 대통령은 영국 이든 수상에게 전후 신탁통치 대상지역으로 한국과 인도차이나지역을 언급했다.[16] 영국은 식민지 종주국으로서 자국의 기득권과 자국 식민지지역에 대한 '신탁통치' 구상안 간의 상관성이 지니는 함의를 충분히 인식하고 있었다. 이든은 루스벨트의 신탁통치안이 전후 국제관계에서 미국의 이익을 크게 강화시켜 주리라는 점을 잘 알고 있었다. 그는 회고록에서 "루스벨트 대통령은 식민지 국가들이 일단 독립을 하면 그들은 미국의 정치·경제력에 의존할 것이며 다른 연합국들이 그 역할을 담당할 수 없을 것으로 기대했다."[17]고 적고 있다.

루스벨트의 신탁통치구상안은 영국과 프랑스 등 연합국들의 반대로 1943년까지 가시화되지는 못했다. 그러나 미국무성 내의 자유주의적 국제주의성향을 지닌 정책입안자들은 신탁통치 대상국들에 대한 일정 기간의 자치능력 배양과 국민교육의 실시, 착취적 제국주의로부터의 보호, 경제발전과 사회정의의 실현 등 이상적인 내용을 담고 있는 신탁통치안이 합리적 방안이라고 믿고 그 구체적인 방안을 강구하고자 했다. 아울러 그들은 대연합이 공동으로 참여하는 국제체제를 통해 소련의 안보적 욕구를 어느 정도 충족시킴으로써 안보에 대한 소련의 우려를 해소하고자 했다.

---

16) W. Roger Louis, *Imperialism at Bay* (N.Y.: Oxford University Press, 1978), p.228.

17) Anthony Eden, *Memoirs: The Reckoning* (Boston: Houghton Mifflin Co., 1965), p.595; Cumings(1981), *op. cit.*, p.105에서 재인용; 또한 Louis, *op. cit.*, pp.225-242 참조.

2. 카이로회담

　루스벨트의 발의로 1943년 11월 22일부터 26일까지 미국, 영국, 중국 3개국 정상들이 전후 문제를 논의하기 위해 카이로에서 회합을 가졌다. 이 회담에서 인도차이나 문제뿐만 아니라 최초로 한반도 문제가 거론되었다. 특히 루스벨트와 장제스의 단독회담18)은 한국의 독립을 포함하여 일본의 장래 문제를 다루었다는 점에서 주목해야 할 부분이다. 장제스는 루스벨트에게 한국민의 입장을 피력하고 한국 독립의 필요성을 역설하였다. 스탈린의 동의와 함께 루스벨트, 처칠, 장제스는 한국을 독립시켜 주겠다는 선언을 채택하였다.

　　"3대국(미국, 영국, 중국)은 한국인민의 노예상태에 유의하여 적당한
　시기에 한국을 자주 독립케 할 것을 결정한다."19)

　오랜 역사와 문화적 전통을 가지고 있는 한국민은 카이로선언의 함의와 연합국의 태도에 의구심을 갖기 시작했으며, 일부에서는 즉각적인 독립을 요구했다. 여기에서 우리는 '적당한 시기에(in due course)'의 정치적 의미에 주목할 필요가 있다. 카이로선언 중 한국에 관한 부분은 몇 차례의 수정을 거쳐, '가능한 가장 빠른 시일 내에(at the earliest possible moment)'에서 '적절한 때에(at the proper moment)'로, 그리고 '적당한 시기에(in due course)'

---

18) 두 정상 간의 단독회담의 주요 내용은 ① 중국이 4대국의 하나로서 지위를 확보한다. ② 일본 천황 폐지는 심중히 다룬다. ③ 일본의 군사점령에 있어 중국이 지도적 역할을 다해야 한다(루즈벨트 강조). ④ 일본에 현물배상을 제의한다(장개석 요구). ⑤ 일본이 무력으로 탈취한 동북4성(봉천, 길림, 흑룡강, 열하), 대만, 팽호도를 중국에 반환한다. ⑥ 조선에 독립을 줄 필요가 있다(장개석 역설). 김경창, 앞의 논문, pp. 244-245.

19) Department of State, *Foreign Relation of the United State (FRUS), Diplomatic Papers 1945* (Washington, D.C.: U.S. Government Printing Office, 1969), Vol. 6, p.1098.

로 최종 마무리되었다.[20] 이러한 표현들은 중요한 의미를 갖는다. 독립이
최고의 목표인지 또는 독립 이전 어떠한 조치의 가능성을 함축하는지를 판
단하는 근거를 제공하기 때문이다. '적당한 시기에'라는 조항은 어느 정도의
후원기간을 통해 식민지국가들의 자치능력을 함양하고 이에 따라 점진적으
로 그들을 독립시켜 준다는 강대국들의 태도를 반영한 것이다.

루스벨트는 카이로회담에서 중국의 역할을 강조했다. 루스벨트는 안정
되고 '민주적'이며 친서방적인 중국이 건재해야 동아시아의 세력관계가 안정
되리라고 믿었기 때문이다. 따라서 루스벨트는 카이로회담을 통해 중국을
미·영·소·중 4강국의 위치로 끌어올려 한국의 신탁통치참여를 포함하여
동아시아에서 중국의 적극적이고 광범위한 역할을 기대했다.[21]

루스벨트는 식민지제국들의 영토획득과 병합을 비난하고 자신의 영향력
확보를 위해 국제주의를 부르짖었으나 한국, 인도차이나 등 아시아 인민들
의 독립에 대한 열망을 이해하지 못했다. 오히려, 루스벨트는 미국적 사고
방식으로 식민지 인민들을 이해했고 필리핀에서의 미국의 경험을 긍정적으
로 평가했으며 식민지로부터 해방하려는 국가들에게 신탁통치라는 멍에를
씌우려 했다.[22] 그러나 일본이 패망한 후, 한국이나 인도차이나 등 식민지
민중들은 가만히 자신들의 독립을 기다리지만은 않았다.

카이로회담 직후(1943.11.27~12.1) 독일 문제와 국제적 평화기구(국제연
합)에 대한 루스벨트의 구상을 논의하기 위해 미·영·소는 테헤란에 모였
다. 루스벨트와 스탈린은 단독회담을 통해 인도차이나에서 프랑스의 재획득

---

20) Cumings(1981), *op. cit.*, p.107; Herbert Feis, *The China Tangle: The Ame-
rican Effort in China from Pearl Harbor to the Marshall Mission* (Princeton:
Princeton Univ. Press, 1970), pp.252-254 참조; James Irving Matray, *The
Reluctant Crusade: American Foreign Policy in Korea, 1941-1950* (Honolulu:
University of Hawaii Press, 1985), pp.20-21 참조.

21) *FRUS, 1945* (1969), pp.1097-1099.

22) Cumings(1981), *op. cit.*, p.108; 또한 John Lewis Gaddis, *The United States
and the Origins of the Cold War, 1941~1947* (N.Y.: Columbia Univ. Press,
1972), p.24 참조.

저지에 합의했다. 그들은 이 지역을 20~30년 신탁통치 후 주민들에게 독립을 부여하고자 했다. 이어 1·2차 미·영·소회담을 통해 미국과 영국은 소련의 대일참전을 독려했으며, 스탈린은 현재 소련군이 유럽작전에 몰두하고 있으므로 독일을 타도한 후 극동에 공동전선을 형성한다는 최초의 대일전쟁 참가의사를 밝혔다.[23]

특히 주목해야 할 부분은 태평양 전쟁이사회(미국·영국·네덜란드·중국·필리핀·호주·뉴질랜드·캐나다 8국)에서 카이로와 테헤란회담의 성과를 보고하면서 한국은 아직 독립정부를 유지·행사할 능력이 없으므로 40년간의 후견하에 둘 것이라는 루스벨트의 발언이다. 루스벨트의 의도가 무엇이었는지 확실치 않으나 40년간 후견에 붙이는 것에 대한 합의기록이 카이로·테헤란회담 어디에서도 발견되지 않았다.

3. 얄타회담

연합국의 승리가 명확해지자 전후 식민지들에 대한 신탁통치의 성격과 그것에 반대하는 유럽연합국들의 태도가 점차 표면화하기 시작했다. 1945년 2월 4일에서 11일까지 루스벨트, 처칠, 스탈린은 얄타에 모여 전후 세계의 새로운 세력균형 형성을 논의했다. 전시외교의 주역으로 활동했던 3자회동은 이것이 마지막이었다. 루스벨트의 갑작스런 죽음과 국내선거에서 패배로 인한 처칠의 국제무대에서 일시적 퇴장으로, 스탈린은 전후의 혼란기와 유동기를 적절히 이용하여 소련의 영토를 역사상 최대의 제국으로 확장시켜 놓는다.

얄타회담에서 미국, 영국, 소련은 독일 문제에 대해 자신의 입장을 구체적으로 정리했다. 스탈린은 프랑스가 전쟁에 아무런 공헌을 하지 않았다고 하여 프랑스의 참가를 거부했으며 강대국의 대열에서 프랑스가 배제되었

---

23) 김경창, 앞의 논문, p.251.

다.[24] 유럽전선에서 엄청난 소련군의 희생은 스탈린의 입장을 강화시켜 주었다. 1938년 9월 29~30일 뮌헨회담에서 체임벌린이 히틀러에게 부당한 양보를 함으로써 영국에게 불명예회담이 된 것처럼, 루스벨트는 스탈린에게 많은 것을 양보함으로써 얄타회담은 미국에게 불명예스러운 회담이 되었다. 특히, 얄타회담에서 강대국들이 소련의 대일참전에 따른 정치적 조건들을 결정함으로써, 한반도의 장래는 커다란 변화를 맞이하게 된다. 소련주재 해리만(W. A. Harriman) 미 대사는 대일참전에 따른 소련의 정치적 조건들을 확인하고자 스탈린의 의도를 물었다. 이에 대해 스탈린은 대일참전의 조건으로 천도와 남화태의 반환, 여순·대련 등 요동반도 남부지역조차, 일본의 해로(海路)지배에 따른 태평양진출의 어려움 등을 언급했다.

루스벨트와 스탈린의 단독 회의에서, 스탈린은 대일전쟁에 참가하는 명분을 소련 인민들에게 이해시키기 위해서 해리만과의 논의에서 제시된 조건들이 충족되어야 한다고 주장했다. 한반도 문제와 관련하여, 루스벨트는 필리핀이 자치를 하기 위해 50년이 필요했던 점을 상기시키면서 한국도 미·중·소 각 대표자 1인으로 구성되는 위원회하에서 20~30년의 신탁통치 기간이 필요하다고 주장했다. 이에, 스탈린은 그 기간은 짧으면 짧을수록 좋다는 견해를 밝혔다.[25] 아울러 한반도 내의 외국군 주둔에 대한 스탈린의 질문에 루스벨트는 부정적 반응을 보였으며 스탈린도 이에 동의했다. 한편, 영국은 루스벨트식 신탁통치안에 대해 심한 거부반응을 보였다. 영국은 "미국은 신탁통치제도가 대영제국의 식민지에 적용되지 않음을 보장해야 한다."[26]고 주장했다. 샌프란시스코 국제연합회의에서 프랑스도 인도차이나에 대한 신탁통치 문제에 커다란 반발을 보였으며, 결국 미국은 프랑스 영

---

24) 이후 드골 프랑스 대통령이 영국을 EEC에서 따돌리고 미국의 NATO군을 프랑스에서 축출하는 사태까지 이르게 된 것은 얄타회담 당시 프랑스가 받은 푸대접과 전혀 무관하지 않다. 김경창, 위의 논문, pp.252-253.

25) Department of State (*FRUS*), *The Conferences of Malta and Yalta, 1945* (Washington, D.C.: U.S. Government Printing Office, 1955), p.770.

26) *Ibid.*, p.485.

향권의 인정으로 물러서야 했다.[27] 국제연합회의 신탁통치가 연합국 식민
지에는 적용되지 않음을 보여주었다.

루스벨트의 갑작스런 죽음은 미국의 대외정책에 상당한 변화를 가져왔
다. 루스벨트식 국제주의는 미국의 국익을 위해 유연성을 띠었으며, 미국에
동조하는 강대국들의 수적 우위확보를 항상 고려하고 있었다. 전후 미국의
주도권에 대한 자신감과 함께 루스벨트는 구태여 반(反)식민주의적 민족주
의를 반대하진 않았지만 자유무역을 통해 그 목적을 달성하고자 했다. 또한
소련을 협상대상에 포함시켜 소련의 모험주의를 막고자 했다. 1945년 4월
대통령이 된 트루먼은 민족주의적 성향이 강한 정치가였다. 트루먼은 철저
히 미국의 국익에 바탕을 둔 세계질서의 재편을 구상했다.

4. 포츠담회의

트루먼 대통령은 한국 문제에 대한 스탈린의 의도를 확인하고자 했다.
1945년 5월 트루먼은 홉킨스(H. Hopkins)를 모스크바에 파견하여 루스벨트
가 소련과 논의한 전후정책에 대해 공약한 내용을 다짐받고자 했다.[28] 홉킨
스는 한국에 대한 4개국 신탁통치구상을 상기시키면서 25년 혹은 그 이하
의 기간(대개 5~10년)을 제시했으며, 스탈린도 이에 동의한 것으로 미국 측
기록은 전하고 있다.[29] 그러나 이것은 어디까지나 비공식적 구두합의일 뿐
공식문서에 의한 합의는 없는 것으로 판단된다.

1945년 7월 포츠담회의에서 미국은 소련에게 한국의 신탁통치에 관한

---

27) Christopher Thorne, *Alliance of A Kind: The United States, Britain, and the War against Japan, 1941-45* (N.Y.: Oxford Univ. Press, 1978), p.464; Cumings (1981), *op. cit.*, p.110에서 재인용.

28) Department of State (*FRUS*), *The Conference of Berlin, 1945* (Washington, D.C.: U.S. Government Printing Office, 1960), p.14.

29) Cumings(1981), *op. cit.*, p.111에서 재인용.

구체적인 토론을 요구했다. 미국은 한반도에서 연합국 중 어느 하나에 '우호적인 정부(friendly government)'의 수립을 막고자 했다. 소련 외상 몰로토프는 한국의 신탁통치 문제는 공식적으로 합의된 사항이 아니므로 차후 자세한 규정을 둘 필요가 있다고 강조했다.[30] 1945년 7월 22일 포츠담에서 열린 연합국 수뇌회의에서 스탈린은 한국 문제를 우선 과제로 제의했으나 영국이 아프리카에 있는 이탈리아 식민지 처리 문제를 거론함으로써 별다른 진전이 없었다. 1945년 12월 모스크바 3상회의(미·영·소)에서 한국 문제가 구체적으로 토의되었다. 포츠담회의 당시만 해도 미국이나 소련이 반드시 한반도에 무력 진입해야 할 뚜렷한 이유가 없었으므로 '한국의 중립화' 구상이 가능했을 수도 있었다.[31] 미국이나 소련 그 어느 쪽에서도 노골적으로 한반도의 전략적 중요성을 표명하지 않했기 때문이다. 그러나 '한국의 중립화' 선택은 이루어지지 않았다. 이제 한반도는 소련에 인접한 지역이므로 소련과의 사전협의나 소련의 참가 없이는 미국 단독으로 처리할 수 없는 지역이 되었다.

여기에서 1944년 초 이후 미 국무성 정책입안자들이 한국이 소련에 의해 점령될 것을 우려하여 한반도의 부분점령이나 완전점령을 계획한 것에 주목할 필요가 있다. 다시 말해, 한반도가 연합국의 신탁통치대상에서 미·소에 의해 군사적 점령대상지역으로 대체되는 과정이 구체화되기 때문이다. 1943년 말 미 국무성 영토관계소위원회는 한국에 대해 몇 가지 기본적 가정들을 설정했다.

"첫째, 한국은 전후 미국의 안보에 중요하다, 둘째, 한국이 적국(소련)의 지배하에 들어가면 미국 안보에 하나의 위협이 된다. 셋째, 일본이 물러간 후 한국은 자치할 능력이 없다. 넷째, 미국의 우위가 한반도에서 위협받는다면 한국에 대한 다국적 통치가 일국에 의한 지배보다 유리하다. 다섯째, 신탁 통치협정은 전후 한국에 대한 강대국의 마찰을 조절할

---

30) *Ibid.*, p.111에서 재인용.
31) Matray, *op. cit.*, p.12; Cumings, p.113.

수 있는 좋은 수단이다. 그러나 미국이 발언권을 얻기 위해 한국을 군사
적으로 부분 혹은 완전 점령하는 것이 필요하다."[32]

　이에 따라 영토관계소위원회는 미국의 안보를 위해 북태평양지역과 이
에 영향을 미칠 한국의 정치상황의 중요성을 평가했다. 1944년 3월 미 국무
성은 어떠한 군사작전이든지 간에 한반도에서의 미국의 참여를 인식했
다.[33] 미 국무성 보고서는 소련군이 단독으로 한국을 점령할 경우, 미국의
태평양안보에 위협이 된다고 지적하면서 소련의 의도를 부정적으로 평가했
다.[34] 아무튼, 미국은 소련과의 협력·대결 속에서 '분할된 지역이 아닌 단
일체'[35]로서의 한국 문제 해결을 모색하고자 미·영·중·소(대일참전을 조건
으로)에 의한 연합국 대표부의 설치를 강조했다. 또한 그러한 틀 속에서 미
국의 주도적 역할을 상정했다. 포츠담회의에서 구체화된 한국 문제에 관한
미국의 입장은 점령 후 군사정부의 수립, 신탁통치, 국제연합의 이용으로 요
약할 수 있다. 1945년에서 48년까지 미군정 3년간 미국이 위에서 언급한 세
가지 방식을 한국에 차례로 적용했다는 점은 결코 우연한 일이 아니다. 1943
년 말에 입안된 한국에 대한 기본 정책이 이후 일련의 맥을 가지고 지속적
으로 적용되었던 것이다. 미국에 의해 구상된 신탁통치란 결국 한국에서의
미국의 이익을 보장하고 소련의 이익도 함께 고려한 장치에 불과했다.[36]

　하여, 1945년 이전 미국은 한국에 대해 뚜렷한 정책을 가지고 있지 않았
다고 보는 것은 잘못된 판단이다. 위에서 언급한 바, 일관된 정책이 분명히
존재했으며 단지 미국 내 여러 기관의 다양한 견해가 서로 마찰을 빚었기
때문에 그렇게 보였을 뿐이다. 특히, 미 국무성은 소련이 한반도에 '우호적

---

32) Cumings, *ibid.*, pp.113-114.
33) *Ibid.*, p.114.
34) 이 보고서는 극동소련에 소비에트 이데올로기로 철저히 무장되고 정부조직 능력을
　　가진 3만 5천 명의 한국인이 살고 있음도 지적하고 있다. *Ibid.*, p.115.
35) *Ibid.*
36) *Ibid.*

인 정부'를 세우고자 할 것이며 그러한 정부가 들어설 경우 한국의 정치·경제·사회적 상황들이 공산주의를 수용할 유리한 조건에 있다고 판단했다. 따라서 미 국무성은 한반도에 들어설 정권이 강력하고 민주적인 정권이 되도록 원조해야 한다고 권고했다.

IV. 미·소의 한반도 점령정책

1. 소련의 대일참전과 38선

태평양전쟁의 상황은 미국이 예상했던 만큼 빠른 속도로 진전되지 못했으며, 따라서 한국에 대한 미국의 관심도 적극적으로 진척되지 못했다. 미국의 입장에서는 일본본토의 점령 이후에나 한국 문제에 관심을 돌려야 했다. 미국은 이미 1945년 11월 1일 일본본토를 공략할 계획을 수립하고 있었으나 한국에 있어서 군사작전은 소련에 의지해야만 했다. 미국은 소련에게 대일참전을 독려하고 만주에서 일본 관동군과의 교전을 종용했다.[37] 미국은 만주에 있는 일본 관동군의 전력을 높이 평가하고 있었다.[38] 이러한 평가에 따라, 미국은 일본본토를 공략할 경우 많은 인명손실이 예상되며, 만주와 한국까지 점령하려고 할 경우 엄청난 인명손실을 감수해야 한다고 믿었다. 만주와 한국을 공략함으로써 야기될 인명손실을 최소화하기 위해 미국은 소련에 그 역할을 떠맡기고자 했다. 소련이 대일전에 참가하여 치를 엄청난 희생의 대가는 자명했다. 얄타회담에서 제시된 것처럼, 스탈린은 만

---

37) 1945년 6월 미국은 만주와 한국에 있는 관동군을 87만 5천 명, 본토(큐우슈)에 있는 일본군을 30만 명으로 각각 평가했다.

38) Cumings(1981), *op. cit.*, p.118.

주의 모든 지역과 한국 그리고 가능하다면 중국본부 일부지역도 요구할 것이며, 미국은 소련의 요구를 기꺼이 받아들일 자세였다.

1945년 8월 초까지 미국은 소련의 화급한 참전이나 일본에 투하할 원자폭탄의 위력을 예견하지 못했다. 미 군부 일각에서는 한국의 전략적 무용론을 제시하면서 한국을 제외한 긴요한 지역에서의 미군의 확실한 선택을 주장했다. 포츠담회담 중 앨라모고도(Alamorgordo)와 뉴멕시코(New Mexico)에서의 수소폭탄 실험성공은 미국의 입장에 커다란 변화를 가져왔다.[39] 트루먼 대통령은 외교적 협상을 포기하고 전쟁을 빨리 종결지으려는 쪽으로 방향을 잡았다. 또한 트루먼은 소련을 전후 아시아 문제 논의에서 배제하려고 했다.[40] 미국은 히로시마와 나가사키에 각각 8월 6일과 8월 9일에 원자폭탄을 투하했으며, 소련은 예상 밖으로 빠르게 아시아 본토에서 일본군과 개전을 했다. 일본의 항복은 쉽게 이루어졌으며, 결국 소련은 북위 38도선 이북을 그리고 미군은 그 이남을 분할 점령하기에 이른다.

38도선의 획정에 대한 논의는 다소 이견이 있으나 대체로 다음과 같이 요약된다. 본스틸(Charles H. Bonesteel) 대령과의 회의 도중, 딘 러스크(Dean Rusk) 소령은 3성조정위원회 육군성 대표인 맥클로이(John J. McCloy)로부터 '최대한 북쪽에서 일본군의 항복을 받고자 하는 것이 미 국무성의 의도'라면서 군부의 입장인 '점령지역의 범위를 규정짓는 미군사력의 한계'를 고려하여 한반도의 분할방안을 강구하도록 요청받았다.[41] 러스크는 소련이 거부할 경우를 대비하여 좀 더 북쪽으로 분할선을 책정했으며, 이른바 38선이 탄생했다.[42] 군사편의주의로 획정된 38선은 이후 하나의 정치적 분계선, 더 나아가 한반도 분단선이 되고 만다. 미국의 제안에 소련은 기꺼이 이 안

---

39) *Ibid.*, p.120.

40) Mark Paul, "Diplomacy Delayed: The Atomic Bomb and the Division of Korea, 1945," in Bruce Cumings, ed.(1983), *op. cit.*, pp.67-68; Matray, *op. cit.*, p.51.

41) *FRUS 1945*(1969), p.1039.

42) 한반도의 분할선에 대한 역사적 논의들은 평양선, 개성선, 한강선 등을 들 수 있다.

을 받아들였다. 스탈린이 미국의 제의를 선뜻 받아들인 것은 대일참전에 따른 적절한 보상이라 생각했을지도 모른다. 미국과 마찬가지로, 소련도 한반도에 자기 쪽에 우호적인 통일된 정부가 수립되길 바랐지만, 38선 이북을 확보함으로써 소련의 안보에 큰 도움이 되리라고 믿었던 것 같다.

미소 양국의 합의에 따라 미군은 수도 서울을 포함하여 인구의 3분의 2와 훌륭한 경공업지대 및 농업생산력을 갖춘 38선이 이남을 점령했고, 소련은 중공업이 발달되고 지하자원이 풍부한 이북을 차지했다. 소련은 미군이 진주하기 한 달 전부터 한반도에서 작전을 개시했지만 연합국 간의 협력, 특히 미국과의 협정을 준수하기 위해 활동범위를 축소하여 38선 이남까지 진군을 하지 않았다.[43] 결국 미국은 협조나 신탁통치보다는 군사적 점령이 가장 확실한 방법임을 터득했으며, 포츠담회의에서 거의 양보하다시피 한 한반도에 일본의 갑작스런 항복으로 미군을 진주시킬 수 있었다.

2. 미군의 남한점령정책

맥아더 장군 지휘하의 태평양지구 미군사령부는 1945년 5월 일본본토를 공략한 후 한국을 점령한다는 작전계획을 수립했다. 1945년 7월 16일에는 전황의 변화에 따라 보다 상세한 점령지침을 마련하고 있었다.[44] 1945년 6월 23일 맥아더는 스틸웰(Joseph W. Stillwell)을 제10군 사령관으로 임명했으나 10군 산하 24군단을 자신의 직접 통제하에 두었다. 스틸웰이 지휘하는 미군이 직접 중국이나 한국에 진주하는 것을 반대한 장제스의 의견이 워싱턴 당국에 의해 받아들여졌기 때문이다. 24군단 사령관에는 하지가 임명

---

43) Cumings, *op. cit.*, p.121.
44) 비밀작전계획(Operation Baker)으로 명명된 이 지침서는 한국에 대한 3단계 점령계획을 내용으로 하고 있다. 제1단계는 서울과 인천지역, 제2단계는 부산지역, 제3단계는 군산지역이며, 동원될 군대는 10군 산하 24군단 중 3개 사단으로 내정되었다. *Ibid.*, p.123에서 재인용.

되었으며 주한 미군정의 책임자를 겸임하게 되었다. 하지의 군대는 한반도의 정치적 공백을 메꾸기 위해 파견될 미군 중 가장 신속히 이동할 수 있는 지리적 위치에 있었기 때문이다. 하지는 아시아, 특히 한국의 문화나 역사 그리고 정치상황 등에 아무런 지식이 없었던 군인이었다.

일본이 항복하기 4일 전 소련주재 해리만 대사는 한국과 만주로 미군 보병사단을 신속히 이동시킬 것을 요구하는 전문을 워싱턴 당국에 보냈으며, 트루먼의 개인고문이며 전쟁 복구단 대표인 폴리(Edwin Pauley)도 가능한 빨리 미군을 한국과 만주의 공업지대로 진주시켜야 한다고 촉구했다.45) 이러한 상황하에서 한국, 만주 등을 점령하기 위해 사전준비를 갖추지 못한 채 오키나와에 있던 24군단이 파견되기에 이른다. 24군단의 진주는 9월 말로 예정되어 있었으나, 일본의 갑작스런 항복과 소련군의 급속한 만주와 한국 진격으로 수차례의 변경 끝에 '소수선발대'가 9월 6일 한반도에 첫발을 딛게 되었다. 미국의 입장은 한국 문제에 대한 신탁통치실시가 아니라 소련의 후원을 받는 정권의 탄생을 저지하기 위해 하루속히 수도 서울을 장악하는 것이었다.

미국의 눈에는 한국이 어떻게 이해되고 있었는가? 카이로선언은 한국을 일본제국주의의 희생자이며 적이 아니라고 규정하고 있다. 1945년 8월 14일 스틸웰 장군은 한국을 반우호국으로 규정했다. 맥아더 장군은 한국 국민을 해방 국민으로 대우하라고 24군단에 지시했다. 그러나 하지 장군은 한국을 미국의 적으로 간주하고 적국에 취하는 관례에 따라 모든 임무를 수행하라고 명령했다.46) 왜 이러한 견해차이가 생겨났는가? 이를 이해하기 위해, 미국의 대한정책을 확정하는 과정에서 일본의 역할에 주목할 필요가 있다. 8월 29일 조선총독부는 오키나와 미군사령부에 북한 내 일본인들의 생명과 재산이 위험에 처해 있다고 호소하면서, 남한의 일본군대로부터 평화와 질서유지를 인계받을 연합군이 빨리 도착하기를 기대한다는 연락을 취했다.

45) *Ibid.*, p.124에서 재인용; 또한 Matray, *op. cit.*, ch.2 참조.
46) Cumings(1981), *op. cit.*, p.126에서 재인용.

아울러 조선총독부는 연합군이 행정권을 이양받기 전에 한반도의 상황에 대한 충분한 고려를 요청했다.[47] 맥아더 장군은 24군단 하지 장군에게 위와 같은 내용을 알리고 남한에서의 상황전개에 따라 조선총독부가 보낸 내용을 고려하여 임무를 수행하라고 지시했다. 이후 수차례에 걸친 조선총독부와 24군단 간의 정보교환에서, 하지 장군은 한국 내에는 평화와 질서를 파괴하려는 공산주의 세력이 준동하고 독립을 선동하는 한국민들이 많다고 판단하게 된 것 같다. 즉, 일본인의 정보와 도움은 미군이 한국에 진주하는 데 있어서뿐만 아니라 미군정의 행정에도 커다란 영향을 미쳤다.

하지 장군은 한국의 혁명세력과 민족주의세력을 억압하는 데 일본인의 협력을 적절히 이용했다. 미 점령군의 눈에는 한국인이 적으로 그리고 한국 내 일본인들은 친구로 비쳤다. 제2차 대전의 전범국이며 패전국인 일본이 미국의 이익을 위해서는 이용 가능한 우방으로 바뀌었으며, 애당초 일본의 통치를 위해 계획된 미 점령군이 한국을 통치하게 된 것은 역사적 아이러니이며 약소민족의 비극이었다. 맥아더와 그의 참모진들은 한국통치에 있어 조선총독부의 기존 행정체제를 그대로 존속·이용했다. 육·해군 장교들은 극히 일부만 일본의 행정관을 감시하는 데 사용되고 대부분은 한국으로 이전되었다. 유일하게 태평양지역에서 한국에만 군사정부가 설치되었다. 9월 6일 미군이 최초로 한국에 진주할 때 87명의 장교와 요원들이 함께 들어왔으며 이후 450명이 한국에 주둔하거나 이동 중이었다.[48] 결국 200명의 장교들이 조선총독부의 행정권을 이양받아 미군정을 이끌었으며, 미군정은 국제주의자의 입장보다는 민족주의자들의 견해가 한반도정책에 있어 보다 합리적이고 미국의 국익에 유리하다는 것을 깨달았다.

---

47) *Ibid.*, p.127.
48) *Ibid.*, pp.128-129.

3. 소련의 북한점령정책

일본이 연합국에 무조건 항복하기 불과 일주일 전인 1945년 8월 8일 소련은 대일선전포고를 했다. 대일개전에 따라, 소련이 만주, 남사할린, 쿠릴열도를 점령하는 것은 연합구과의 잠정적 합의사항이며,[49] 논리석으로 예정된 것이었다. 그러나 소련의 군사행동이 한반도에까지 미칠 것이라는 예상은 쉽게 이해하기 힘들었다. 물론 한반도 문제에 대해 연합국 간에 논의가 있었으나, 스탈린은 원칙적으로 루스벨트의 4개국 공동신탁통치구상에 동의했으며, 미국과는 달리 그 기간이 짧으면 짧을수록 좋다고 했다.[50] 스탈린은 일본 제국주의를 소련의 최악의 적으로 규정하고 있었을 뿐 한국 민족의 해방 등 한국 문제에 관해 구체적 언급을 하지 않았다.

> "극동소련군 총사련관 바시레프스키가 수립한 작전계획에 의하면 제1 극동방면군, 제2 극동방면군, 자바이칼방면군과 몽고인민혁명군이 세 방향으로 만주를 공격하고, 태평양함대가 해상을 제압하여 일본과 만주의 연락을 차단하는 것으로 되어 있었다.… 보조적으로 … 편성된 남부분단을 훈춘에서 한 반도로 진격시키기로 되어 있었다. … 태평양함대는 공중과 해상으로 한반도의 항만을 공격하기로 되어 있었다. 그러나 당초에 계획에서는 상륙 작전은 명령되어 있지 않았다."[51]

소련의 한반도작전은 강력한 관동군을 분쇄하기 위해 일본군의 진로를 절단하는 데 불과한 보조적 작전이었다. 전쟁은 예상보다 빠르게 진행되었

---

49) 얄타협정은 그 내용을 구체화하고 있는데 만주에서의 권익(중동철도 공동경영, 여순의 조차, 대련의 자유항화)의 회복 및 남사할린의 반환과 큐우릴열도의 인도로 되어 있다. 그러나 한반도에 관한 언급이 얄타협정에는 전혀 없다는 점에 주의할 필요가 있다. 와다 하루끼, "소련의 대북한정책, 1945-1946,"『분단 전후의 현대사』(서울: 일월서각, 1983) 참조.

50) 김학준, "분단의 배경과 고착화과정,"『해방전후사의 인식』(서울: 한길사, 1979), pp.66-68.

51) 와다 하루끼, 앞의 논문, p.237.

으며, 개전 2일째인 8월 10일 소련 제25군의 주력은 동영을 점령하고 여기에 사령부를 이전했다. 남부분단은 9일 한국령 경흥을 통과하여 11일 훈춘을 점령했다. 태평양함대는 12일 아침 나진을 점령했다. 정전명령이 내려지기 며칠 전인 17일에는 제25군 산하 제393사단이 이미 나남을 점령하고 경성으로 진격하고 있었다. 태평양함대의 일부가 북한의 웅기, 나진, 청진, 원산을 점령한 사실을 발표했지만, 스탈린은 8월 23일 노·일전쟁에서의 패전의 오욕을 씻고 당시 빼앗긴 영토를 회복함으로써 대(對)일전쟁이 일단락되었다고 선언했다. 결국 만주, 남사할린, 쿠릴열도를 위한 전쟁이었으며, 스탈린은 한반도 전역의 점령을 바라지도 또 그럴 계획도 없었는지 모른다. 따라서 만주의 이권과 남사할린, 쿠릴열도에 집착하고 있던 소련으로서는 북위 38도선으로 한반도를 분할하자는 미국의 제안에 만족하고 이를 흔쾌히 받아들였다는 것이 결코 놀랄 만한 일은 아니다. 스탈린으로서는 미국의 제의가 한반도 북부에서의 위협을 제거하고 자신의 세력권을 형성할 수 있었기 때문이다.[52] 제25군 사령관 이반 치스챠코프 대장이 소련 점령군의 사령관으로 북한에 들어왔으며, 정치담당 부사령관격인 군사회의위원에는 니콜라이 레베제프 소장이 임명되었다. 연해주 군관주 군사회의위원인 체렌치 슈티코프의 지도 아래, 치스챠코프와 레베제프는 소련의 대북한정책을 입안하고 실행하게 된다.

우선 소련군 제25군 사령부를 만주 연길에서 평양으로 옮기기로 최종 결정했다. 구 평안남도 청사에 진주한 소련군 사령부는 북한인민들에게 원칙만을 언급한 포고문을 공표했다.

"조선인들이여! 소련군과 동맹국 군대는 한반도에서 일본 약탈자를 구축했다. 조선은 자유로운 나라가 되었다. … 조선인들이여! 기억하시오! … 당신네들은 자유와 독립을 추구했지만 이제 모든 것이 완전이 당신네들 세상이다. 소련군대는 조선인민이 자유로이 창조적인 노력을 기

52) Robert R. Simmons, *The Strained Alliance: Peking, P'yongyyang, Moscow and The Korean Civil War* (N.Y.: The Free Press, 1975) 참조.

울이는데 필요한 모든 조건을 제공했다.…"[53]

이 포고령은 조선인민에게 자유를 선언하고 있지만 소련군 사령부의 정책틀을 벗어나는 행위는 사실상 인정되지 않았다. 소련점령군은 함흥에서 결정했던 집행위원회 이용방법— 함남의 치안·행정 일체를 공산주의자와 건국준비위원회(건준위)로 구성된 집행위원회에 이양하고 헌병·경찰을 무장해제시키는—을 평양에도 그대로 적용키로 했다. 평양에서 치스챠코프와 레베제프는 조만식 등 건준위 위원과 공산당 평안남도위원회 구성원들을 동시에 초청하여 양측의 1대 1 합작을 요구하고, 조만식의 동의를 얻어 평안남도 인민정치위원회를 결성했다. 건준위 측은 소련 점령하에서 공산당을 거부하고는 아무것도 이룰 수 없다는 사실과 북한에 어느 정도 사회주의적인 정책이 필요하다는 인식하에 소련의 제의를 받아들였다. 이후 인민 정치위원회 결성은 각 도·지부 등 북한전역으로 확산되었다.

한편, 레베제프는 슈티코프에게 군내 전문가의 동원과 '혁명적 개혁의 소비에트적 경험전달'의 필요성을 보고했으며 슈티코프는 치스챠코프 사령관 휘하에 소련 민정부를 설치키로 결정했다. 민정부 요원은 한국계 소련군인과 민간인으로 구성되었으며 스탈린의 이름으로 내려진 북한점령정책에 대한 지령을 수행해 나간다.[54] 아울러 모스크바 3상회의를 통해 미·소에 의한 한반도 분할은 점차 가시화되었다. 12월 20일에 몰로토프에 의해 제출된 4개국 신탁통치에 관한 소련의 제안은 한반도에 있어서 미·소의 동등한 교섭권을 내포하고 있었다.[55] 이후 좌우 이데올로기의 대립, 인민위원회의 활동, 김일성의 대두와 정권장악 등 북한 내 상황에 대한 소련의 적극적인 개입이 구체적으로 전개되었다.

---

53) 와다 하루끼, 앞의 논문, p.258에서 재인용.
54) 위의 논문, p.261.
55) 위의 논문, p.292.

V. 맺음말

한반도의 분할 통치과정은 이렇게 시작되었다. '자력으로 이룩하지 못한 해방은 필연적으로 주변국의 힘에 의해 조국의 미래가 좌우될 것'이라는 김구 선생의 우려는 현실로 나타나기 시작하였다.

이 장에서, 필자는 〈한반도 분단〉의 과정을 미·소의 전시외교와 점령정책을 중심으로 분석하였다. 제2차 세계대전 당시 루스벨트의 국제주의가 전후 미국의 안보적 이익을 달성하고 구식민지 지역에서의 미국 상품시장 확보와 후견적 지위를 추구했다면 스탈린 또한 전후 세력권의 재편과 안정된 배후지의 확충을 통해 사회주의 혁명을 완수하고자 했다. 미국은 한반도를 4개국 신탁통치로 해결함으로써 소련의 발언권을 4분의 1로 축소하고자 했으며, 소련은 어디까지나 미국과 대등한 위치에서 임시정부 수립을 도모하는 방식을 제시했다. 미국의 한국신탁통치안은 소련에 대한 봉쇄정책의 성격을 띠었다. 트루먼 이후 신탁통치정책은 점령정책으로 바뀌고, 미국은 전(全) 한반도를 자신의 정책목적으로 설정하고 군사력에 의한 점령만이 가장 효과적인 방법이라고 결정하게 된다. 한편 소련은 북한에 정책목적을 집중하고, 철저히 북한에서 공산당세력을 강화시키고 조직화했다. 이러한 노력은 모스크바 3상회의 이전에 이미 상당한 결실을 보고 있었다.

한반도의 통일은 요원한 상태가 되었으며, 남북한 간 갈등은 점차 심화되어 갔다. 미국과 소련은 분할된 지역에서 자신의 세력권을 강화하기 위한 정책을 전개했다. 미군정은 극 좌·우 세력들―민족주의세력, 공산주의세력들을 거세하기 시작했으며, 소련은 간접정치방식을 통해 이미 조직화된 북한 내 정치세력들을 제거하고 자신에게 '우호적인' 세력을 지원하게 된다. 남북한에 독자적인 정권들이 들어서게 되고, 한국전쟁으로 이어지면서 한반도 분단의 고착화는 더욱 심화되고 구조화되었다.

참·고·문·헌

김경창. 1977. "2차대전과 전승국 회담외교."『정경연구』(11월).

김성주. 1989. "소련의 개혁·개방화와 대한반도 정책변화."『민족공동체와 국가발전』. 서울: 한국정치학회.

김학준. 1982. "제2차 세계대전시의 소련외교와 한국문제." 서울대 사회과학연구소.『사회과학과 정책연구』제4권 제1호(3월).

김학준. 1979. "분단의 배경과 고착화과정."『해방전후사의 인식』. 서울: 한길사.

와다 하루끼. 1983. "소련의 대북한정책, 1945-1946."『분단 전후의 현대사』. 서울: 일월서각.

Cumings, Bruce. 1981. *The Origins of The Korean War*. Princeton, N.J.: Princeton Univ. Press.

Cumings, Bruce, ed. 1983. *Child of Conflict: The Korean-American Relationship 1943-1953*. Seattle: University of Washington Press.

Department of State (*FRUS*). 1955. *The Conferences of Malta and Yalta 1945*. Washington, D.C.: U.S. Government Printing Office.

_____. 1960. *The Conference of Berlin, 1945*. Washington, D.C.: U.S. Government Printing Office.

_____. 1969. *Diplomatic Papers, 1945*. Washington, D.C.: U.S. Government Printing Office.

Djilas, Milovan. 1962. *Conversations with Stalin*. N.Y.: Harcourt, Brace & World, Inc.

Eden, Anthony. 1965. *Memoirs: The Reckoning*. Boston: Houghton Mifflin Co.

Eisenhower, Dwight D. 1963. *The White House Years: Mandate for Change: 1953-1956*. Garden City, N.Y.: Double Day.

Feis, Herbert. 1970. *The China Tangle: The American Effort in China from Pearl Harbor to the Marshall Mission*. Princeton: Princeton Univ. Press.

Gaddis, John L. 1972. *The United Stats and the Origins of the Cold War, 1941-1947.* N.Y.: Columbia Univ. Press.

_____. 1978. *Russia, The Soviet Union, and the United States: An Interpretive History.* N.Y.: John Wiley and Sons.

Hartz, Louis. 1955. *The Liberal Tradition in America.* N.Y.: Harcourt, Brace & World.

Jones, Gareth Stedman. 1973. "The History of U. S. Imperialism." In Robin Blackburn, ed. *Ideology in Social Science.* N.Y.: Vintage Books.

Levin, Gordon, Jr. 1968. *Woodrow Wilson and World Politics.* London: Oxford Univ. Press.

Louis, W. R. 1978. *Imperialism at Bay.* N.Y.: Oxford Univ. Press.

Matray, James Irving. 1985. *The Reluctant Crusade: American Foreign Policy in Korea, 1941-1950.* Honolulu: University of Hawaii Press.

Paul, Mark. 1983. "Diplomacy Delayed: The Atomic Bomb and the Division of Korea, 1945." In Bruce Cumings, ed. *Child of Conflict: The Korean-American Relationship 1943-1953.* Seattle: University of Washington Press.

Rosser, R. F. 1969. *An Introduction to Soviet Foreign Policy.* Englewood Cliffs, N.J.: Prentice Hall.

Schurmann, H. Franz. 1974. *Logic of World Powers: An Inquiry into the Origins, Currents and Contradictions of World Politics.* N.Y.: Pantheon Books.

Simmons, Robert R. 1975. *The Stained Alliance: Peking, P'yongyyang, Moscow and The Korean Civil War.* N.Y.: The Free Press.

Thorne, Christopher. 1978. *Alliance of A Kind: The United States, Britain, and the War against Japan, 1941-45.* N.Y.: Oxford Univ. Press.

한반도 분단의 구조화와 성격*

김성주 • 성균관대 명예교수

I. 머리말

분단의 단초를 제공한 연합국들, 특히 미·소의 전시외교와 한반도 점령정책은 우리에게 어떠한 역사적 유산을 남겼는가? 그리고 민족상잔의 비극을 가져온 한국전쟁은 우리에게 어떤 의미를 갖는가? 현재 한반도에서 진행되고 있는 남북한 간 갈등은 지난 역사의 산물이며 미래의 우리 모습을 보여 주는 족적이다. 이러한 것들은 국내정치적

---

* 이 글은 필자가 기(旣) 게재했던 한반도와 동북아시아 관련 논문들의 내용을 수정·보완하여 재구성한 것이다. 김성주, "국제정치와 한국전쟁," 성균관대 사회과학연구소, 『사회과학』 27-1(1987); 김성주, 『남북한 통일외교의 구조와 전략』(공저)(서울: 세종연구소, 1997); 김성주, "김대중 정부의 대북 포용정책: 현황과 과제," 한국국제정치학회, 『국제정치논총』 39-3(2000); 김성주, "한반도 비핵화와 평화체제 구축," 한국정치외교사학회, 『한국정치외교사논총』 28-2(2007); 김성주, "동북아 지역정체성과 지역공동체: 관념과 제도," 한국정치외교사학회, 『한국정치외교사논총』 제31집 1호(2009) 등 참조.

조건들도 중요하지만, 강대국들의 정책에 깔려 있는 근본적인 배경들을 이해함이 없이는 판단하기 어려운 문제들이다.

따라서 냉전사와 민족사의 맥락에서 한반도 분단을 분석할 때 분단체제의 성격 규명이 가능해질 것이다. 이는 역사적 퍼즐을 통사적 측면에서 재구성하고 재해석할 필요가 있음을 의미한다. 이와 함께 현재 한반도가 처한 상황을 대내외적으로 분석하여 분단체제가 안고 있는 총체적 맥락을 이해해야 한다. 중요한 것은 결과적으로 일련의 과정들이 한반도의 분단과 대립을 심화시키며 민족모순을 확대재생산했다는 점이다. 이는 아직도 진행 중이며 민족 에너지의 비생산적 방출을 지속화하고 있다.

이 장에서, 필자는 〈한반도 분단의 구조화〉를 한국전쟁을 중심으로 분석하고 〈한반도 분단의 성격〉을 규명하고자 한다.

II. 한반도 분단의 구조화: 한국전쟁

한국전쟁은 한민족의 동질성을 파괴하고 남·북한 정체의 경직성과 비민주적 요소를 심화시키는 결과를 가져왔다. 한국전쟁으로 한반도는 냉전의 논리와 극단적인 이데올로기의 최첨병 기지로 전락하였다. 또한 한국전쟁은 '우리들 시대에 있어서 전쟁과 국제정치의 패턴을 새롭게 형성했던 역사적 사건들 중의 하나'[1]였다.

냉전체제의 심화, 얄타협정체제의 붕괴, 새로운 형태의 지역분쟁의 관점 등 다양한 관점에서 한국전쟁의 원인과 결과에 대한 분석이 있지만,[2] 한국

---

1) Robert E. Osgood, *Limited War: The Challenge to American Strategy* (Chicago: The University of Chicago Press, 1957), p.163.

2) Bruce Cumings, *The Origins of The Korean War* (Princeton, N.J.: Princeton Univ. Press, 1981); Bruce Cumings, ed., *Child of Conflict: The Korean-*

민에게 중요한 점은 "왜 전쟁이 한반도에서 일어났으며, 이 전쟁이 한반도의 분단고착화 심화에 어떠한 영향을 미쳤는가?"이다. 이에, 냉전논리의 산물이자 결과적으로 냉전체제를 심화시켜 분단모순과 민족모순을 구조화시킨 한국전쟁의 성격과 본질을 국내·국제적 환경에서 역사·구조적으로 살펴볼 필요가 있다.

1. 한국전쟁의 발발 원인

1) 국제환경과 구조

1946~1950년의 국제환경은 미·소 초강대국에 의한 양극체제의 발전과 유럽 제국주의 국가들의 붕괴로 특징지어진다. 미국과 소련은 양극주의(bipolarism)의 관점에서 세계전략을 구축하고 있었다. 미국은 서유럽 국가들의 붕괴에 따른 '힘의 공백'을 메꾸기 위해 '고립주의'에서 탈피하여 대소정책의 일환으로 서유럽 국가들과 정치·군사적 제휴를 강화했으며, 서유럽 국가들의 전후 경제복구와 발전을 강력히 지원했다.

한편, 제2차 세계대전 이후 5년 동안, 소련은 이란, 터키, 그리스, 베를린 등의 지역에서 영향력을 증대시키기 위해 부단한 노력을 했으나 번번이

American Relationship 1943-1953 (Seattle: University of Washington Press, 1983); Robert Jervis, "The Impact of the Korean War on the Cold War," in *Journal of Conflict Resolution*, Vol.24, No.4(December 1980); Alvin J. Cottrell and James E. Dougherty, "The Lessons of Korea: War and the Power of Man," in Allen Guttman, ed., *Korea: Cold War and Limited War*(Lexington, Massachusetts: D.C. Heath and Company, 1972); Charles L. Robertson, *International Politics since World War II*(N.Y.: John Wiley & Sons, Inc., 1966); Glenn D. Paige, *The Korean Decision, June 24-30, 1950*(N.Y.: Free Press, 1968); David Rees, *Korea: The Limited War*(Baltimore: Penguin Books, 1970); Allen S. Whiting, *China Crosses the Yalu*(Stanford: Stanford University Press, 1968); Dean Acheson, *The Korean War*(N.Y.: W. W. Norton, 1971); Soon Sung Cho, *Korea in World Politics: 1940-50*(Berkeley and Los Angeles: University of California Press, 1967).

실패했다. 소련의 팽창주의정책(policy of expansionism)은 서유럽국가들의 저항과 대소 강경노선을 강화시켰다.

미·소 간 갈등은 더욱 고조되었으며, 미국의 대외정책결정자들은 종종 미·소 간 전쟁의 가능성을 현실적으로 받아들였다. 그 당시 원자핵무기 등 전략무기의 우세를 제외하고는, 미국의 재래식 군사력은 소련의 위협에 대처하기에 충분치 못했으며 국방예산 역시 소련에 비해 낮게 책정된 상태였다.3)

미국의 지도자들이 소련의 위협을 어떻게 인식했으며 미·소 간 전쟁 가능성의 확률이 얼마나 높았는지에 대해서는 명확하게 이야기할 수 없다. 어느 누구도 소련이 전쟁준비를 추진하고 있었다고 말할 수는 없었지만 NSC 20/2 보고서는 "소련이 군사위협을 통해서 정치적 목적을 달성하기 위해 꾸준히 노력하고 있다."4)고 지적했다.

그러면, 왜 미국과 소련은 서로 상대방의 의도를 잘못 판단하고 있었으며, 잘못된 판단에 근거하여 행동을 했는가? 미·소 간 시각 차이는 다음과 같은 몇 가지 일반·특수현상을 포함하는 양국 간 방어적 보편주의(defensive universalism)의 역설에서 발견할 수 있다.

첫째, 미·소는 냉전논리를 대외정책의 기조로 삼고 있었다. 냉전체제는 초강대국들이 상대적국의 위협을 견제하기 위해 자국민으로부터 자신들이 호전적인 대외정책과 개입주의적 정책을 지지받기 위한 제도적 장치이다. 다시 말해, 냉전체제는 초강대국들이 자신의 지배를 강화하기 위한 고도의 기능적 체제인 것이다. 이 체제는 매우 불안정해서 어느 때라도 폭발할 잠재성을 지니고 있다. 미·소 정책결정자들은 자국의 지배강화 등의 목적을 위해 이러한 위험을 기꺼이 수용하고 있었으며, 1950년 한국전쟁은 이러한 냉전논리를 보여주는 단적인 예였다.

둘째, 미·소는 상대방의 방어정책을 공격정책으로 해석했다. 이는 '방어'와 '공격' 개념의 모호성에서 연유한다. 미국과 소련은 상대방의 방어적

---

3) Robert Jervis, *op. cit.*, p.564.
4) *Ibid.*, p.565.

무기개발 및 군비확장을 자기의 안보에 대한 공격적 위협으로 간주했으며, 상대국을 견제하기 위해 불확실한 나선형적(insecure spiral) 군비경쟁게임을 강화했다.

셋째, 중국본토에서 중국공산당의 승리는 동아시아에 대해 관심을 천명해 왔던 미국을 강경노선으로 선회하게 했다. 중국에서 마오쩌둥의 승리는 냉전체제하에서 충격적인 사건이었으며, 미국의 대아시아정책 및 아시아 지역안보에 중요한 변수로 작용했던 것이다.

끝으로, 각자에게 본질적인 것은 상대방에게는 위협적인 것으로 인지되었다. 동유럽공산국가들을 포함하여 소련의 영향권 팽창과 안보정책은 미국에게는 위협으로 간주되었으며, 자유개방세계를 옹호하는 미국의 입장은 소련에게는 바람직한 현상이 되지 못했다. 구체적으로, 미국은 그리스와 서유럽 국가들에 대한 소련의 대외정책을 미국 영향권에 대한 도전으로 받아들였으며, 소련은 핵무기 포기를 암시했던 미국의 바루취 플랜(Baruch Plan)을 소련의 군사무기 파괴와 러시아인에 대한 위협으로 인지했다.

1950년까지 미국은 과잉생산에 따른 국내경제 문제, 세계경제의 불황, 자신의 지배체제 확립을 위한 대외정책수립 등을 해결하기 위해 가능한 한 미·소 간 긴장을 완화시키려고 하였으나 뚜렷한 성과를 거두지 못했다. 마셜플랜(Marshall Plan)을 통한 미국의 노력은 어느 정도 성공을 거두었으나 앞에서 열거한 문제들을 해결하기 위한 본질적인 수단이 될 수는 없었다. 따라서 한국전쟁이전 국제환경은 독일재무장에 대한 자유주의 국가 간 의견충돌, 미·소 간 대립의 고조, 자국의 경제발전을 위한 서유럽국가들의 국방비 증액거부 등으로 국제적 대립양상이 점점 표면화하고 있었다.

초기 냉전체제하에서 미국의 대외정책을 분석하는 데 있어 중요한 계획문서였던 미 NSC 68 자료에 의하면, 미국은 냉전을 진정한 전쟁의 하나로 규정하는 기본노선을 견지하고 있었다. 냉전을 지지하기 위해, NSC 68은 국내동원(domestic mobilization), 국방비증액, 그리고 롤-백 전략(roll-back strategy) 등을 공식적으로 규정하고 있었다.[5]

알페로비츠(Gar Alperovitz)가 지적한 것처럼, 초창기 봉쇄정책을 수행하기 위해 미국은 주로 원자폭탄 등 전략무기에 의존하는 군사정책을 추구했다.[6] 비록 미국의 트루먼 행정부가 북대서양조약기구(NATO) 회원국들과의 협조와 유럽주둔 미지상군의 증가에 대한 필요성을 인식했지만, 전통적인 미국민의 고립주의적 성향과 국방예산의 증가와 미지상군 해외주둔에 대한 미국민의 반대경향은 트루먼 행정부를 기본적으로 공군력에 의존케 했다. 따라서 트루먼 행정부는 소련의 군사팽창주의(military expansionism)를 견제하기 위해 원자폭탄 등 제한된 전략무기의 개발에 치중했다.

1950년대 미국의 핵무기독점은 대(對)소 견제를 위한 결정적 수단은 아니었지만 매우 중요한 수단으로 보였다. 이는 소련의 우세한 병력을 견제하기 위한 상쇄효과를 가져왔다. 그러나 소련 지도자들은 미국민은 결코 원자폭탄 사용을 허용치 않을 것이라고 인식했다.[7] 저비스(Robert Jervis)가 지적한 것처럼 미국의 원자핵무기 개발은 소련에 대한 원자핵무기 사용보다는 차라리 미국의 거대한 군수산업체(huge industrial complex)들의 대정부 로비활동으로 분석되었다.[8]

미국의 원자핵무기독점에 의한 대소정책은 소련이 원자탄을 제조하는 데 있어 오랜 시간이 필요할 것이라는 기본 가정에 근거했다. 그러나 1949년 9월 23일 소련은 시베리아에서 원자폭탄 시험을 성공적으로 마쳤다. 소련의 원자폭탄 보유와 함께, 세계 각국은 미국의 원자폭탄 독점이 더 이상 자국의 안보와 방어를 위해 방패 역할을 해줄 수 없다는 회의적 견해를 갖게 되었다.[9]

결론적으로, 1946년에서 1950년에 이르기까지 국제환경과 구조는 미·

---

5) *Ibid.*, pp.576-578.
6) Gar Alperovitz, *Atomic Diplomacy: Hiroshima and Postdam* (N.Y.: Vintage Books, 1967).
7) D. Rosenberg, "American Atomic Strategy and the Hydrogen Bomb Decision," in *Journal of American History*, Vol.66(June 1979), pp.68-69.
8) Jervis, *op. cit.*, p.566.
9) Charles L. Robertson, *op. cit.*, pp.105-106.

소관계의 악화, 양극체제적 시각 속에서 미·소의 대외정책형성, NATO 회원국 간의 갈등, 소련의 비호하에서 중국공산당의 중국본토 해방과 미국의 대중국 강경노선 지향 등으로 특징지어졌다. 미·소의 영향력(spheres of influence) 팽창정책은 양국이 직·간접적으로 개입하고 있는 지역에서 전쟁 발발의 가능성을 암시하고 있었다. 특히, 소련의 원자폭탄 실험의 성공과 원자폭탄 보유는 미국의 핵에 의한 절대적 우위를 감소시켰으며 공산권 내의 호전적인 모험심을 자극했다.

2) 동북아시아 지역환경과 구조

1946년부터 1950년, 동북아시아지역에서 미국의 역할에 대한 상이한 견해들이 미 트루먼 행정부 내에 나타났다. 서유럽지역에 대한 미국의 막중한 책임과 부담 때문에 동북아지역에 대한 미국의 역할은 상대적으로 약하게 나타났다. 즉, 미국 대외정책의 기본구조와 미군사력의 제한성은 미국의 서방우선정책과 맥을 같이 했으며, 동북아지역에 대한 미국의 유일한 대안은 지역우방국들과의 연계 속에서 대소·대중공 봉쇄정책을 견지하는 것이었다.

미국은 동아시아 국가들과의 공약을 준수하기 위해 약간의 미지상군을 배치했으며 일본과 필리핀을 방어하기 위해 최선을 다할 것이라고 거듭 강조했다. 이러한 미국의 의지는 국무장관 애치슨(Dean Acheson)의 발언에서도 확인되었다.10) 그러나 애치슨 장관은 다른 주변국가들은 스스로 자신의 방어능력을 길러야 할 것이며, UN은 그들 국가들을 도와주어야 한다고 주장했다.

중공 정부의 대두와 함께, 미국은 대동북아시아정책을 수정하지 않을 수 없게 되었다. 즉, 다수의 아시아 국가들이 중공 정부를 승인함으로써, 미국은 아시아에서 고립을 탈피하기 위해 부분적인 대외정책 조정을 시도하게

---

10) David S. McLellan, *Dean Acheson* (N.Y.: Dodd, Mead & Company, 1976), pp.209-211.

되었다. 미국은 장제스 국민당정부의 패퇴와 함께 지역 지도국으로서 중공
의 영향을 의식하게 된 것이다.[11]

그러나, 중국본토의 상실에 대한 미의회의 빗발친 비난에도 불구하고 트
루먼 행정부는 1949년 12월 중국인민공화국(PRC)이 건국될 때 조심스럽게
주시(wait-and-see approach)하는 태도를 견지했다. 1950년 1월 트루먼 대
통령은 미국 정부는 장제스 국민당정부를 방어하기 위해 무력을 사용하거
나, 군사원조 및 군사고문단을 파견할 수 없다고 발언했다.[12]

또한, 애치슨 국무장관은 알류산열도(The Aleutians)-일본-류큐열도(The
Ryukyus)-필리핀군도로 연결되는 미국의 태평양 '방어선(defensive peri-
meter)'을 구축함으로써 타이완과 한국을 제외시켰다. 동시에, 애치슨 국무
장관은 미국 정부는 일본의 방위를 포기하거나 약화시킬 의도가 전혀 없으
며, 일본의 안전과 방어를 위해 일본과 어떠한 협정도 체결할 것이라고 강
력히 시사했다.[13]

한편, 소련과의 밀착관계 속에서 중공은 국제정치체제를 미·소 간 양극
형태('two camp' international outlook)로 보았으며, 미국에 대해 이념적·혁
명적 강경노선을 취했다. 1950년 2월, 모스크바에서 소련과 중공은 상호우
호협정(The Treaty of Friendship, Alliance and Mutual Assistance)을 체결했
으며, 직·간접적으로 일본 제국주의의 재생과 일본에 동조하는 세력들(실질
적으로 미국을 의미)을 견제하는 공동목적을 달성하기 위해 '필요한 모든 조
치'를 취할 것에 동의했다.[14] 중공 정부는 소련과의 우호협정을 외부의 위
협과 간섭으로부터 신정부를 보호하는 데 필요한 장치로 보았으며, 소련은
일본에 대한 미국의 독점적 점령을 계속 비난했다. 이에 따라, 미국과 일본

11) Tang Tson, *American Failure in China, 1941-50* (Chicago: University of Chicago
    Press, 1963).

12) Roderick MacFarguhar, ed., *Sino-American Relations, 1949-1971* (N.Y.: Praeger,
    1972), pp.70-71.

13) *Ibid.*, pp.71-75.

14) *Oppose the Revival of Japanese Militarism* (Peking: Foreign Languages Press,
    1960), pp.1-4.

의 지도자들은 점령체제(occupation system)를 재조정할 필요가 있다고 인식했다.

중공의 국제무대 대두, 중·소의 밀착, 미국의 일본우선정책 등 동북아시아의 지역환경은 필연적으로 한반도의 정세에 영향을 미치게 되었다. 비록 한국에서 미국의 장기적 이익이 불분명할지라도, 1950년 전반기까지 트루먼 행정부의 한반도정책은 현상유지(status quo)로 간주되었다. 그러나 미국이 한국의 지정학적 중요성을 인식하고, 한국 정부의 방어능력강화를 중요한 정책목표로 설정하였더라도, 미국은 북한이 소련으로부터 지원받는 것에 비교할 만큼 군사·경제 원조를 해줄 강한 의지가 없었다. 또한, 미국의 대외정책은 서구·일본우선체제였으며, 한국의 방위는 소위 애치슨 라인에서 제외되어 있는 상태였다.

트루먼 행정부는 한반도의 문제를 UN을 통해서 해결하려고 노력했으며, 500명의 군사고문단을 제외하고 주한 미지상군병력을 철수시켰다. 단지, 상징적인 의미로서, 1950년 1월 한국과 미국은 군사원조협정에 서명했으며, 미국 정부는 약간의 대한(對韓) 경제원조를 위해 미 의회를 설득하는 데 그쳤다.

한편, 남·북한 정권은 대화를 통해 통일 문제를 논했으나, 양측의 견해 차이는 좁혀지지 못했으며, 대화가 결렬되었을 때는 군사력의 대립만이 유일한 수단으로 남았다. 북한의 군정보소식통들은 북한의 군사력 우위를 지적했다. 그 당시, 남·북한 간 병력수는 거의 비슷했으나, 북한은 소련제 무기로 잘 무장되어 있었다. 비록, 덜레스(John F. Dulles) 미 국무장관이 남한이 북한으로부터 침공당할 경우 미국은 남한을 지원할 것이라고 거듭 천명했으나 한반도를 둘러싼 국제·지역환경은 한반도에서의 전쟁을 자극시키고 있었다.

미국의 영향권하에 있는 한국과, 소련의 강력한 지지를 받고 있는 북한의 미묘한 대립은 냉전체제하에서 이러한 국제환경의 변화에 민감하게 반응했다. 따라서 한국전쟁의 발발은 미·소 간 냉전의 논리가 남·북한 간 실전(hot war)으로 표출되었다고 할 수 있다.

2. 한국전쟁의 전개

1950년 6월 25일 한국전쟁은 미국의 패권주의와 봉쇄정책을 시험해보고자 하는 소련의 지원을 받은 공산주의자들의 군사적 도발이었으며, 동북아시아에 있어서 강대국 간 영향력 경쟁을 위한 무력충돌이었다. 일본의 항복과 함께, 한반도는 미·소 간 냉전의 시험장소가 되었으며, 남과 북은 38도선을 기선으로 '일시적으로' 분단되었다. 그러나 두 초강대국과 남·북한의 피보호 정권들은 그들의 방법에 따라 한반도를 통일하고자 했으며, 어느 한쪽도 통일 문제에 대해 상대방의 의견을 수용하려 하지 않았다.[15] 따라서 한국전쟁은 남북한에게는 분단구조의 고착화 과정이었으며, 서방국가에게는 냉전체제 역사에 있어 하나의 변곡점이었다.

소련이 공급한 탱크를 앞세우고 북한 군대가 휴전선을 넘음으로써 한국전쟁은 시작되었다. 전쟁이 발발한 지 이틀 후 1950년 6월 27일 미 트루먼 대통령은 "한국에 대한 침공은 공산주의자들이 독립국가를 점령·정복하기 위한 술책을 여실히 드러냈으며 무력침입과 전쟁도 불사한다는 의지를 나타냈다"[16]고 비난했다. 또한 트루먼은 북한공산군의 침공을 아시아에서 미국의 이익에 대한 강력한 도전이라고 규정짓고, 미 의회에 공산주의자들의 도발에 대한 반격을 위해 미군의 개입을 요청했다. 트루먼은 미군에게 출동태세를 명령했으며, UN안전보장이사회의 조속한 개최를 요구했다. 소련의 불참 속에서, UN안전보장이사회는 즉각적인 전쟁중지와 북한군의 38선 이북으로의 복귀를 요청하는 결의문을 채택했다.[17]

후속조치로, 트루먼 대통령은 서울로부터 미국 시민의 철수를 위해 미공

---

15) Hak-Joon Kim, *The Unification Policy of South and North Korea: A Comparative Study* (Seoul, Korea: Seoul National University Press, 1977), pp.69-87.

16) Harry S. Truman, "Memoirs," *Vol. II, Years of Trial and Hope* (New York: Double Day, 1956), p.339.

17) *Ibid.*, p.111.

군기의 옹호를 맥아더(MacArthur) 장군에게 일임했으며, 한국 정부에 무기 등을 포함한 군장비를 공급하도록 명령했다. 아울러, 트루먼 대통령은 미 국무성과 국방성에 폭격 가능한 소련기지를 파악하도록 지시했으며, 미 공군에게 동북아지역에 있는 모든 소련기지를 파괴할 계획을 수립하도록 훈령했다. 또한, 트루먼 대통령은 중공을 견제하고자 중공의 공격으로부터 타이완을 방어하기 위해 미 7함대를 타이완해협으로 급파했다. 미국은 이미 소련의 위협에 대항하여 세계전략적 차원에서 필리핀과 인도네시아에 군사원조를 제공하고 있었으며, 타이완을 방어하고자 하는 미국의 결정은 이러한 맥락에서 평가되었다.

트루먼 대통령은 한국에 대한 미국의 전면적 해·공군지원을 주장한 애치슨 제안을 승인하고, UN안전보장이사회의 집단적 결의가 있기 하루 전날 한국에 미군을 파견하겠다는 독자적인 의지를 강력히 표명했다. 1950년 6월 27일 UN안전보장이사회는 "UN 회원국들은 북한의 무력침공에 단호히 대처하고 한반도에서 국제적 평화와 안보를 회복하기 위해 한국을 지원한다."[18] 고 결의했다. 이러한 UN의 결의는 한국전쟁에 대한 미국의 직접 개입을 합법화했다.

맥아더 장군은 한국전선을 직접 시찰했으며 트루먼 행정부에 긴급요청을 구했다.[19] 맥아더 장군의 긴급군대요청에 따라, 트루먼 대통령은 1950년 6월 30일 1개 연대 전투부대를 한국전선에 투입했으며, 곧이어 2개 사단 병력을 일본에서 한국으로 이동시켰다. 7월 8일 맥아더 장군은 주한 UN군 사령관에 임명되었으며, 16개국 UN참전국가에서 차출된 병력을 지휘·통솔할 권한을 가지게 되었다.

1950년 7·8월의 기간까지 미 전투병력을 포함한 한·UN연합군의 강력한 저지의욕에도 북한군의 남침을 완화시키지 못했으며, 8월 초 북한군은

---

18) Glenn D. Paige, *op. cit.*, pp.204-205.
19) Courtney Whitney, *MacArthur: His Rendezvous with History* (N.Y.: Alfred A. Knopf, 1956), pp.322-333.

대구와 부산으로 이어지는 동남해안지대를 제외하고 전 국토를 장악했다. 북한군의 승리가 결정적인 듯했다.

그러나 같은 해 9월, 맥아더의 극적인 인천상륙작전 성공은 전세를 한국 군과 UN군에 유리하게 반전시켰다.[20] 맥아더 장군 휘하의 UN군은 38도선 이북으로 북한군을 밀어붙였으며, 빠른 속도로 북한지역으로 진군했다. 새 로운 상황의 전개와 함께, 미국의 궁극적인 목적은 북한의 침략을 격퇴하고, 총체적인 군사적 승리를 통해 한반도를 통일하는 것이었다.[21]

1950년 10월 15일, 웨이크 섬(Wake Island)에서 트루먼과의 비밀회담에 서 맥아더는 UN군의 승리는 단시일 내로 이루어질 수 있다고 호언장담했다. 맥아더 장군은 중공의 한국전쟁 개입의 징후가 보이기는 하지만, 만약 중공 군이 개입된다면 대량학살을 모면할 수 없을 것이라고 주장했다.[22] 이러한 맥아더 장군의 발언은 중공 정부의 움직임과 능력을 과소평가한 결과였다.

중공 정부는 UN군의 북진에 따라 자국의 안보에 위협을 느끼기 시작하 였으며, 이웃 공산국가의 고전에 연대의식을 갖게 되었다. 정치·경제 등 국 내 상황의 불안정에도 불구하고, 중공은 대량의 중공군을 한국전선에 투입 하기에 이른다. 중공 정부의 한국전선 참전결정은 여러 요인에서 살펴볼 수 있다. 국제정치적 측면에서 볼 때, 미 제국주의의 확장을 견제키 위한 중· 소의 연대의식이 강하게 작용했다고 할 수 있다. 소련과의 밀착관계 속에서, 중공은 동북아의 현상유지를 원했으며, 미·일에 연계되는 세력들에 의한 현상파괴를 원하지 않았을 것이다. 둘째, 타이완 등 동아시아에 대한 미국 의 강력한 지지는 장기적인 안목에서 중공의 안보에 위협이 되었으며, 한반 도에서 미국의 독점적 지위는 이러한 위협을 배가시킬 것으로 판단했다. 셋 째, 대북한관계에 있어, 중·소의 형평유지와 전통적인 중·한반도관계의 회 복을 원했다. 이러한 경향은 소련의 지원하에 북한 정권이 들어선 이래 중

---

20) David Rees, *op. cit.*, pp.77-97.
21) 미 행정부는 통일한국에 대한 영구중립화계획을 심각히 고려했다. *Foreign Rela-tions of the United States, 1950*, Vol.7(1976), pp.972-981.
22) Allen S. Whiting, *op. cit.* 참조.

공지도자들에게 잠재적으로 깊이 인식되었으리라는 점이다. 넷째, 중공 정부는 정치·사회·경제적으로 불안정한 국내 문제를 대외로 수렴시키고자 하는 강한 유인을 느꼈으리라 생각된다. 이러한 점은 마오쩌둥과 류사오치의 이념적·정책적 대립에서 잘 나타나고 있다.

1950년 10월 말~11월 대규모 중국인민지원군(CPV: Chinese People's Volunteers)이 압록강을 넘었으며 전황은 일시에 반전되었다. CPV는 UN군에 치명적인 타격을 주면서, 1951년 1월 초 서울을 재점령하고 남진을 계속했다. 1951년 7월까지, 치열한 공방전을 거듭하면서 전쟁은 38선을 전선으로 소강상태에 들어갔다.

한편, 트루먼 대통령은 정책적 불화 때문에 맥아더 장군을 연합군최고사령관(SCAP: Supreme Commander for the Allied Powers)과 주한 UN군 사령관직에서 해임하였다. 맥아더 장군을 포함한 국방성은 중공군을 저지하기 위해 만주에 원자폭탄을 투하하자고 주장했으나, 국방성은 현 상태에서 한국전을 휴전시키고자 했다. 트루먼 대통령의 맥아더 장군 해임은 이러한 정책적 대립의 표출이었다.

1951년 7월 10일 개성에서 최초의 휴전교섭이 시작되었으나, 휴전협정 타결을 위해 2년 동안의 지루하고 소모적인 시간이 소요되었다. 미국은 정치적 협상의 주도권을 장악하기 위해 중공에 대한 미 해·공군력 사용 및 북한지역과 만주 등에 대한 전략적 핵무기 사용의 가능성을 시사했다.[23]

결국, 한국민에게 엄청난 비극을 몰고 왔던 한국전쟁은 남·북한 특히 남한의 의지와는 상관없이 휴전상태로 끝났다. 한국전쟁은 남한에서만 수백만 명의 민간인(사망자 37만 명, 부상자 23만 명, 실종 31만 명)과 군인(사망자 15만 명, 부상자 71만 명, 실종과 전쟁포로 13만 명)의 인명피해를 가져왔다.[24]

---

23) Dean Acheson, op. cit., pp.119-122; Dwight D. Eisenhower, The White House Years: Mandate for Change: 1953-1956 (Garden City, N.Y.: Double Day, 1963), p.180.
24) Rees, op. cit., p.460과 네이버 지식in 참조. 아직 정확한 수치가 밝혀지진 않았지만, 북한까지 포함한다면 사상자 수는 천문학적으로 늘어날 것이다.

경제적 피해는 1949년도 남한 GNP를 넘어서는 2억여 달러에 이르렀다.[25] 또한, 한국전쟁은 한국민에게 동족상잔이라는 치유할 수 없는 깊은 상처를 남겼다. 초강대국에 의해 주도된 냉전의 논리는 남·북한 당사자들의 행위를 지배했으며, 극단적인 이데올로기의 대립은 실전의 형태로 한반도를 휩쓸고, 한반도의 안정과 평화는 요원해졌다.

3. 한국전쟁과 국제·지역정치의 상관성

1940년대 말까지 대부분의 대외정책결정자들은 전쟁의 위험에 대해 반신반의했다. 미국은 소련을 위협적인 상대로 보았지만 약한 상대로 인식했다. 미·소는 상대방을 팽창주의자로 규정했지만 조심스럽게 행동하는 제한된 팽창주의자로 보았다.

한국전쟁을 통해, 미국은 소련을 지역전쟁뿐만 아니라 전면전쟁(general war)을 일으킬 수 있는 상대로 인식하였으며, 중공의 개입은 이러한 인상을 더욱 강하게 심어주었다. 따라서 또 다른 전쟁의 위험성에 대처하기 위한 방어정책이 필연적으로 요구되었다.

한국전쟁은 NATO 회원국들의 결속에 결정적인 영향을 미쳤다. 1950년 9월까지 NATO 회원국들은 소련의 공격에 대응하기 위해 공식문서협정에 합의를 보았으나, NATO 회원국들의 결속은 미국의 핵타격 능력에 의존하는 상징적 의미를 벗어나지 못했다. 한국전쟁은 NATO 회원국 간 결속을 보다 구체화시켰으며 각 회원국에게 각자의 대외정책을 재조정할 기회를 부여했다. 구체적인 결과는 유럽주둔 미군의 양적 증가, 영국·프랑스의 미국과의 이해증진, 독일의 재무장 움직임, 그리고 NATO의 내부구조 개편으로 나타났다. NATO 회원국들은 자국의 국방비 증가에 호의적인 반응을 보였

---

25) W. D. Reeve, *The Republic of Korea: A Political and Economic Study* (N.Y.: Oxford University Press, 1963), p.103.

으며, 다소의 의견 차이에도 불구하고 미국의 강력한 지지를 얻기 위해 독일의 재무장원칙에 일반적인 동의를 표명했다.[26]

독일재무장 문제는 1년여를 걸쳐 NATO 회원국 간의 의견 차이를 좁히지 못했으나, 애치슨 미 국무장관은 중앙사령부 관할하에 하나의 통합된 군사력은 서유럽지역의 안보뿐만 아니라 세계안보에도 꼭 필요하며, 서독의 참가 없이는 효과적 군사체제가 불가능하다고 역설했다.[27] 1950년 10월 24일, 프랑스 슈만(Schumann) 외무장관은 NATO 회원국이 받아들일 수 있는 독일재무장안인 프레븐 계획(Pleven plan)을 제시했다.[28] 회원국들 간의 일련의 교섭을 통해 독일은 각국과의 교섭을 위한 외무부의 기능을 부활시켰으며 정식적인 외교설립을 인정받았다. 따라서 독일의 국내산업과 입법기능에 대한 연합국들의 통제와 제한은 점차 감소되었다.

국제정치의 구조 속에서 독일의 중요성은 점점 명백해졌으나, 독일 사회민주당(Social Democratic Party) 지도자들은 독일의 재무장은 서유럽의 방어망이 구축되기 전에 소련의 보복을 자극할 것이라고 주장했다. 독일은 서유럽 국가들에 비해 상대적으로 강력한 지상병력을 보유한 소련을 두려워했으며, 만약 다시 전쟁이 발발하면 서유럽 국가들은 독일지역에 방어선을 구축할 것이며, 서독은 다시 전쟁의 무대가 될 것이라는 점을 우려했다.[29]

따라서, 아덴아우어(Adenauer) 독일 정부는 일부 독일지도자들의 반대를 무마하기 위해 서유럽 열강들에게 단호하고 적극적인 자세를 취했으며, 상대적으로 군사·경제원조 면에서 더 많은 이득을 취할 수 있었다.

2년여 동안에 걸쳐 추진된 독일재무장화와 서유럽 군사력 강화를 포함한 NATO체제의 활성화 문제는 1952년 유럽방위체제(EDC: the European

---

26) R. Rosecrance, *Defense of the Realm* (N.Y.: Columbia University Press, 1968), pp.140-141.

27) McLellan, *op. cit.*, p.329.

28) *Ibid.*, pp.347-366.

29) Louis J. Halle, *The Cold War as History* (N.Y.: Harper & Row, Publishers, 1967), pp.251-253.

Defense Community)의 창설을 위한 협약으로 상당한 진전을 보게 되었다. 그러나 역사적으로 뿌리 깊은 독·프의 적대감정 때문에 프랑스는 독일의 재무장을 강력히 주장하는 미국의 제안을 연기시키고,[30] 독일의 재무장 문제와 관련하여 석탄·철강에 대한 구주협력체를 포함하는 슈만플랜(the Schumann Plan for a Coal and Steel Community)의 승인을 얻기 위해 독일 문제를 이용하고자 했다. 따라서 프랑스는 자신의 제안에 대한 승인 없이는 어떠한 형태로든 독일의 재무장에 대해 동의할 수 없다고 으름장을 놓았다.

아무튼, 한국전쟁을 계기로 미국은 연합군최고사령부 통괄하에 NATO 를 활성화하기 위한 통일된 지휘체제 확립에 성공했으며, 연합군 최고사령관에 아이젠하워(Eisenhower)가 임명되었다. 연합군들은 독일 내에 공급, 통신 그리고 공군기지 시설 등의 체제를 구축했다.

둘째, 한국전쟁이 국제관계에 미친 또 다른 영향은 소련의 군사력에 대항하여 서유럽 군사계획 입안자들의 외교적 접근을 들 수 있다. 현실적으로 소련의 병력에 대응하기 위해서는 NATO 회원국들이 보유했던 12개 사단 규모의 병력을 100개 사단 규모로 증강해야만 했다. 1953년 NATO 회원국들은 군사력의 취약점을 보강하기 위해 상호협의 끝에 병력의 증가뿐만 아니라 탱크, 포병, 그리고 전략적 공군력의 지원과 중화기로 무장된 사단들로 NATO 사단을 대체했다. 또한, 그리스와 터키가 새로운 NATO 회원국이 됨으로써, 소련은 발칸반도 쪽의 NATO 두 회원국 국경에도 전력의 일부를 배치해야 하는 부담을 갖게 되었다.

셋째, 한국전쟁은 제한전쟁의 가능성을 보여 주었다. 지역분쟁의 경우, 미·소 초강대국의 직접충돌보다는 지역국가들에 의한 대리전쟁의 가능성과 물리적 정면충돌보다는 정치적 타협에 의한 분쟁해결방법을 터득하게 되었다. 또한, 미국은 핵무기 사용의 한계성과 유사한 분쟁이 발생했을 경우, 재래식 군사력의 필요성도 인식하게 되었다. 따라서 전쟁을 피하는 것이 최선의 방법이지만, 만약 전쟁이 일어났을 경우, 제한전쟁에 의한 분쟁해결을 차

---

30) McLellan, *op. cit.*, pp.361-363.

선책으로 간주하게 되었다. 한국전쟁 이후 미 학계에서 제한전쟁이론이 활발히 논의된 것은 결코 우연이 아니었다.

넷째, 한국전쟁은 UN의 역할을 활성화시켰다. 한국전쟁에 대한 UN의 즉각적인 반응은 구태의연한 UN체제에 활력을 불어 넣었으며, 앞으로 국제분쟁이 야기될 경우, UN은 국제평화와 안보 문제에 우유부단하지 않겠다는 의지를 보였다.[31] 그러나 한국전쟁을 통해, UN 회원국들은 자신의 안보와 직접 연계되지 않는 타 지역분쟁에 대해 집단적인 행동통일과 방어조치에 무감각함을 보였으며, 집단안보개념(the concept of collective security)의 모호성을 드러냈다. 아무튼, 한국전쟁은 안보 문제를 포함하여 대외 문제를 다루는 데 있어, 안전보장이사회 중심에서 총회 중심으로 UN 역할을 바꾸는 계기를 만들었다.[32]

다섯째, 한국전쟁은 미 국방예산의 증가를 가져왔다.[33] 미국은 국방예산의 증액 없이는 새로운 대외전략을 수행하는 것이 불가능함을 깨달았고, 미국민 역시 공산주의자들의 위협에 대처하기 위해 군대의 유지를 포함한 국방예산의 증액을 지지했다. 1950년 1월, 트루먼 행정부는 소련의 위협에 대처하기 위해 전면적 전략을 포함한 새로운 정책백서를 채택하였다. 이 백서에서, 트루먼 행정부는 소련의 재래식 군사력에 의한 지상공격을 억제하기 위해 육·해·공군 내에 원자핵공격능력을 확대·보강하고, 미 동맹국들의 방위능력을 증진시킬 것을 주장했다. 이러한 계획을 실행하기 위해 미 국방성은 연 35억 달러의 국방비를 예상했으나 실질적인 예산책정은 약 13억 달러 수준에 머무르고 있었다.[34]

한국전쟁은 이러한 문제점을 순조롭게 해결해 주었다. 미 국민의 관점에서 볼 때, 한국전쟁과 중공군의 개입은 강경하고 호전적인 소련의 정책을 확인하는 것이었으며, 원자핵무기를 보존하게 된 소련의 비호로 사태를 분

---

31) Hak-Joon Kim, *op. cit.*, pp.109-144.
32) *Ibid.*
33) Jervis, *op. cit.*, pp.579-581.
34) Robertson, *op. cit.*, p.122.

석하였다. 따라서 한국전쟁을 통해 미행정부는 대(對)소 강경자세, 국방비 증액 등 국민적 호응을 얻게 되었다. 증액된 국방비 예산으로, 미국은 한국전쟁을 수행할 수 있었을 뿐만 아니라 현 수준의 군대를 강화하고 잠정적 동원능력도 지원할 수 있게 되었다.

여섯째, 한국전쟁은 미국과 중국관계에 직접적 영향을 미쳤다. 북한지역은 중공의 안보와 이해에 직결됨으로써 만약 미국과 UN군이 38선을 넘을 경우, 중공의 이익을 방어하기 위해 적절한 조치를 취할 것이라는 경고에도 불구하고, 미국과 한국군은 38선을 넘었으며, 이러한 행위는 중공의 적대감을 강화시켰다. 중공은 강력한 이념적 차원에서 서구제국주의자들, 특히 미국을 주요한 적대국으로 간주했으며 미 제국주의 타도를 강력히 주장했다. 중공군의 한국전쟁 개입은 이러한 관점을 확인하는 것이었다. 미국 또한 중공을 아시아지역에 대한 위험한 공산주의 수출국으로 간주했으며, 대(對)중공 봉쇄정책을 강화했다.

끝으로, 한국전쟁은 미국과 일본의 밀착을 가속시켰다. 2차 대전 전범국가인 일본의 피점령상태는 사실상 끝나게 되었다. 미 행정부는 일본의 방위를 보장한다는 조건하에 미지상군과 기지를 일본 영내에 유지시키고자 했으며, 이를 추진하기 위해 일본과의 방위조약 체결을 원했다. 한국전쟁은 이러한 미국의 입장을 별 무리 없이 해결해 주었으며, 일본은 한국전쟁의 결과 자연스럽게 미일방위조약을 체결하고 미국의 안전보장하에서 경제발전에 주력할 수 있게 되었다. 또한, 한국전쟁을 통해, 미국은 일본기지의 중요성뿐만 아니라 필리핀 등 동남아시아지역 기지의 중요성도 인식하게 되었다. 따라서 미국은 필리핀과도 상호방위조약을 체결하였으며, 호주와 뉴질랜드를 포함하여 ANZUS그룹을 형성했다.

III. 한반도 분단구조의 성격

한국전쟁은 우리 민족사에 있어 엄청난 인적·물적 황폐화뿐만 아니라 상호간 심적 불신과 갈등을 심화시켰다. 지루하고도 소모전적인 전쟁을 조기에 종결하고자 남한을 제외하고 북한·미국·중국 등 참전국들은 협상테이블에 마주앉았다. 밀고 당기는 협상 끝에 참전국들은 1953년 7월 27일 정전협정을 체결했다. 3년여를 끌던 동족상잔의 전쟁은 승자도 패자도 없이 정전협정으로 마무리되었으며 갈등의 불씨는 내면화했다.

참전국들 간 체결된 정전협정은 65년간 남북한관계를 규율하는 유일한 법적 문서로서의 역할(현재 많은 부분 무력화되었지만)을 하고 있다. 국제법적 차원에서 정전협정의 당사자는 북한·미국·중국이며, 한반도는 유엔군의 통제를 받는 준전시상태에 있다. 이러한 정전체제하에서 남북한 정권들은 적대적 공생관계를 유지하면서 정치권력을 지속화하기 위해 분단구조와 민족모순을 확대재생산하였다.

1. 민족 모순의 심화: 이데올로기와 대립

남북한관계는 미·소에 의해 구축된 냉전구조의 틀 속에서 1970년대 이전까지는 '대화 없는 대결'을, 1970년대 이후에는 '대화 있는 대결'의 양상을 보였다. 자본주의와 사회주의가 첨예하게 대립한 이데올로기의 첨병에 위치한 남북한은 상대방을 압도하는 '우위외교'를 통해 서로를 제압하려 했다.

남북한 정권은 이념적으로, 명분상으로, 현실적으로 대외정책 논리들을 자신들의 정치권력을 유지하기 위한 지렛대로 이용하였다. 건전한 남북한의 관계개선은 국가-사회관계 속에서 나타나는 자율성과 균형성의 문제가 조정되지 않고는 이루어지기 힘들다. 비민주성과 폐쇄성에 바탕을 둔 남북한의 정책정향은 일인 혹은 특정세력에 의해 주도되는 권력 메커니즘의 성격을 잘 드러냈으며 남북한 간 관계도 긴장과 갈등 속에서 정상화의 수준을 높이지 못했다.

남북한 정권은 정권유지 차원에서 이데올로기를 정치권력을 지탱하는 지렛대로 악용하였다. 남북한 정권은 상대방의 존재를 통해 자신의 존재를 확인하는 작업을 꾸준히 진행했다. 특히 정치·사회적 갈등이 심화될 때에는 상대방의 존재가 자신의 헌신을 위한 필요불가결한 요인이었다.

1) 남한: 반공이데올로기와 정치권력

남한의 역대 정권은 정통성·합법성·효율성이라는 측면에서 정권 출범부터 많은 문제점을 안고 있었다. '북한변수'는 항상 남한의 정치환경과 맞물리며 쟁점화하였고 정치적으로 충분히 이용할 가치가 있는 요인이었다. 국내 구조는 이러한 틀을 벗어나지 못하고 있었으며, 외교정책 결정과정도 청와대를 중심으로 한 '밀실정치', '특정세력중심정치'의 맥락에서 이루어졌다. 특히, 이승만, 박정희, 전두환, 노태우 정권에서는 이러한 문제점들이 극명하게 드러나면서 국민적 저항을 감수해야만 했다.

남한은 국내외적 환경 변화에 따라 정권별로 '무력통일론', '중립화통일론', '대북압박 흡수통일론' 등을 전개하면서 국제사회에서 북한과 맞섰다. 남한의 대북한정책의 목적은 1970년대 이후 우세한 경제력을 바탕으로 '대북한 봉쇄정책'과 '북한 흡수통일'에 있었다. 이를 위해, 특히 박정희 정권은 '빈곤으로부터의 탈피'를 통치철학으로 설정하고 경제력 향상을 위해 산업화에 매진하였다. 통일 문제의 정치화는 '빵의 문제'가 해결된 이후나 가능할 것으로 보였다.

따라서 감상적 통일논의나 사회질서의 불안정은 정권적 차원에서 용납될 수 없는 문제였다. 보수세력은 박정희를 정점으로 결집되었다. 정책결정과정 역시 권력구조의 속성상 대통령을 보좌하는 참모진, 특히 청와대와 중앙정보부에 집중되었으며, 이를 십분 이용하여 박정희는 대북한·통일외교정책을 수행했다. 유신체제의 확립에 논리적 기반을 제공하는 것은 가공된 북한의 위협이었다.

한편, 박정희의 국가 주도적 산업화전략은 국제경쟁력을 신장시켰으며 수출의 현격한 증대를 가져왔다. 이를 바탕으로 적극적인 다변화 외교를 통해 남한에 유리한 통일외교의 국면을 조성해 나갔다. 국제환경의 탈긴장화 역시 남한의 통일외교에 유리하게 작용하였다. 수교 국가들의 수가 증대하면서 남한은 점차 국제정치·외교적으로 북한을 앞서기 시작하였다.

국내외적 환경의 변화에도 불구하고 전두환이나 노태우의 대북한정책의 기저는 박 정권 정책의 연장선에 있었다. 군부 권위주의 체제하에서 반공이데올로기는 정권의 지속성을 위한 '전가의 보도'였다. 두 정권의 성격과 구조가 지니는 한계로 '대북한 압박외교'라는 기존의 통일논리와 목적을 견지하였다. 남한은 압도적 우위를 점하고 있는 경제력을 바탕으로 대북한 압박정책을 지속했으나, 역설적으로 남북한 간 관계개선의 기반이 다져지는 시기이기도 했다.

김영삼 정권도 자유민주주의라는 이데올로기적 기반을 바탕으로 '공존·공영'을 강조했으나, 보수대연합에 바탕을 둔 정치세력들은 통일논의의 공론화는 시기적으로 부적절하다는 입장을 견지했다. 김영삼 정권하 '색깔론'은 상대 정치세력을 제압하기 위한 중요한 메커니즘이었으며, 정권유지의 커다란 프리미엄이었다. 정치체제의 상대적 자율성과 개방성에도 불구하고 민주적 장치를 통한 국민적 합의에 바탕을 둔 통일외교 정책정향은 확립되지 못했다. 북한이 체제유지와 생존논리에 직면해 있는 상황에서 남북한 간 실질적인 접근은 거의 이루어지지 않았다. '북한'의 침몰을 기대하는 '붕괴촉진론'이나 '연착륙론'만이 분분할 뿐이었다.

수평적, 평화적 정권교체로 출범한 김대중 정권과 이후 노무현 정권의 대북한정책과 통일외교는 새로운 정책 패러다임을 가져왔다. 한반도 상생의 원리를 바탕으로 한 남북한 간 대화와 관계개선은 한반도통일의 가능성을 높이고 통일외교도 대립에서 협력으로의 지향성을 추구하였다. 흡수통일이 아닌 공생의 공간들을 확대하고자 한 여러 시도들은 통일외교의 지평을 확장시켰다.

김대중 정권과 노무현 정권에서 대북한정책과 통일외교는 다양한 사회

세력의 집합적 요소를 포용하려는 특성을 보였다. 이는 현실적인 효율성은 차치하고라도 기존 프레임을 벗어나고자 하는 새로운 시도였다. 이는 사회세력의 활성화와 재평가가 있었기에 가능하였다.

그러나 이명박 정권과 박근혜 정권의 등장으로 보수대연합의 대반격이 시작되었으며, 반동의 대북정책과 통일논의를 부활시켰다. '비핵·개방·3000', '그랜드 바겐', '한반도신뢰프로세스', '드레스덴선언', '통일대박론' 등은 흡수통일 논리의 재충전이었으며, 이를 위해 북핵·미사일 문제는 정권유지의 지렛대로 적극 활용되었다. 남북한관계는 대립과 갈등으로 경색되었다.

요약하면, 남한 정권들은, 김대중 정권과 노무현 정권을 제외하고는, 기본적으로 국력신장(특히 경제성장)을 통한 '대북한 우위정책'을 분단극복과 민족통일을 위한 중요한 수단으로 인식했다. 이는 냉전체제의 틀과 반공정책을 바탕으로 한 '대북한봉쇄' 내지는 '대북한 압박외교'의 다른 표현일 뿐이었다. 남한은 국력이 북한에 뒤질 때는 다분히 수세적 외교형태를 보였으나 앞설 때에는 적극적인 통일외교를 전개해 왔다. 이러한 의미에서 남한의 통일외교는 대북한 국력경쟁의 변천사라고 해도 과언이 아니다.[35]

그러나 1970년대 이래 남한의 대북한 외교는 공식적으로는 '선평화 후통일'이라는 정책기조와 한반도에서의 평화정착, 문호개방, 남북한 간 신뢰회복 후 통일성취라는 3대 기본원칙에 기반을 두고 있다.[36] 이는 대북한 경쟁·대결외교 지양과 북한이라는 실체의 인정을 바탕으로 한 한반도에서 평화정착을 위한 미래의 개연성을 의미하는 것이다.

2) 북한: 유일체제와 정치권력

북한의 경우는 더욱 폐쇄적인 논의 구조 속에서 대남한·대외정책의 합목적성을 강조했으며, 이를 바탕으로 목적에 복무하는 대외정책정향을 보였

---

35) 이홍구·김학준·안병준·진덕규·이상우 공저, 『분단과 통일 그리고 민족주의』(서울: 박영사, 1984), 202-205쪽.

36) 유석렬, "한국의 통일·유엔외교," 이범준·김의곤 공편, 『한국외교정책론: 이론과 실재』(서울: 법문사, 1993), 186쪽.

다. 다시 말해, 김일성 유일체제는 국가-사회의 유기체성의 강조였으며, 주석-당으로 연계되는 권력구조는 대외정책을 결정·집행하는 데 절대적인 영향을 미쳤다. 유일체계를 통해 국가동원체제를 확립한 북한은 1970년대 초반을 '남한해방 완결'의 시기로 호언할 정도였다. 주체사상은 이를 지탱하는 지렛대였다.

북한의 대남정책은 시기별로 다소 변화의 모습을 보이나 명분상으로는 정권 수립 이래 '남조선해방'이라는 큰 틀 속에서 '자주와 평화'의 논리를 일관성 있게 견지해왔다. 북한은 국제적으로 혁명적 분위기가 성숙하고 있던 1970년대까지는 명분과 실리에 있어 남한에 앞서는 외교를 전개했다. 3대 혁명역량의 강화를 통한 '남한혁명과 세계혁명'은 불가분의 관계였다. 이러한 혁명역량의 강화를 위해 북한은 대내외적 환경요인을 자신에게 유리한 국면으로 전환시키고자 했다.

북한의 외교목적은 '미제의 앞잡이이고 식민지'로 규정하고 있는 남한을 국제사회에서 고립시키는 데 있었다. 북한의 '반제국주의와 민족해방' 논리는 약소국가들의 호응을 이끌어 냈다. 북한은 '남조선해방을 위한 혁명역량의 강화'를 위해 '반제국주의와 민족해방투쟁'의 기치하에 사회주의권 및 비동맹그룹들과의 외교적 관계를 공고히 하고자 하였다. '자주·평화·친선'은 이들 국가와의 연계 고리를 강화시키는 외교적 수사로서 중요한 의미를 가졌다. 또한, 1960년대 이래 북한은 주체사상에 근거하여 '자주외교' 노선을 강화하고 소련편중외교에서 탈피 중국과의 관계증진을 통해 등거리외교를 추구하였다.

1970년대 이후 국제사회에는 민족해방과 혁명의 열기가 점차 식어가고 사회주의권의 단결도 약화되고 있었다. 실리외교가 앞서 나가고 있었기 때문이다. 남한의 적극적인 대(對)비동맹·다변외교가 가시적 성과를 거두고 있었다. 초조해진 북한은 내부체제를 더욱 공고히 하고 유연반응을 통해 다변·실리외교를 전개하였다. 다변외교를 적극 추진하여 서방국가, 특히 일본·미국과의 관계개선을 위한 접근정책을 시도하였다.

이는 1970년대 이래 침체 국면으로 들어서고 있는 경제력의 회생을 위해 서방국가의 자본과 기술을 필요로 했기 때문이다. 남한 정부의 노력으로 비동맹그룹에서 북한의 외교적 입지가 점차 위축되고 있는 시점에서 한-미, 한-일 간 밀착된 연계 고리를 완화시킬 목적도 있었다.

그러나 근본적으로는 국제사회의 변화의 움직임에도 불구하고 북한의 대(對)남한정책은 커다란 변화의 조짐을 보이지 않았다. 북한의 경제는 더욱 악화의 길로 들어서고 있었다. 자력갱생의 경제정책으로는 군사력 강화와 경제력 향상의 두 마리 토끼를 쫓으려는 병진정책을 충분히 수용할 수 없었다.

경직된 정치체제 역시 현실적인 변화를 수용하는 데 문제가 있었다. 권위주의적인 정치체제는 하부단위의 자율성과 창의력을 위축시켰으며 김일성의 교시·지도나 당의 지시에 의존하게 하였다. 이데올로기적 강박성이 사회 전체를 더욱 폐쇄화하였으며 정치권력은 이를 통치의 수단으로 이용하였다.

1980년대 이후 국제적 고립화의 조짐이 나타나면서 북한은 대(對)미·일 관계개선을 추구하기 위해 보다 현실적인 정책노선을 선택했다. 남한이 항상 걸림돌이었다. 그러나 김일성의 유일체제가 건재하는 한 대남한정책은 확고 부동했으며 남한 해방은 포기할 수 없는 게임이었다.

김일성-김정일로 이어지는 세습체제를 통한 남조선 해방과 사회주의혁명의 완결은 변화하는 시대에 부응하기에는 많은 문제점이 있을 수밖에 없었다. 사회주의 국가들이 붕괴하고 있었다. 형제의 우애에 입각한 상호협력은 자신들의 몫을 추스르기 힘겨운 이들에게는 공허한 목소리에 불과하였다. 경제적 빈곤은 이러한 논리를 뒤집고 있었으며, 북한의 대남한 논리와 국제사회를 바라보는 시각에 교정이 필요했다. 북한은 생존을 위한 외교를 전개해야 할 긴급한 상황으로 돌입하였다. 남한과의 유엔동시가입과 국제무대에서 선의의 경쟁을 통해 남북한 간 통일 문제 등이 검토되어야 했기 때문이다.

김일성 사후 김정일은 당우위의 체제에서 군우위의 선군체제로 전환했다. 사회는 더욱 통제되고 경제는 최악의 나락으로 떨어졌다. 1990년대 이후 국제사회는 엄청난 변화를 경험하게 되며 북한의 핵 문제는 한반도를 규정하는 또 다른 뇌관이 되었다. '북한핵' 협상과 그 이후의 북한의 행태에서 보여지는 정황들은 이를 잘 보여주고 있다. 김정일은 경제난의 타파와 대외경제협력을 위해 제한된 개방정책을 전개하였다. 김정일은 유리한 고지를 점령하기 위해 남한을 배제한 채 대미·일 접근을 강화하였다. 미국과 일본도 동북아지역에서의 자신의 영향력 유지와 확대를 위해 '북한 끌어안기' 전략을 폈다. 잠시 소원했던 중국과 러시아도 북한과의 관계를 다시 개선하였다. 북한의 생존전략이 일단은 한숨을 돌리게 된 셈이다.

그러나 정치체제의 경직화는 북한의 생존전략을 효과적으로 수용하는 데 많은 문제점을 노정하였다. 김정은이 권력을 승계한 북한은 정치권력의 불안정과 경제난으로 체제위기를 안고 출발하였다. 지난 수년 동안 핵미사일 문제로 야기된 국제사회의 제재조치 속에서 북한의 미래는 매우 불안정하였으며 남북한관계에도 커다란 영향을 미쳤다. 현재 문재인 정부에서 진행 중인 남북한 관계개선의 흐름은 향후 한반도의 미래를 가늠할 척도가 되고 있다.

2. 국제적 냉전구조와 진영체제

국제체제가 경직된 양극화를 보이던 시기 남북한의 외교는 매우 제한적이며 편향적인 행태를 보였다. 남한은 정치·외교·경제·군사적으로 친미일 변도의 외교행태를 보이면서 서방의 지원하에 대북한 적대정책을 강화하였다. 또한 미국의 입장이 강력히 반영되고 있던 유엔은 남한의 입장을 강화하는 데 있어 매우 중요한 변수였다. 진영체제하에서 남한이 택할 수 있었던 선택지는 그리 넓지 못했기 때문이다.

북한은 진영외교의 틀 속에서 사회주의 국가건설의 최대 후원자로서 소련의 지원을 근간으로 할 수밖에 없었다. 소련은 경제·군사적으로 북한의 국가건설을 지원하였다. 초창기 체제강화를 위해서는 냉전체제하의 진영외교가 북한에게는 유리한 국면을 조성해 주었다. 한국전쟁 이후 북한은 중국과의 관계를 보다 강화하기 시작하였다. 전쟁과정에서 사회주의권으로부터의 지원에 대한 회의와 중국·소련의 간섭 등은 북한의 입장을 제한하였으며, 김일성은 자주적인 발전노선과 외교노선의 필요성을 느꼈다.

전쟁 이후 남한에는 미군이 주둔하게 되었으며, 이후 미국은 한국의 안보와 정치에 깊이 개입하였다. 미국은 대(對)공산권 방어의 전초기지로서 남한의 역할을 필요로 했으며, 남한은 국가안보의 강화를 위해 미국의 지속적인 군사적·경제적 지원을 요구하였다.

1960년대 들어서면서 국제체제가 경직된 양극체제에서 이완된 양극체제로의 전환의 조짐을 보였다. 미국과 소련은 상호접근 가능성의 공간을 찾고 있었다. 중국과 소련의 관계가 악화되면서 사회주의권의 틈이 벌어지기 시작하였다. 동구 사회주의 국가 내부에서도 소련으로부터의 자율성을 요구하는 목소리가 커지면서 헝가리, 체코 등에서 민주화의 물결이 거세졌다. 미국 내에서는 1970년대 반전·반핵운동이 확산되고 급기야는 유혈충돌로 번졌다. 냉전의 전사들은 종횡무진 활약상을 보였다.

1970년대 국제체제는 군사적 3극체제와 경제적 3극체제의 현상을 보였다. 국제사회의 안정성이 불투명했다. 이러한 환경 속에서 남한과 북한은 각각 강력한 국내정치체제를 형성하면서 상호 간의 대립을 강화하고 있었다. 이완된 국제상황은 정치권력을 강화하는 데 매우 유용한 도구였다. 한반도 통일논의는 정치적으로 공동화(空洞化)를 맞이할 수밖에 없었다. 서로 살아남기 위해 남북한은 대화의 길을 모색하였다. 강한 곳에 틈새가 있다는 역설적 논리였다. 그러나 이는 '대화 있는 대결' 이상도 이하도 아니었다. 남북한은 상대를 압도하기 위한 정책의 일환으로 꾸준히 군사력을 증강하였다. 북한은 남한의 공산혁명을 버리지 않았으며, 남한은 경제·외교적으로 계속 북한을 압박하였다.

1980년대 이후 국제사회는 소련의 와해로 미국 중심의 단다극체제(uni-multi polar system)를 형성했다. 그러나 미국의 위상 역시 과거와는 달랐다. 공산정권들이 하나 둘씩 붕괴했다. 북한의 정치경제체제도 변화를 보일 수밖에 없었다. 북한의 대외개방정책이 시작되었다. 남한도 공산권에 깊숙이 침투하기 시작했다. 국제경제도 어려운 국면을 맞이하고 있었다.

남한의 국제적 위상은 과거와는 많은 변화를 보였다. 각국들은 경제력에 걸맞은 국제적 역할을 남한에게 요구하였다. 북한은 세습체제의 확고한 정립을 위해 몸을 움츠렸다. 여기에는 경제 문제를 여하히 해결하느냐가 관건이 되었다. 실리가 명분을 앞섰던 것이다.

이제 남북한 공히 탈냉전체제에 걸맞은 외교정책이 필요하며 상호 간 정책도 이러한 맥락에서 전개될 수밖에 없는 상황에 와 있다. 생존의 논리와 자존의 논리가 동시에 요구되는 국제적 상황이기 때문이다.

3. 적대적 공생: 봉쇄와 압박

남한의 대북한정책은 미·소에 의해 구축된 냉전구조의 틀 속에서 1970년대 이전까지는 '대화 없는 대결'을, 1970년대 이후에는 '대화 있는 대결'의 양태를 보여 왔다. 그러나 자본주의와 사회주의가 첨예하게 부딪치는 이데올로기의 최전선에 위치한 남북한은 상대방을 압도하는 '우위외교'를 통해 서로를 제압하려는 경향을 강하게 보였다.

이러한 환경 속에서, 북한의 핵 문제는 동북아 지역정세를 더욱 불안하게 하고 있다. 미국은 북한의 핵 문제에 대해 단호한 입장을 보여 왔다. 핵의 지방분권화는 「핵확산금지조약」(NPT)체제를 통해 미국이 구축해 놓은 핵질서에 대한 정면 도전이며, 소연방의 해체 이후 유일하게 세계를 장악할 수 있는 핵종주국으로서 미국의 위치를 위협할 수 있기 때문이다. 미국은 「국제원자력에너지기구」(IAEA), 유엔 등 국제기구뿐만 아니라 관련국들과의 다채널 외교활동을 강화하고, 북-미 간 직접 대화를 통해 핵사찰 문제를 타결하고자 했다. 1994년 10월 21일 제3단계 고위급회담에서 북한과 미국은 「기본합의문」에 전격 합의했다.

북-미 간 '북한핵' 및 경수로 문제의 후속 협상 타결에 따른 「한반도에너지개발기구」(KEDO)의 공식 출범으로, 이 지역의 안정이 어느 정도 보장되는 듯했다. 또한, 미국과의 직접 대화를 강력히 요구한 북한의 입장을 고려하여 현실적, 탄력적인 대안으로 한국과 미국은 남북한·미·중의 새로운 관계정립과 북한·미관계를 분리시키는 '4자회담'을 제안하고 3차 본회담에서는 2개 분과위구성에 합의했다. 그러나 북한의 장거리 미사일발사 실험은 이 지역이 아직도 분쟁과 갈등의 지역임을 재확인시켜 주었다.

1999년 미사일 문제 타결을 위한 북미 간 베를린회담이 성공적으로 마무리되고, 김대중 정부의 포용정책이 한반도를 포함 동북아지역의 긴장완화에 중요 요인으로 작동했다. 김 대통령은 「평화·화해·협력을 통한 남북관계의 개선」을 대북정책의 목표로 설정하고 「북한의 무력도발 불용」, 「흡수통일 배제」, 「남북 간 화해협력 적극 추진」 등 3대 원칙을 천명했다. 이에 따라, 국민의 정부는 포용정책을 '확고한 안보'와 남북한 간 '화해와 협력'을 양 축으로 '… 우리의 힘을 바탕으로 주도적·능동적 입장에서 북한 스스로의 변화를 이끌어 냄으로써 평화공존의 남북관계를 정착시키고 통일을 지향해 나가려는 것'으로 규정했다.

그러나 김대중과 노무현의 진보정권 퇴진은 한반도에 또다시 긴장을 가져왔다. 이명박 보수정권은 북한의 붕괴를 기정사실화하고 국제적 압박체제를 강화하였다. 국제사회의 냉전이 해소된 지 20여 년이 지났으나, 한반도는 여전히 '냉전의 고도'로 남아 있다. '냉전의 전사'들은 남북한 정권의 권력 핵심부에서 운신의 폭과 목소리를 낮추지 않고 있다. 분단 73년, 정전 65년이라는 기나긴 세월에도 불구하고 남북한 간 관계개선도 질곡의 역사를 반복하고 있다. 일련의 사건들(2010년 천안함사태, 2010년 연평도포격, 2012년 로켓발사, 2013년 3차 핵실험, 2016년 4차 핵실험과 개성공단 폐쇄, 2016년 5차 핵실험, 2017년 6차 핵실험 등)과 박근혜 정권의 대북한 봉쇄·압박정책은 남북한관계를 더욱 경직시켰다.

IV. 맺음말

국제정치관계에서 1950년 이전이 서구진영 대 동구진영의 냉전, 특히 미·소 간 갈등의 심화로 특징지어진다면, 1950~53년은 한반도에서 미·소 간 실전(비록 소련이 참전하지는 않았지만)으로 대변될 수 있다. 국제환경과 동아시아지역 환경의 복합적 국제관계가 한국전쟁의 원인으로 표출되었지만, 한국전쟁은 공산주의집단의 불법적·호전적 행위를 용납하지 않겠다는 미국의 강력한 의지를 보여 주었으며, 미국의 전후 군사전략과 국방예산정책에 영향을 미쳤고, 공산권에 대한 미국의 '봉쇄정책(containment policy)'을 세계적으로 강화시켰다.

제2차 대전 이후 한국전쟁을 거쳐 1970년대에 이르는 동안, 미국의 대외정책 기조는 서유럽 우선정책이었으며, 마셜 플랜과 NATO 회원국과의 밀착은 이러한 경향을 강하게 보여 주었다. 아시아 국가들에 대한 미국의 군사공약은 제한성을 띠었으며, 공산주의에 대한 봉쇄정책은 아시아 국가들과의 협조에 근거했다. 미국을 중심으로 서유럽국가들은 NATO체제를 활성화시켰으나, 소련은 바르샤바협정에 의해 공산권을 단결시켰다. 미국과 소련은 냉전논리와 양극체제의 관점에서 대외정책을 결정하는 데 익숙해졌다.

한국전쟁 동안 개발된 소련의 수소폭탄의 실험은 어느 누구도 감히 자국의 안보를 확신할 수 없게 했다. 미·소 초강대국의 핵무기보유와 핵확산은 고전적 세력균형(traditional balance of power) 개념을 공포의 균형(balance of terror)이라는 새로운 개념으로 발전시켰다. 또한 한국전쟁은 독일의 재무장화 촉진, 미국을 중심으로 한 새로운 동맹관계의 형성, 냉전논리의 심화, 한반도 분단의 고착화, 신무기의 급속한 발전 등을 촉진시켰다.

한국전쟁을 통해서, 미국 군사전략가와 정책결정자들 간에 소위 '제한전쟁(limited war)'에 대한 논의가 활발히 전개되었으나, 중·소블럭의 주변에 배치된 미국의 전략적 군사력의 규모와 유동성에 초점을 맞춤으로써, 제한전쟁이론의 본질적 문제가 군사력에 의한 분쟁해결이라기보다는 정치적 의

지력에 의한 접근방식이라는 점을 크게 인식하지 못했다.[37]

집단동맹체제제안으로 주변국들을 흡수하려는 미·소의 압력에도 불구하고, 중소(中小)국가들은 미·소 어느 쪽에도 깊숙이 밀착하지 않는 중립노선을 택하게 되었으며, 새로운 민족주의와 중립주의 경향이 복합적으로 나타났다.

이제, 남은 과제는 우리의 문제를 어떻게 풀어가야 할 것인가? 하는 민족자주적 의지와 현실감각이다. 전쟁으로 더욱더 고착화된 분단구조를 극복하고 또 다른 전쟁을 방지하기 위해, 남북한은 냉전논리를 넘어 민족적 동질성과 주체성을 회복하기 위한 정책과 이를 바탕으로 한 상호 접근이 그 어느 때보다 절실하다. 이제 역사적 소명의 책무는 문재인 정부로 넘겨졌다.

---

37) Alvin J. Cottrell and James E. Dougherty, *op. cit.*, pp.162-181.

참·고·문·헌

유석렬. 1993. "한국의 통일·유엔외교." 이범준·김의곤 공편. 『한국외교정책론: 이론과 실재』. 서울: 법문사.

이홍구·김학준·안병준·진덕규·이상우 공저. 1984. 『분단과 통일 그리고 민족주의』. 서울: 박영사.

Acheson, Dean. 1971. *The Korean War.* New York: W. W. Norton.

Alperovitz, Gar. 1967. *Atomic Diplomacy: Hiroshima and Postdam.* N.Y.: Vintage Books.

Cho, Soon Sung. 1967. *Korea in World Politics: 1940-50.* Berkeley and Los Angeles: University of California Press.

Cottrell, Alvin J., and James E. Dougherty. 1972. "The Lessons of Korea: War and the Power of Man." In Allen Guttman, ed. *Korea: Cold War and Limited War.* Lexington, Massachusetts: D.C. Heath and Company.

Cumings, Bruce. 1981. *The Origins of The Korean War.* Princeton, N.J.: Princeton Univ. Press.

Cumings, Bruce, ed. 1983. *Child of Conflict: The Korean-American Relationship 1943-1953.* Seattle: University of Washington Press.

Eisenhower, Dwight D. 1963. *The White House Years: Mandate for Change: 1953-1956.* Garden City, N.Y.: Double Day.

Foreign Relations of the United States, 1950, Vol.7. 1976.

Halle, Louis J. 1967. *The Cold War as History.* New York: Harper Torchbooks.

Jervis, Robert. 1980. "The Impact of the Korean War on the Cold War." In *Journal of Conflict Resolution,* Vol.24, No.4(December).

Kim, Hak-Joon. 1977. *The Unification Policy of South and North Korea: A Comparative Study.* Seoul, Korea: Seoul National University Press.

MacFarguhar, Roderick, ed. 1972. *Sino-American Relations, 1949-1971.* N.Y.:

Praeger.

McLellan, David S. 1976. *Dean Acheson*. N.Y.: Dodd, Mead & Company.

Oppose the Revival of Japanese Militarism. 1960. Peking: Foreign Languages Press.

Osgood, Robert E. 1957. *Limited War: The Challenge to American Strategy*. Chicago: The University of Chicago Press. p.163.

Paige, Glenn D. 1968. *The Korean Decision, June 24-30, 1950*. New York: Free Press.

Paterson, Thomas G., ed. 1974. *The Origins of the Cold War*. Lexington: D. C. Heath and Company.

Rees, David. 1970. *Korea: The Limited War*. Baltimore: Penguin Books.

Reeve, W. D. 1963. *The Republic of Korea: A Political and Economic Study*. New York: Oxford University Press.

Robertson, Charles L. 1966. *International Politics since World War II*. New York: John Wiley & Sons, Inc.

Rosecrance, R. 1968. *Defense of the Realm*. N.Y.: Columbia University Press.

Rosenberg, D. 1979. "American Atomic Strategy and the Hydrogen Bomb Decision." In *Journal of American History*, Vol.66(June).

Truman, Harry S. 1956. "Memoirs." *Vol. II, Years of Trial and Hope*. New York: Double Day.

Tson, Tang. 1963. *American Failure in China, 1941-50*. Chicago: University of Chicago Press.

Whiting, Allen S. 1968. *China Crosses the Yalu*. Stanford: Stanford University Press.

Whitney, Courtney. 1956. *MacArthur: His Rendezvous with History*. N.Y.: Alfred A. Knopf.

제3장

남북한관계의 변화와 대북정책의 특징

조윤영 • 중앙대학교

Ⅰ. 머리말

한반도는 1945년 분단 이후 현재까지 70여 년간 갈등과 대립 그리고 대화라는 악순환적 남북한관계를 반복하고 있다. 남북한관계는 주지하다시피 북한의 침략에 의한 6·25전쟁과 이에 대응하기 위한 한국의 반공 중심의 대북정책의 시기를 거쳐, 1970년대 초반 미국의 닉슨독트린으로부터 시작된 미·중 화해 및 미·소 데탕트의 영향으로 남북대화를 시작하였다. 그러나 이러한 대화 분위기는 순식간에 냉각되었고 대화의 분위기는 1980년대 중반 이후가 되어서야 북한의 수해물자 제공으로 물꼬를 트게 되었다. 이후 북방외교를 표방한 노태우 정부의 7·7선언과 남북한 간의 기본합의서 채택 등으로 남북교류 및 화해 협력 분위기는 고조되었다. 그러나 북한의 핵개발의혹으로 남북한 간의 관계는 진전을 이루지 못했고 2000년대에 들어와서 김대중 정부의 햇볕정책 및 6·15공동선언과 이의 연장선인 노무현 정권의 2007년 10·4남북정상선언을 거쳐 화해와 협력의 정점을 찍었다. 남북한 관계개선을 위한 다양한 시도에도 불구하고 북한의 천안함 및 연평도 도발과 핵무기 및 미사일 개발로 인해 이명박 정부와 박근혜 정부 시기에는 남북관계가 다시 심각한 교착상태에 빠져 있다.

이 글에서는 갈등과 대립 그리고 대화가 반복되는 남북한관계의 시기적 특성과 한국의 대북정책 및 북한의 대남정책의 변화와 특징들을 분석하도록 한다. 2차 세계대전 이후 급변하는 국제정세의 변화와 초강대국들에 의해 둘러싸인 동북아에서 한국은 유일하게 산업화와 민주화를 동시에 이루어낸 성과를 이루었다. 이러한 발전에 힘입어 한국은 국제사회의 대외정책협력기금에 참여하고 개발도상국에 원조를 제공함으로써, '원조를 받던 국가에서, 원조를 주는 국가'로 탈바꿈한 최초의 국가가 되었다. 이에 반해 북한은 1948년 정권 수립부터 1960년대까지 주민 강제동원 및 중소분쟁 사이의 줄타기 외교 등에 힘입어 일정 수준의 경제성장을 이룩하였다. 그러나 그 이후 시기부터는 사회주의의 기본적 모순, 사회주의권 붕괴라는 국제정세에 치명적인 타격을 받고 주민의 기본적인 생활수준마저 보장하지 못하고 있다. 그럼에도 불구하고 세습체제를 보장하기 위한 핵무장과 미사일 개발에 치중하고 있다.

우리가 향후 남북한의 전환기적 대북정책을 재구성하는 데에는 이러한 한국과 북한의 현재 위치를 이해하면서, 역대 정부 시기의 국제정세와 이에 관련한 대북정책에 대한 면밀한 이해와 검토가 필요하다. 역대 정부의 대북정책은 우리가 북한을 어떻게 다루어 왔느냐 하는 것을 결정짓는 가장 큰 변수이기 때문이다. 따라서 역대 정부 시기의 남북관계 전개과정 및 그 특징을 분석하고자 한다.

II. 분단의 구조화와 전쟁

1945년 해방 이후 외세에 의한 한반도 분단은 갈등과 대결로 이어지고 마침내 전쟁으로 분단의 고착화가 이루어졌다. 특히, 분단의 근본적 원인은 일제의 침략과 폭압적 통치방식이다. 이로 인해 한민족의 역량이 결집되지 못한 채 독립운동이 전개되고 해방 이후에도 좌우대립이 심화되었다. 결국, 미소가 개입할 수 있는 단서를 제공하여 한반도의 분단이 구조화되었다.

해방이 한민족에게 제시한 최우선 과제는 민주적인 통일국가의 건설이었다. 그러나 좌우 양 진영은 각자의 입장과 노선에 따라 움직이면서 대립하였다.[1] 우익진영은 자유민주정부의 수립을 우선 과제로 내세우면서 민족단결을 강조한 반면, 좌익진영은 친일파와 민족반역자의 숙청과 무상몰수 및 무상분배를 기초로 하는 토지개혁을 내세웠다. 좌우 양 진영이 가장 상반된 입장으로 대립한 것은 신탁통치 문제였다. 당시 모스크바에 모인 미·영·소 3국 외상들은 한반도를 최고 5년간의 신탁통치를 하겠다는 의견을 모아서 이를 위한 미·소공동위원회의 서울 개최를 결정하였다. 이러한 결정에 각 정치세력들은 극단적 대결을 하였고 신탁의 찬성과 반대가 좌우 진영을 나누는 기준점이 되기도 하였다.

좌우의 분열에 이은 미국과 소련의 한반도 분할 상륙은 해방 후 한반도를 더욱더 이념적 대립과 갈등으로 몰아가는 상황으로 전개되어 한반도의 분할이 촉진되었다. 소련군이 진주한 북한에서는 소련의 지원 아래 인민위원회가 결성되어 반제반봉건 민주주의 혁명이라는 과업을 추진하기 시작하여 마침내 북조선임시인민위원회를 출범시켰다. 1946년 2월 평양에서 열린 '북조선인민위원회 및 각종 사회단체 대표들의 대회'에서 김일성은 보고를 통해 중앙정권기관으로 북조선임시인민위원회의 창설을 선언하였다. 이 북조선임시인민위원회는 실질적으로 정부기능을 담당하였다. 특히 민주개혁

---

1) 한국정치학회 편, 『한국현대정치사』(법문사, 1993), pp.42-46.

이라는 명칭으로 토지개혁법을 비롯하여 노동법령, 남녀평등법령 등 각종 법령을 공포하고 독자적인 발전목표를 세워 추진하였다.2) 회의를 통해 결성된 임시인민위원회는 이후 선거를 통해 북조선인민회의로 공식화되었다. 북한에서의 단독정부수립은 북조선인민위원회가 출범함으로써 완결되었다.3)

1946년 2월 북조선인민위원회의 설립과 같은 해 5월의 미소공동위원회의 무기휴회는 미군정으로 하여금 남한에서 한국인이 요구하는 입법기관의 필요성을 인식하도록 했고 남조선과도입법의원을 설치하게 되었다. 당시 이승만은 정읍에서 남한만이라도 임시정부를 조직할 필요가 있다고 주장하였다. 반면 좌익진영은 단독정부를 수립하려는 것이라고 비난한 반면, 한민당은 적극적으로 지지하였다. 이러한 혼란 속에서 미군정은 입법기관으로서 입법의원의 개원과 행정부문을 담당할 안재홍 민정장관을 임명한 데 이어 법원조직법을 개정하여 사법부를 독립시켰다. 마침내 미군정은 1947년 5월 17일 군정법령 141호를 통해 "38도선 이남 조선을 통치하는 입법·행정·사법부 부문 등 재조선미군정청 조선인 기관은 조선과 도정부라 호칭"한다고 공포하였다. 이와 동시에 선거가 가능한 지역에서 총선거를 실시하기로 하는 결의안이 UN에서 통과되어 5·10선거가 실시되었다.

5·10선거에 전체유권자의 75%가 등록하고 등록유권자의 95.2%가 참여함으로써 당시 좌익진영의 선거반대투쟁은 효과를 발휘하지 못했다. 이를 통해 선출된 국회의원들은 국회 개원을 통해 헌법제정에 착수하여 7월 17일 헌법을 공포했고 헌법규정에 따라 초대 대통령으로 이승만을 선출하였다. 이후 정부조직법에 의거하여 각료의 임명을 완료하고 1945년 8월 15일에 정부수립을 선포함으로써 남한에 우익주도의 대한민국 정부가 탄생하게 되었다. 북한은 대한민국 정부수립이 완성되자 별도의 북한의 정부수립을 서두르게 된다. 북한은 남한과 차별화하여 통일에 대비하여 인구 5만 명당

---

2) 조선로동당 중앙위원회 당력사연구소, 『조선로동당력사』(조선로동당 출판사, 1991), p.210.
3) 심지연, "분단구조의 역사적 기원과 형성," 『남북한 관계론』(한울아카데미, 2005), p.42.

1인의 대의원을 선출키로 하고, 남한의 대의원수를 360명과 북한의 대의원 수를 212명으로 정한 512명의 대의원을 선출(99.97%의 투표율과 98.49%의 찬성률)하여 최고인민위원회를 구성하였다. 최고인민회의는 1948년 9월 8일 헌법을 채택하고 김일성을 수상으로 선임, 조선민주주의인민공화국을 출범 시켰다. 남북한에 수립된 두 개의 정부는 서로가 한반도에서 유일한 합법정 부임을 강조하였다. 남한의 경우 UN 감시하에 5·10선거를 통해 정통성을 부여받은 한반도의 유일한 합법정부이며 대한민국의 주권이 이북에까지 미 치는 것은 국제사회가 인정하는 것이라고 강조했다. 북한의 경우는 남북한 의 모든 정당 및 사회단체가 참석한 연석회의와 지도자 협의회의 결의에 따 라 한반도 전역에서 8·25선거가 실시되어 전체 인민의 의사를 대표하는 합 법적 정부가 수립되었기 때문에 인민공화국이 중앙정부라고 주장하였다. 이 처럼 남북한이 모두 자신이 정통성이 있는 중앙정부임을 주장하였고, 이후 갈등과 불신이 심화되었고 결국 1950년 한국전쟁으로 이어졌다.

정통성 경쟁에서 시작된 북한의 침략은 초기 내전의 성격을 띠었으나, UN의 개입으로 국제전으로 확대되었다. 남북한은 이 전쟁으로 인하여 수백 만 명의 사상자를 냈으며 전 국토는 완전히 황폐화되었다. 전쟁이 1년 이상 지속되자 이를 하루빨리 종식시켜야 한다는 국제여론이 일기 시작했다. 휴 전회담이 진행되는 동안 이승만은 멸공통일을 외치고 휴전에 반대하는 입장 이었다. 그러나 독자적 전쟁수행능력이 없었던 이승만 정부는 미국을 설득 하여 한미방위조약을 체결하는 조건으로 분단을 받아들여야 했다. 민족이 입은 막대한 손실에도 불구하고 전쟁은 남북한의 정치체제를 더욱 공고화하 는 데 기여했다. 전쟁기간 동안 이승만과 김일성은 정적을 제거하고 상대방 에 대한 경쟁과 증오심을 이용하는 등 각자의 권력체제의 강화와 분단체제 를 심화시켰다.[4]

한국전쟁은 현대 한국정치사뿐만 아니라 국제관계사에 있어서도 매우 중요한 의미를 갖는 역사적 사건이다. 전쟁 발발 반세기가 훨씬 지난 이후

---

4) 김학준, 『한국전쟁』(박영사, 2003), pp.393-400 참조.

에도 한국전쟁의 의미에 대해 다양한 각도에서 재조명되고 있다. 탈냉전 이후 소련과 중국을 비롯한 공산권 문서들의 공개는 기존 전쟁연구의 쟁점들을 재검토해볼 수 있는 기회를 제공해 주기도 했다. 그럼에도 불구하고 한국전쟁의 연구는 수많은 쟁점들이 여전히 미완의 상태로 남아 있다. 특히 전쟁발발의 원인과 성격과 관련하여 수많은 논쟁이 있었고, 냉전의 종식과 더불어 소련문서가 공개된 상황에서도 이 문제와 관련된 논쟁들은 아직도 지속되고 있다.

휴전협정 이후 남북한은 대화가 없는 갈등과 대결의 시기를 고수해 왔으며 북한은 남조선 혁명론에 입각한 대남전략을 공세적으로 추진하였다. 남북한관계의 암흑기라고 할 수 있는 이 시기에는 청와대 기습사건 등 크고 작은 물리적 충돌이 지속적으로 발생하였다.

III. 1970년대 남북한관계 및 대남-대북정책

1. 남한의 대북정책과 남북관계

남북한 간 적대의식의 심화는 박정희 정부 초기에도 지속되었다. 박정희 정부의 대북정책은 "선건설 후통일"이라는 기본원칙 아래서 경제건설이 통일의 기반이라는 인식에서 출발하여 북한과의 대화나 교류는 이루어지지 않았다. 이는 1967년 박정희 대통령의 연두교서에 잘 나타나 있다. 그는 연두교서에서 "통일의 길은 경제건설이며 민주역량의 배양"이고 "우리의 자유, 우리의 민주주의가 북한으로 넘쳐흐를 때 그것은 통일"이라며 근대화를 통한 통일을 강조하고 있다. 따라서 박정희 정부는 국내에서의 북한과의 교류 및 통일에 대한 논의를 가능한 억제하려는 입장을 취하였다. 억제적 대북정책을 추구해온 박정희 정부는 국제적인 냉전의 완화환경을 배경으로 남북한

사이에는 제한적이지만 대화와 교류의 물꼬를 트기 시작하였다. 박정희 정
부는 1970년 초반 『8·15 평화통일구상선언』 이후 새로운 대북정책을 추진
하여 1971년 8월 남북적십자회담 개최와 남북대화 개최를 제안하였다. 이
에 따라 남한 적십자위원인 정홍진과 북한 적십자의 김덕현 사이에 접촉이
이루어졌다. 이후 이후락 중앙정보부장은 1972년 5월 평양을 극비리에 방
문하여 김일성과 김영주를 만나고 남북한 간의 중요한 문제는 상호 이해와
신뢰를 세우는 것이라는 의견을 모았다. 이후락 방문 이후 김일성은 같은
해 5월 와병 중인 김영주를 대신하여 박성철 부수상을 서울로 보내 이후락
과 박정희 대통령을 면담케하였다. 박 대통령은 남북관계의 발전은 상호 불
신을 제거하고 이해와 신뢰의 바탕을 마련할 수 있느냐의 여부에 달려 있다
고 강조하고 문제 해결이 쉬운 것부터 순차적으로 해결해 나갈 것을 당부하
면서 그 첫 걸음으로 남북적십자회담의 조속한 타결을 촉구하였다.[5] 상호
방문 이후 남과 북은 상호 문안조정을 통해 7월 1일 이후락과 김영주가 최
종 합의한 문서를 교환하고 이를 7월 4일 오전 10시 서울과 평양에서 동시
에 발표하였다.

7·4공동성명은 "민족적 대단결을 위해 평화적이고 자주적인 수단을" 통
해 남북한 통일을 추구하는 것을 목표로 하였으며, 또한 양측은 공동성명을
통해 상대방에 대한 중상비방과 무장도발을 삼가하며, 다방면의 교류를 실
시하고, 남북조절위원회를 구성하기로 합의하였다. 그러나 공동성명을 통해
27년간의 적대적 관계를 해소하기 위한 노력은 성명 발표 후 남북한이 원칙
을 서로 다르게 해석함으로써 남북한관계는 뚜렷한 진전을 보지 못하고 교
착상태에 빠졌다. 남한은 남북한의 관계개선을 위해 우선 해결이 용이한 분
야에서부터 사업을 시작하고 신뢰가 축적되면 군축 및 군사적 문제 등을 해
결한다는 입장을 취했다. 반면 북한은 남북 간의 군사적 대치상태를 우선적
으로 해결하지 않고서는 남북관계를 실질적으로 개선해나갈 수 없다고 주장

---

5) 국토통일원 남북대화사무국, 『남북대화백서』(서울: 국토통일원 남북대화사무국, 1982),
   p.89.

하며 자주와 민족대단결을 위해서는 주한미군의 철수가 이루어져야 한다고
강력히 주장하였다. 결국 1973년 8월 북한의 김영주는 이후락 중앙정보부
장의 김대중 납치사건 개입과 박정희 대통령의 6·23선언을 비판하면서 남
북 간의 모든 접촉을 중단하게 된다.

박정희 정부가 정권 초기의 대북정책을 유지하지 않고 변화를 시도한
요인을 크게 세 가지로 요약할 수 있다.

첫째, 미국의 동아시아정책의 변화이다. 당시 새롭게 등장한 닉슨 행정
부는 닉슨의 괌독트린을 통해 미국의 베트남전쟁에서의 후퇴와 대아시아정
책의 변화를 강조하였다. 미국은 괌독트린 이후 1970년 3월 주한미군 철수
를 표명하였고, 71년 3월에는 미 7사단 철수를 단행하였다. 이후 상하이코
뮤니케로 대표되는 미중관계의 개선 등의 미국의 대아시아정책의 변화는 한
국의 지도자에게는 심각한 위기상황으로 인식되었다. 이는 박정희 정부로
하여금 대북정책의 변화를 모색하는 계기가 되었다.

둘째, 남한은 분단 이후 북한과 체제우위경쟁을 지속적으로 펼쳐왔고, 70
년대 초부터 경제적 우위하에서 완화된 대북정책을 추진하는 배경이 되었다.

마지막으로 60년대 후반 남북한관계의 군사적 긴장도는 심각한 수준에
도달하였다. 1968년 1·21사태와 푸에블로 납치사건 그리고 울진·삼척 무장
공비 침투사건 등으로 남과 북의 긴장관계는 그 위험수위가 극한 상황에 달하
였다. 남한 정부로서는 남북한의 긴장완화의 필요성이 대두되는 상황이었다.

급변하는 동아시아 국제정세와 남북 간의 긴장고조는 어느 정도의 경제
성장을 이루었음에도 불구하고 박정희 정부로서는 대북 유화정책은 두려운
선택이었다. 그러나 박정희 정부가 국내정치적으로 당면한 심각한 문제를
모면하고 향후 국내정치적 입지를 강화시키는 수단으로서의 대북유화정책
은 절실한 상황이었다고 판단된다. 당시 박정희 정부는 경제성장을 통한 정
통성회복을 목표로 하였으나, 1960년대 후반부터 박 대통령 3선을 위한 개
헌 추진에 따른 국내정치적 어려움에 직면하고 있었다. 국회에서는 개헌안
을 통과시키려는 정부와 여당의 노력과 야당의 개헌저지 및 민주화 투쟁으
로 정치적 갈등이 심화되었다. 또한 급격한 산업화로 인한 도시노동자들의

급격한 성장과 이들의 노동운동이 거세게 일어났으며 학생과 지식인들의 민주화 요구도 한층 달아올랐다. 특히 1971년 4월 치러진 대통령선거에서 박정희 대통령이 당시 김대중 후보에게 근소한 차이의 승리와 공화당이 5월 총선에서 국회의석의 3분의 2를 확보하지 못했는데, 이는 기존의 정치체제로는 정권의 안정성을 유지하기 힘들다는 판단을 하였다고 볼 수 있다.

따라서 남북대화의 추진은 여러 가지 국내정치적 난관을 극복하기 위해 국민의 관심을 남북관계로 돌리게 하려는 정책이었다고 할 수 있으며, 이후의 10월 유신과 같은 정치적 목적을 달성하는 데 유용한 수단이었다. 김용호는 박 대통령이 대북접척을 유신과 장기집권에 활용한 것을 "국가안보를 빙자하여 정권안보를 강화한 대표적 사례"로 들고 있고 한종기와 이종석은 박정희 정부가 대북 화해협력정책을 유신체제의 수립, 국민통합과 정권안보를 위한 상징적 조작으로 이용하였다고 보고 1972년 10월 17일의 특별선언에서는 통일과 남북대화를 강조함으로써 유신체제를 정당화하였다.[6]

2. 북한의 대남정책과 남북관계

박정희 정부의 대북접근정책은 북한의 긍정적 반응에 의해 적극 추진될 수 있었다. 남북한 간 7·4공동성명의 합의와 남북관계의 개선에 관해 북한이 적극적으로 호응한 것은 당시 미국의 대아시아정책의 변화를 통한 주한미군의 철수계획과 미국과 중공 간의 데탕트 분위기는 평화공세(peace offensive)를 통한 북한의 대남적화전략의 유용성이 크게 고려되었다고 할 수 있다. 또한 전후에 활발한 경제개발로 경제발전을 이룩하였지만 1960년대 4대 군사노선을 확립해 나가는 과정에서 과도한 국방비의 부담이 북한경제를 침체시

6) 김용호, "국내정치와 남북관계," 『한국군사』 4호(2001); 한종기, "한국 북방정책의 목표 및 전략에 관한 연구: 국내정치와의 연계성을 중심으로," 연세대학교 박사학위논문(1996); 이종석, "남북대화와 유신체제: 체제형성에 대한 분단구조의 영향," 『박정희시대의 한국: 국가, 시민사회, 동맹체제』 한국정치학회 학술회의 발표문(2000).

키는 결과를 가져다주었다. 당시 북한은 연평균 18%의 총 산업생산을 목표로 하였던 북한의 7개년 경제계획이 1970년 11월 조선노동당대회에서 실패하였다고 선언하였다.[7] 이러한 경제계획의 실패 이유를 북한은 남한의 강력한 반공정부의 등장과 중소분쟁을 원인으로 지적하면서 1960년대 경제적 침제를 정당화하고자 하였다. 실제로 북한의 군사비 예산 비중은 1956년 이후 평균 4.3%에서 1967년에서 1969년 사이에는 평균 31.2%로 증가하였다.[8]

미군 철수를 통한 남한 체제의 무력화와 김일성 체제의 공고화도 북한으로서는 매우 중요한 상황이었다. 전후 김일성은 1956년 종파사건 등의 권력투쟁을 통해 정권을 공고히 하였으며 1967년부터 1970년 사이에는 갑산파 정치엘리트들에 대한 대규모 숙청을 단행하였다. 대규모 숙청의 이유 중에 하나로 1960년대 이후의 1·21사태 등 대남정책의 실패를 구실로 삼았다.[9] 결국 대규모 숙청사업은 성공적이었다고 할 수 있는데 1970년 11월에 소집된 제5차 당대회에서는 김일성에게 충성하는 당원들이 핵심적 위치를 차지하였다. 제4기 조선노동당 중앙위원회는 위원 117명 중 31명만이 지위를 유지하고 86명을 새롭게 선출하였는데, 이들은 김일성과 김정일의 충성하는 인물들로 구성되었다.

또한 1967년부터 1970년 사이에는 김정일이 권력의 중심으로 등장하는 시기였다. 김정일은 1967년 5월 당중앙위원회 회의를 계기로 급격히 상승하였다. 당시 당내 선전 및 문화를 담당하던 간부들이 유일사상을 위배하는 정책을 전개하여 비판받고 숙청되었는데, 김정일이 이를 주도한 것으로 알려졌다. 1970년 9월 당 문학예술부 부부장에 임명되면서부터 김정일의 당내 활동이 더욱 활발해지고 영향력도 한층 강화되었고 마침내 1972년 10월

---

7) Young Whan Kihl, *Politics and Policies in Divided Korea: Regime in Contest* (Boulder: Westview, 1984), p.67.

8) Jong Chun Baek, *Probe for Korean Reunification: Conflict and Security* (Seoul: Research Center for Peace and Unification, 1988), p.163.

9) Ralph N. Clough, *Embattled Korea: The Rivalry for International Support* (Boulder: Westview Press, 1991), p.50.

당중앙위원회에 중앙위원으로 임명되었다. 1960년대의 김일성의 권력공고화를 위한 숙청작업과 김정일의 권력핵심으로서의 급부상이라는 김일성의 정치적 부담을, 남북관계의 개선이라는 카드로 완화시키거나 또는 김일성의 권력을 공고화시키는 데 유용한 수단이었다.

결국 북한은 남북대화를 진행하면서 1972년 12월 최고인민회의 제5기 1차회의에서 기존 헌법을 폐지하고 새로운 헌법인 '조선인민공화국 사회주의헌법'을 제정하면서 국가정치체제를 주석 중심으로 재편하여 김일성 절대권력의 제도화는 완전하게 확립되었다. 7·4공동성명을 통해 남과 북이 대화의 장을 열었다는 획기적 의미는 있었으나 남과 북의 정치지도자들이 각자의 독재정권을 더욱 공고히 하기 위해 남북관계를 이용했다는 비판을 면하기는 쉽지 않다. 특히 이산가족상봉과 고향방문, 나아가 통일의 희망을 걸었던 많은 국민들에게 말할 수 없는 실망을 안겨주었다.

IV. 1980년대 남북한관계와 대남-대북정책

1. 남한의 국내정치와 남북한관계

1973년 남북관계가 교착상태에 빠진 이후 1980년대 중반까지 남과 북 사이에 관계개선을 위한 시도는 이루어지 않았다. 그러나 1980년대 초 남과 북 모두 내부 권력구조의 변화가 발생, 새로운 권력을 안정화시키기 위한 방편으로 각자의 통일방안을 재구상하였다. 북한은 1980년 10월 '고려민주연방공화국 창립방안'을 제안하였는데, 이는 기존의 통일방안을 수정하고 체계화한 것이다. 반면 전두환 정부는 남북한 신뢰회복을 위한 정상회담을 제안하였으나 북한은 남한 정부의 정통성에 관한 문제를 제기하며 거부하였다. 이에 전두환 정부는 1981년 북한의 연방제 방안에 대한 대응적 차원에

서 기존의 통일방안을 보완하고 체계화하여 '민족화합민주통일방안'을 제안
하였다. 이 방안은 통일은 민족자결의 원칙에 의거하여 겨레 전체의 의사가
골고루 반영되는 민주적 절차와 평화적 방법으로 성취되어야 한다는 원칙을
제시하고 남북한 총선거를 통한 통일국가에 이르는 과정을 제시하였다.[10]
이러한 전두환 정부의 통일방안은 북한에 의해 거부당하였다. 당시 남과 북
은 새로운 권력구조 속에서 남북한의 관계개선과 통일에 대한 목표달성보다
는 남북한관계의 주도권을 잡기 위한 기싸움에 서로의 정치적 역량을 소모
하였다. 이러한 상호비방과 심리전 속에 1983년 10월 버마 아웅산 폭파 테
러사건이 발생하였고 남북관계는 더욱 급격히 냉각되었다.

　그러나 전두환 정부의 정통성 문제와 북한의 아웅산 폭파 테러라는 남
북관계의 위기는 역설적으로 남북관계를 안정화시켜야 하는 필요성으로 전개
되었다. 1984년 남한 수해피해로 인한 북한의 수해물자 제안이 남북한 대화
와 교류의 출발점이 되었다. 이는 1950년 전쟁 이후 최초의 공식적 물자교
류였고, 남북한회담은 경제, 체육, 문화분야로 확대되었다. 북한의 수해물자
제공 이후 경제협력을 위한 경제회담과 73년 이후 중단되었던 적십자회담이
열리고 이를 통해 이산가족 고향방문 및 교환 예술단 공연이 실행되었다. 또
한 1985년 10월에는 남북한이 1988년 올림픽을 공동으로 개최하는 협상을
스위스 로잔에서 개최하는 등 다양한 분야에서 남북한접촉이 이루어졌다.

　1980년 중반의 남북대화는 국제적 환경이 급격히 냉각된 상황에서도 경
제, 문화, 및 스포츠 교류 등 다양한 분야에서 시도되었다. 1979년 소련의
아프가니스탄 침공 이후 태평양지역에서 군사력이 급격히 증가하였고 미국
은 여기에 대처수단으로 중국과 낮은 수준의 안보협력을 비롯하여 태평양에
서의 군병력 주둔을 강화시키는 등 동아시아에서 미소 간의 긴장상태가 고
조되는 시기였다. 흔히 신냉전체제라고 하는 국제적 정치환경에도 불구하고

---

10) 임종헌, "남북기본합의서 채택이전까지의 남북한 관계변화연구: 통일방안을 중심으
　　로," 김세균 외, 『북한체제의 형성과 한반도 국제정치』(서울대학교 통일학 연구총서,
　　2006), pp.132-133.

남과 북은 대화를 시도하였다. 따라서 80년대 중반 남북교류의 시도는 전두환 정부의 출범과정에서의 정통성 문제와 이를 극복하려는 노력으로 설명될 수 있다.

12·12사태와 광주민주화운동을 진압하고 전두환은 국가보위비상대책위원회를 조직, 1980년 8월 27일 통일주체국민회의에 의해 대통령으로 선출되었다. 쿠데타로 정권을 획득한 전두환 대통령은 집권 시기 동안 정통성 시비로 많은 정치적 난관을 극복해야 했다. 따라서 전두환 정부의 핵심적 정치목표는 5공화국 정권의 정당성을 획득하는 것이었다. 전두환 대통령은 정당성을 확보하기 위해 정치, 사회, 문화 등 각 분야에서 대규모 개혁을 추진하면서, 정의와 복지 사회의 구현을 국정의 최대목표로 내세웠다.[11] 외교적 측면에서는 전통적 우방과 안보 및 경제협력의 강화, 올림픽 유치로서 국제지위향상을 위해 적극적인 외교를 펼쳤다. 특히 성공적 대북정책으로 한반도에서 전쟁의 공포를 완화시키고 남북관계를 개선하는 것이 정권의 정당성확립에 큰 도움이 되는 것으로 판단하고 집권 초기부터 적극적 대북유화정책을 추진하였다.

1981년 1월 전두환 대통령은 새해 국정연설에서 남북정상회담을 제의하였으며, 같은 해 6월 경제, 체육, 문화 교류를 제안하면서 84년 로스앤젤레스 올림픽 단일팀 구성을 제안하였고 11월에는 고대한국의 문화연구를 위한 협력을 제안하였다. 계속되는 남한의 대북접근정책은 전두환 정부의 정통성 시비와 함께 거부되었다. 따라서 1984년의 남북한 관계개선 시도는 신냉전적 국제체제 환경과 아웅산 폭파 테러사건으로 급격히 냉각된 남북관계의 분위기에 획기적 전환이었다. 그러나 당시의 남북대화는 냉전체제를 기반으로 한 적대적 대결구도라는 근본적인 계약을 극복하지 못함으로써 남북간의 지속적 대화와 협력으로 발전하지 못하였다. 북한의 테러로 남한의 주요 고위각료가 희생되는 외교상 유례없는 희생을 치르고도 남북이 접근을 시도한 것은 남북관계가 국내정치적 이익에 중요하게 작용했다는 반증이기

---

11) 김창훈, 『한국외교: 어제와 오늘』(서울: 다락원, 2002), p.146.

도 하다. 남북한의 고조되는 긴장관계가 물리적 충돌로 갈 수 있다는 국민들의 우려를 불식시킬 뿐만 아니라 통일에 대한 관심을 고조시킬 수 있는 정치적 판단이 남북한 간에 공동의 이익으로 작용했다고 판단된다.

2. 북한의 국내정치와 남북한관계

1980년 중반 북한의 대남 접근 시도는 북한 국내정치에 있어 김일성-김정일 권력세습과 연계하여 설명될 수 있다. 1980년 10월 10일 제6차 조선노동당대회에서 김정일은 5명의 중앙위원회 정치국 상무위원 중 4번째, 10명의 중앙위원회 비서 중 2번째, 10명의 군사위원 중 3번째로 선출되었다. 김정일은 김일성을 제외한 세 개의 주요 권력기관 모두에 임명되는 유일한 인물이 됨으로써 조선노동당대회를 통해 김정일이 차기 후계자의 가능성을 한층 높였다. 이동복에 의하면, 노동당대회가 김정일을 공식적으로 지명한 것은 아니지만 김일성의 대회 연설이나 당시 구체적인 전개상황은 김정일이 김일성의 유일한 후계자가 된 것이 분명하다고 분석하고 있다.[12]

그러나 김정일이 당조직과 군부에서 권력을 확립한 듯 보였으나 북한인민이나 중국이나 소련 등의 지지를 확보하는 데에는 많은 어려움을 겪은 것으로 판단된다. 당시 유력한 정보지에 의하면, 김일성은 1983년 1월에서 4월 사이에 김정일로의 권력승계에 반대하는 북한인민 1,000여 명 정도에 대해 숙청을 단행하였다고 전하고 있다. 또한 당시 평양을 방문한 르몽드 신문의 알란 제이콥(Alain Jacob)도 김일성에 대한 군부의 충성이 권력세습으로 그 충성도가 김정일에게 이양될 수 있는가에 대해 많은 의문을 제기했다.[13] 소련과 중국을 포함한 사회주의 국가들도 권력세습에 대해서 상당한

---

12) Dong Bok Lee, "Hereditary Succession in North Korea," in B.C Koh in "Political Change in North Korea," in Chong sik Lee and Se Hee Yoo, eds., *North Korea in Transition* (Berkeley: Institute of East Asian Studies, University of California, 1991), pp.2-3.

거부감을 표명하였다. 소련은 북한의 국내정치에 직접 관여하는 것을 회피하였지만 상당히 부정적 입장을 보였다. 반면 중국은 소련보다는 더 강경하게 북한의 권력세습을 비판하였는데, 권력세습이 건전한 사회주의 공산당과는 양립하기 힘든 사안이라는 것을 분명히 하였다. 권력세습 과정에서 북한은 국내정치적으로뿐만 아니라 사회주의 국가들 간에서도 상당한 비판을 받아왔고 이를 어느 정도 완화시키는 정치적 수단으로서 남북대화를 활용했다고 하겠다.

V. 1990년대 남북한관계 및 대남-대북정책

1. 남한의 국내정치와 남북한관계

1988년 노태우 정부는 북한에 고위급회담 개최를 제의하고 북한이 이를 받아들임으로써 탈냉전의 분위기 속에서 남북 간의 대화가 시작되었다. 향후 7·7선언이라고 알려진 「민족자존과 통일 번영을 위한 특별선언」은 북한을 경쟁과 대결이라는 적대적 대상이 아니라 통일을 위한 동반자로 보아야 한다는 것이었다. 이러한 기본적 인식을 바탕으로 민족의 공동 번영을 모색하고 이와 함께 북방외교를 추진함으로써 북한과 한국의 우방들 간의 관계개선을 적극 도우며 동시에 우리나라도 중·소 등 공산국들과의 관계 정상화를 추진해가겠다는 것이었다. 노태우 정부는 7·7선언의 후속조치로 대북 비난방송의 전면중지, 통일논의의 제한적 허용, 북한 자료의 부분적 공개, 북한 외교관과의 적극적 접촉허용 및 북한과의 교역에 대비한 대북 경

---

13) Hak Joon Kim, "The Rise of Kim Jong Il: Implication for North Korea's Internal and External Policies in the 1980s," in *Korea's Relations with Her Neighbors in a Changing World* (Seoul: Hollym, 1993), p.72.

제조치 등을 발표하였다. 노태우 대통령은 더 나아가 한국 대통령으로서는 처음 행한 유엔 연설에서 「남북불가침선언」을 비롯하여 정전협정에서 평화협정으로 전화 및 남북한 간의 교류와 협력의 증진방안 등을 논의하기 위한 남북정상회담을 제안하였다. 냉전의 해빙기와 동시에 시작된 민주화 분위기 속에서 보다 적극적인 통일방안을 제시하였다.

1989년 9월 노태우 정부는 '한민족공동체 통일방안'을 제시하고 자주, 민주, 평화의 3원칙을 바탕으로 남북연합을 거쳐 통일민주공화국을 제창하였다. 이런 상황 속에서 남북한은 1990년 후반기에 3번의 남북고위급회담이 개최되었고 1991년 9월에는 남북한의 유엔동시가입이 이루어졌다. 이러한 일련의 과정을 거쳐 남북한은 1991년 12월 13일 남북화해 및 불가침 그리고 남북교류협력 추진을 내용으로 하는 '남북기본합의서'에 서명하였고 12월 31일에는 '한반도 비핵화공동선언'을 채택하였다. 2개의 신기원을 이룬 남북한의 협상은 70차례의 남북고위급회담, 25차례의 남북핵회담, 23차례의 스포츠회담, 18번의 적십자회담을 포함 160번 이상의 회담이 진행되었다.[14] 이처럼 활발하게 진행되던 남북한 협상은 기본합의서와 비핵화공동선언의 세부실천이행을 위한 위원회 회의에서는 실질적 진전을 이루지 못하고 북한이 핵확산금지조약(NPT)을 탈퇴하겠다고 발표하면서 난관에 봉착한다.

노태우 대통령이 대북화해정책을 포함하는 북방정책을 추진한 데에는 여러 요인들이 있었다. 첫째, 동서 간의 대립이 끝나고 탈냉전의 시기가 도래하여 동아시아에서 미국의 영향력이 약화될 것이라는 예상과 중국과 소련의 개혁·개방이 남한의 정치적 안정과 경제적 번영에 많은 도움이 될 것으로 판단하였다. 또한 1988년 총선 이후 여소야대라는 특수한 정치적 상황에서 민주화가 급격히 진행되면서 권위주의 정권의 반공이데올로기가 상대적으로 약화되는 결과를 가져다주었다. 그러나 무엇보다도 노태우 정부의 대북접근을 위한 북방정책의 시도는 정부출범 시기부터의 정치적 불안정을 북

---

14) 강인덕·송종환, "1990년대 이후 남북대화," 강인덕·송종환 공저, 『남북회담: 7.4에서 6.15까지』(서울: 극동문제연구소, 2004), p.304.

방정책을 통해 극복하고자 하는 의도에서부터 출발했다고 볼 수 있다.

6·29선언과 김영삼과 김대중 사이의 후보단일화 실패로 대통령에 당선된 노태우 대통령은 선거운동 당시 자신의 입지가 당선되기에는 힘들 것으로 판단하고 중간평가를 선거공약으로 내세워야 했다. 특히 1988년 4월 실시된 국회의원 총선에서 여당은 국회의석 과반을 확보하는 데 실패하여 여소야대라는 국회가 구성되며 노 대통령의 정치적 입지는 더욱 약화되었다. 여소야대라는 상황에서 야당의 정부에 대한 강력한 통제는 노 대통령이 임명한 대법원장 후보를 거부하는 것으로부터 시작되어 국회에서는 5공화국 부패와 권력남용에 대한 조사를 위한 특별위원회를 구성하였다.

야당의원, 재야세력, 학생들은 정부가 부패한 5공세력과 1980년 광주사태의 배후세력을 처벌할 것을 강력히 요구하였다. 또한 이들은 중간평가를 실시한다는 선거공약을 이행하라고 노 대통령에게 강력히 압력을 가했다. 노 대통령은 민주화와 자유화만으로 국민을 만족시킬 수 없고 남북관계가 개선되어야 한다는 판단에 도달하고 7·7선언이라는 민족자존과 통일번영을 위한 특별선언을 통해 남북한 간의 인적, 물적 교류협력의 기본적 방향을 제시하였다. 노태우 정부는 7·7선언을 실행하기 위해서 남북이산가족찾기 신청접수, 북한 및 공산권 자료 및 정보공개 등의 조치를 취하였다. 그러나 대북교류를 위한 일련의 조치들은 재야 및 학생들로 하여금 보다 더 거센 민족통일운동을 야기시켰고 문익환 목사, 황석영 작가 및 학생인 임수경 등의 방북으로 남한 정국은 더욱 불안정화되어 노 대통령의 입지가 더욱 악화되었다. 결국 노 대통령은 1990년 1월 두 야당인 민주당과 공화당과의 3당 합당을 선언하면서 정치적 난관을 극복하고자 하였다. 여소야대 및 5공청산 등의 민주화 열풍 속에서 북방정책의 추진은 노 대통령의 정치적 난국을 해결하는 유용한 정책수단이었다. 북방정책은 일반적으로 한반도의 평화통일 여건 조성과 사회주의 국가들과의 국교정상화 등으로 매우 시의적절한 외교 정책으로 판단된다. 하지만 성과에 너무 집착한 나머지 사회주의 국가들과의 저자세 외교 및 성급한 비핵화 공동선언 및 실천미비 등 중대한 오류가 있었다고 평가할 수 있다. 특히 한반도 비핵화 공동선언과 관련하여 당시 비핵화 논의가 미국의 전 세계 핵감축과 연관이 되어 있다고 할지라도 보다 더 신중한 입장을 견지하였다면 향후 북핵위협에 보다 더 실용적으로 대처할 수 있었다.

90년대 초 기본합의서 채택 이후 완화된 남북한관계는 북한의 핵개발 의혹 문제로 국제적 긴장이 고조되고, 또한 김영삼 정부가 핵 문제와 남북한 협상을 연계시키는 전략을 추진하면서 남북한관계가 경색되었다. 김영삼 정부는 북한에게 핵 문제 해결을 위한 남북한 간 협상부터 시작할 것을 제시하였으나 북한이 거절하였다. 그러자 김영삼 정부도 핵 문제가 해결되지 않는 상황에서 남북한 협력이 어렵다는 강경한 입장을 표명하였으며, 북한도 미국과의 협상에 주력하면서 한·미관계를 이간시키려는 전략을 취하였다. 특히 김일성 사망 이후 북한붕괴론이 대두되면서, 남북한관계는 더욱 경색되었다. 한편 북한은 내부적으로 식량난, 에너지난, 외화난, 생필품난 등으로 대표되는 경제난이 심화되어 외부로부터 긴급한 경제지원이 필요한 입장이 되었다. 북한이 내부적 문제를 극복하기 위해 남한의 협력이 절실한 상황에서도 남북대화에 적극적으로 나서지 않았는데, 이는 김영삼 정부가 남북대화를 개시해야 하는 정치적 필요성을 절실히 느끼지 못했다는 데 그 이유가 있다고 본다. 최초의 문민정부라는 정통성과 자부심과 함께 출발한 김영삼 정부 입장에서는 남북한 관계개선과 협상이 정통성 확보를 위한 정책적 대안이 되지 못했던 것이다.

2. 북한의 국내정치와 남북한관계

북한 김정일의 남한과의 관계개선 시도는 탈냉전 시기의 소련을 비롯한 동유럽 사회주의 국가의 몰락을 인한 국제사회로부터의 상대적 고립과 지속되는 북한의 경제적 위기를 극복하기 위해 추진되었다. 북한의 경제는 전후 1950년대와 60년대 초반까지는 매년 20%를 능가하는 고도성장을 이룩하였으나, 자립경제의 부정적인 측면과 과도한 군사비 지출로 인하여 1980년 후반부터는 심각한 경제위기가 진행되었다. 특히 1984년 합영법을 통한 외자유치의 실패와 동구 유럽국가들의 몰락은 북한의 경제적 침체를 더욱 악화시켰다. 1991년 구소련은 북한의 군사 및 경제적 원조를 요구하였을 뿐만 아니라 석유를 포함한 에너지 수출에 사회주의 우호가격이 아닌 국제시장 가격뿐아니라 경화결제까지 요구하기 시작하였다.

북한 경제발전의 기본적 목표가 김일성 유일체제의 구현과 한반도 공산화를 위한 물적 토대를 위한 지도자의 정치적 목적을 달성하기 위한 수단이었기 때문에, 경제적 실패는 정권의 안정성과 권력세습의 정당성을 상실할 수 있는 심각한 문제였다.[15] 더욱이 북한의 침체된 경제적 상황은 군사력을 더욱 약화시키고, 남한의 적극적인 북방정책은 북한의 외교적 고립을 더욱 가속화시켰다. 이러한 외교적 고립은 중국이 북한이 그동안 반대했던 남한의 유엔 단독가입에 대해 더 이상 거부권을 행사하지 않겠다는 발표가 나온 후 최고조에 달했다.

1990년대 초반 국내정치적으로 북한의 의미 있는 변화는 김정일의 권력계승과 정권생존을 위한 이념교육의 재강조였다고 할 수 있다. 1990년 김정일은 국방위원회 제1부위원장으로 임명되어 군사 부문에 실질적 업무를 담당하고 1991년에는 12월 당중앙위원회 제6기 19차 전원위원회에서 조선인민군 최고사령관으로 추대되었다. 김정일이 군사 부문의 최고책임자로 영향력을 넓혀가면서 자신의 권력기반을 확립하기 위해서 젊은 세대의 군인들이 등장하게 된다. 그러나 당시 산케이신문의 보도에 의하면 북한 군부는 권력세습에 대해 부정적 입장이었고, 신문은 한 번도 실전 사격훈련을 받지 않고 대학에서 한 달 정도 군사훈련을 받은 김정일이 최고사령관에 임명되었다는 사실에 군부는 상당한 불만을 가졌을 것이라고 보도했다.[16] 따라서 권력세습에 대한 군부와 권력계층의 불만을 남북대화라는 카드로 관심을 돌리

---

15) Weiqun Gu, *Conflicts of Divided Nations: The Cases of China and Korea* (Westport, CT: Praeger, 1995), p.152.

16) FBIS(East Asia), Dec. 3, 1992.

면서 체제의 안정성을 높이기 위해서 김정일은 북한의 대남 접근정책을 활용했던 것이다.

VI. 2000년대 이후 남북한관계와 대남-대북정책

1. 김대중 정부와 노무현 정부의 대북정책과 남북한관계

1990년대 말과 2000년 초 남북한관계의 접근은 대북포용정책을 통해 남북관계를 개선하여 긴장을 완화하고 평화를 정착시키려는 김대중 정부의 탄생과 김정일의 신헌법 채택과 경제난 극복 등을 배경으로 하고 있다. 1997년 12월 대한민국 수립 이후 투표에 의한 최초의 여야 정권교체를 이룩한 김대중 정부의 대북정책은 북한을 국제적 고립에서 탈피시키고 개혁과 개방으로 나오게 하는 것이었다. 이를 통해 남북한의 자유로운 방문과 교류가 실현되는 평화공존의 상태를 만드는 포용정책에 중점을 두었다. 반면, 북한의 경우 정치적으로 김일성 사망 이후 김정일의 과도기적 체제를 안정시키는 작업이 지속적으로 추진되어 왔다. 김정일은 당총비서 취임과 함께 주체연호 제정과 김일성 생일의 태양절 결정, 김정일의 신격화 작업 등을 통해 체제의 정당화 작업을 강화하였다. 특히 신헌법 채택으로 국방위원장이 국가 최고지도자임을 확인하였다.[17]

북한은 김대중 정부의 대북포용정책을 다른 형태의 흡수통일을 위한 책략이라고 거부하고 남한의 포용정책에 대응하는 강성대국론하에서 무력통일을 위한 군사강국의 기반 확보를 지속적으로 추진하였다. 그러나 체제 안

---

17) 신헌법 100조와 102조를 살펴보면 국방위원회와 국방위원장이 국가최고 지도기관과 지도자임을 알 수 있다.

정화와 경제 문제를 해결하고자 하는 북한의 대남 화해정책의 결정은 김대중 정부의 대북포용정책과 맞물려 남북정상회담을 수용하는 등 긴장완화를 추진하였고, 장관급회담, 남북경제협력추진위원회, 적십자회담 등 남북관계의 개선을 추진하였다.

김대중 정부의 대북 화해협력정책의 산물이라고 할 수 있는 남북한 정상회담은 남북관계의 역사적 전환점을 제시했다고 평가되고 있다. 남북정상회담을 통한 6·15공동선언이 지닌 특징들을 살펴보면, 대화보다는 실천적인 측면이 중요하다는 남북정상의 공통적 인식에서 새로운 합의보다는 실천 가능한 내용을 명기하였으며, 무엇보다 중요한 것은 양측 정상이 중요 문제들에 대해 인식의 공유를 이루었다는 점이다. 둘째, 남북 정상이 통일방안 및 평화 문제에 관해 상당 부분 논의하고 공통성을 인식했으며, 셋째, 대북포용정책의 당면 과제들이 실천사항으로 명기되었다는 특징을 갖고 있다.[18] 즉 6·15공동선언의 특징은 그동안 남북한관계에 있어서 문제점으로 지적되어온 공동이익에 대한 인식 부족, 합의와 합의사항 이행에 대한 결여 등을 극복하는 전환점이 되었다는 것이다. 김대중 정부의 대북정책은 과거 정권들이 추진했던 상황적 대북정책을 지양하고 장기적 비전을 통해 포괄적으로 접근하여 한반도의 냉전체제를 허물려는 틀에서 시작되었다.[19]

특히 김대중 정부의 대북포용정책은 초기 국민들의 전폭적인 지지를 획득하였으며, 김대중 정부의 국내정치적 기반을 보다 확고히 하는 데 많은 기여를 하였다. 햇볕정책으로 인한 노벨평화상 수상과 같은 외교정책 분야에서의 성공은 정권의 지지도 향상에 기여하였으며, 김대중 정부는 이후 포

---

18) 이종석, "남북정상회담의 성과와 향후과제," 『정상회담이후 남북관계개선전략』(세종연구소, 2000), pp.19-33.

19) 그 이전의 전두환 정부는 민족화합민주통일방안과 노태우 정부의 한민족공동체통일방안 그리고 김영삼 정부의 민족공동체통일방안이 각각 제시되었다. 김대중 정부 시기에는 김대중 대통령이 야당의 지도자로 있을 때 제시한 3단계 통일방안이 있었으나, 대통령 당선 후 이를 기반으로 한 정책을 대북포용정책, 햇볕정책 등으로 포괄적으로 불렀다.

용정책의 지속적 추진을 통해 대북화해협력을 달성함과 동시에 외교 분야에서 야당의 견제를 효과적으로 관리하는 성과를 거둔 것이 사실이다.[20] 그러나 정상회담을 위한 뒷돈거래 의혹이 제기되었고 추후 대북송금이 사실로 밝혀져 대북포용정책이 김대중 정부의 정치적 목적이 강하였음을 보여주었다. 그 결과 남북정상회담과 6·15공동선언의 의미와 업적이 퇴색될 수밖에 없었다. 김대중 정부의 햇볕정책은 일견 대북포용의 기조를 체계화하면서 일관되게 화해협력과 남북관계 개선을 추진했다는 점이 두드러진 특징이며, 국제정세의 구조적 변화가 제공하는 기회의 틈새를 적극 활용하면서 남북관계를 주도적으로 진전시켰다는 평가가 있다.[21]

그러나 분단 반세기의 적대관계를 화해와 협력정책으로 본격적으로 전환하기 시작한 만큼, 대북정책을 둘러싼 갈등을 해결하고 조정하기 위한 노력에도 힘을 기울이는 것이 필요했다는 점을 간과하였다. 김대중 정부의 대북정책에 대한 보수·진보 양측의 상이한 평가에도 불구하고, 이 시기에는 햇볕을 통한 북한 개방 유도라는 대북포용정책의 지속으로 한반도의 긴장이 완화되고 냉전적 인식이 완화되면서 남북한 교류와 경협은 확대되었다.

김대중 정부의 대북포용정책을 계승·발전시킨다는 입장에서 출범한 노무현 정부는 대북포용정책과 구별되는 '평화와 번영정책'을 제시하였다. 북핵 문제를 안고 출범한 노무현 정부는 북핵과 남북관계의 병행론을 유지하면서 북핵으로 인한 한반도 긴장을 효과적으로 관리하고자 했다. 북한의 핵개발에도 불구하고 일관되게 대북 화해기조를 유지코자 하였으며, 임기 말 남북정상회담을 성사시킴으로써 남북관계를 진전시키고자 했다. 북핵 문제에도 불구하고 남북관계를 유지함으로써 위기를 관리하고 현상을 유지하고자 했지만 북한의 강한 핵 개발 의지를 간과하였다. 결과적으로 적극적인 남북관계의 진전은 북핵에 밀려 머뭇거리게 되었다.[22]

---

20) 전재성, "민주주의와 외교정책결정: 행정부의 기능과 역할," 『한국사회의 민주화와 외교정책결정』 한국정치외교사학회 발표문(2006.10.27), p.35.

21) 김학노, "평화통합전략으로서의 햇볕정책," 『한국정치학회보』 39집 5호(2005), pp. 256-257.

노무현 정부의 평화번영정책은 기본적으로 김대중 정부의 햇볕정책을 계승 발전시킨 것이다. 대북포용의 기조를 바탕으로 정책 내용에서는 '화해협력을 넘어 평화번영'을 지향하고, 정책대상에서는 '남북을 넘어 동북아'를 고려한 전략적 구상이었다.[23] 안보적 측면의 평화와 경제적 측면의 번영을 결합시킨 평화번영정책은 경제협력으로 평화를 보장하고, 평화로 경제협력을 더욱 발전시키는 이른바 평화경제론이 핵심이다.[24]

그러나 노무현 정부 임기 내내 안보의 최대 현안이자 국제적 문제인 북핵 문제가 답보상태에서 벗어나지 못하면서 평화번영정책은 제대로 시작해보기도 힘든 상황이 되었다. 결국 북한의 완강한 핵 개발의지로 인해, 노무현 정부의 대북포용정책은 표류할 수밖에 없었다. 2003년 5월 부시 대통령과의 한미정상회담에서 노무현 대통령은 북한의 핵 문제 악화 시 '추가적인 조치(further steps)'에 합의하면서 당시 부시 행정부의 대북 강경기조에 동의하지 않을 수 없었다. 그러나 노무현 정부는 북핵 상황 속에서도 남북관계를 유지함으로써 2005년 소위 6·17면담을 성사시켜 북한을 6자회담에 복귀시킴으로써 북핵 문제 해결에 계기를 마련코자 했고, 9·19공동성명 도출에 일정 역할을 수행하기도 했다. 북한의 핵실험에도 불구하고, 노무현 정부의 대북포용 기조는 지속되었고 결국 미국이 북한을 협상 파트너로 인정하며 북미 양자협상에 나서면서 북핵 문제가 진전되기 시작했다. 2007년 1월 베를린에서의 북미협상을 거쳐 6자회담에서 2·13합의와 10·3합의가 도출됨으로써 노무현 정부는 북핵이라는 외적 장애물을 극복코자 하였다. 그리고 북핵에 밀려 성사되지 못했던 남북정상회담을 임기 말인 2007년 10월 개최하였다.

노무현 정부 시기는 남북관계의 유지에도 불구하고 핵 문제 해결에서

---

22) 박건영, "노무현 정부 대북정책의 평가와 과제," 한국국제정치학회 연례학술회의 발표논문(2007.12.7) 참조.

23) 김근식, "노무현 정부의 평화번영정책: 구상과 현실 그리고 과제," 『통일문제연구』 16권 1호(통권 41호, 2004) 참조.

24) 허문영 외, 『평화번영정책 추진성과와 향후 과제』(서울: 통일연구원, 2007) 참조.

적극적 역할이 부족했던 점이 내내 한계로 지적되기도 했다.[25] 아울러 이 시기의 교훈은 남북관계는 북한의 핵 문제로 인하여 남북 양측 내부에서만 합의한다고 진전될 수 있는 것이 아니고, 미국의 대북정책과 한국의 대북정 책이 포용의 관점에서 공감할 수 있어야만 실질적으로 성공할 수 있음을 깨 닫게 했다.

2. 이명박 정부와 박근혜 정부의 대북정책과 남북한관계

이명박 정부는 출범 이후 '상생과 공영의 대북정책'을 내걸면서 실용과 생산성에 기초하여 상생과 공영의 남북관계를 발전시켜 평화통일의 실질적 토대를 확충해나가고자 하였다. 이명박 대통령은 2008년 취임사에서 '남북 관계를 이념의 잣대가 아닌 실용의 잣대로 풀어나가도록 하겠다'고 하면서 이명박 정부는 남북이 상호존중하고 협력하면서 정상적인 남북관계를 발전 시키고, 이를 기반으로 한반도 평화와 번영의 기반을 만들고 평화적 통일을 이룩해나가겠다고 선언하였다. 이러한 실용을 위한 대북정책의 슬로건은 '비 핵·개방·3000정책'이었다. 이는 북한이 핵무기를 포기하고, 개방정책으로 전환한다면, 남북경제협력과 지원을 통해 10년 내에 북한주민의 1인당 국민 소득을 3,000달러로 올리도록 하겠다는 것이다. 우선, 북핵 문제 해결로 새 로운 한반도 평화구조를 창출하고 남북한관계를 한 단계 더 도약시키는 계 기로 만들어나간다. 두 번째, 이전 정부와는 달리 일방지원 방식의 남북경 협에서 탈피하여 쌍방향적이고 상호보완적인 남북경협을 통해 남북 간 상생 과 호혜의 '경제공동체'를 건설해나간다는 것이다. 셋째, 분단의 아픔인 이 산가족, 납북자, 국군포로 문제를 해결하고 남북주민의 삶의 질을 향상시킴 으로써 남북 주민 모두가 행복해지는 '행복공동체'를 건설해나간다는 비전을

---

25) 박건영, "노무현 정부 대북정책의 평가와 과제," 한국국제정치학회 연례학술회의발표 논문(2007.12.7), pp.105-108.

제시하였다.

비핵·개방·3000정책은 과거 대북정책이 효과적이지 못했다는 판단과 북한의 변화를 촉진하는 실용적이고 전략적인 접근임을 강조하였다. 이명박 정부는 노태우 정부 이래 역대 정부들이 남북 간의 화해협력을 통해 통일의 추진여건을 준비해가는 포괄적이고 우회적인 통일정책을 추진한 데 반해, 보다 구체적이고 직접적인 통일준비에 노력을 기울이고자 하였다. 흔히 대북정책에는 '분단관리'와 '통일준비'라는 두 개의 프레임이 있다. 노태우 정부 이후 북한과의 대화와 교류협력을 통해 남북 양측 간 상생공영과 평화의 길을 열고자 하는 노력이 '분단관리'라고 한다면, 실질적으로 통일을 앞당기고 준비하는 노력이 '통일준비'이다. 이명박 정부 시기는 비핵화와 개혁개방이라는 비전과 목표의 설정에도 불구하고, 일각에서는 그 목표를 이루어 낼 수 있는 구체적이고 현실적인 해법과 수단은 부족했다는 평가도 존재하고 있다. 그럼에도 불구하고, 이명박 정부는 '분단관리'에 머무르지 않고, 통일에 대비를 위해, 통일에 대한 국민적 관심을 높이기 위한 '통일 항아리 조성,' 통일 재원마련을 위해 남북협력기금법에 통일 재원 마련을 위한 '통일계정' 신설, 통일에 대비한 법과 제도 연구 등을 추진하였다.

그러나 비핵·개방·3000 구상이 도입된 초기에는 북한의 비핵화를 조건으로 하는 선비핵화 후 남북관계개선이라는 조건적 정책으로 인식되고 군사안보 문제가 우선적으로 해결이 되어야 경제 및 사회분야 협력이 가능하다는 이슈연계정책이라는 비판에 직면하였고, 이에 정부는 비핵화 3단계 로드맵을 발표하여 비핵화 과정 속에서 경제협력을 구체화하였다. 그럼에도 불구하고 북한은 이명박 정부의 '비핵·개방·3000정책'을 남북관계를 파국으로 몰아넣는 반통일 선언이라고 비난하면서 이를 적대적 정책으로 규정하였다. 핵개발을 포기할 의사가 없던 북한의 입장에서 볼 때, 이명박 정부의 정책은 북한이 먼저 핵을 포기하고 개방으로 나서야만 남북관계의 개선이 가능하다는 주장으로 이해되었다고 하겠다. 이에 따라 남북관계를 '원칙 있는 대북정책'과 '정상적인 남북관계 발전'이라는 틀로 재정립하여 새롭게 발전시키고자 하였던 이명박 정부의 정책은 많은 난관에 처하게 된다.

이명박 정부 시기 남북관계는 2008년 금강산 관광객 피살사태로 금강산 관광의 중단, 2008년 12월 6자회담의 중단과 북한의 핵개발 지속, 2009년 5월 제2차 핵실험으로 남북관계는 더욱 어려움에 빠지게 되었다. 2010년 3월 북한은 백령도 근해에서 천안함을 폭침시키는 도발을 일으켰다. 정부는 이에 대한 대응책으로 '북한 선박의 우리 해역 운항 불허', '남북교역의 중단', '우리 국민 방북 불허', '북한에 대한 신규 투자 금지', '순수 인도적 지원을 제외한 대북지원사업 보류' 등을 담은 5·24조치를 시행하면서 개성공단을 제외한 모든 남북교류는 전면 중단되게 되었다.

경색된 남북관계는 박근혜 정부가 출범하기 직전까지 지속되었다. 특히 2012년 12월 북한은 '광명성 3호'로 명명한 장거리 로켓을 시험 발사하고, 2013년 2월에는 3차 핵실험을 감행하였다. 이러한 상황 전개는 2011년 12월 김정일 국방위원장이 사망하고 북한의 새로운 지도부인 김정은 체제가 출범함과 동시에 벌어진 사건들이어서 향후 남북한관계가 순탄치 않을 것임을 보여주는 동시에 역대 정부의 대북정책이 한반도 평화정착에 의미있는 변화를 이끌어내지 못하였음을 보여준 것이기도 하다.

이러한 상황 속에서 박근혜 정부는 4대 국정기조의 하나로 평화통일 기반구축을 제시하여 한반도에 지속가능한 평화와 통일을 위한 확고한 토대를 마련코자 하였고, 이러한 기조에서 '한반도신뢰프로세스 구상'을 제시하였다. 이는 튼튼한 안보를 바탕으로 남북 간 신뢰를 형성함으로써 남북관계를 발전시키고 한반도에 평화를 정착하며, 나아가 평화통일의 기반을 구축해나가자는 구상이다. 또한, 박근혜 정부는 그간 '북한의 도발 → 위기 → 타협 → 보상 → 도발'의 악순환을 끊기 위해 북한의 도발에는 강력히 대응하면서, 남북관계에도 국제적인 기준과 합의를 준수하는 관행을 만들어 지속가능한 평화를 구축할 필요가 있다는 인식하에서 대북정책을 추진코자 하였고 이를 2014년 드레스덴 선언으로 구체화하였다.

한반도신뢰프로세스의 연장선에서 박근혜 대통령은 2014년 3월 28일 옛 동독지역에 위치하면서 독일 5대 명문 공대인 드레스덴공대에서 기조연설을 통해 소위 '통일대박론'을 구체화하는 '드레스덴' 선언을 발표하였다.

드레스덴 선언의 발표는 한반도신뢰프로세스 이후 한반도 평화와 통일에 대한 중요한 실천적 제안을 담고 있다는 점에서 의미 있는 행보라고 평가할 수 있다. 또한 드레스덴 선언은 통일 독일의 상징이자 폐허도시에서 경제중심지로 탈바꿈한 드레스덴에서 한반도 통일구상의 방향을 제시했다는 점에서 독일통일이 주는 시사점을 한반도 통일의 현실적 이익으로 환기시키고자 한 점에서 상징적인 측면도 가지고 있었다. 즉, 독일통일의 경험을 교훈삼아 본격적인 통일시대를 준비하겠다는 강렬한 의지를 보여주고자 하는 노력으로 볼 수 있다.

그러나 북한은 우리의 한반도 평화를 위한 프로세스 및 국제사회의 강력한 대북제재에도 불구하고 2016년 9월 9일 5차 핵실험을 강행하면서 핵탄두의 경량화·소형화·다량화 기술을 갖췄다고 공표하였고, 핵보유국으로 국제사회에서 자리매김하겠다는 강력한 의지를 보여왔다. 결국 이명박 정부에 이어 박근혜 정부까지도 남북관계의 현황은 전반적으로 상호주의에 입각한 화해 협력적 분위기보다는 갈등적 강경대응으로 진행되어 왔다. 무엇보다도 도발 후 보상이라는 악순환의 고리를 끊고자 하였다. 따라서 박근혜 정부는 정책적 유연성의 한계를 가질 수밖에 없었고 국제적 제재강화 무드 속에서 남북한관계의 긴장완화 모멘텀 확보에 성공하지 못했다.

3. 2000년대 북한의 대남정책과 남북관계

1990년대의 북한은 위기의 연속이었다. 김일성 주석의 사망과 국제적인 고립, 핵위기와 식량난 등으로 '고난의 행군'을 하지 않을 수 없었던 북한은 1990년대 말부터 조금씩 체제를 안정화시키면서 대남정책노선이 구체화되었다. 1997년 김정일이 국방위원장으로서 국가의 최고지도자 직위에 오른 이후 1998년 4월 18일 '온 민족이 대단결하여 조국의 자주적 평화 통일을 이룩하자'를 발표하고, '민족대단결 5대 방침'을 제시했다.

이를 기반으로 북한의 2000년대 대남정책은 '6·15공동선언'을 기점으로 민족 공조, '우리 민족끼리'라는 구호에서 알 수 있듯이, 통일을 민족 대 외세의 기본적인 대결구도로 인식하고, 민족적 단결을 중심으로 한 통일정책을 주장했다. 통일 방안으로서는 연방제 방식의 통일을 고수하면서도, 실질적으로는 남한과의 경제 협력을 통해 '실리'를 추구하는 모습을 보여 주었다. 경제회생을 위해 남한과의 협력을 강화하고, 체제안정화를 위한 북미관계정상화를 시도했다. 김영삼 정부 시기의 '통미봉남' 전술에서 벗어나 남한과의 적극적인 협력관계를 유지하려 했으며, 당시 우리 정부의 대북포용정책을 적극 활용하고자 했다.

'민족 공조'를 앞세운 대남정책은 2005년에 '민족자주', '반전평화', '통일애국'의 3대 공조로 구현되었고 2006년에는 '3대 애국운동'으로 표현되었다. 2007년 신년 공동 사설에서는 대남 분야의 3대 과업을 제시하여 '민족 중시, 평화 수호, 단합 실현'을 제시했다.

2008년의 신년 공동 사설에는 2007년을 '조국통일의 길에 획기적인 국면이 열린 해'로 규정하면서, 기존의 민족 공조와 평화번영을 강조하면서도 남한과의 교류 협력에 대한 기대감을 보여주었다. 즉, 북한은 남북 협력에 대해 '민족의 화해와 단합을 도모하고 평화와 번영, 통일을 이룩해나가는 숭고한 애국사업'으로 규정하면서 '경제 협력을 공리공영, 유무상통의 원칙에서 다방면적으로 추진해 나가는 것을 장려하여야 한다. 조국통일에 실질적으로 이바지할 수 있게 확대 발전시켜야 한다'며 남북 경제협력에 대한 기대감과 의의를 설명하였다.

김정일 정권의 북한은 김일성 시대의 통일정책을 계승하는 한편, 민족 중시의 통일정책을 더욱 강조하였고, 대내외적 상황에 따라 통미봉남과 적극적인 남북한 협력사업을 적절히 추진하였다고 볼 수 있다. 다만, 남북관계와 북미관계의 분리대응 등 사실상 '통일'보다는 대남 및 대미정책에 집중되었다. 그러나 2009년 5월 북한의 2차 핵실험 이후 남북관계에서 갈등과 대결의 국면이 본격적으로 고착화됐다고 판단된다. 2009년 천안함 격침과 연평도 포격도발이 있었고, 2012년 김정은 체제가 출범한 이후에도 민족공조의 남북한관계보다 적대적이면서 각자의 길을 모색하는 '두 개의 한국' 정책으로 전환되었다고 할 수 있다.

2012년 김정은 정권의 공식 출범 이후 북한의 공세적 대남 압박정책은 더욱 강화되었다. 집권 후 첫 공개 연설에서 핵능력을 포함한 군사력 강화를 강조하였고, 남북대화를 거부하였으며 두 차례에 걸친 미사일 발사 및 2013년에는 3차 핵실험을 강행하였다. 3차 핵실험 성공 후 북한은 경제건설과 핵무력 건설의 병진노선을 채택하였으며 2014년 기존 '전략 로켓 사영부'를 '전략군'으로 확대 개편하여 핵탄두 상용화를 목표로 미사일부대를 재정비하였고 현재 전략군을 중심으로 장거리 탄도미사일 및 SLBM 능력 강화에 주력하고 있다.

북한은 마침내 2016년 9월 5차 핵실험 및 2017년 9월 6차 핵실험으로 핵무기를 완성하였음을 보여주고 있으며, 대륙간탄도미사일 개발에 박차를 가하고 있다. 결국 김정은 정권하에서 북한의 핵위협은 더욱 강해지고 이를 기반으로 북한은 강온양면정책을 동시에 펼치며 한미동맹의 와해를 추구하는 등 김정은은 정권 공고화를 시도할 것이다.

4. 문재인 정부의 대북정책과 남북관계의 변화

촛불혁명으로 탄생한 문재인 정부의 대북정책은 강대강으로 맞선 전임 정부의 대북정책을 전환, 북핵 문제의 해결과 남북관계의 개선을 시도하고 있다. 출범 이후 평화이니셔티브를 강조한 문재인 정부는 대화와 협상을 통해 북핵 문제를 근본적, 단계적, 그리고 포괄적으로 해결하는 것을 목표로 하였다. 그러나 한반도 운전자론을 핵심으로 하는 문재인 정부의 대북정책에도 불구하고, 정부 출범 직후 수차례의 탄도미사일 발사, ICBM 미사일 발사시험과 6차 핵실험까지 이어지면서 한국 정부의 역할이 보이지 않는다는 소위 '코리아 패싱(Korea Passing)' 논란에 휩싸이기도 하였다. 북한은 탄도미사일 등 핵무력완성을 위해 가속페달을 밟고 있고, 미국은 본토 침공에 대한 위협인식과 패권국으로서의 자존심이 훼손되어 군사적 옵션까지 고려하는 등의 긴장수위를 한층 높여왔다.

그러나 격동의 한반도 정세는 2018년 역사적인 4·27 판문점 남북정상회담을 시작으로 북미정상회담으로 새로운 전환점에 들어서면서 비핵화를 위한 대장정을 시작하고 있다. 이제 한반도는 중대한 모멘텀에 서 있으며 북한 비핵화를 위한 마지막 기회가 될지도 모른다. 역사적인 2018년 문재인 대통령과 김정은 위원장은 정상회담 후 전문 3조 13개 항의 '한반도의 평화와 번영, 통일을 위한 판문점선언'을 발표하였다.

4·27정상회담에서는 과거 정상회담과 다르게 평화체제와 한반도 비핵화에 관한 내용을 담았다. 비핵화와 관련해 '완전한 비핵화를 통한 핵 없는 한반도를 실현한다는 공동의 목표'를 양국 정상이 확인하였다. 이는 1, 2차 남북 정상회담의 결과 문서에서 비핵화에 관한 언급을 찾아볼 수 없었던 것이며, 남북이 앞으로 각기 자기의 책임과 역할을 다하기로 하였고 국제사회의 지지와 협력을 위해 함께 노력해나가기로 하였다. 또한, 항구적인 평화체제 구축을 위해 불가침과 단계적 군축에 합의하고 금년 내로 종전을 선언하고 정전협정을 평화협정으로 전환하기 위한 남북미 3자 또는 남북미중 4자회담 개최를 적극 추진하기로 하였다. 정전체제를 정치적 차원은 물론이고 법적 차원에서도 종식시키고자 한 것이며 앞으로 이를 위한 후속 회담 및 이를 위한 다양한 시도가 전개될 것으로 보인다.

판문점선언은 군사적 신뢰구축 분야에서도 많은 내용이 발표되었다. 남북 간 적대행위 전면 중단을 선언하고 그 이행조치로서 확성기 방송을 중단하기로 하였다. 적대행위 중단은 이미 1992년 남북기본합의서에도 기술된 군사적 신뢰구축의 주요 내용으로서 재차 기술된 것이지만, 향후 비무장지대를 실질적 평화지대로 만들고 서해 북방한계선 일대를 평화수역으로 만들기 위한 기본적 조치로 보인다. 그리고 이러한 대책을 협의하기 위하여 군사당국자회담을 개최하기로 하였다.

남북관계의 활성화를 위해서 정부 및 민간단체 등 각계각층이 참여하는 민족공동행사 및 다방면적인 협력과 교류를 추진하기로 하여, 향후 다양한 분야에서 교류 확대가 예상된다. 8·15를 전후해 개최하기로 합의한 이산가족 상봉은 이산가족들의 염원을 이뤄줄 수 있는 계기를 마련했다. 특히, 남과 북은 당국 간 협의를 긴밀히 하고 민간교류와 협력을 보장하기 위해 남북공동연락사무소를 개성에 두기로 하였다. 또한 10·4선언에서 합의된 다양한 경제협력 사업들의 추진을 재확인하고, 동해선 및 경의선 철도와 도로들을 연결하는 사업을 우선 추진하기로 하였다.

판문점선언은 한반도 비핵화 여정의 공식적 시작을 김정은 위원장이 직접 비핵화를 언급한 문서에 서명했다는 의미가 있다. 그러나 비핵화 원칙에 합의하면서도 향후 구체적 일정 및 이행 사항은 언급하지 않는 등의 한계가 있다. 특히 비핵화가 핵심의제로 등장할 것으로 기대하였지만, 전체 선언문 중 비핵화 내용의 비중은 기대수준에 미치지 못하였다. 가장 우려스러운 대목은 비핵화에 대한 개념 문제이다. 선언문에 언급된 '완전한 비핵화'는 우리가 그동안 추구하고 트럼프 행정부가 주장해온 완전하고 검증가능한 불가역적 핵폐기라는 CVID와 동일한 개념인지 많은 의문이 제기되고 있다. 이런 애매한 표현은 추후 북한이 주장하는 '조선반도 비핵화'와 동일시되어 미국의 확장억지정책에 대한 철회요구로 이어질 가능성도 있다.

이렇듯 남북정상회담은 많은 성과와 과제를 동시에 남기고 있다. 따라서 이러한 문제들을 차근차근 해결해 나감으로써 한반도에서 평화와 번영의 기반을 구축하고 우리의 국가안보를 굳건히 유지해야 하는 중대한 과제가 여전히 산재해 있다. 특히 북한의 비핵화 문제가 해결되지 않고는 종전선언과 평화협정을 이뤄내기는 쉽지 않은 난관이 있어 보인다.

VII. 맺음말

지난 70년간 남북관계의 상황을 고려할 때, 역대 정부들은 군사안보 차원에서 현실주의적 논리를 항시 유지해야 하는 어려움을 안고 대북정책을 추진해오다 보니 궁극적 목표인 평화통일 기반구축은 현실주의적 논리가 우선시되는 구조적 상황에서는 쉽지 않다는 것이 현실이라고 할 수 있다. 역대 한국 정부의 대북정책전개과정을 살펴본 결과 가장 큰 공통점은 매 정부마다 단기적 혹은 일시적으로 직면한 과제와 정부의 중·장기적 목표 간의 심한 괴리로 인해 대북 및 통일정책의 지속성과 일관성이 결여되어 있었다는 것이다.

특히, 남한의 대북정책에서 국내정치적 요소가 지배적으로 작용하였고, 이로 인한 국민들의 대북정책에 대한 상실감도 클 수밖에 없었다. 따라서 대북정책이 탈정치화되어 대북정책과 통일정책이 합리적이면서도 점진적으로 추진되어야 한다. 대북정책은 한반도의 평화와 안정 그리고 미래의 안정적 통일을 위해 정권에 이념에 따라 이루어지는 것이 아닌 지속적이면서 일관성 있게 진행되어야 한다. 그리고 대북지원과 협력은 급진적이기보다는 점진적이면서 원칙에 입각한 상호주의 차원에서 이루어져야 한다. 한국은 북한이 한반도 평화를 위한 협력적 정책으로 나오면 다양한 경제적 지원을 확대해나가고, 반면 비협력적 태도를 보일 경우에는 강경한 입장으로 대처해나가야 한다.

대북정책은 북한의 핵무기 폐기뿐만 아니라 한반도에서 평화를 어떻게 만들어 갈 것인지, 이를 위해 북한의 개혁과 개방을 어떻게 유도해 나갈지 등에 대한 구체적인 로드맵이 필요하다. 중요한 것은 북핵 폐기에 대한 회의적 시각과 북핵 문제의 장기화이다. 북핵 해결을 위해서는 더 이상 시간을 낭비할 여유가 없을 것으로 판단된다. 우리의 주도적 역할로 북핵 문제의 해결의 실마리를 풀어야 한다. 이를 통해 비핵화와 북한의 개방과 경제협력 등을 어떻게 유도할 것인지 구체적인 로드맵 구성이 요구된다고 할 수 있다.

참·고·문·헌

강인덕·송종환. 2004. "1990년대 이후 남북대화." 강인덕·송종환 공저. 『남북회담: 7.4에서 6.15까지』. 서울: 극동문제연구소.

경남대학교 북한대학원 엮음. 2005. 『남북한 관계론』. 서울: 한올아카데미.

국토통일원 남북대화사무국. 1982. 『남북대화백서』 26권 2호. 서울: 국토통일원 남북대화사무국.

김근식. 2004. "노무현 정부의 평화번영정책: 구상과 현실 그리고 과제." 『통일문제연구』 16권 1호(통권 41호).

김창훈. 2002. 『한국외교: 어제와 오늘』. 서울: 다락원.

김학노. 2005. "평화통합전략으로서의 햇볕정책." 『한국정치학회보』 39집 5호.

김학준. 2003. 『한국전쟁』. 서울: 박영사.

송종환. 2002. 『북한의 협상행태의 이해』. 서울: 도서출판 오름.

이종석. 2000. "남북대화와 유신체제: 체제형성에 대한 분단구조의 영향." 『박정희 시대의 한국: 국가, 시민사회, 동맹체제』 한국정치학회 학술회의 발표문.

_____. 2000. "남북정상회담의 성과와 향후과제." 『정상회담이후 남북관계개선 전략』. 세종연구소.

임종헌. 2006. "남북기본합의서 채택이전까지의 남북한 관계변화연구: 통일방안을 중심으로." 김세균 외. 『북한체제의 형성과 한반도 국제정치』. 서울대학교 통일학 연구총서.

전재성. 2006. "민주주의와 외교정책결정: 행정부의 기능과 역할." 『한국사회의 민주화와 외교정책결정』 한국정치외교사학회 발표문.

조선로동당 중앙위원회 당력사연구소. 1991. 『조선로동당력사』. 조선로동당 출판사.

조윤영. 2001. "갈등해소론과 남북한 협상." 『한국정치외교사논총』 23(1). 한국정치외교사학회.

_____. 2008. "남북한 관계의 변화와 국내정치적 결정요인과의 연계성." 『국방연구』 51(1). 국방대학교.

한국정치학회 편. 1993. 『한국현대정치사』. 서울: 법문사.

한종기. 1996. "한국 북방정책의 목표 및 전략에 관한 연구: 국내정치와의 연계성을 중심으로." 연세대학교 박사학위논문.
허문영 외. 2007. 『평화번영정책 추진성과와 향후 과제』. 서울: 통일연구원.

FBIS(East Asia), Dec. 3, 1992.
Kihl, Young Whan. 1989. "The Korean Peninsula and the Balance of Power: The Limits of Realism." *Korea and World Affairs* 13(4)(Winter).
Kim, Yong Ho. 1995. "Characteristics and Lessons of North Korea's Negotiation Tactics with the United States." *East Asian Review* 7(3)(Autumn), pp.68-88.

제4장

시스템이론으로 본 남북관계*

박영자 · 통일연구원

I. 머리말

이 글은 남북한 정권의 "전략적 상호작용"[1]이 남북관계에 어떻게 투영되었는지를 최근 시스템이론에 따라 분석한다. 전체 연구 시기는 1960년대부터 2020년대까지를 포괄하나, 주요 연구 범위는 72년 〈7·4남북공동성명〉과 92년 〈남북기본합의서〉 도출을 매개로 한 두 시기이다. 이 시기 남북한의 첫째, 상호작용의 환경과 메커니즘, 둘

---

* 이 글은 박영자, "남북관계 전략적 상호작용과 남북기본합의서 이행," 『통일정책연구』 제20권 1호(통일연구원, 2011) 및 박영자, "미중 정상회담과 북한: 미중 탐색전 속 외교 폭 넓히는 북한," 『북한』 2017년 5월호에 기반해 수정·보완함.

1) Zolberg, Aristide, "Strategic Interaction and Formation of Modern State: France and England," *International Social Science Journal*, Vol.32, No.4(1980), pp.687-716.

째, 행위 양상과 목표, 셋째, 피드백과 그 결과 분석에 기초한다. 이론과 분석시각은 시스템이론에 기초한 "전략적 상호작용" 시각이다.

남북합의를 다룬 선행연구를 총괄해 볼 때, 접근시각과 관련해서는 법리적 논쟁이 주류를 이루었고, 정치·북한·통일 연구분야에서는 남북관계의 맥락에서 부분적으로 다루어졌다. 그 내용적 측면을 보면, '법리적으론 실효성 없음'이 '정치적으론 실효성 있음'이 주류적 평가로, 법과 정치적 해석이 서로 불일치하는 특징을 보이고 있다.[2]

이 상황에서 이 연구에 함의를 준 대표적 선행연구로, 심연수는 7·4남북공동성명과 남북기본합의서 체결의 배경을 중심으로 시스템 분석을 시도하며, 국제관계와 국내정치 상황의 변화에 조응하기 위해 남북한 정권이 남북관계를 활용하였음을 주장하였다.[3] 특히 심연수의 연구는 이 글에 방법론적 아이디어를 제공하였으며 그 핵심 주장을 보면 다음과 같다.

그는 '7·4남북공동성명'과 '남북기본합의서'는 전체 세계질서의 변화 속에서 '동북아 국제체계'의 구조가 변화해 나가고, 이런 변화의 흐름 속에서 '동북아 국제체계'를 끌어가는 강대국들이 남한으로 하여금 관계개선을 하도록 권고와 지도를 해 나가는 가운데 이루어져 왔다고 평가한다. 그리고 다음과 같은 세 가지 시스템적 특징을 주장한다.[4]

첫째, 남북한은 하나의 체계이면서 동시에 보다 상위체계인 '동북아 국제체계'가 변화할 때, 이에 적응하기 위해서 남북한관계에 있어서도 변화를 해왔다. 즉, 남북한은 원래 하나였으나 지금은 느슨하게 연결된 하나의 체계를 형성하고 있으며, 남북한관계는 하나의 체계 내의 관계로서 '동북아 국제체계'의 변화에 적응적 변화를 해왔다는 것이다.

둘째, '7·4남북공동성명'과 '남북기본합의서'가 채택되는 시점에 남북한

---

2) 다양한 선행연구들은 박영자(2011) 참조.
3) 심연수, "'7·4남북공동성명'과 '남북기본합의서'의 배경에 관한 체계론적 분석," 『국민윤리연구』 52호(한국국민윤리학회, 2003), pp.169-188.
4) 심연수, "'7·4남북공동성명'과 '남북기본합의서'의 배경에 관한 체계론적 분석," pp.184-185.

은 그 체제 내부적 요인이 있었다. 즉, 남북한은 체제 유지적인 측면에서 이런 내부적 요인들을 '동북아국제체계'의 구조적 변화에 공진화하고 적응적 변화를 하기 위한 측면으로 이용하였다는 것이다.

셋째, 남북한 관계개선은 결과적이지만 남북한의 국내정치 상황이 대내외적인 스트레스에 직면해서 공히 중압을 받는 정도가 높아질 때 이루어졌다는 것이다. 그리고 남북한은 상호 소모적인 체제경쟁에서 시간이 갈수록 증가되는 체제 내적 엔트로피의 증가를 남북한 관계개선으로 어느 정도 해소하였고 체제를 재정비할 수 있었다는 것이다. 이처럼 심연수는 국제정치와 국내정치 시스템의 연계 속에서 남북관계의 국내적-국제적 조응과 공진화를 주목하며, '7·4남북공동성명'과 '남북기본합의서'를 살펴보고 있다.

이 글은 이 같은 연구성과로부터 아이디어를 발전시키되, 최근 내부 역동성을 중시하며 발전한 시스템이론 성과를 활용하여 2020년대까지를 기점으로 한 미래 전망을 포괄한다. 즉, 2000년대 및 최근 남북관계까지를 압축적으로 다루고 향후 양상을 전망한다.

II. 시각과 방법론: 시스템 다이내믹스

심연수의 남북관계에 대한 체계론적 접근은 본 연구 방법론에 중요한 아이디어를 제공하였다. 앞서 설명했듯 심연수가 국제정치와 국내정치 시스템의 연계 속에서 '7·4남북공동성명'과 '남북기본합의서'의 배경을 살펴보았다면, 본 연구에서는 역동성에 초점을 맞춘 최근 시스템이론에 기초하여 '7·4남북공동성명'과 '남북기본합의서' 체결의 정치적 요인에 초점을 맞추어 남북관계를 분석하고, 남북기본합의서 이행을 위한 미래를 전망하고자 한다.

시스템이론(system theory)의 기본적 인식은 하나의 시스템(체계)은 각 요소들의 단순한 집합체가 아니고 각 요소들을 초월한 추상적 총체도 아니며, 상호 연관되는 각 요소들에 의해 구성된 통일체라고 보는 것이다. 시스템이론에 따르면, 시스템의 성질은 각 요소들의 상호연관에 의해 생겨났으나 개별 요소들의 성질과는 다른 것이다. 시스템이론은 세계의 현상들은 상호 연관되어 있다는 인식에 기초하여, 사회 역시 생태계와 같은 체계이며 유기적으로 역동하는 시스템으로 파악한다.5) 이와 같은 맥락에 따라 시스템이론이 발전하면서 시스템 다이내믹스(system dynamics)로 진전되었다.

　시스템 다이내믹스는 컴퓨터 기술의 발전에 의한 시뮬레이션, 전략적 의사결정 그리고 피드백 사고의 발전과 소통하며, 동태적으로 변화하는 행태(behavior)를 시스템의 구조(structure)에 의해 설명해야 한다는 시각을 견지한다. 복잡한 현상을 동태적이고 순환적인 인과관계의 시각(dynamic feedback perspective)으로 이해하고 해석하거나, 이러한 이해에 기초한 컴퓨터 모델을 구축하여 복잡한 인과관계로 구성된 현상이 어떻게 동태적으로 변해 나가는지를 실험해보는 방법론/준거틀(framework)이다.6)

　특히 본 연구에서 주목하는 점은 시스템 다이내믹스를 '사고방식의 틀'로 이해할 때, 컴퓨터를 활용한 시뮬레이션 작업보다 '시스템 사고'가 중요한 요소라는 것이다. 시스템 사고란 변화가 실제적으로 어떻게 해서 일어나고 있는지? 변화의 과정에 연구의 초점을 맞추는 것으로, 시스템 작동의 메커니즘을 파악하고자 하는 사고이다.7) 학문사적으론 1980년대를 기점으로

---

5) 시스템이론은 1937년 오스트리아 이론 생물학자 베르탈란피(L. v. Bertalanffy)에 의해 창시되었다. 그는 당시까지 이론 생물학의 주류를 이루던 기계론(mechanism)과 생기론(vitalism)을 치밀히 분석하여 그 한계를 극복하기 위해 유기체론적 생각을 발전시켜 생물학에서의 시스템이론을 개발하였다. 이후 시스템이론의 진화는 어떤 합목적성(finality)을 지향한다는 것에 주목하여 그것을 열역학, 사이버네틱스, 물리화학 등 자연과학뿐만 아니라 사회학, 심리학, 정신병리학, 정치학, 역사학 등 모든 학문 분야에 적용할 수 있다는 생각에 창안하여 일반시스템이론으로 발전하였다(http://terms.naver.com/item.nhn?dirId=2901&docId=217).

6) 시스템 다이내믹스(System Dynamics)는 1960년대에 MIT의 J. Forrester 교수가 Industrial Dynamics(1961), Urban Dynamics(1969), World Dynamics(1971)를 연속 출판하면서 기본논리와 방법론이 구축되었다. 김동환, 『시스템 사고』(서울: 선학사, 2004).

시스템이론이 의사결정 과학 및 심리학 연구발전을 흡수하면서 진화한 것이 이러한 시스템 사고의 중요성이다.

구체적으로 1976년 액셀로드(Axelrod)가 『의사결정의 구조(*The structure of Decision*)』를 출간하면서, 인지지도(cognitive map) 분석방법을 체계화시켜 외교정책에 적용하였으며, 이러한 시도는 시스템 다이내믹스를 학습 도구(learning tool)로 바라보는 관점으로 발전하였다.[8] 이후 시스템 다이내믹스 학자들은 모델링과 시뮬레이션을 거치지 않고 인과지도(causal map)만을 구성함으로써 정책적 시사점을 도출할 수 있다는 점에 주목하게 되었다. 그리고 컴퓨터 모델에 못지않게 시스템을 바라보는 관점이 중요하다는 점을 공감하며 시스템사고라는 용어를 일반화시켰다.[9]

이 학자들은 일반인들의 혼돈을 피하기 위하여 시뮬레이션 모델은 제시하지 않았다. 시스템의 원형은 기본적인 인과지도로 구성되며, 이 인과지도는 비교적 단순할 뿐 아니라 반복적으로 사용되기에, 정책결정자뿐만 아니라 일반인에게 쉽게 이해될 수 있기 때문이다. 이들은 컴퓨터 시뮬레이션의

---

7) 김도훈·문태훈·김동환, 『시스템 다이내믹스』(서울: 대영문화사, 2001), p.38.

8) 정석환, "시스템다이내믹스 방법론을 이용한 정책파급효과분석," 『한국행정학보』 39권 1호(한국행정학회, 2005), p.222.

9) 대표적 학자와 연구성과물은 다음과 같다. R. Coyle, "the practice of system dynamics: Milestones, lesson and ideas from 30 Years of experience," *System Dynamics Review*, Vol.14, No.4(1998), pp.343-365; R. Coyle, "Qualitative Modelling in System Dynamics or what are the wise limits of quantification?" *Proceedings of 1999 Conference of System Dynamics Society* (New Zealand, 1999); Eden, C. "Cognitive Mapping," *European Journal of Operational Research*, 36(1998), pp.156-159; Donella H. Meadows, *The Unavoidable A Priori. Elements of the System Dynamics Method* (Cambridge, MA: The MIT Press, 1980); C. Eden, "Cognitive mapping and problem structuring for system dynamics model building," *System Dynamics Review*, 10(1994), pp.257-276; Peter M. Senge, "The leader's New Work: Building Learning Organizations," *Sloan Management Review*, 32(1990), pp.7-23; E. F. Wolstenholme & R. G. Coyle, "The development of system dynamics as a methodology for system description and qualitative analysis," *The Journal of the Operational Research Society*, Vol.34, No.7 (1983), pp.569-581.

도움 없이 인과지도만으로도 시스템 분석을 수행할 수 있는 경우가 많다고 주장하면서 기존의 양적 시스템 다이내믹스(quantitative SD)와 대비되는 질적 시스템 다이내믹스(qualitative SD)를 주장하였다. 수량화시키기 어려운 시스템을 무리하게 수량화시켜 시뮬레이션을 수행하는 것보다는, 인과지도만을 구축하여 시스템을 이해하고 통찰력을 갖추는 것이 설명력과 이해력을 높일 수 있기 때문이다.[10)]

이 접근방법의 기본적 관심은 '연구하고자 하는 특정변수가 시간의 변화에 따라 어떻게 동태적으로 변화해 가는가?'이다. 즉, 관심의 대상이 시간의 흐름에 따라 어떤 동태적 변화 경향을 보이는지에 보다 큰 관심을 둔다. 변수의 동태적 변화는 시스템 내부의 변화에 의해서 발생하고, 내부 환류 시스템의 관련 변수들은 일방향의 단선적인 영향을 주는 것이 아니라, 원형의 인과관계에 의하여 상호작용하는 순환 피드백에 기초하기 때문이다. 무엇보다 피드백 시각이 중요한 이유는 사회 문제와 정책결정이 상호 독립적으로 이루어지기보다는 상호 연관되어 발생하거나 전개되기 때문이다. 더구나 세계화와 더불어 상호연관적 복잡성은 더욱 심화되어 가고 있기 때문에, 어떤 사안이나 문제 해결을 위해서는 피드백 구조를 이해하면서 문제의 원인을 시스템 내부에서 찾으려는 노력이 중요하게 대두되고 있다.[11)]

---

10) 인과지도는 시스템을 이해하는 데 도움을 줄 뿐만이 아니라 시스템의 의미를 파악하는 데에도 커다란 영향을 준다. 또한 요소(변수)를 포함하는 동시에 요소 사이의 관계를 일목요연하게 표시해 줌으로써, 각 변수가 다른 변수와 어떠한 인과관계를 맺고 있는지 총체적으로 이해하게 해주어, 여러 개의 인과관계를 동시에 조망하도록 유도한다. 정석환, "시스템다이내믹스 방법론을 이용한 정책파급효과분석," pp. 222-224.

11) 시스템 다이내믹스는 이처럼 인과관계로 구성된 시스템에 내재된 구조적 변화의 메커니즘을 이해하고자 한다. 이러한 피드백 구조에 의해 변수들이 상호 맞물려 있을 때, 각각의 변수들은 지속적으로 변화할 수 있다. 따라서 지속적인 행태의 변화를 의미하는 동태성은 내생적인 설명구조로서 피드백 구조를 요구한다. 즉 시스템 다이내믹스에서는 특정행태에 대한 설명으로서 단편적인 인과관계나 외부 변수를 제시하는 것을 불완전한 설명으로 간주하면서, 시스템 내부에서 특정행태를 가져오는 원인으로서 피드백 구조를 발견할 때 궁극적인 설명이 가능하다고 본다. 즉, 외부변수에 의한 시스템의 변화를 설명하는 한 시스템을 전략적으로 변화시키기는 어렵기 때문

이러한 시각과 관점을 견지하고 있는 시스템적 분석의 주요 구성요소는 첫째, 행위주체와 그들의 목표, 둘째, 행위주체들이 상호작용하는 환경, 셋째, 행위주체들의 상호작용 메커니즘, 넷째, 행위주체들과 사회의 피드백, 다섯째, 상호작용의 결과이다.[12] 본 연구는 이러한 분석방법론에 기초하여 본문에서 남북관계에 대한 시스템적 접근을 하고자 한다.

구체적으로 행위주체를 남북한 정권으로 설정하고, 첫째, 행위주체 상호작용의 환경과 메커니즘, 둘째, 행위주체의 행위 양상과 목표, 셋째, 행위주체의 피드백과 상호작용 결과라는 3가지 수준으로 나누어 남북관계의 시스템적 분석을 시도하고, 남북기본합의서 이행을 위한 전망을 모색하려 한다.

III. 72년 남북관계 체계: 전략적 상호작용 I과 〈7·4남북공동성명〉

1. 상호작용의 환경과 메커니즘

1950년대 말부터 동북아지역에서 자국의 정치경제적 부담을 줄이는 대신 일본의 역할 및 방위비 부담을 증대하려 한 미국의 구도변화와 연계되어, 1960년대 박정희 정권에 의해 한·일 국교정상화가 이루어진다. 한편 베트남전쟁에 미·소·중·일 4대 열강과 남북한이 직간접적으로 개입함에 따라

에, 내부변수에 의한 시스템의 변화를 설명할 수 있을 때 시스템의 행태를 모델 내에서 전략적으로 변화시킬 수 있다. 결국 시스템 다이내믹스는 실제 경험세계에서 나타나는 시간선상에서 나타나는 전반적 현상들을 보이지 않는 피드백 구조에 연결시켜 시스템의 근본적 동태성을 파악하는 것이라고 할 수 있다. Donella H. Meadows, *The Unavoidable A Priori. Elements of the System Dynamics Method* (1980), pp.31-36; 정석환, 위의 논문, pp.221-222에서 재인용.

12) Donella Meadows, *Thinking in Systems: A Primer* (Chelsea, VT: Chelsea Green Publishing Company, 2008).

동북아지역은 한국전쟁 이후 또다시 냉전질서가 심화되었다. 그리하여 한국은 공산권의 방어기지로서 냉전구도에 보다 깊이 편입되었으며, 일본과의 관계개선을 통해 그 편입은 더욱 구조화되었다.

그러나 한국전쟁을 통해 정착되었던 동북아의 냉전구도는 60년대 말을 기점으로 급격히 변화한다. 미·소 양 진영에서 중소분쟁의 심화와 달러위기에 따른 자본주의 체제 내 미국헤게모니의 약화라는 갈등이 심화되는 가운데, 베트남전쟁의 종결 이후 닉슨독트린과 미·중수교로 대표되는 냉전체제의 이완과 데탕트체제로의 이전현상을 보이기 시작한다.

이러한 배경하에 미국은 동북아 지역에 대한 과잉개입을 축소하고 간접개입으로의 전환을 모색한다. 동맹국에 방위비 부담을 전가하려 했으며 핵무기 위험이 증대하면서 전쟁억지력을 증대하려 하였다. 이러한 전략변화는 한반도 내 미군 철수와 남북대화 종용으로 나타났다. 미군 철수는 미국의 패권 위기에 따른 해외기지 방침수정과 방위비 감축정책의 일환이었으며, 동시에 동북아 냉전구도의 변화와 함께 남북한의 긴장완화를 유도하려는 것이었다.

내부적으로는 6·25전쟁을 계기로 남북 대립질서가 체계화된 이후, 대립체계는 두 가지 방향에서 남북한 정치와 민주주의에 영향을 미치게 되었다. 한편으론 남북대립과 체제경쟁 논리로 사회구성원의 민주주의 권리를 유보하고 국민에 대한 일상적인 억압과 통제가 가능하게 하였다. 반공과 체제대결 논리는 최소한의 인권보호와 민주주의적 논의조차 쉽게 무시되었다. 그리고 지배권력에 의해 대립질서를 체제정당화에 활용하기 위한 각종 억압적이고 통제적인 국가기구와 법령들이 구축되었다.

또한 이러한 대립질서는 남북한 개개인의 삶에 깊숙이 개입하여, 지배권력에 충성하는 수동적인 신민(臣民)이 되도록 강제하며 남북한주민 각각의 행동과 정신을 위축시켰다. 남한에서 지배권력과 체제에 대한 비판과 저항 흐름은 곧바로 '북의 사주를 받은 공산주의세력', '국가를 위협하는 빨갱이들', '전쟁을 일으키려는 체제전복 세력'으로 지목되어 인간의 기본권이 보장되지 않는 탄압의 대상이 되었다. 북한에서 지배권력과 체제 비판 또는 저항 흐름은 '사회주의 체제를 전복하려는 파괴·암해분자', '인민의 혁명을 뒤 엎으려는 반동', '미국이나 남한 정부의 사주를 받은 간첩', '부르주아 반혁명 세력' 등이 되었다. 그리고 숙청과 처벌 및 감시의 대상이 되었다. 남북한 국민들은 서로를 의심하고 경계하며, 나아가 권력의 요구에 맞춰 자기 자신 을 항상 검열해야만 했다.

또 다른 한편 남북 대립질서는 정치권력에 의한 국민동원이 일상화될 수 있도록 했다. 체제 대결과 경쟁논리로 남북 각각은 정치권력에 의한 억 압과 동원이 일상화되었으며, 운명공동체라는 집단주의 논리에 의해 애국심 과 일체심이 강제되었다. 또한 서로 간의 침략 위협을 근거로 각각의 정치 지도자들은 강력한 리더십을 발휘할 수 있었으며, 리더십이 독재적이고 폭 력적으로 이루어져도 아래로부터의 상당한 정당성을 인정받을 수 있었다. 강력한 결속력과 리더십을 위해 남북한 각각은 '한국적 민족주의'와 '사회주 의적 애국주의'라는 기치로 모든 사업에 민족주의 이데올로기를 활용하였 다. 그리고 체제경쟁에서 승리하기 위해 빠른 속도의 공업화와 근대적 발전 을 추구하였다. 그리하여 남북한은 강력한 민족주의에 기초한 '자본주의적 근대화'와 '사회주의적 근대화'를 추진하였고 세계적으로 보기 드문 단시기 의 성과를 거두기도 하였다.

이 시기 남한의 박정희 정권은 '반공'을 국시로 남북 체제 대결을 전면화 한다. 정치적으론 강력한 통제와 군부독재 정치를 실시하고, 경제적으론 경 공업과 수출산업 위주의 발전전략을 본격화한다. 이 과정에서 박정희 정권 은 모든 반대세력을 반공과 발전, 북의 전쟁위협이라는 논리로 물리치고 정 적(政敵)을 제거하며, 1970년대 중공업발전노선으로 경제발전 전략을 전환 하고 영구적인 1인 지배를 보장받을 수 있는 '유신체제'를 수립한다. 한편 북한의 김일성 정권은 1968년 마지막 갈등세력이었던 소위 '갑산파'를 제거 하고, 무소불위의 1인 지배체제로서 '유일체제'와 주체사상을 절대화한다.[13]

---

13) 그 전사(前史)를 간략히 요약하면 다음과 같다. 김일성 정권은 1953년 전쟁책임 문 제와 미국간첩 혐의로 박헌영 등 남로당계열 정적을 숙청하고, 1956년 8월 김일성

그리고 김일성 정권 강화 과정은 1972년 북한의 '사회주의 헌법'에서 절대 권력을 가진 '주석제'로 제도화된다.

이 시기 남북한은 첫째, 상호간의 적대적 대립관계를 형성했으나 이를 통해 남북 각각 지배권력의 정당성을 확보했고 권력을 강화시켰다. 둘째, 체제 이질성에도 불구하고 동일한 절대권력체제인 1인 지배체제를 구축하였다. 셋째, 동시에 강력한 민족주의와 개발주의 전략에 따른 대중동원체제를 구축하였다. 대표적 대중동원 운동으로 우리가 익히 알고 있는 남한의 새마을 운동과 북한의 천리마운동을 비교해보면 그 성격과 본질의 유사성을 확인할 수 있다. 넷째, 그리고 남북 체제경쟁과 강대국 간 갈등 과정에서 '경제와 국방의 자립의지'를 높이며 중공업 발전을 전략적으로 추진했고 핵무기를 보유하려 하였다. 다섯째, 강대국 주도하에 급변하는 국제정세 속에서 약소국가의 불안을 극복하기 위해 자립과 주체, 사상과 동원을 전 사회에 내면화시켰던 정치사회화 과정을 공유하였다. 이렇듯 1960년대 말에서 1970년대 구축된 남북한의 1인 지배체제는 장기지속적 특성 속에서 동질성을 공유하고, 중기지속적인 체제경쟁 속에서 서로 흡사한 정책을 실시하였다.[14)]

2. 행위 양상과 목표

당시 행위 양상과 목표를 7·4남북공동성명의 전후로 한 남북한의 통일론을 중심으로 살펴보자. 통일방안을 정책적으로 먼저 제기한 측은 북한이다. 북한의 연방제 통일안이 처음 제기된 것은 1960년 8월 14일 김일성의

세력과 대립하였던 연안파와 소련파 세력을 숙청하고, 1958년 전 산업의 국유화를 이루었다. 그리고 1960년대부터 중소갈등과 북미갈등, 그리고 남북체제 경쟁으로 강력한 중앙집중적 권력과 급속한 발전전략, 자립경제와 국방강화를 결합한 중공업과 군수산업 위주의 발전전략인 '경제-국방 병진노선'을 실행한다. 또한 대외적 갈등 상황에서 '주체사상'이라는 독자적인 사상체계를 구축한다.

14) 그리고 이 특징들은 남북한사회와 주민생활에 뿌리 깊게 작용하여 민주주의와 사회발전의 장애가 되었다.

8·15해방 15주년 경축대회 연설을 통해서이다. 그는 이 연설에서 조국의 평화적 통일은 주한미군 철수를 통해 자주적으로 외국의 간섭없이 민주주의적 기초 위에서, 남북한의 병력의 10만을 감축하고 자유롭고 평화로운 남북선거 실시를 주장했다. 그러나 당시 남한은 4·19학생의거로 혼란상태에 빠져 있었던 것을 감안, 선거를 실시해도 북한은 승리할 수 있다는 자신감에서 나온 것이다. 당시 제기한 연방제는 남북한 두 정부 대표로 구성되는 최고민족회의를 구성, 경제·문화적 발전을 통일적으로 조절한다고 하였다. 그러나 1960년 당시 북정권의 연방제 제기는 통일담론 선점과 국내외적 명분획득의 성격이 더 강하였다.

그리고 70년대에 이르러서는 50년대까지 북정권의 '북조선혁명역량 강화 후 완전공산화통일 전략'은 '先 남조선혁명 後 완전공산화 통일전략'으로 전환된다. 그리고 1971년 4월 21일 최고인민회의 제4기 5차회의에서 1960년 처음 제기한 과도적 수단으로서 연방제 통일안을 구체화하여 제출한다. 또한 북한의 '전조선혁명론'에 기초한 통일정책은 1960년대 지속되다가 1970년대 주체사상과 접목되면서 구체화되었다. 주체사상에서는 남조선혁명을 "남조선인민들이 주인이 되어 자신의 자주성을 옹호하기 위한 민족해방 인민민주주의혁명"으로 규정하고 조국통일은 "전체 조선인민이 주인이 되어 전국적 판도에서 민족의 자주권을 확립하기 위한 투쟁"으로 정의하였다. 즉 주체사상과 결합된 통일정책의 핵심은 '자주적 민족해방론'과 '인민민주주의 혁명론'이다. 우선 남한의 '민족적 모순'인 미국예속을 민족해방투쟁으로 해결하고, 다음으로 남한 내 지배계급에 의한 '계급적 모순'을 인민민주주의혁명으로 해결하여 남한에서 인민이 주인되는 인민정부를 수립해야 한다는 것이다.[15]

남한의 군사정권시절 제출된 북한의 연방제 통일안은 연방구성의 한쪽 당사자인 군사정권을 신랄하게 비판하면서 그 정부의 전복을 선동하였다.

---

15) 허종호, 『주체사상에 립각한 남조선혁명과 조국통일리론』(평양: 사회과학출판사, 1975), pp.3-5.

김일성은 "남조선의 현 군사파쇼분자들이 감행하고 있는 폭압 만행은 그 야수성과 잔인성에 있어서 세계의 모든 파쇼 독재자들을 훨씬 뛰어넘고 있습니다. 역사는 아직 남조선의 군사파쇼 통치배들과 같이 한꺼번에 수천 명의 동족을 총칼로 살육하고 정치적 반대파들과 같이 한꺼번에 수천 명의 동족을 총칼로 살육하고 정치적 반대파들을 잔인하게 처형한 인간백정을 알지 못하고 있습니다"라며 당시 군사정권은 연방구성원의 파트너가 아님을 분명히 했다.[16]

한편 1970년대 남한 정권의 통일정책은 첫째, 한반도에서 긴장 완화의 제도화, 둘째, 통일 문제 해결을 위한 점진적·기능적·단계적 접근 방식, 셋째, 현 지도층에 의한 통일 문제의 정치적 사용이라는 세 가지 특징을 가지고 있다. 1972년 〈7·4남북공동성명〉에서 발표된 남북통일 3대 원칙은 외세 의존 및 간섭 없이, 무력행사없는 평화적 방법으로, 사상과 이념·제도의 차이를 초월하는 민족적 대단결이었다. 이 공동성명의 내용은 세계적인 긴장완화와 미국의 냉전해체·민족자결정책과 맥을 같이 한 것이다. 이어 박정희는 1973~4년 연두기자회견과 광복절 기념사를 통해 '상호불가침 원칙'을 주장하고 점진주의적 통일방안을 제출한다.[17] 체제강화를 위한 남북한의 전략적 상호작용에 따른 것이다.

60년대 말 이후 남북한 공히 1인 지배체제가 구축되던 이 시기, 남북관계 및 통일정책은 전략적 상호작용의 1국면으로 각각의 지배정권 강화 및 집단적 대중통제에 기여하였다. 구체적으로 이 시기 남한은 긴장완화와 함께 점진주의적 통일정책을 추진하였으며, 북한은 연방제를 제기하면서 주체사상과 연계하여 '선(先) 남한의 자주적 민족혁명론─후(後) 인민민주주의 혁명론'이라는 2단계 혁명론을 제기한다. 남북한 체제 공존에 합의한 것이다.

이 시기 제도화된 '적대적 상호의존관계'란 유럽 내 영국과 프랑스의 근대 국가 형성과정에서 드러난 "전략적 상호작용"이란 분석틀에서 도출된

---

16) 김일성, 『조국의 자주적 평화통일을 이룩하자』(평양: 조선로동당출판사, 1980), p.5.
17) 길영환 지음, 이원웅 옮김, 『남북한 비교정치론』(서울: 문맥사, 1988), pp.294-297.

다.[18] 남북한이 서로 상대와의 긴장이나 대결 분위기를 조성하여 각 사회의 대내적 단결과 사회통합력을 높이고 정권안정과 강화에 이용했던 관계를 지칭한다. 이것은 냉전 시기 남북관계의 성격을 특징지어온 핵심개념이다. 이 시기 남북한의 전략적 상호작용은 지배권력의 정통성이 취약하거나 권력에 대한 저항/반대 또는 상층 정치세력 내 권력장악 과정에서 갈등이 나타나고 사회 불안정성이 증대할 때마다 두드러지게 나타났다.

전략적 상호작용 1국면에서 남북한의 경계는 정치·경제·문화·심리 등 거의 모든 분야에서 대칭축으로 작용하였다. 그러나 그 질적인 측면을 살펴보면 적대적임에도 불구하고 고도의 상호의존적 관계에 있음을 확인할 수 있다. 따라서 분단과 남북한 체제 경쟁은 두 체제를 분리시키면서 동시에 두 체제를 연결시키는 이중적 기능을 한 것이다. 바로 이 분리와 연결의 이중적 기능이 1970년대 남한의 '유신체제'와 북한의 '유일체제'가 제도화되는 핵심 역할을 하였다. 적대적인 일방의 행위가 상대에게 대칭적인 반작용을 일으키고 또 그것이 상호 상승효과를 초래했던 것이다. 한쪽의 군대확장과 군비증강이 그 반작용으로 다른 한쪽의 군대확장과 군비증강을 초래하여 결국 동일한 양상과 운영원리를 갖게 된 것이 대표적 예이다.

따라서 분단시대 남북한은 '겨울영상효과(mirror image effect)'로 상호간 의심과 위협의 상호 상승에 의한 전략적 상호작용 관계를 형성한 것이다. 이러한 전략적 상호작용은 시간이 지날수록 강화되어 결국 전 사회 군사화 및 위계적인 명령체계의 기초가 된다. 그리고 '집단적 편집증(collective paranoia)'으로 나타나기도 한다.[19] 1970년대 남한의 유신체제와 북한의 유일체제로 대표되는 권력구조의 권위주의 체제와 군사화는 이러한 전략적 상호작용에 의해 초래된 것이기도 하다.

---

18) Aristide Zolberg, "Strategic Interaction and Formation of Modern State: France and England," *International Social Science Journal*, Vol.32, No.4(1980), pp. 687-716.

19) Stuart A. Bremer, "Dangerous Dyads: Likelihood of Interstate War, 1816-1965," *The Journal of Conflict Resolution*, Vol.36. No.2(1992), p.318.

당시 남북한 정권은 각각의 사회에서 제기되거나 제기될 수 있는 민주화 요구와 인권 문제, 불평등과 억압·통제의 문제를 진보적인 사회개혁이나 사회발전을 위한 저항으로 말하지 않았다. 그들은 이러한 요구/문제제기로 인해 초래될 남북 대립질서의 완화가 가지고 올 수 있는 사회불안과 전쟁의 위험성, 그리고 대북·대남 경계심의 이완을 지적하며 각각의 사회에서 국내정치의 보수화를 촉진하였다.[20]

3. 피드백과 결과

베트남전쟁을 정리하기 위한 미국의 데탕트정책과 미중 화해 무드에서 비롯된 외부 압력과 민주화 통제과정에서 증폭된 내적 불안 상황에서, 더욱이 '12·6비상사태선언'이 있은 지 7개월이 채 지나지 않은 1972년 7월 4일 '남북한의 갈등을 해소하고 조국을 자주적이며 평화적으로 통일하자는 7·4남북공동성명'이 발표되었다. 이 성명은 서울과 평양에서 동시에 이후락 중앙정보부장과 김영주 조선노동당 조직지도부장이 상부의 의지를 받들어 합의되었다며 발표하였다. 이 성명은 자주적 통일, 평화적 통일, 제도와 이념을 넘어선 민족대단결이라는 3대 원칙과 서로에 대한 중상 및 비방 금지, 무장도발 금지, 남북 간 다방면적 교류, 이산가족 재회를 위한 남북적십자회담 조기성사 등의 합의사항을 담고 있었다.[21]

한편 미·중 화해로 조성된 데탕트 국면과 미국의 동북아전략 변화가, 1960년대 말 체제 위기의식의 고조[22]에 따른 '반공-안보'정책과 연계되어

---

20) 강력한 반공주의, 반자본주의 논리로 기득권을 유지했던 세력들이 남북관계의 긴장완화와 평화적 관계개선으로 인해 초래될 수 있는 자신의 권력 불안정과 이익 축소를 결코 원하지 않았기 때문이다. 따라서 남북관계는 각각의 사회에서 민주주의의 실현 정도와 밀접하게 연결되어 있었다.

21) 『중앙일보』, 1972년 7월 5일 자.

22) 휴전선 인근과 이남에서 남북 간 무력충돌사건은 1966년에 비해 67년 50건에서 566건으로 약 11배 증대했다. 더욱이 1968년 1월 31인조 북한특공대의 청와대 기습사

본격적으로 모색된 유신체제 준비 흐름을 바꾸지는 못했다. 오히려 국제정세의 변화와 남북대화 과정에서 박 정권의 위기의식은 증대되었으며 이 위기의식이 유신체제 수립에 큰 영향을 미쳤다. 그렇다면 좀 더 구체적으로 1970년대 남북대화가 유신체제 형성과 제도화에 어떠한 영향을 미쳤는가를 살펴보자.

1971년 7월 15일 닉슨이 중국과의 화해를 발표한 이후인 8월 6일 김일성은 남측 집권당인 공화당을 포함한 모든 정당, 사회단체, 개별 인사들과 언제라도 만나서 협상할 수 있다고 하였다.[23] 그리고 미국과 중국의 중재에 의해 마련된 적십자회담에서 남한은 인도주의 정신에 따라 이산가족 주소 및 생사 확인, 통신 및 재회 추진을 주장했으나, 북한은 인도주의 문제는 조국통일이라는 민족 문제가 해결되어야만 접근할 수 있다는 입장을 견지하였다. 그리고 남한 정권이 반공정책, 반공활동, 반공교육, 반공선전 등을 중지하고 남북왕래와 연계를 원만하게 하는 자유로운 환경을 조성하는 것이 선결조건이라고 하였다. 이후 남북조절위원회에서도 남한은 쌍방이 합의하기 쉬운 문제부터 해결하고 상호 신뢰와 이해 촉진을 위하여 경제분과와 사회분과 위원회만 우선 구성하여 남북교류를 도모하자고 제의하였다. 반면 북한은 합작과 단결의 분위기 조성이 선결 문제라며 남북 간의 군사적 대치 상태를 해소하기 위한 무력증대와 군비경쟁 중지, 상호군비 축소, 미군 철수, 남북한 평화협정체결 등의 조치를 제의하고 정치, 군사, 외교, 경제, 문화 등 5개 부문의 분과위원회 동시 설치를 주장하였다.[24]

건과 울진·삼척 무장게릴라 침투사건, 그리고 미해군정찰선 푸에블로호 납포사건, 69년 4월 미해군정찰기 EC-121 격추사건 등은 유신체제 준비에 박차를 가하게 했으며 정당성의 주요 근거를 마련해 주었다. 특히 1968년의 남북관계 긴장고조는 향토예비군 창설, 학생군사훈련 실시, 주민등록증 개정안 통과, 반공교육 강화책 수립, 국민교육헌장 선포, 국토통일원 설치 등 유신체제의 하부구조 마련하는 근거가 되었다. 김준엽·스칼라피노 공저, 『북한의 어제와 오늘』 한국공산권연구협의회 연구논총 2권(법문사, 1985), p.277.

23) 『로동신문』, 1971년 8월 7일 자.
24) 통일부, 『통일부 30년사: 평화·화해·협력의 발자취, 1969-1999』(통일부 기획관리

　　이처럼 남북대화에 임하는 자세와 내용에서 차이를 보였던 남북한은 1972년 7월 4일 7·4남북공동성명을 발표한다. 그렇다면 남북한 간 적대와 불신이 전혀 해소되지 않은 채 공동성명이 발표된 배경은 무엇인가? 우선 미국과 중국의 영향력이 크게 작용하였다. 남북대화 성사에 대한 1971년 6월 9일 자『워싱턴 포스트』지의 기사에 의하면, "중국의 주은래 총리가 김일성에게 강경한 전략보다는 양보를 함으로써 더 큰 이득을 볼 수 있음을 납득시켰다는 징조가 있다"고 서술되었다. 한편 북한에 대한 불신과 위기의식으로 미국의 요구에 쉽게 동의하지 않던 남한이 어떻게 회담에 응하게 되었는가? 이에 대한 미국 측 정보에 의하면 미국이 한국에 새로운 경제 및 군사원조 약속, 미군의 계속 주둔과 유사시 개입, 한국의 유엔가입 협조 등을 제시했을 것이라는 논리이다. 또한 한국의 정치적 안정 및 경제와 군사력 강화, 야권과 주민의 압력 등도 한 원인이 되었을 것이며, 반일감정과 일본의 한국경제 침투도 무시할 수 없는 요인이라는 주장이다. 더욱 주목할 점은 한국 내에서 재야 세력의 비난을 받으면서도 통일방안 하나 내놓지 못하고 있던 박정희가 선거를 앞두고 있었다는 점이다.[25]

　　내적으로 박정희는 그동안 북한의 적극적인 통일공세에 밀려 제대로 제기해보지도 못한 통일담론을 활용하여 자신의 정치적 위기를 극복하고 1인 지배체제를 제도화할 수 있는 정치적 정당성을 확보하려 한 측면이 있다. 한편 김일성은 1960년대 중반을 경유하며 경제성장률이 저하되고 미·소 갈등으로 주체노선을 본격화한 이후 개발에 필요한 자원유입에 어려움을 겪고 있었다. 따라서 경제개발을 위한 해외지원을 유입하고 소위 남조선혁명의 전제조건인 주한미군 철수를 현실화하려 한 것으로 판단된다.

　　특히 상대방을 공식이름으로 호칭하는 것도 반대하는 상황하에서 공동성명이 발표되었다는 점과 이때 발표된 평화통일 3대원칙이 모두 북한의 오

　　실, 1999), pp.102-113; 고병철, "남북한 관계의 역사적 맥락,"『남북한 관계론』(한울, 2005), p.47에서 재인용.

25) 박길용·김국후,『김일성 외교비사』(중앙일보사, 1994), pp.137-138.

랜 주장이라는 점은 주목할 만하다. 공동성명을 준비했던 남측 비밀협상 당사자인 이후락은 공동성명에 나온 '외세'는 UN이나 미군과는 전혀 무관하며 반공법의 개정 등 모든 정치활동의 합법화는 시기상조고 공동성명은 다만 '대화 없는 대결'의 시대에서 '대화 있는 대결'의 시대로 이전했음을 의미 할 뿐이라고 설명했다.[26]

이처럼 공동성명에 대한 남북한 정권의 인식은 근본적으로 의견차이가 있었다. 더욱이 이후락이 남북대화를 밀고 나가기 위하여 남한의 정치체제를 강화할 필요가 있음을 누차 강조한 점은 공동성명이 정권연장 정당화의 도구로 활용될 수 있음을 암시해 주는 것이었다. 공동성명 발표 3개월 후반 전격적으로 이루어진 10월 유신이 이를 뒷받침해 주었다.[27] 남한의 유신체제 수립은 일찍이 절대권력을 강화하고 1인 지배체제를 구축했던 북한에 비해 상대적으로 남북대화를 정치적으로 활용한 측면이 훨씬 강하였다. 그것은 유신체제 수립 직전인 1972년 10월 17일 박정희 정권이 비상계엄령으로 모든 헌정기능을 중단시키고 발표한 특별선언에서도 확인할 수 있다.[28]

박정희는 이 선언을 통해 통일 및 남북대화 시대에 적합한 체제로서 유신체제를 정당화하였다. 실제로 박정희 측근들은 유신체제 수립의 주요 원인을 '남북대화로 절감하게 된 김일성 1인 지배체제의 견고함'이라고 한다. 김일성 1인 권력이 강한 "북한공산정권과의 남북한 대화나 협상을 국가적으로 유리하게 끌어가려면 국내결속이 필요하고 국내결속을 다지기 위해서는 체제를 강화해야 한다는 체제개편의 필요성이 중앙정부에서 제기되었으며,

---

26) 『동아일보』, 1972년 7월 4일 자.
27) 김준엽·스칼라피노 공저, 『북한의 어제와 오늘』, p.280.
28) "민족적 사명을 저버린 무책임한 정당과 그 정략의 희생물이 되어온 대의기구에 대해 과연 그 누가 민족의 염원인 평화통일의 성취를 기대할 수 있겠으며 남북대화를 진정으로 뒷받침할 것이라고 믿겠습니까 … 우리의 헌법과 각종 법령 그리고 현 체제는 동서 양대 체제하의 냉전시대에 만들어졌고 하물며 남북의 대화 같은 것은 전연 예상치도 못했던 시기에 제정된 것이기 때문에 오늘과 같은 국면에 처해서는 마땅히 이에 적응할 수 있는 새로운 체제로의 일대 유신적 개혁이 있어야 하겠습니다." 『동아일보』, 1972년 10월 18일 자.

박정희는 이후락의 이 건의에 찬의를 표했다고 한다."[29]

남북대화의 정치적 이용과 함께 남북한 정권 공히 상대진영을 신뢰하지 않았음은 남북대화 초기부터 곳곳에서 확인할 수 있다. 미·중 화해에 대해 김일성은 '경제공황과 베트남전쟁에 대한 저항과 함께 출로를 모색하는 과정에서 미제국주의가 한편으로는 긴장완화를 위해 노력하고 있지만 다른 한편으로는 여전히 전쟁을 준비할 것'이라고 경고했으며, 박정희는 미국이 한국지원을 약화시키며 중국과의 거래를 위하여 한국의 이해를 어느 정도 희생시킬 수 있다고 본 것이다. 1971년 2월 24일 대한민국 외무부 장관은 기자회견에서 이러한 인식을 드러냈으며, 8월 6일 국무총리는 정기국회에서 "정부는 닉슨의 중공 방문에 대해서 닉슨이 이 사실을 TV 방송하기 전에 벌써 주 워싱턴 한국대사를 통해 알고 있었다"고 밝힌 후, "미국은 중국과의 회담에서 한국의 국가적 이익을 침해하는 문제들에 한하여 그 어떤 양보를 해서는 안 된다"고 강조했다. 또한 남한당국은 북한이 김일성 탄생 60주년이 되는 1972년까지 전쟁준비를 끝낼 것이며 침략에 유리한 순간을 기다리고 있다고 간주하고 있었다.[30]

한편 1972년 9월 12~16일 서울에서 열린 남북적십자회담 제2차 본회의

29) 이종석, "유신체제의 형성과 분단구조,"『개발독재와 박정희시대』(창비, 2004), p.277.
30) 박길용·김국후,『김일성 외교비사』, pp.177-179. 한편 주목해 볼 연구로 공동성명 발표 이후 북한이 주한미군 철수를 다시 주장하자 미국이 이를 대한(對韓) 정책 원상 복귀의 계기로 삼았다는 것이다. 미국무부 자료를 면밀히 검토한 박건영 등의 연구에 따르면, 국무부 정보분석국 폴 포플은 1972년 7월 7일 자 보고에서 "남북대화는 단지 한미관계만이 아니라 아시아에서 미국의 지위에 중요한 영향을 주는 주요사건"이라며, 주한미군을 향후 2~3년 내 철수하는 것은 더욱 어려워졌다고 하였다. 박정희의 주장대로 남한이 북한과 대화하는 동안 주한미군을 감축시킨다면 남한의 대북입지를 완전히 침식시킬 것이라는 주장이다. 즉, 미의회에서 미군 철수에 대한 의견이 나올 수 있지만 남북대화가 진행되는 현 상황에서 주한미군을 감축하면 박정희의 협상력과 정치적 지위는 불안정해지므로 미 정부와 의회 모두 대화가 진행되는 중에 주한미군의 추가 감축을 추진하기는 극히 어려울 것으로 전망하였다. Fm: INR/REA-Paul M. Popple to: EA-Marshal Green(Memorandum 1972.7.7), "The Impact of the Korean Talks"(박건영·박선원·우승지, "제3공화국 시기 국제정치와 남북관계,"『국가전략』9권 4호(세종연구소, 2003), p.86에서 재인용).

때 북측 인사들이 보인 경직된 행동으로 남한에서는 반공열기가 증폭되었다. 박 정권은 이 같은 분위기를 국내정치에 최대한 활용하였다. 미 국무부 동아시아·아시아태평양 담당 차관보 마샬 그린이 로저스 국무장관에게 보낸 보고서에는 이에 대해 다음과 같이 적고 있다. "한국 정부는 북한사람들의 선전적인 연설을 들은 남한의 언론과 대중의 자연발생적인 적대반응에 아마도 상당히 놀랐으며 동시에 무척 즐거워했다."[31]

그리고 1973년 6월 23일 박정희의 '평화통일외교정책 특별성명'과 동년 8월 8일에 일어난 김대중 납치사건은 남북대화의 중요한 이정표가 되었다. 6·23선언에서 박정희가 남북한이 UN에 동시가입할 것을 제의한 데 대하여, 김일성은 남북한이 고려연방공화국의 이름으로 단일회원국이 되자는 대안을 내놓았다. 또한 8월 28일에는 남북조절위원회 평양측 공동위원장인 김영주가 성명을 발표하고 김대중 납치사건의 책임자인 중앙정보부장 이후락과 그 외 중요 요원들과는 대화를 할 수 없다고 선언하고, 그들을 민족적 양심을 가진 애국인사로 대치시키고 6·23선언을 철회하지 않는 한 북한은 남북대화에 더 이상 참가하지 않겠다고 밝혔다.[32]

그 후 적십자회담은 실무자회의로 격하되어 1977년 12월까지 총 25차에 걸쳐 판문점에서 행해졌으나 아무런 성과없이 끝났고, 남북조절위원회회

---

31) 또한 박 정권이 계엄령과 10월 유신, 그리고 국민투표 실시 등 일련의 계획을 북한측에 사전 고지했을 것인가에 대해 미국 국무부는 상당히 단정적으로 답하고 있다. "어떠한 경우든 평양은 박정희의 국내정치 동향에 대해 신중하게 행동했다. 한국 정부는(아마도 미국에게 말하기 전에) 10월 17일 계엄령 발동에 대해 (북한에) 통보하였으며 아마 박정희 자신의 장기집권과 권력강화 전반의 계획에 대해서도 사전에 알렸을 것이다." 이 자료에 기초하면 왜 북한당국이 남한의 유신발포에 대해 아무런 응답을 하지 않았는지를 추측할 수도 있다. Fm: Marshal Green to: the Secretary (Information Memorandum 1972.10.6), "A Status report on Contacts Between North and South Korea"; Intelligence Note(1972.12.18), "ROK/DPRK: South-North Talks, a Pause Follows Rapid Progress"(박건영·박선원·우승지, 위의 논문, p.87에서 재인용).

32) 『동아일보』, 1973년 6월 23일 자; 『로동신문』, 1973년 6월 24일 자, 1973년 8월 29일 자.

담도 부위원장회의로 격하되어 1975년 5월까지 총 10회 열렸으나 성과없이 북한의 거부로 중단되었다. 서울-평양 간 직통전화도 1976년 8월 단절되었다. 이 시기 긴장고조는 1975년 4월 김일성이 북경을 방문하여 만일 남한에 혁명이 일어난다면 북한은 남한인민들을 적극 지지할 것이고 전쟁이 일어난다면 침략자들을 쳐부술 것이며, 그러한 전쟁에서 잃을 것은 휴전선뿐이고 얻을 것은 조국통일이라고 말한 것도 북한의 강경노선을 반영한 것이라 볼 수 있다.[33]

한편 북한당국은 1975년 9월 벌써 북한의 경제발전 6개년 계획(1971~76년)이 기한 전에 완수되었다고 보도하였으나 사실은 완수되지 않았다. 1960년대 7개년 계획(1961~67년)도 계획 미달성과 조정 등으로 연기되어 1970년 종결을 선언했듯이 북한의 경제 문제는 이미 구조화되어 있었다. 더욱이 7개년 계획기간부터 문제시되었던 거액의 대외무역 적자, 일본자료에 따르면 1977년까지 일본과 유럽은행에서 약 15억 달러의 빚을 지고 있는 등 자본주의 나라들에 대한 거액의 외채[34]는 이 시기 북한 정권으로 하여금 남북대화에 공세적으로 나서지 못하게 하는 원인이 되었다.

데탕트 흐름과 남북대화 재개 속에서 수립된 유신체제는 긴장해소 및 평화공존이라는 당시 국제정치 흐름과는 상반되는 '정치적 역설'이었다. 그럼에도 불구하고 박정희 정권은 이러한 시대적 변화를 주도해야 한다는 근거로 통일담론을 제기하면서 1인 지배체제를 제도화했다. 앞서 설명하였듯이 유신체제는 이미 1960년대 실질적으로 제도화된 유일체제에 비해 그 '정치적 역설'이 극명하였다. 질적으론 동질적인 남북한의 1인 지배체제는 그 형성과 제도화 과정에서는 차이를 보였다. 1972년 12월 남북한이 동시에 기존 헌법을 폐지하고 신헌법을 제정하면서 제도화했던 유신체제와 유일체제를 살펴볼 때 헌법적으론 동시에 제도화되었으나 그 내용은 큰 차이를 보

---

33) *Peking Review*, No.17(April 25, 1975), p.17(김준엽·스칼라피노 공저, 『북한의 어제와 오늘』, p.282에서 재인용).

34) 박길용·김국후, 『김일성 외교비사』, p.189.

인다. 북한에서 유일체제가 이미 1960년대 특히 67년도에 형성되어 72년 사회주의헌법 제정과 함께 신설된 주석제로 성문화되었다면, 남한에서 유신체제는 유신헌법의 수립으로부터 전면화되었다.

한편 1972년 유신헌법과 사회주의헌법에는 공히 '조국통일'의 사명이 명시되어 있다. 이것은 남북대화의 결과이기도 하다. 그러나 유신체제와 유일체제가 지속되는 과정에서 남북한 1인 지배체제는 '내부의 개혁과 민주주의 및 자유에 대한 요구'를 안보위협과 반공·반미 이념과 연계하여 탄압하였고 지속적으로 국내정치를 보수화 하였다. 적대의 제도화와 유신체제 강화에 기여한 대표적 사건은 1974년 육영수 여사 저격사건, 74년 제1땅굴 발견사건, 1975년 4월 월남 패망 소식, 76년 판문점 도끼사건 등이다. 이 사건들은 상징조작과 반공동원을 더하여 국민들의 안보불안과 반공의식을 높이게 하는 계기가 되었다.[35]

더불어 여기서 주목할 점은 물론 상당수 사건이 상징조작과 부풀리기를 통해 재구성되었지만, 1967년 동백림사건, 68년 통혁당사건, 79년 남민전 사건 등의 조사내역을 재고찰해 보아도 북한과의 직간접적 연계/개입을 부정할 순 없다는 점이다. 이것은 북한 정권의 '남조선혁명론'과 연계하여 해석할 수 있다. 유신체제에 대한 정치적 반대가 북한과 전혀 관계가 없는 박 정권에 의한 완전한 조작이라면 그 효력의 강도와 지속성은 그리 크지 않았

---

35) 유신체제의 반민주적 폭력성으로 대학가와 재야를 중심으로 반유신운동이 고조되던 시기 벌어졌던 이 사건들은 반공이념과 유신체제 강화, 그리고 저항세력 진압에 정당성을 제공하였다. 전국적으로 '총력 안보궐기대회'가 연이어 개최되어 반유신운동에 힘을 실어 주었던 여론도 급속히 냉각되었고 냉전·반공주의가 더욱 강화되게 하였다. 박 정권은 이 시기 긴급조치 9호를 발표하여 민주화운동을 원천적으로 봉쇄하려 했다. 북한위협론은 안보와 반공을 국가의 최우선 과제로 삼게 하였으며 이를 위한 폭력적인 억압조치들이 시행되게 하였다. 고교와 대학에 학도호국단을 재창설하고 병영군사 교육체제가 강화되었으며, 지역과 직장 단위 민방위대 결성과 국방비 증액 및 방위세 신설이 이루어졌다. 나아가 반공법 및 국가보안법 위반자에 대한 출옥 후 보안처분을 법제화한 사회안전법이 제정되었다. 이 시기 유신체제의 강압성은 최고조에 달했다. 신종대, "남북한 관계와 남한의 국내정치,"『남북한 관계론』(서울: 한울, 2005), p.188.

을 것이다. 북한 정권의 남조선혁명론으로 설명될 수 있는 일련의 사건들은 유신체제에 대한 '정치적 반대＝용공·친북'이라는 박 정권의 논리가 정당성을 갖게 하였다. 또한 위의 사건들은 민주주의 유보와 1인 독재의 지속, 그리고 반대세력 제거를 용이하게 하였다.[36] 유신체제가 지속 및 강화되는 데 북한당국의 남조선혁명정책들은 상당 부분 큰 역할을 하였다.

IV. 92년 남북관계 체계: 전략적 상호작용 II와 〈남북기본합의서〉

1. 상호작용의 환경과 메커니즘

1980년대 말은 냉전질서가 와해되어 세계질서의 질적 변화가 이루어진 시기이다. 20세기 국제정치를 상징했던 냉전질서가 탈냉전질서로 전환된 것이다. 이러한 세계적 변화는 1989년 폴란드의 자유노조가 자유총선에서 압승을 거둔 후 동구공산권이 붕괴되기 시작하고, 분단의 성격이 국제적 변수에 의해 좌우되었던 독일의 1989년 동서독 통일로도 나타났다. 그리고 1991년 냉전체제의 한 축인 소비에트연방이 해체되면서 남북한을 둘러싼 세계 환경의 급변이 전개되었다.

당시 남한은 1987년 민주화시기를 경과하며 출신성분은 군부에 기반하고 있으나 직선제 대통령이라는 민주주의 절차에 의해 노태우 정부가 들어섰다. 노태우 정부는 군부출신이라는 태생적 한계에도 이러한 대내외적 변화를 받아 안아야 했다. 그리하여 1980년대 말과 1990년대 초 남북관계는 서서히 변화하였다. 남북고위급회담이 증가했으며 남북기본합의서가 채택되었다. 72년 〈7·4남북공동성명〉 이후 단절되었던 남북교류가 재개되었으

---

36) 신종대, "남북한 관계와 남한의 국내정치," p.190.

며 정치·경제·체육·문화·학술분야 등 남북교류가 이전 시대에 비해 놀랍게 증가하였다.

한편 이 시기는 국내정치적 측면에서 87년 민주화 이후 대학생진영을 중심으로 통일논의가 본격화되고 통일운동세력이 급부상하면서, '국가-사회' 관계의 갈등이 전면적으로 드러난 시기였다. 구체적인 출발은 88년 3월 29일 서울대 총학생회선거 유세 과정에서 김중기 후보가 〈김일성대학 청년학생에게 드리는 공개서한〉을 통해 남북한 국토순례대행진과 민족단결을 위한 남북한 청년학생 체육대회를 제안하며 공식적으로 드러났다. 당시 이에 호응한 북한 김일성종합대학 학생위원회가 88년 4월 4일과 6월 10일 실무회담에 응하겠다는 답변을 하기도 했기 때문이다.[37]

학생들은 6월 11일 1시 남북학생회담 보고 및 공동올림픽 쟁취를 위한 범국민대회를 열었고, 이후 6월 18일 친북세력이 주류였던 전대협은 북한에 보내는 제4차 공개서한을 발표하며, 8월 4일부터 8월 15일까지 국토순례대행진을 거행하기로 하였다. 8월 15일 대규모 학생들의 통일염원 판문점 행진이 진행되었다. 또한 광주항쟁 진상규명 및 전두환 노태우 등 책임자 처벌, 민주정부, 민족자주와 통일을 요구한 잇따른 자주계열 학생들의 투신자살이 이어졌다.[38]

그리고 1989년 전대협 대표로 방북한 임수경의 평양에서 개최된 제13차 세계청년학생축전 참가 및 문규현 신부 방북과 이후 판문점을 통한 귀환, 전국민족민주운동연합회 출범, 문익환 목사 방북, 서경원 의원 방북 등 일련의 사회적 통일 행동들이 정치사회적으로 커다란 이슈였다. 이러한 민주화

---

37) 당시 창구단일화 논리와 국론분열을 앞세운 노태우 정부는 김중기를 국가보안법 위반으로 수배하였다.

38) 민주화운동기념사업회 연구소, 『한국민주화운동사 연표』(서울: 선인, 2006). 당시 대표적으로 조성만은 '척박한 땅, 한반도에서 한 인간이 조국통일을 염원한다'는 유서에서 다음과 같은 '통일을 위한 4개항'을 서술했다. ① 한반도의 통일은 어느 누구에 의해서도 막아져서는 안 된다. ② 한반도에서 미국은 축출되어야만 한다. ③ 군사정권은 반드시 물러나야만 한다. ④ 올림픽은 반드시 공동개최되어야 한다.

운동에 힘입은 아래로부터의 통일운동 결과, 1990년 정부가 민족대교류를 제의하며 방북 신청을 받았을 때 6만 1,354명의 방문신청자가 접수될 정도 였다. 또한 작가 황석영이 범민족대회 남측 추진본부 대표 자격으로 북한을 방문하였다. 당시 국내 환경에서 더욱 주목할 점은 1987년 이후 아래로부터 민주화를 이루기 위한, 국가권력에 대응하는 전국적 계층별 사회조직 건설이 었다. 구체적으로 1989년 전국농민운동연합 결성, 전국교직원노동조합 창립, 전국민족민주운동연합이 출범하였고, 1990년 1월 전국노동조합협의회가 창립된다.[39]

이러한 국가 정치권력에 대응하는 사회세력의 결집에 위기감을 느낀 노태우 정부는 1990년 민정-민주-공화 3당 통합선언으로 보수대연합을 실현하였다. 그리하여 1987년 6월 민주화 결과 이루어진 여소야대 정치지형이 무너졌으며 공안통치가 본격화되었다. 이에 대한 저항과 학원민주화 투쟁과 정에서 91년 4월 명지대 강경대군이 시위 도중 백골단에 의한 폭력으로 사망한 사건을 계기로 학원가의 대투쟁이 다시 전개되고 잇단 투신자살 국면이 전개되었다. 그리고 1991년 5월 9일 전국적으로 30여만 명이 모여 민자당 해체와 공안통치 종식을 위한 국민대회가 개최되는 상황이 도래하였다. 이어 5월 25일 "공안통치 민생파탄 노태우 정권 퇴진을 위한 제3차 범국민대회"에 참가했다가 백골단의 강제진압 과정에서 성균관대 김귀정 양이 시위 도중 사망했다. 또한 민주주의민족통일전국연합이 결성된다.[40]

이러한 상황에서 노태우 정부는 공세적으로 국내정치의 주도권과 여론을 선점할 수 있는 이슈가 필요했다. 그리고 그 고민의 결과는 세계적 흐름과 경제적 자신감에 기초한 공세적 통일논의 및 남북협상 제기로 나타났다. 전체적으로 노태우 정부가 전두환 정부에 비해 유화적인 대북정책을 취했던 배경은 첫째, 남한의 민주화 운동의 성장과 직선제 대통령이라는 위상으로 인해 아래로부터의 남북관계 개선요구와 급물살을 탔던 통일운동 흐름을 외

---

39) 민주화운동기념사업회 연구소, 『한국민주화운동사 연표』(서울: 선인, 2006).
40) 민주화운동기념사업회 연구소, 『한국민주화운동사 연표』(서울: 선인, 2006).

면할 수 없었기 때문이다. 둘째, 소련과 동유럽 사회주의의 붕괴와 아시아 사회주의권의 개혁·개방, 그리고 독일통일 등 전 세계적인 냉전질서의 해체요구 때문이다.

셋째, 남한의 경제호황으로 인한 경제적 자신감이 체제우위의 확신을 주었기 때문이다. 이전시대에 비해서 상당히 발전한 노태우 정부의 '북방정책' 과 '공존공영에 기초한 한민족공동체' 통일방안 등은 서독의 '동방정책'이나 '접근을 통한 변화'41)에는 미치지 못하는 정책이었다. 그러나 당시 상황에서 는 남북관계 및 통일의 획기적 시각 전환이라고 평가할 수 있다.

한편 북한 정권의 위기의식 또한 상당히 높았다. 기실 남한의 87년 민주화와 친북통일운동 세력의 부상은 북한 정권의 대남한 통일전략 실행에 유리한 상황이었다. 그러나 북한 정권은 이를 공세적으로 활용할 수 있는 상황이 아니었다. 계획경제의 불안정과 물자부족의 구조적 문제가 심화되는 상태에서, 소련 및 동유럽뿐 아니라 중국 및 베트남의 사회주의 개혁·개방 정책이 본격화되면서 〈사회주의 경제상호원조회의〉42) 구조를 통한 지원을 전혀 받을 없는 상황으로, 북한 체제 내외적 위기징후가 고조되었다.

더욱이 북한 국내 권력구조 측면에서 김정일로의 권력세습 안착을 이루어야 하는 상황이었다. 따라서 대외적 위기 상황을 언급하며 1990년 신년사에서 김일성이 "주체를 철저히 세워", "우리식대로 살아나가자!"고 한 후,

---

41) '접근을 통한 변화'는 사민당 이론가이며 동방정책을 주도했던 에곤 바(Egon Bahr) 가 1963년 처음 사용한 용어로 1969년 브란트(Willy Brandt)의 사민당 정권이 들어 선 이후 서독 통일정책의 기초였다. 핵심적인 내용은 ① 상호인정을 통한 현상타개, ② 동독정권의 안정, ③ 대화를 통한 베를린 문제의 해결, ④ 평화적 방법으로 동독 정권에 대한 영향력 행사, ⑤ 경제 원조를 통한 동독주민의 생활수준 향상 등이었다. 이 정책은 동독을 국가로 인정하지 않으면서 자신의 집권기간 내내 서방정책으로 서 독의 자유와 안보 확립에 주력했던 아데나워(Konrad Adenauer)의 강경정책을 근본 적으로 수정한 것이었다. 김학성, 『서독의 분단질서관리 외교정책 연구: 한국통일외 교에 대한 시사점 모색』(민족통일연구원, 1995), p.64.

42) 1949년 1월 사회주의 국가의 경제개발을 촉진·조정하기 위해 설립된 기구로서 1991 년 6월 해체된 사회주의진영 내 경제교류협력 조직으로 흔히 코메콘(COMECON)이 라 한다(http://enc.daum.net/dic100/contents.do?query1=b01g3139a).

1991년 신년사에서는 당과 인민이 운명을 함께 하는 "사회정치적 생명체"로 북한사회가 거듭날 것을, 그리고 1993년 신년사에서는 "사회의 모든 성원들이 하나의 대가정을 이루고" '우리식 사회주의'를 구현할 것을 강조하는 등 체제 내부 단속에 집중해야 했던 것이다.[43]

이렇듯 남북한 정권은 세계적 환경변화와 국내의 갈등 또는 위기의식 고조 상황에서 정권의 안정을 이루기 위해 전략적으로 상호작용하는 두 번째 국면을 맞이한다.[44] 이 시기 전략적 상호작용의 메커니즘을 상징하는 대표적 사건은 1991년 5월 27일 북한 외교부의 유엔가입 발표와 남북한의 동시 유엔가입이다. 이를 기점으로 남북한 정권은 국제사회에서 공식적인 국가로 자신의 입지를 세운다.

2. 행위 양상과 목표

국내적 위기를 국제적 기회로 전환하며 정권의 안정성을 구축하려 했던 노태우 정부는 북방외교 측면에서 공세적 양상을 취하였다. 1989년 2월 헝가리와의 수교를 비롯한 폴란드 및 유고와의 수교, 1990년 소련·체코·불가리아·루마니아·몽골과의 수교, 1991년 알바니아와의 수교, 1992년 중국과 국교를 수립하였다. 당시 노태우 정부는 북한과 쿠바를 제외한 14개 사

---

43) 김일성, 『김일성저작집 42권』(평양: 조선로동당출판사, 1995), p.37; 김일성, 『김일성저작집 43권』(평양: 조선로동당출판사, 1995), p.3; 김일성, 『김일성저작집 44권』(평양: 조선로동당출판사, 1996), p.39에 제시된 각 연도 신년사 참조.

44) 이 시기 상호작용의 메커니즘에 대해 심연수는 "주변환경과의 적응적 변화를 모색해야만 하는 체계적 특성을 가진 남북한은 주변 환경이 변화되어 나갈 때, 하나의 생존전략의 일환으로서 남북한 관계 개선을 시도" 한다며, '동북아국제체계'에 적응해 나가는 과정에서 일시적인 민족적 결속을 과시하여 자신들의 체제 정당성을 확보하려 했다는 점을 남북한 관계개선의 주요 메커니즘으로 설명하고 있다. 전체적으로 남북한보다 상위체계인 '동북아 국제체계'로부터 오는 변화에 대해서 남북한 정권이 내셔널리즘을 기반으로 공동 대처한 것으로 해석하는 것이다. 심연수, "'7·4남북공동성명'과 '남북기본합의서'의 배경에 관한 체계론적 분석," p.171, 174.

회주의 국가와 외교관계를 정상화하였던 것이다.[45]

그리고 3당 합당이란 보수대연합 정치구조를 실현한 이후, 아래로부터의 통일요구를 정권 차원에서 재구성하며 저항세력에 대한 공세를 본격화한다. 1991년 이후 공안정국이 이어지며 1992년 남한조선노동당 사건,[46] 남한조선노동당 중부지역당 사건, 사회주의노동자동맹 사건, 국제사회주의자들 검거 사건 등이 발표되고, 국가보안법에 의한 이들 조직사건에 연루된 이들이 대대적 구속이 진행된다.[47]

이 시기 1991년 '남북기본합의서'를 도출해 내었던 적극적인 남북관계 개선 행동이 본격화된다. 남북기본합의서가 나오게 된 과정은 1988년 12월 28일 강영훈 당시 남한의 총리가 북한의 연형묵 정무원 총리에게 '남북고위당국자회담'을 갖자는 서신을 발송한 것으로부터 시작된다고 볼 수 있다. 이에 대한 답장으로 1989년 1월 16일 연형묵 총리가 '남북고위정치군사회담'을 제의하여 이루어진 남북고위급회담의 산물이 이 합의서인 것이다. 당시 제6공화국의 노태우 대통령은 1988년 7월 7일 〈민족자존과 통일번영에 관한 특별선언〉(이하 '7·7선언')을 통해, 북한을 대결의 상대가 아니라 '선의의 동반자'로 간주하고 남한과 북한이 함께 번영을 이루어 나가자며 민족공동체로서의 관계 발전을 제시하였다. '7·7선언'은 남북한의 대결 구조를 화해의 구조로 전환시켜 나가는 데 필요한 기본방향을 제시한 정책적 선언으로 평가된다. 그리고 이는 1989년 9월 제147회 정기국회 연설에서 제시된 노태우 대통령의 특별선언 〈한민족공동체 통일방안〉으로 구체화된다.

한민족공동체 통일방안은 1988년 7·7선언을 계승한 정책으로, 남북 간

---

45) 서보혁, "체제 경쟁의 종식 혹은 변형?: 남북한 대외관계 비교 연구," 이화여대 통일학연구원 편, 『남북관계사』(이화여대 출판부, 2009), p.195.
46) 안기부가 대남공작총책 이선실 등 '남한조선노동당' 가담자 95명을 적발했다고 발표한 사건이다. 이 중 조선노동당총책 황인오 등 62명이 국가보안법위반으로 구속된다. 구속된 62명 가운데는 전 민중당 공동대표 김낙중과 정책위원장 장기표가 포함되었다.
47) 민주화운동기념사업회 연구소, 『한국민주화운동사 연표』(서울: 선인, 2006).

에 기간 누적된 불신과 대결의식, 그리고 이질화(異質化) 현상을 그대로 둔 채, 일시에 통일을 이룩한다는 것은 현실적으로 어렵다는 것을 전제로 하고 있다. 핵심내용은 자주·평화·민주의 3대 원칙 아래 '공존공영 → 남북연합 → 단일민족국가'라는 3단계를 거쳐 통일을 실현하자는 것이다. 이 방안은 점진적 교류를 중시하는 기능주의적 통일방안으로서, 이전 전두환 정부의 통일방안과 동일하게 1민족 1체제를 목표로 하지만, 남북연합이라는 과도체제를 설정한 점에서 진전된 내용을 담고 있다고 평가된다.[48)

　그 내용을 살펴보면 첫째, 통일의 원칙으로 자주·평화·민주를 제시하고, 통일국가의 미래상으로 자유·인권·행복이 보장되는 민주국가를 제시하고 있다. 둘째, 통일국가의 수립절차는 남북대화의 추진으로 신뢰회복을 해나가는 가운데, 남북정상회담을 통해 민족공동체헌장을 채택한다는 것이다. 셋째, 남북의 공존공영과 민족사회의 동질화, 민족공동생활권의 형성 등을 추구하는 과도적 통일체제인 남북연합을 건설한다는 것이다. 넷째, 통일헌법이 정하는 바에 따라 총선거를 실시하여 통일국회와 통일정부를 구성함으로써 완전한 통일국가인 통일민주공화국을 수립하는 것으로 되어 있다. 그리고 남북연합단계에서는 민족공동체헌장에서 합의하는 데에 따라 남북정상회의·각료회의·평의회·공동사무처 등을 두기로 규정하고 있다.[49)

　좀 더 구체적으로 한민족공동체 통일방안은 1982년 발표된 전두환 정부의 〈민족화합 민족민주 통일방안〉을 보강한 것으로, 자주·평화·민주 등 3대 원칙 아래 과도체제인 남북연합을 실현시키기 위한 민족공동체헌장 채택 단계와 남북연합 단계를 거쳐 통일민주공화국 실현 단계로 나아간다는 3단계 통일방안이다. 우선 '남북연합기구'는 최고결정기구로 '남북정상회의'를 두고, 그 아래에 남북 쌍방 정부대표로 구성하는 '남북각료회의'와 남북 쌍방 국회대표로 구성되는 '남북평의회'를 두어 그들의 업무를 지원하며, 쌍방 합의사항을 집행하기 위한 공동사무처와 상주연락대표부를 서울특별시와 평

---

48) http://100.naver.com/100.nhn?docid=724666
49) http://100.naver.com/100.nhn?docid=520897

양특별시에 설치한다는 것이다. '남북연합기구'에서는 남북 간의 모든 문제를 토의하고 합의에 따라 민족공동체의 회복에 기여할 수 있는 조치를 취하도록 되어 있다. 이에 따라 남북한의 이질성이 극복되고 남북 간에 합의가 성립되는 데 따라 '남북평의회'에서 통일헌법을 기초하고 총선거방법도 결정하여, 민주적으로 통일국회와 통일정부를 구성하면, 우리 민족은 비로소 통일 민족국가를 이룩할 수 있다는 것이다.[50]

이러한 과정을 거쳐 1990년 9월 4일 제1차 남북고위급회담이 서울에서 개최된 이래 1년 반의 회담을 거쳐 1991년 12월 13일 서울에서 열린 제5차 회담에서 '남북간의 화해와 불가침 및 교류·협력에 관한 합의서' 즉, 남북기본합의서가 채택되었다. 그리고 1992년 2월 19일 평양에서 개최된 제6차회담에서 남한과 북한에서 각각 내부절차를 거친 본문이 교환되었다.

한편 체제 내외적 위기 고조 상황에서 김정일 세습체계의 안정화를 이루려 한 이 시기 북한 정권은, 민족과 민족주의 개념을 재구성하며 통일정책을 조정하고 정권의 정통성을 재구성하려 한다. 구체적으로 1980년 10월 개최된 조선노동당 제6차 대회에서 김일성이 제출한 "고려민주연방공화국" 통일론과 함께, 민족이 있어야 혁명과 건설도 있을 수 있고 사상과 이념도 있을 수 있다며 혁명보다 민족이 우선함을 제기하였다.[51] 1973년 발행된 북한의 『정치사전』에서 민족주의를 일관되게 부르주아적이라고 비판했던 것에 반해, 1985년 발행된 북한의 『철학사전』에서는 민족주의를 '제국주

---

50) 첫 단계는 민족공동체헌장을 마련하는 단계로, 통일헌법에 의해 민주공화국을 건설할 때까지 남북관계를 이끌어가는 기본 장전의 기능을 수행하게 된다. 둘째 단계는 민족공동체헌장을 토대로 한 남북정상회의와 실행기구인 남북각료회의, 통일헌법의 기초 및 통일실현 방법·절차를 마련하는 남북평의회 등의 과도기구를 설치하게 된다. 마지막 단계는 남북평의회에서 마련한 통일헌법을 바탕으로 총선거를 실시해 통일국회와 통일정부를 구성함으로써 통일의 최종단계에 이르게 된다는 것이다. 이 통일방안은 '7·7선언'에서 천명한 남북동반자 관계를 구체화했다는 점과 노태우 정부 이전시기까지인 역대 정권의 통일방안 가운데 북한 측이 주장하는 '고려연방제통일안'과의 거리를 가장 좁혔다는 점에서도 그 의의를 평가받고 있다(http://enc.daum.net/dic100/contents.do?query1=b24h2879a).

51) 『조선노동당대회자료집』 제4집(서울: 통일원, 1988), p.322.

국가의 민족주의'와 '피압박 민족 부르주아지의 민족주의'로 구별하고 후자
는 일정하게 진보적인 역할을 한다고 설명하고 있다.[52]

그리고 1986년 김정일에 의해 '우리민족제일주의', '우리식 사회주의'가
핵심구호로 등장했으며, 핏줄과 언어가 강조되고 체제 안정 및 일체화를 강
화하기 위한 전통성 또는 민족성이 부각된다. 즉, "우리민족제일주의를 주
장하는 것은 자기민족을 가장 소중히 여기는 정신과 높은 민족적 자부심을
가지고 혁명과 건설을 적극적으로 해나가야 한다는 것"이다.[53] 결국 '우리
민족제일주의'와 '우리식 사회주의'는 '수령이 준 사회정치적 생명'을 중심으
로 수령·당·대중이 일체화되는 '사회정치적 생명체론'과 결합되었고, 절대
권력 중심의 주체사상 체제를 지켜내며 김정일 세습체제를 안착시키기 위해
강화된 것이다.[54]

세계적 탈냉전 흐름이 현실화되던 80년대 중반 이후 체제방어가 중요했
던 북한 정권은, 이 시기부터 연방제 통일방안을 남조선혁명 전략보다는 남
북공존 전략의 한 축으로 대응하였다. 구체적 행위 양상을 보면, 1980년대
중반 경 북한의 연방제 통일안의 전제조건이 완화된다. 1984년 북한이 기존
의 방침을 바꾸어 북한-남한-미국 간 3자회담을 지지하고 전두환 정권과
대화할 용의가 있다는 것을 처음으로 표시하였다. 그리고 김일성은 1985년 남
북 고위급정치회담을 제안하며, "남조선 당국자들이 지난날 조국과 인민 앞
에 많은 죄를 지었지만 이제라도 자기 잘못을 깨닫고 그에 대하여 사죄하며
조국통일의 길에 나선다면 지난날의 죄과를 다 백지화할 수 있습니다. 사람이
살아나가는 과정에는 과오도 범할 수 있습니다."라는 논리를 내세웠다.[55]

52) 『철학사전』(평양: 사회과학출판사, 1985), p.253; 박영자, "김정일시대 북한 통일정
    책의 추이와 평가: 닫힌 체제의 엔트로피 증가에 따른 회로차단," 『북한연구학회보』
    제14권 제1호(1987), p.225.
53) 김정일, "주체사상교양에서 제기되는 몇 가지 문제에 대하여," 『근로자』 1987년 7호,
    p.11.
54) 박영자, "김정일시대 북한 통일정책의 추이와 평가," p.225.
55) 김일성, "일본 오사까부 지사일행과 한 담화(1985년 6월 30일)," 『김일성 저작집 39』
    (평양: 조선로동당출판사, 1993), p.116.

이렇듯 북한 정권은 1980년대 중반 이후 체제생존을 위해, 북한 체제 주도의 남조선혁명론에 기초한 연방제 통일안을 남북한 공존체제와 연계될 수 있도록 정책방향을 조정한다. 즉, '선(先) 남북공존 후(後) 연방제 통일론'으로 수정하는 정책적 행위 양상을 보인다. 이러한 정책방향은 1988년, 1991년, 1993년 김일성의 신년사를 통해서도 확인할 수 있다.[56]

무엇보다 내적으로는 당시 북한의 경제위기가 본격화되었다. 상당한 공장과 기업소가 자재와 원료부족 등으로 정상적으로 가동되지 않았다. 경제 성장률 저하로 남한과의 체제 경쟁에서 뒤처지게 되었으며, 사회주의 진영의 내부개혁 흐름에 체제 위기감이 고조되었다. 이러한 체제 내외적 위기가 1980년대 점차 고조되자, 북한 정권은 김정일을 중심으로 한 국방위원회와 각종 감시·통제 제도를 강화하였다.

이것은 1992년 개정헌법에서 주석과 중앙인민위원회의 권한을 약화시키고, 국방을 하나의 독립된 장으로 신설하여 국방위원회를 독립된 국가기구로 설치하고 주석으로부터 '일체의 무력을 지휘 통솔'하는 권한을 위임받음으로써 외현화되었다. 또 다른 한편으론 이전보다는 행정경제적 능력이 있는 간부를 중앙국가기관에 배치하기도 했다.[57]

구체적으로 1992년 4월 9일 북한은 최고인민회의 제9기 3차회의에서 1972년 사회주의 헌법을 처음으로 개정했다. 이 헌법은 계급노선의 견지(제12조)와 조선노동당의 지도적 역할 견지(제11조), 민주주의 중앙집중제 고수 등 72년 헌법의 지도원칙을 유지하고 있다. 그러나 맑스-레닌주의를 삭제하고 주체사상의 독자성을 강조(제3조)하였다. 이것은 1980년대 후반의 동구의 변화에 대응하는 방편의 하나로서 북한 정권이 다른 사회주의 국가와는 구별된다는 것을 부각시키고, 북한사회의 발전단계는 일반 사회주의 국가의 발전단계와 독립되어 있다는 것을 과시하기 위한 것으로 평가된다.[58]

---

56) 최완규·이수훈, "김정일 정권의 통일정책: 지속성과 변화,"『통일문제연구』2001년 상반기호, pp.167-168.

57) 김승조, "북한의 '92년 헌법과 사회주의 국가의 헌법이론에 관한 비교분석적 연구,"『'93 북한·통일연구 논문집(Ⅵ): 북한의 행정 및 법제 분야』(통일부, 1993).

그리고 1993년 4월 6일 김일성은 민족주의를 강조한 '조국통일을 위한 전 민족 대단결 10대 강령'을 발표하였다. 강령 내용은 다음과 같다.

첫째, 전민족의 대단결로 자주적이고 평화적이며 중립적인 통일국가를 창립하여야 한다. 둘째, 민족애와 민족자주 정신에 기초하여 단결하여야 한다. 셋째, 공존, 공영, 공리를 도모하고 조국통일 위업에 모든 것을 복종시키는 원칙에서 단결하여야 한다. 넷째, 동족 사이에 분열과 대결을 조장시키는 일체 정쟁을 중지하고 단결하여야 한다. 다섯째, 북침과 남침, 승공과 적화의 위구를 다 같이 가시고 서로 신뢰하고 단합하여야 한다.[59] 여섯째, 민주주의를 귀중히 여기며 주의 주장이 다르다고 하여 배척하지 말고 조국통일의 길에서 함께 손잡고 나가야 한다. 일곱째, 개인과 단체가 소유한 물질적, 정신적 재부를 보호하여야 하며 그것을 민족대단결을 도모하는데 이롭게 이용하는 것을 장려하여야 한다. 여덟째, 접촉, 왕래, 대화를 통하여 전 민족이 서로 이해하고 신뢰하며 단합하여야 한다. 아홉째, 조국통일을 위한 길에서 북과 남, 해외의 전 민족이 서로 연대성을 강화하여야 한다. 열 번째, 민족대단결과 조국통일 위업에 공헌한 사람들을 높이 평가하여야 한다.[60]

이 시기인 남북관계의 전략적 상호작용 2국면하에서 북한 정권의 목적은 절대권력 주도의 주체사상 체제를 지켜내며 김정일 세습체제를 안착시키려는 것이었다. 김정일은 차기 권력자로서 세습체계의 안착을 위한 정치체제의 결속력 강화와 우리민족 제일주의로 민족주의를 재구성하는 데 치중했으며, 이와 관련된 시간을 벌고 대외적 긴장을 낮추기 위한 남북관계 및 통일정책은 권력이양을 준비하는 김일성 주도하에 이루어졌다. 김일성의 마지막 업적이기도 한 이 시기 '조국통일 민족대단결'론은, 대내외적 위기 고조 상황에서 세습을 통한 북한 정권의 재생산과 긴장완화를 목적으로 한 것이다. 즉, 북한 정권이 남북한의 전략적 상호작용 2국면에서 원하는 목표였던

---

58) 김승조, "북한의 '92년 헌법과 사회주의 국가의 헌법이론에 관한 비교분석적 연구," p.21.
59) 『로동신문』, 1993년 4월 8일.
60) 『로동신문』, 1993년 4월 8일.

것이다.

남북한 정권의 전략적 상호작용 2국면에서 펼쳐진 남북대화는 남북한 각각의 사회에 어떤 기능을 하였을까? 급 전개된 정권차원의 남북대화 활성화와 새롭게 유입된 민족-통일의 정보는 남북한 내부에 중대한 정치사회적 무질서를 약화시키며, 민족주의라는 체제강화의 에너지를 창출하였다. 그러므로 〈남북기본합의서〉를 매개로 전개된 남북관계의 전략적 상호작용 2국면은 남북한 각각의 정권 안정화에 순작용을 한 것이다.

전체적으로 이 시기 남한의 노태우 정부는 국내적 위기를 국제적 호기로 전환하기 위한 공존공영에 기반한 '체제공존 통일론'을 발전시켰고, 북한은 대내외적 위기 상황에서 세습의 안정성을 도모하기 위한 선(先) 남북 민족공조론 후(後) 연방제 통일론, 특히 '낮은 단계 연방제론'을 제기하며 남한의 국가연합 단계에 근접한 공존통일론을 제기한 것이다. 이렇듯 노태우 정부는 국내적 위기를 국제적 기회로 전환하며 정권의 안정성을 구축하려 했고, 북한 정권은 김정일 후계체제 공고화와 체제 위기 및 불안감을 낮추려 했다. 이러한 목적에 따라 남북한의 전략적 상호작용 2국면이 전개된 것이다.

3. 피드백과 결과

1980년 남북총리회담을 위한 실무대표 접촉이 진행된 이후 1988년까지, 남북한 당국은 상호 회담 제의만 했을 뿐 회담을 성사시키지는 못하였다. 그러다 1988년 7·7선언 이후 1989년 1월 이후 남북고위급회담을 위한 예비회담이 시작된 후, 역동적인 피드백이 이루어졌다. 제1차 남북고위급회담이 서울에서 개최된 1990년 9월 4일에서부터 1993년 3월 북한의 핵확산금지조약 탈퇴가 이루어지는 시기까지 남북한의 전략적 상호작용이 전개되는 과정에서 이루어진 피드백을 일자별로 정리해 보면 〈표 1〉~〈표 5〉와 같다.[61]

<hr>

61) 통일부, 『남북대화』 제23호~제56호(http://dialogue.unikorea.go.kr/data/kdialog

○ 표 1   1990년 남북관계 주요 피드백

9. 4~7	제1차 남북고위급회담(서울)
9.11	범민족대회 북측 준비위원장 윤기복, 『범민족대회』 남측 추진본부 앞 편지전달 관련 대남전통문 발송
9.12	한적총재 북한 윤기복 명의 서한 접수 거부
9.13	북적위원장 대리 이성호, 수해관련 위문 대남전통문 발송
9.13	한적총재 제2차 고향방문단 교환 문제 등 협의를 위한 제8차 남북적십자 실무대표 접촉 제의 대북전통문 발송
9.17	북적위원장 대리 이성호, 남측의 남북적십자회담 재개 촉구에 대해 적당한 시기에 회담하겠다는 내용의 대남전통문 발송
9.18	유엔가입 문제 협의를 위한 제1차 실무대표 접촉(판문점 『중감위 회의실』)
9.19	『범민족통일음악회』 북측 준비위원장, 『음악회』(10.18, 평양) 초청관련 한국민족 예술인 총연합회에 편지 전달
9.19	한적총재 제8차 남북적십자 실무대표 접촉 재제의
9.21	남북고위급회담 북측 대표단 대변인, 한국의 유엔 단독가입 노력에 유감표명
9.30	한국·소련, 대사급 외교관계 수립(유엔에서 양국 외무장관, 합의서 서명)
10. 5	유엔가입 문제 협의를 위한 제2차 실무대표 접촉(판문점 『중감위 회의실』)
10. 9	제2차 남북고위급회담 일정협의를 위한 쌍방 책임연락관 접촉(판문점 『통일각』)
10. 9	남북통일축구대회(10.11, 평양) 위해 남측 선수단 북경에서 입북(체류기간: 10.9~ 10.13)
10.12	제2차 남북고위급회담 일정협의를 위한 쌍방 책임연락관 접촉(판문점 『평화의 집』)
10.14	범민족통일음악회 참가자(17명) 판문점통과 입북(체류기간: 10.14~10.24)
10.16~19	제2차 남북고위급회담(평양)
10.20	제84차 IPU 총회(10.15~10.20, 우루과이). 차기 총회 개최지를 『평양』으로 확정
10.21~25	남북통일축구대회(10.23, 서울) 위해 북측선수단 판문점통과 입경
11. 5	한적총재 제8차 남북적십자 실무대표 접촉 일자 수정제의 대북전통문 발송
11. 8	제8차 남북적십자 실무대표 접촉(판문점 『중감위 회의실』)
11. 9	유엔가입 문제 협의를 위한 제3차 실무대표 접촉(판문점 『중감위 회의실』)
11.12	북한 정무원총리 연형묵, 제3차 남북고위급회담을 위한 예비회담 개최제의(11.16)
11.13/17/21/29	남북고위급회담 책임연락관 접촉 및 실무대표 접촉
11.29	남북체육교류 및 주요 국제경기대회 단일팀 구성·참가 관련 제1차 남북체육회담
12. 1/5/7	남북고위급회담 준비를 위한 제3차 실무대표접촉 / 쌍방 책임연락관 접촉, 서울 체류일정 협의 / 합의
12. 8	『1990 송년통일전통음악회』 참석 북측인원 33명 판문점 통과 13일 합동공연
12.11~14	제3차 남북고위급회담(서울)
12.13~17	노태우 대통령, 소련방문

ue/list?viewCode=53); 통일학술정보센터, 『남북관계연표 1948년~2009년』(통일연 구원, 2010), pp.56-101.

표 2　　　　　　　**1991년 남북관계 주요 피드백 Ⅰ**

1. 1 북한 김일성, 신년사―『민족통일정치협상회의』소집제의
1. 8 북한정무원총리 연형묵, 정부·정당·사회단체『연합회의』편지 전달 제의 대남전통문 발송
1. 9 남측 노재봉 국무총리, 북측『연합회의』편지 접수거부 대북전통문 발송
1.15 제2차 남북체육회담(판문점『평화의 집』)
1.30 제3차 남북체육회담(판문점『통일각』)
2. 8 박준규 국회의장, 북한 최고인민회의 상설회의 의장에게 IPU 평양총회에 남측 대표단이
　　　참석할 수 있도록 요청하는 편지전달 / 북한 노동당·사회민주당·천도교 청우당, 남측
　　　평민당·민주당·민중당 앞 편지전달
2.12 제4차 남북체육회담(판문점『평화의 집』): 제41회 세계탁구선수권대회 및 제6회 세계
　　　청소년축구선수권대회 단일팀 구성에 합의
2.14 남북고위급회담 북측 책임연락관, 책임연락관 접촉 무기연기 통보 대남전통문 발송
2.18 남북고위급회담 북측대표단, 제4차 남북고위급회담 무기연기 성명 발표/통일원대변인,
　　　제4차 남북고위급회담 개최촉구 성명 발표
3.25 제41회 세계탁구선수권대회 남북단일팀 구성·참가 - 5. 9
4. 8 노재봉 국무총리, 제4차 남북고위급회담 개최촉구 대북전통문 발송
4.10 남북고위급회담 북측대표단 대변인 안병수, 기자회견을 통해 제4차 남북고위급회담
　　　재개 전제조건 제시
4.11 통일원 대변인, 안병수 기자회견 관련 논평 발표
　　　―북한은 회담 재개에 아무런 전제 조건없이 즉시 나서라고 촉구
5. 6 제6회 세계청소년축구선수권대회 남북단일팀 구성·참가 - 6.28
5.27 북한외교부,『유엔가입결정』성명 발표
6.26 남북고위급회담 북측대표단 대변인, 노 대통령의 통일관계 장관회의에서의『독일 통일
　　　문제 연구』지시 관련 비난 성명 발표
7. 6 노태우 대통령,『8·15를 경축하는 남북공동행사』개최 지시(밴쿠버)
7.11 북한 정무원총리 연형묵, 제4차 남북고위급회담 개최(8.27~8.30) 제의 대남전통문 발송
7.13 정원식 국무총리, 제4차 남북고위급회담 개최 북한제의 수락 및 쌍방 책임연락관 접촉
　　　제의 대북전통문 발송
7.15 최호중 부총리 겸 통일원장관,『통일대행진』추진을 위한 대북 성명 발표
7.19 남북고위급회담 쌍방 책임연락관 접촉(판문점『통일각』)
7.23 장충식 남북체육회담 수석대표, 대북전통문 통해 8월 6일 남북체육회담 재개 제의
7.25 북한『조국통일민주주의전선』, 범민족대회 관련 대남 비난 성명 발표
7.29 남북고위급회담 쌍방 책임연락관 접촉(판문점『평화의 집』)
7.30 북한 외교부, 한반도 비핵지대화 공동선언 채택 제의 성명 발표[62]

---

62) 그 핵심 내용은 다음과 같다. ① 남북한이 한반도비핵지대 창설 문제에 관해 법률적
　　실천 문제를 협의, 92년 말까지 법적 효력을 지닌 공동선언을 채택할 것. ② 미·소·
　　중 등 주변 핵 보유국들이 남북공동선언을 법적으로 보장할 것. ③ 남북공동선언 후
　　1년 내에 핵 보유국은 한반도 비핵지대화에 저촉되는 모든 요소를 제거하고 특히

7.31 북한, 남북체육회담을 8.17에 갖자고 수정제의
8. 1 남측, 남북고위급회담 실무대표 접촉에 참가할 2명의 대표명단을 북한측에 통보
  ㅡ 대표: 송한호(통일원 차관), 임동원(외교안보연구원장)
8. 2 북한측, 실무대표 접촉에 참가할 2명의 대표 명단을 남측에 통보
  ㅡ 대표: 백남준(조평통 서기국장), 최우진(외교부 순회대사)
8. 5 제4차 남북고위급회담 준비를 위한 제1차 실무대표 접촉(판문점 『평화의 집』)
8. 7 장충식 남북체육회담 수석대표, 남북체육회담 일자를 북한측이 8.17로 수정제의한데
  대해 동의

● 표 3   **1991년 남북관계 주요 피드백 II**

8.10	제4차 남북고위급회담 준비를 위한 제2차 실무대표 접촉(판문점 『통일각』)
8.12	강영훈 대한적십자사 총재, 남북적십자회담 제의 20주년에 즈음한 성명 발표
8.12	북한, 유도선수 이창수 귀순을 문제삼아 남북체육회담을 무기 연기한다고 통보
8.16	제4차 남북고위급회담 준비를 위한 제3차 실무대표 접촉(판문점 『평화의 집』)
8.17	남북고위급회담의 남측 대표단(7명) 명단을 북한측에 통보: 수석대표, 정원식(국무총리)
8.20/21/22/23	책임연락관 접촉: 제4차 남북고위급회담 10.22~10.25 평양 개최 합의
9.11	최호중 부총리 겸 통일원장관, 흡수통일 배제입장 천명[63]
9.17	제46차 유엔총회, 남북한 유엔동시가입 승인
9.24	노태우 대통령, 제46차 유엔총회 연설
10. 2	북한 정무원총리 연형묵, 유엔총회 연설
10. 4~13	김일성, 중국방문
10.14	제4차 남북고위급회담 책임연락관 접촉, 체류일정 협의(판문점 『통일각』)
10.14	김종열 대한올림픽위원회 위원장, 제5차 남북체육회담 개최제의 대북전통문 발송
10.17	제4차 남북고위급회담 책임연락관 접촉(판문점 『평화의 집』)
10.22~25	제4차 남북고위급회담(평양)
10.30	북한 올림픽위원장 김유순, 제5차 남북체육회담 개최거부 대남전통문발송
11. 8	노태우 대통령, 「한반도의 비핵화와 평화구축을 위한 선언」
11.11	남북고위급회담 제1차 대표접촉(판문점 『통일각』)
11.15	남북고위급회담 제2차 대표접촉(판문점 『평화의 집』)
11.20	남북고위급회담 제3차 대표접촉(판문점 『통일각』)

───────

미국은 한반도 핵무기 철수조치를 강구할 것. ④ 아시아·비핵국가들은 한반도가 비
핵지대로 되는 것을 지지·존중할 것.
63) 주요하게 "통일은 어느 일방의 우월한 힘에 의해서가 아니라, 대화와 협상을 통해
평화적으로 이루어져야 한다 … 통일은 민족자존의 정신에 입각해 남북한이 주체가
돼야 한다 … 따라서 평화체제구축문제도 남북한이 당사자가 되는 것이 당연하다"라
고 천명하였다.

11.26	남북고위급회담 제4차 대표접촉(판문점 『평화의 집』)
11.26~29	남북의 여성대표, '아시아의 평화와 여성의 역할' 서울 토론회 개최
12.10~13	제5차 남북고위급회담 본회담: 두 차례의 대표 접촉에서 타결한 〈남북사이의 화해와 불가침 및 교류·협력에 관한 합의서〉 채택, 서명하고 3개항의 공동합의문 채택
12.24	노동당 중앙위원회 제6기 19차 전체회의, 〈남북사이의 화해와 불가침 및 교류·협력에 관한 합의서〉 지지 및 김정일을 군 최고사령관으로 추대
12.26	남북고위급회담 핵 문제 협의를 위한 제1차 대표 접촉
12.26	북한 중앙인민위·최고인민회의 연합회의, 〈남북사이의 화해와 불가침 및 교류·협력에 관한 합의서〉 정식 승인
12.28	남북고위급회담 핵 문제 협의를 위한 제2차 대표 접촉
12.28	북한, 나진·선봉지역을 자유경제무역지대로 설정 공식발표
12.31	남북고위급회담 핵 문제 협의를 위한 제3차 대표 접촉 쌍방은 '한반도의 비핵화에 관한 공동선언'문안에 합의·가서명했으며, 동 공동선언의 발효절차 및 시기를 규정한 공동발표문 채택

표 4 　　　　　1992년 남북관계 주요 피드백

1. 1	노태우 대통령, 신년사에서 〈남북합의서〉의 내용을 실천에 옮겨 7천만 한민족공동체 건설을 위한 화해와 협력의 시대 천명 / 북한 김일성 주석, 신년사에서 남과 북은 조국통일 3대원칙에 기초해 〈남북합의서〉의 이행으로 평화통일을 전제로 한 조국통일 강조
1. 7	국방부, '92 팀스피리트 한미합동군사훈련 중지 발표 / 북한 외교부, 가까운 시일 안에 핵담보 협정에 서명하고 IAEA와 합의하는 시기에 사찰을 받기로 하였다고 발표
1.14	남북고위급회담 비핵화공동선언 본문교환을 위한 제1차 대표 접촉
1.15	정원식 국무총리, 3개분과위(정치·군사·교류협력) 구성, 운영방안과 남북연락사무소 설치 운영방안 협의를 위한 대표접촉 제의
1.21	남북고위급회담 비핵화공동선언 본문교환을 위한 제2차 대표 접촉
1.22	북미, 첫 고위급회담 개최(뉴욕 주 유엔 미 대표부)
1.30	북한, IAEA의 핵안전협정 조인
2. 5	북한 중앙인민위, 최고인민회의, 비핵화공동선언 승인
2.17	노태우 대통령, 〈남북 사이의 화해와 불가침 및 교류협력에 관한 합의서〉와 〈한반도 비핵화에 관한 공동선언〉문건에 서명
2.18~21	제6차 남북고위급회담 본회담: 남북기본합의서와 비핵화 공동선언 발표
5. 5~8	제7차 남북고위급회담 본회담: 남북연락사무소, 남북군사공동위원회, 남북경제교류·협력 공동위원회, 남북 사회문화 교류·협력 공동위원회 구성합의
5.22	비무장지대 무장병력 침투 사건: 오전 11시 30분께 강원도 철원북방 비무장지대 군 사분계선 남쪽 1km지점에서 육군수색대와 북한 무장침투조 사이에 교전발생(북한군 3명, 국군 1명 사망) 5월 25일~6월 5일 / 7월 7~21일 / 8월 31일~9월 12일 IAEA, 북한 핵에 대한 임시 사찰 1, 2, 3차에 걸쳐 실시

9.15~16	제8차 남북고위급회담 본회담 〈교류협력, 화해, 불가침의 3개 부속 합의서〉 채택·발표 및 화해공동위원회 구성 합의
9.30	북한 김영남 부총리 겸 외교부장, 뉴욕 주재 한국특파원들과 기자회견에서 남북한 상호 핵사찰, 주한미군 철수 주장
10. 5	안기부, '조선노동당 사건' 관련 간첩단 62명 구속 발표
10. 7	최영철 부총리 겸 통일원 장관, 간첩단 사건 관련 대북 사과 촉구 성명
10. 8	북한 조평통, 안기부의 남한 조선노동당 사건 조사결과 비난
10. 9	이동복 정치분과위원장, 정치분과위원회 긴급 소집 제의
10.12	북한, 정치분과위원회 소집 거부
10.13	북한 조평통, 팀스피리트훈련 중지 요구
10.13	정부, 최각규 경제부총리 방북 연기 통보
10.21	현승종 국무총리, 간첩단 및 핵개발 의혹 관련 간첩단사건이 〈남북기본합의서〉 제14조, 〈화해분야 부속합의서〉 제15조, 제17조 위반임을 엄중 경고
10.27	북한, 팀스피리트 훈련재개 공동대처를 위한 당·정·사회단체 연합회의에서 팀스피리트 훈련재개 시 고위급회담 등 모든 남북대화 접촉 중단 결의
11.13~14	IAEA, 북한에 대한 제4차 임시 핵사찰
12.10	공로명 남북고위급회담 대변인, 북한 핵 문제 진전이 없을 경우 팀스피리트 훈련 재개 불가피하다고 언급
12.11	북한, 최고인민회의 제9기 4차회의 개최
	연형묵 총리 경질, 후임에 강성산 임명

◗ **표 5**   **1993년 남북관계 주요 피드백**

2.25	IAEA 이사회, 앞으로 1개월 안에 IAEA의 특별사찰을 받아들일 것을 촉구하는 대북결의안 채택
2.28	북한, 팀스피리트 훈련 및 IAEA 특별사찰 계획에 대해 '자주권에 대한 난폭한 침해'라고 비난, 어떠한 경우에도 이를 받아들일 수 없다고 주장
3. 5	김영삼 대통령, 육사 졸업식에서 "새정부의 안보 목표는 북한을 적대하고 고립시키기 위한 것이 아니라 그들을 동족으로서 포용하고 온 겨레가 함께 하는 시대를 여는데 있다"고 하면서 "남과 북은 평화통일과 공동번영의 동반자가 되어야 한다"고 역설
3. 8	북한, 준전시상태 선포: 김정일은 오후 5시 '중대방송'으로 발표된 북한군최고사령관 명령 제0034호 팀스피리트훈련은 북침을 위한 예비전쟁, 핵시험전쟁이라 비난
3. 9	한미합동 '93 팀스피리트 훈련 돌입
3.10	통일관계장관회의 제9차회의, 통일원장관·외무부장관·안기부장·청와대 비서실장으로 된 통일관계장관 전략회의 구성키로 결의
3.11	김영삼 정부, 통일관계장관 전략회의에서 장기수 이인모 방북허용 관련 공식입장 발표
3.12	북한, 중앙인민위원회 9기 7차회의에서 핵확산금지조약기구 탈퇴 성명
3.16 / 19	이인모 방북 문제 관련 연락관 접촉 / 이인모 판문점 통해 송환
3.19	한·미 군당국, '93 팀스피리트 기동훈련 종료 공식발표
3.27	북한 전금철 조평통 부위원장, 이인모 송환 감사 성명 발표

앞에서 표로 정리한 약 3년에 걸친 남북한 정권의 상호작용 과정을 살펴보면, 다음과 같은 피드백 구조를 확인할 수 있다.

첫째, 철저히 당국 차원의 상호작용만을 인정하고 있다는 점이다.
둘째, 서로 간의 밀고 당기기라는 힘겨루기 게임이 순환하고 있다는 것이다.
셋째, 자신의 주도권 위기를 느낄 경우 강성의 긴장고조 행태를 보인다는 점이다.
넷째, 갈등의 고조가 심해지면 한 쪽에서 긴장완화 계기를 만들어 파국위기를 봉합한다는 것이다.

이러한 피드백 구조에 기초할 경우 남북한 정권은 자신의 기득권이 상실될 수 있는 전쟁 상황이나 극단적 위기진행을 막기 위해, 서로 전략적으로 상호작용하고 있음을 확인할 수 있다. 이러한 피드백 구조하에서 남북한 행위주체들은 결과적으로 자신의 목적을 달성한 것이다.

남한의 노태우 정권은 87년 민주화 이후 조직화한 통일운동세력의 급성장을 차단하며, 3당 합당을 통해 보수대연합 구조를 재창출하였고, 그 결과 김영삼 정권으로의 권력이양에 성공하였다. 한편 북한 정권은 1992년 4월 9일, 1972년 제정한 사회주의 헌법의 개정내용에서 확인할 수 있듯이,[64] 북한식 사회주의 체제 정당성의 법·제도적 측면까지를 완비하며 김정일 세습체계의 안정적 구조를 창출하였다. 결과적으로 양측 정권의 목적은 성공하였으나, 분단 과제를 해결하지 못한 채 통일과제의 무게를 더한 것이다.

---

64) 1992년 헌법은 계급노선의 견지(제12조)와 조선노동당의 지도적 역할 견지(제11조), 민주주의 중앙집중제 고수 등 72년 헌법의 지도원칙을 유지하고 있다. 그러나 맑스-레닌주의를 삭제하고 주체사상의 독자성을 강조(제3조)하였다.

V. 2000년 이후 남북관계의 시스템이론적 평가와 전망

　　남북화해정책을 주장했던 김대중 정권이 집권한 후 2000년 6월 남북정상회담과 함께 〈6·15남북공동선언〉이 발표되었다. 남북한의 민족적 특수관계에 기반한 '정경분리' 원칙을 합의한 후 다양한 분야의 경제사회 교류가 진행되며, 남북관계는 활발한 상호작용과 긍정 피드백을 보였다. 그러나 전쟁이 잠시 멈춘 상태인 휴전국으로 전시작전권이 한미연합군에 있는 남한은 미국을 중심으로 한 시스템에서 자유로울 수 없었고, 북한은 "우리민족끼리"를 절대시하며 국가주도 실리추구에 치중했다.

　　대개 남북관계의 긍정 피드백은 남한이 북한에 대해 우호적인 경제지원을 할 때 주로 힘을 발휘했다. 국제관계의 압박으로부터 자유로울 수 없는 대한민국의 작동원리를 북한은 받아들이지 못하였다. 김정일 정권은 내치에 치중하며 남북관계의 우호적 환경에서 '고난의 행군'을 극복하는 데 집중했다. 그러다 보니 '일방적 퍼주기식', '끌려다니는 대북정책'이란 비판이 수면으로 떠올랐다.

　　그리고 2003년 기본적으로는 남북화해정책을 계승한 노무현 정부가 집권하였다. 초기 노무현 정부는 '북한에 끌려 다니지 않는 평화번영의 남북관계'를 제기했다. 경제와 안보 분야를 균형적으로 작동시키며 대북포용정책을 동북아 차원으로 확장하여, 국제정치 시스템 내에서 남북관계의 선순환적 시스템을 강제하려는 설계도를 제시했다. 이로부터 도출된 정책인 통일·외교·안보 영역을 통합하는 유기적 협력 시스템 구축을 통해 '동북아 경제중심 국가건설'을 구축하겠다는 구상이었다.

　　그러나 '대북송금' 문제를 둘러싼 여권 내 대립이 지속되고 국내 정치적 세력갈등과 연계되어 여권 내 분열을 초래하면서 이 구상은 힘을 받지 못하였다. 이 상황에서 북한의 핵 문제를 둘러싼 6자회담 및 다양한 국제협상이 이루어졌으나 서로의 입장 차이를 확인하는 수준이 반복되었다. 그러다가 2004년 11월 미국 대선에서 '근본주의적 강경파'를 대표하는 부시 대통령이 당선되면서, 남북을 둘러싼 시스템 작동은 커다란 충격을 받는다.

　미국이 북한을 "악의 축"으로 규정하면서 2004년 통과시킨 '북한 인권법안'을 무기로 북한의 레짐체인지 입장을 노골화하였다. 이에 북한은 부시를 '망나니'로 규정하며 '반미적대' 입장을 선언했다. 바야흐로 '강 VS 강'의 전선이 형성되었다. 그리고 북한은 2005년 2월 10일 공식적으로 핵보유를 선언하고 미사일 발사유예 조치를 철회하였다. 그리고 6자회담 참가 중단을 선언하였다. 한반도에 전쟁 위기가 고조되며 남북관계는 부정 피드백이 고도화되는 양상이었다.

　이 같은 악순환의 시스템에서 당시 남한 정부는 이를 타계하기 위해 경제사회 교류를 통한 남북관계 관리를 시도했다. 그리고 2005년 남북당국 간 대화 재개 및 6자회담 구성원들과의 접촉을 강화한다. 북한 핵 문제가 더욱더 심각해지는 상황에서 북미 간 대립으로 한반도가 극적 대립으로 치닫는 것을 막아내기 위한 노력들이다. 그 결실이 2005년 9월 19일 베이징에서 6자회담 당사국이 합의한 최초의 공동성명인 '9·19공동성명'이다. 그 주요 내용은 북한은 모든 핵무기를 파기하고 NPT, IAEA에 복귀하며, 이에 대한 대가로 관련국들은 북한 체제 안전 보장 및 에너지 지원, 관계정상화 등의 조치를 취하며 한반도의 영구적인 평화체제에 관한 협상을 갖는다는 합의이다.

　그런데 한반도를 둘러싼 닫힌 시스템의 역사는 '9·19공동성명' 작동을 가로막았다. 9·19성명 직후 북한은 핵폐기를 이행하기 위한 선결 조건이 미국이 경수로를 제공하는 것임을 선언했다. 그리고 미국은 이미 9·19성명 직전인 9월 15일 북한의 불법자금 세탁 혐의로 마카오 방코델타아시아 은행을 지정한 후, 북한 기업의 자산 동결 조치를 취하였다.

　이와 같은 북미 대립을 계기로 남북관계 시스템은 다시 부정 피드백이 작동하게 된다. 미국의 부시 행정부는 북한 인권 문제에 대한 국제적 공론화를 주도하고, 북한은 2006년 10월 9일 핵실험을 실시한다. 이러한 북미 대립 고조 상황에서 노무현 정부는 남북관계 시스템을 긍정적 방향으로 전환시키기 위해 부단히 노력한다. 그 결과 2007년 10월 4일 제2차 남북정상회담이 개최된다.

그러나 국제관계 시스템에 깊숙이 연계되어 있는 남북관계 시스템은 남한 정부의 노력만으로 변화될 수 없었다. 제2차 남북정상회담 시 남북 정상이 두 차례의 회담을 통해 평화정착, 공동번영, 화해·통일에 대한 현안을 협의하고 이를 8개항으로 압축한, 〈남북관계 발전과 평화번영을 위한 선언〉('10·4선언')을 발표하였다. 그리고 이를 이행하기 위한 다양한 분야의 논의와 이행합의서 등이 발표되었다.

그러나 2008년 이명박 정부가 들어서고 '선 핵 문제 해결'을 앞세우면서 '전략적 인내'를 내세우며 남북관계는 다시 악화되기 시작한다. 2008년 이명박 정부의 등장과 〈비핵·개방·3000〉으로 요약되는 대북정책은 '북한 정권이 변화하지 않으면 어떤 대책도 무의미하다'는 인식론에 기초한다. 이 바탕에는 미국의 '대북 적대시 정책' 및 북한의 핵무기 고도화정책이 있었다. 이후 미국의 민주당 오바마 행정부 등장과 남한에 박근혜 정부 등장 등으로 남북관계를 선순환 방향으로 전환시키려는 시도들이 있었으나 부정 피드백이 작동하는 남북관계 시스템을 전환시키진 못하였다.

그리고 2017년 4월 현재 다시 한반도에 북미 대립고조로 인한 '한반도 전쟁설'이 퍼지고 있다.

VI. 2017년 한반도 국제환경 및 북한의 전략[65]

2017년 4월 6~7일 미국 플로리다 주에서 트럼프 미국 대통령과 시진핑 중국 국가주석의 미·중 정상회담이 진행되었다. 이 회담에서 북핵 문제 관련한 양국의 공식 합의는 없었다. 상호 탐색전 차원에서 북핵 문제에 대한

---

65) 박영자, "미중 정상회담과 북한: 미중 탐색전 속 외교 폭 넓히는 북한," 『북한』 2017년 5월호 참조.

서로의 인식차 및 입장을 확인하는 수준에 그쳤다. 이와 함께 회담 과정 중에 이루어진 미국의 시리아 공군 기지 공습 및 미국 핵항공모함 칼빈슨호의 한반도 배치 결정 등으로 '한반도 위기설'이 불거졌다. 이 절에서는 이러한 상황인식하에서 먼저 북핵 문제를 중심으로 금번 미중 정상회담 평가한다. 다음으로 북한의 대응을 분석한다. 그리고 향후 정세 전망으로 북미 간 한반도 내 군사충돌 가능성을 분석하고 북한의 전략은 무엇인지를 진단한다.

1. 북핵 문제에 대한 트럼프-시진핑의 인식차와 셈법

공식 보고에 따르면 금번 미·중 정상회담에서 트럼프는 "중국이 북핵과 관련하여 취할 수 있는 조치가 있다면 언제든지 환영"한다는 발언과 함께, 북한과 거래하는 제3국(특히 중국) 기업을 제재하는 '세컨더리 보이콧'을 유예키로 했다. 한편 시진핑은 북한과 거래하는 중국 기업의 불법적인 거래에 대한 제재를 확대하기로 하였다. 비공식적인 논의 및 합의 내용이 알려지지 않는 상황에서 공식 발표 내용만 보면, 특별한 결실(공식 합의)도 없으나 특별한 과실도 없었다.

전체적으로 미국과 중국의 입장차를 확인하고 향후 대응안을 짜기 위한 탐색전으로 평가할 수 있다. 미국은 북핵이 위협을 넘어선 공격용으로 사용될 수 있으며 북한 정권의 태도가 바뀌어야 평화적 문제 해결이 가능하다는 인식이다. 중국은 북핵이 방어용이며 유엔 안보리의 대북제재 이행을 통해 북한 스스로 핵동결을 선택하도록 평화적으로 유도해야 한다는 인식이다. 미국은 중국의 적극적 북핵 문제 해결 노력을 요구하였고, 중국은 중재자 입장을 고수하며 국제규범에 따를 것을 요구했다.

미·중 정상회담 후 그 결과에 대한 브리핑에서 미국 국무장관 렉스 틸러슨은 3가지를 발표하였다. 첫째, 미·중 정상은 북한 무기 프로그램 위협의 심각성을 공유했고 북한을 설득하기 위해 협력을 강화하기로 했다. 둘째, 북핵 문제의 평화적 해결이 가능하려면 북한의 태도가 변해야 한다. 셋째,

북핵이 중국 측과 조율할 수 없는 문제라면 미국은 독자적인 방도를 마련할 것이다. 이 브리핑을 통해 볼 때 미·중 정상이 합의한 것은 첫째 내용뿐이다. 둘째와 셋째는 회담 결과에 대한 미국 측의 입장이다.

이 회담을 통해 트럼프는 북핵 문제에 대한 중국 역할 강화의 정당성을 설파하면서 호전적인 대북 독자행동의 가능성을 과시했다고 평가할 수 있다. 한편, 시진핑은 국제사회의 협약을 중시하는 대국(大國)이자 국제관계 및 북미관계 관리자로서의 위상을 부각시켰다고 볼 수 있다. 북핵 문제에 대한 새롭거나 획기적인 합의는 없었다. 그러나 두 가지 측면에서 의의가 있다. 하나는 트럼프 행정부 출범 이후 '미국의 대북정책 불확실성 고조설'이 팽배한 가운데, 기존 미국 외교정책과 질적으로 다르지 않은 트럼프 행정부의 인식을 확인했다는 점이다. 또 다른 하나는 유엔 안보리의 대북제재안을 중심으로 한 대북 공조 합의이다.

결국 금번 정상회담은 북핵 문제는 국제사회의 규범 내에서 미·중 협력을 통해 외교적 수단으로 접근할 수밖에 없다는 것을 확인한 것으로 평가된다. 회담 직후 이루어진 트럼프와 한국의 황교안 권한대행의 전화통화, 우다웨이 중국 측 6자회담 수석대표의 한국 방문, 마이크 펜스 미국 부통령의 한국 방문 등 외교적 행보가 활발하게 전개된 것도 이를 반증한다.

2. 공격적 수사 속에 대외·대남 외교적 행보를 강화하는 북한

금번 미·중 정상회담 전후로 북한은 상당히 논리적이고 적극적으로 '핵경제 병진노선의 정당성·우월성' 및 '외세의 위협에 맞대응'하겠다는 의지를 대내외적으로 설파했다. 정상회담 기간인 4월 6일 북한은 〈외무성 비망록〉이라는 제목의 장문의 발표에서 미국의 도발이 위험계선을 넘어섰다고 평가하면서 '눈에는 눈, 이에는 이'로 대응하겠다는 기존의 입장을 재확인했다. 그리고 "만약 조선반도에서 전쟁의 불꽃이 튀는 경우 전쟁발발의 책임과 전후처리 문제가 제기"된다며 국제규범에 따른 논리적 정당성을 설파한다.

즉, "일단 우리의 타격이 시작되는 경우 그것은 우리를 겨냥한 미국과 그 추종세력들의 군사대상들만을 겨냥한 정밀타격전으로 될 것이며, 우리는 1949년 8월 12일부 제네바협약의 가입국으로서 해당한 법규들을 준수할 것"이라는 논리이다. 그러면서 자신들이 "남조선에 있는 다른 나라들의 합법적인 경제적 리권들을 보호하기 위한 대책들도 책임적으로 강구할 것"이라는 등 국제사회에서 합리적 행위자로 행동할 것이라는 식의 입장을 발표한다.

또한 4월 8일 〈외무성 대변인 담화〉를 통해서는 미국의 시리아 공격을 비판하면서 "오늘의 현실은 힘에는 오직 힘으로 맞서야 하며 핵무력을 비상히 강화해온 우리의 선택이 천만번 옳았다는 것을 실증해주고 있다"며 '핵-경제 병진 전략'의 정당성과 지속을 선언한다. 그리고 같은 날 김일성의 '조국통일을 위한 대외적 환경개선' 관련 연구자료를 집약했다는 〈외무성 군축 및 평화연구소 기념 보고서〉 발표를 통해 남한이 자신들을 지지해 줄 것을 간접적으로 요구한다.

이 보고서에 다룬 주요 원칙은 '조국통일노선에 대한 국제적 지지와 연대성 강화' 및 '외세를 배격하고 평화적 환경 마련'이며, 김정일은 이 원칙을 '민족자주 및 민족대단결 기치'로 이어받았고, 김정은도 이를 계승하여 "통일강국"을 건설하겠다는 논리이다. 남한의 대선정국을 의식하여 친북세력을 결집시키고 반미의식을 고취시키려는 의도이다. 이어서 4월 11일 〈외무성 대변인 중통기자 문답〉 및 〈인민군 총참모부 대변인 중통기자 문답〉을 통해 자신들의 '핵무기 고도화' 전략의 정당성 및 미국뿐 아니라 일본과 남한에 대한 공격 가능성까지도 제기한다.

이렇듯 북한은 외형적으로 공세적 도발 모양새를 취하지만 그 이면의 논리를 보면, 자신들이 국제규범을 준수하는 주권국가임을 분명히 하며 외교적 행보를 본격화하고 있다. 금번 미·중 정상회담 이전부터 리종혁(북한 조국통일연구원장)을 단장으로 한 최고인민회의 대표단이 국제의원연맹 제136차 총회(4.1~5, 방글라데시)에 참석하여 전원회의 연설(4.4)에서, '미국 등이 대북경제제재와 전쟁연습으로 우리를 말살하고 핵선제 타격을 가하려 하고 있다'며 '반제투쟁 및 미국의 대북 적대시 정책 전환'을 주장했다. 또한 북한 외무상은 동남아시아국가연합(아세안) 총서기에게 '한미합동 군사연습은 우리 제도 전복에 기본 목적을 두고 있다'며 '공정한 입장에서 문제시할 것과 긍정적 역할을 기대'한다는 편지를 전달(4.4)하기도 하였다.

더욱 중요하고 조직적인 행보는 4월 11일 개최된 제13기 5차 최고인민회의를 통해 드러났다. 금번 북한의 최고인민회의 결과 가장 눈에 띄는 결정은 외교위원회(이하 외교위)의 부활이다. 북한의 외교위는 동독을 비롯한 현실사회주의 체제 전환이 전면화되고 북한의 경제위기가 고도화된 1989년 신설되었다가, 김정일이 공식적으로 집권한 1998년 사라진 기관이다.

김정은이 참석한 금번 북한 최고인민회의에서 주요 안건으로 '외교위 선거'를 논의하였다. 외교위 위원장에 노동당 부위원장인 리수용이 선거되었으며, 위원으로 조국평화통일 위원장인 리선권, 외무성 제1부상 김계관, 대외경제상을 지낸 내각 부총리 리룡남, 대외문화연락위원회 위원장인 김정숙, 조선직업총동맹 부위원장인 김동선, 김일성-김정일주의청년동맹 비서인 정영원이 각각 선거되었다. 김정은 정권의 외교를 책임지는 리수용과 김계관 외에 남북관계를 총괄하는 리선권, 대외경제통인 리룡남, 해외문화교류 전문가인 김정숙, 대남·대외 활동력이 높은 근로단체인 직맹과 청년동맹 핵심인물을 배치한 것이다.

북한은 2016년 5월 7차 당대회 이후 6월 최고인민회의를 통해 헌법을 개정하고 국가기구를 정비하면서 기존 당의 외곽기구였던 조국평화통일위원회를 국가기구화하였다. 그리고 올해 제13기 5차 최고인민회의에서 또다시 국가기구를 정비하며 외교위원회를 설치했다. 그 의미는 무엇일까? 김정은 정권이 '핵무기 보유를 기정사실화'하며 국제사회에서 인정받는 주권국가로써의 행보를 본격화하겠다는 모양새이다. 다시 말해 국가체계를 강화하여 대외·대남정책을 함께 조율하면서 외교적 행보를 넓히려는 김정은 정권의 전략이 보인다.

3. 한반도 군사 충돌 가능성 미미(微微)

금번 미·중 정상회담 기간 전개된 미국의 시리아 공격뿐 아니라 회담직후 이루어진 미국의 독자행동 가능성 시사 및 군사전략적 자원의 한반도 배치 등으로 한반도 내 무력충돌 가능성이 제기되고 있다. 4월 중순 트럼프행정부가 '북핵 문제 해결에 모든 선택지를 검토하고 있다'고 하였으며, 미의회도 김정은 제거 이후 대책 마련이 필요하다는 주장이 제기되었다. 또한트럼프는 자신의 트위터에 '북한이 계속 문제를 일으키려 한다면서, 북한 문제 해결에 중국이 적극 나서면 좋은데 그렇지 않을 경우 미국은 중국이 없이도 문제를 해결할 것'이란 글을 올렸다. 한반도 위기설이 증폭되는 이유이다. 그러나 금번 미·중 정상회담 결과 및 최소한 한반도를 둘러싼 구조적요인으로 그 가능성은 높지 않다. 그 논거를 살펴보자.

첫째, 북한은 시리아와 다르다. 시리아는 반격할 능력을 갖고 있지 않으나 북한의 군사전략적 자원은 최소한 한국과 중국, 그리고 일본 영토까지에 재앙적 결과를 초래할 수 있다. 이들 국가를 무시하고 미국이 대북 선제공격을 할 가능성은 낮다.

둘째, 20세기와 다른 21세기 국제정세이다. 중국과 러시아 요인을 배제한다고 하여도 21세기 현실은 강대국들이 연합해서 약소국의 최고지도자를 바꾸거나 정치체제를 전환시키는 방식이 용납되지 않는다. 북한의 수사학적 위협만으로 타국이 선제적인 군사행동을 하기는 불가능하다. 북한이 미국 영토를 침공해 미국인과 그들의 재산을 파괴하지 않는 한, 선제 타격의 정당성이 확보되긴 어렵다. 다만 북한이 미국에 대해 선제 공격을 한다면 이에 대한 방어적 군사행동 가능성은 높다.

셋째, 미국의 최고 정책결정자 트럼프 요인이 대북 군사적 선제 타결 결정으로 나아가기는 어렵다. 트럼프는 실리주의자이고 미국 내치 우선주의를 기치로 당선되었다. 만약 실리주의자로 유명한 트럼프가 '대북 선제타격의 즉흥적 정책결정'을 한다면, 막대한 판돈이 걸려 있는 거대한 도박판을 벌렸을 때일 것이다. 현재 미국 내외 정세는 도박판을 벌일 수 있는 상황이 아니며 북핵이 미국에게 막대한 판돈도 아니다.

4. 북한, 2020년 기점 중기(中期) 국가전략 본격화

김정은 집권 후 '경제-핵 병진노선'에 기반한 북한의 국가전략 차원에서 분석해 볼 때, 지난 김정은 집권 5년 이내(2012~16년) 북한은 핵·미사일기술 및 군사력을 발전시키며 대내외 환경을 김정은 권력 공고화에 유리하도록 조성하였다. 군사력 및 권력구조 측면에서 김정은 정권 안착에 성공한 북한은 현재 2020년 기점으로 한 중기 국가전략을 가동하고 있는 것으로 보인다. 2020년 기점으로 한 북한의 중기 전략은 (묵시적으로라도) 핵보유를 기정사실화한 상태에서 미국과의 평화협정 협상·체결, 경제제재 완화, 국제사회의 외자유치와 대북지원 유도이다.

이러한 북한의 중기 전략이 성공적으로 실현된다면 김정은 정권은 2030년을 기점으로 한 장기 전략(15~30년)에 돌입할 것이다. 향후 집권 30년 이상 수령독재의 장기집권을 구상하는 김정은, 이 시기 경제·핵무력·과학기술 발전을 모두 갖춘 소위 '문명국가'의 최고지도자로 자리 잡기를 원한다. 따라서 향후 북미관계 정상화 추진 등으로 북한 대내외적으로 김일성·김정일보다 더 위대한 수령으로 인정받으려는 목적으로 움직일 것으로 추정된다.

VII. 맺음말: 닫힌 시스템의 상호주의

기간 남북관계 역사를 볼 때 강경파의 대북정책은 '북한 정권이 변화하지 않으면 어떤 대책도 무의미하다'는 인식론에 기초한다. 대개 국제정치에서 나타나는 강경파(매파) 또는 보수정권의 전통적 현실주의 이념에 기초한다.

상대 측의 나쁜 속성을 바꾸는 것은 정권 자체의 근본적 변화가 없으면 불가능하며, 결국 정권교체를 통해서만 그 나쁜 행태는 바뀔 수 있다는 것이다.

따라서 상호작용의 주요 행위 양상은 강압 또는 통첩이며 상대 측에 대한 비타협성이나 징벌 의지를 견결히 고수하려 한다. 이는 대개 강경 보수 세력들의 신념체계 내 한 특성이기에 '도덕주의적 경건함'을 보이곤 한다. 물론 정권의 이해와 국내외적 정치 전술에 따른 상황과 필요에 따라, 사랑과 용서 및 협약이나 평화공존을 제기하나, 근본적으로는 상대 측을 신뢰하지 않는다.

그러므로 상대 측에게 기회나 협상을 제기하는 목적도 종종 상대의 허위와 사악함을 공개적으로 입증하기 위해서거나, 상대 측의 대응-반응을 떠보고 자신의 전술을 가다듬기 위해 활용되곤 한다. 이러한 행태는 특히 상호작용의 갈등구조에 놓여 있는 양측이, 근본주의적인 강경파/보수세력일 경우 더욱더 분명하게 드러난다.

그러나 이들은 근본적으로 보수세력이기에 대개 가진 것이 많으며 지킬 것도 상대적으로 많은 이들이다. 따라서 수많은 전쟁 시뮬레이션을 시도하거나 홍보하더라도 이익보다 손해가 많은 것으로 계산될 경우, 결코 쉽게 전쟁을 발발하거나 유도하지 않는다. 따라서 대립과 갈등 구조의 순이익을 충분히 활용하나 긴장과 갈등의 최고조에 다다르면, 대개 극단적인 해결 국면을 조성하곤 한다.

따라서 근대 국민국가와 국제체제 구성 이후 핵무기를 축으로 하는 힘의 균형선이 팽팽했던 냉전시스템의 적대적 대립구조하에서, 서로를 적대시하는 긴장과 갈등 수준은 높았으나 전 시대에 비해 '극단적 폭력의 폭발'은 적었다 평가되곤 한다. 상호작용의 갈등구조 양측이 모두 동일한 인식지반을 갖고 있을 경우, 특히 강경 보수세력일 경우 급작스런 화해국면이 더 쉽게 전개되곤 한다. 대내 정치적으로 또는 선언적으로는 전쟁불사를 외치며, 보수정치의 정당성을 선전하고 집단주의적 애국심 유도로 지배권력의 지지도를 높이려 하여도, 갈등이 전쟁으로 퍼지는 것을 양측 모두 원하지 않기 때문이다.

참·고·문·헌

고병철. 2005. "남북한 관계의 역사적 맥락."『남북한 관계론』. 파주: 한울.

길영환 지음, 이원웅 옮김. 1988.『남북한 비교정치론』. 서울: 문맥사.

김도훈·문태훈·김동환. 2001.『시스템 다이내믹스』. 서울: 대영문화사.

김동환. 2004.『시스템 사고』. 서울: 선학사.

김승조. 1993. "북한의 '92년 헌법과 사회주의 국가의 헌법이론에 관한 비교분석적 연구."『'93 북한·통일연구 논문집(VI): 북한의 행정 및 법제 분야』. 통일부.

김일성. 1980.『조국의 자주적 평화통일을 이룩하자』. 평양: 조선로동당출판사.

_____. 1993. "일본 오사까부 지사일행과 한 담화(1985년 6월 30일)."『김일성 저작집 39』. 평양: 조선로동당출판사.

김정일. 1987. "주체사상교양에서 제기되는 몇 가지 문제에 대하여."『근로자』1987년 7호.

김준엽·스칼라피노 공저. 1985.『북한의 어제와 오늘』. 한국공산권연구협의회 연구논총 2권. 법문사.

김학성. 1995.『서독의 분단질서관리 외교정책 연구: 한국통일외교에 대한 시사점 모색』. 민족통일연구원.

민주화운동기념사업회 연구소. 2006.『한국민주화운동사 연표』. 서울: 선인.

박건영·박선원·우승지. 2003. "제3공화국 시기 국제정치와 남북관계."『국가전략』9권 4호. 세종연구소.

박길용·김국후. 1994.『김일성 외교비사』. 중앙일보사.

박영자. 1987. "김정일시대 북한 통일정책의 추이와 평가: 닫힌 체제의 엔트로피 증가에 따른 회로차단."『북한연구학회보』제14권 제1호.

_____. 2011. "남북관계 전략적 상호작용과 남북기본합의서 이행."『통일정책연구』제20권 1호. 통일연구원.

_____. 2017. "미중 정상회담과 북한: 미중 탐색전 속 외교 폭 넓히는 북한."『북한』2017년 5월호.

사회과학출판사. 1985.『철학사전』. 평양: 사회과학출판사.

서보혁. 2009. "체제 경쟁의 종식 혹은 변형?: 남북한 대외관계 비교 연구." 이화여대 통일학연구원 편. 『남북관계사』. 이화여대 출판부.

신종대. 2005. "남북한 관계와 남한의 국내정치." 『남북한 관계론』. 서울: 한울.

심연수. 2003. "'7·4남북공동성명'과 '남북기본합의서'의 배경에 관한 체계론적 분석." 『국민윤리연구』 52호. 한국국민윤리학회.

이종석. 2004. "유신체제의 형성과 분단구조." 『개발독재와 박정희시대』. 파주: 창비.

정석환. 2005. "시스템다이내믹스 방법론을 이용한 정책파급효과분석." 『한국행정학보』 39권 1호. 한국행정학회.

최완규·이수훈. 2001. "김정일 정권의 통일정책: 지속성과 변화." 『통일문제연구』 2001년 상반기호.

통일부. 1999. 『통일부 30년사: 평화·화해·협력의 발자취, 1969-1999』. 통일부 기획관리실.

_____. 1984~2000. 『남북대화』 제23호~제56호. http://dialogue.unikorea.go.kr/data/kdialogue/list?viewCode=53.

통일학술정보센터. 2010. 『남북관계연표 1948년~2009년』. 통일연구원.

허종호. 1975. 『주체사상에 립각한 남조선혁명과 조국통일리론』. 평양: 사회과학출판사.

『김일성저작집』. 평양: 조선로동당출판사.

『동아일보』.

『로동신문』. 평양: 조선로동당출판사.

『조선노동당대회자료집』. 서울: 통일원, 1988.

『중앙일보』.

Bremer, Stuart A. 1992. "Dangerous Dyads: Likelihood of Interstate War, 1816-1965." *The Journal of Conflict Resolution*, Vol.36, No.2.

Coyle, R. 1998. "the practice of system dynamics: Milestones, lesson and ideas from 30 Years of experience." *System Dynamics Review*, Vol.14, No.4.

_____. 1999. "Qualitative Modelling in System Dynamics or what are the wise limits of quantification?" *Proceedings of 1999 Conference of System Dynamics Society*. New Zealand.

Eden, C. 1994. "Cognitive mapping and problem structuring for system dynamics model building." *System Dynamics Review*, 10.

_____. 1998. "Cognitive Mapping." *European Journal of Operational Research*, 36.

Meadows, Donella H. 1980. *The Unavoidable A Priori. Elements of the System Dynamics Method.* Cambridge, MA: The MIT Press.

_____. 2008. *Thinking in Systems: A Primer.* Chelsea, VT: Chelsea Green Publishing Company.

Senge, peter M. 1990. "The leader's New Work: Building Learning Organizations." *Sloan Management Review*, 32.

Wolstenholme, E. F., & R. G. Coyle. 1983. "The development of system dynamics as a methodology for system description and qualitative analysis." *The Journal of the Operational Research Society*, Vol.34, No.7.

Zolberg, Aristide. 1980. "Strategic Interaction and Formation of Modern State: France and England." *International Social Science Journal*, Vol.32, No.4.

http://100.naver.com/100.nhn?docid=520897
http://100.naver.com/100.nhn?docid=724666
http://enc.daum.net/dic100/contents.do?query1=b24h2879a

제**2**부

북핵 문제

제5장

북핵 문제의 기원, 현황, 주요 쟁점:
경로의존성 VS. 대안경로*

신대진 • 성균관대학교

I. 머리말

1993년 북한이 핵확산금지조약(NPT) 탈퇴를 선언함으로써 촉발된 북핵위기는 1994년 북미 간 제네바합의를 계기로 진정 국면으로 들어서는 듯했다. 그러나 1998년 광명성1호 발사, 2006년에서 2017년까지 6차례 핵실험 등의 북한의 도발과 이에 대한 국제사회의 총 9차례 UN대북제재안 채택 등으로 강대강 국면이 반복되고 있다. 2017년의 경우 북한은 SLBM, ICBM급 장거리미사일 시험발사 등을 감행함으로써 한반도에서 위기는 점점 더 고조되는 상황이다. 이에 한미는 전격적으로 남한에 사드(THAAD, 고고도 미사일 방어체계) 배치를 하였으며 미국 항공모함의

---

* 본 글은 신대진, "북한 리더십 위기와 핵·미사일 개발," 『국제관계연구』 제22권 제2호 (2017년 겨울호)에 게재된 원고를 수정한 것입니다.

동해에서 훈련, 미국 본토에서 지상발사용 MD 실험과 B-1B, B-52 등 전략 폭격기의 한반도 전개 훈련 등으로 맞대응하고 있다.

2018년 현재 북핵 문제는 단순히 한반도만의 안보 문제가 아니라 본격적으로 미국이 군사적으로 억제하려는 의지표명과 함께 중국 및 국제사회가 심각하게 받아들이는 형국이다. 북핵 문제는 단순히 북한만의 문제도, 한반도만의 문제도 아니며 동아시아 지역, 세계적 차원의 문제로 발전하고 있다. 그러나 북한의 핵도발에 의해 가장 안보 차원의 위협에 노출된 당사자는 바로 남한과 북한이다. 한반도가 정전체제를 유지하고 있다는 점과 함께 한반도 관련 당사국 간 우발적 사건에 의해서 군사충돌은 쉽게 확전될 수 있는 상황이다. 핵 문제는 미래의 문제가 아니라 현재의 문제이며 가장 중요한 안보과제이다.

이에 본고는 II절에서 북핵 문제의 기원 및 전개과정을 이론적으로 검토하고, III절에서는 앞으로의 북핵 문제 해결을 위한 경로의존성과 복합적 요인들의 상호연결성을 중심으로 연구방법을 제시하고, 이를 바탕으로 IV절에서 사례분석을 통하여 최종적으로 맺음말에서 대안을 도출해 보고자 한다.

II. 이론적 논쟁과 가설

지난 역대정권과 국제사회의 북핵 문제 정책은 결과적으로 실패하였다. 또한 북핵 문제를 연구주제로 삼은 연구결과들도 이에 대하여 일관된 논리를 제시하지 못하고 있다. 기존 연구들은 북한 핵 문제를 대체적으로 대외적 안보환경에 대한 합리적 관점에서 설명하였으나 이는 부분적으로만 설명력을 가진 것으로 보인다. 북한의 대내적 환경에 대한 관점도 존재한다. 그러나 이는 핵 문제의 특성상 대외적 환경을 고려하지 않는다면 이 역시도 부분적으로만 설명력을 가진 것으로 볼 수 있다.

이와 관련하여 기존문헌들을 북한의 핵·미사일 실험의 의도와 분석수준을 고려해 체계적으로 소개한 뒤 부분적 타당성과 한계를 지적하며 최종적으로 본고의 가설을 제시하고자 한다.

1. 협상용: 경제와 안보

핵기술은 일반적으로 두 가지 차원에서 의미를 가진다. 경제적으로 원자력발전 기술로 에너지 문제를 해결하는 수단이다. 군사적으로 핵무기 제조를 위한 기술로서 자강(自强)에 의한 안보 문제를 해결하는 것이다. 핵기술의 이중적 의미는 북한이 핵 문제를 대외적으로 경제적·안보적 협상용으로 개발하는가, 아니면 대외안보환경에 대한 대응용으로 개발하는가의 모호성을 가지도록 하였다.

경제적 협상용으로 보는 시각에서 1993년 촉발된 1차 북핵위기는 에너지 문제로 보며 경수로 제공을 통한 북한의 에너지 문제를 해결하면 북한이 핵능력을 포기할 것으로 기대했다. 이런 시각은 북한이 1993년, 2003년 두 차례의 NPT체제 탈퇴로 촉발된 북핵위기에서 주류를 형성하였다. 다만 2차 북핵위기가 1차 때와 다른 점은 미국에서 북한을 불량국가로 인식하는 부시정부의 등장, 2001년 9·11테러, 2003년 미국의 이라크 전쟁 등으로 북한의 안보환경이 미국으로부터 직접적으로 위협 상황에 놓여 있었다는 점이다. 이 시기에는 북핵 문제가 북미 간 안보적 협상용, 즉 북한의 체제 보장을 위한 안보 보상(평화협정)이라는 관점에서 이해하였으며 실제 이런 관점에서 6자회담이 진행되었다. 이런 협상과정에서도 북미 간 갈등은 지속되었으며 결국 2006년 북한은 1차 핵실험을 강행하였다. 1차 핵실험은 악화된 북미관계라는 관점에서 이해할 만하였다.

그러나 2008년 미국 오바마 정권의 등장에도 불구하고 북한이 2009년 제2차 핵실험을 함으로써 북한의 의도가 안보적 협상용이라는 주장은 더 이상 설득력이 약해지고, 북한의 핵실험이 단순히 대외협상용이라는 시각에 수정이 필요했다.

2. 안보 위기 대응용: 구성주의와 현실주의

안보 차원에서 보면 북한의 핵실험은 상당한 설명력을 가지는 것으로 보인다. 1989년 동유럽 현존 사회주의 국가들의 체제전환, 1991년 구소련의 해체, 1990년 한소국교수립, 1992년 한중국교수립, 1990년대 중반 북한에서 고난의 행군으로 상징화된 경제난 등은 다양한 방식으로 북한에게 안보 차원의 위기를 구성하였다.

1989년 동유럽 사회주의 국가들의 체제전환은 북한이 체제정당성의 위기에 빠지도록 하였다. 이론적으로 보면 구성주의의 존재론적 안보[1]이다. 존재론적 안보 관점에서 북한주민들이 북한의 사회주의 체제에 대하여 만족하고 일상을 그대로 유지하고 싶다면 체제전환을 요구하는 국제사회의 압력은 안보 차원에서 위협으로 구성될 수 있다. 웬트(2009)의 관점에서 북한이 북미관계를 역할정체성 관점에서 본질적으로 적대관계로 받아들이면, 미국과 북한이 직접적으로 일대일로 구성된 안보환경은 매우 위협적 상황으로 인식할 수 있다.

현실주의 관점에서도 1991년 구소련의 해체는 사회주의 세력의 몰락을 의미하며 북한에게는 미국 중심의 일극체제에 대하여 순응해야만 생존할 수 있는 안보환경을 제공한다.[2] 1994년 북미 간 제네바합의, 2001년 9·11테

---

1) 존재론적 안보에 대하여 웬트(2009)에서도 언급되어 있지만 보다 체계적으로 다룬 글은 미첸(Jennifer Mitzen)의 글이다. Jennifer Mitzen, "Ontological Security in World Politics: State Identity and the Security dilemma," *European Journal of International Relations*, Vol.12(3)(2006), pp.341-370.

2) 국제구조 차원의 접근은 손용우가 대표적이다. 그는 고강도 무정부성(anarchy)과 안보딜레마에서 북한이 핵억지력을 선택하였다고 보았다. 손용우, "신현실주의 관점에서 본 북한의 핵정책 고찰(1945-2009)," 『국제정치논총』 제52집 3호(2012), pp.257-286.

러 이후 북한은 그해 11월에 2개의 반테러 협약에 서명을 하였으며 이는 북한이 미국적 질서에 순응하는 듯한 태도를 보인다. 그러나 이 역시 미국 중심의 일극체제가 지속되는 가운데 2006년 이후 지속되고 있는 핵실험에 대하여 설명력을 제공하지 못한다.

능력 분포를 중심으로 한 왈츠의 구조적 현실주의 관점에서 보면 2008년 기점으로 미국의 금융위기로 인해 미국의 상대적 하락, 중국의 상대적 상승은 북한에게는 우호적 안보환경을 제공한다. 이는 적어도 미국 중심의 일극체제는 더 이상 존재할 수 없으며 적어도 다극체제로 전환되고 있음을 의미한다. 또한 2009년 이후 중국은 아시아에서 핵심이익[3]과 함께 공세적 태도를 강화하고 있으며, 2018년 현재 남중국해 전역을 자국의 내해로 보고 군사기지 건설을 국제사회의 우려에도 불구하고 강행하고 있다. 북한의 입장에서 동맹국 중국의 상대적 부상과 미중 간 적대관계의 강화는 비록 자강은 아니지만 동맹을 통한 외적 균형력 제고를 의미한다.

미국의 상대적 약화, 미중 간 갈등관계의 강화는 약소국 북한에게 자유로운 활동공간을 제공한 것으로 볼 수 있다. 이는 김정은 정권이 추가 4차례의 핵실험을 할 수 있는 안보환경을 제공하였다는 점에 대하여 일정 설명력을 갖는다. 그러나 여기에서 근본적인 문제는 국제적 안보환경은 이전보다 개선되었는데 왜 핵능력을 강화하였는가에 대한 답은 없다.

3. 동맹관계: 동맹의존과 자율성, 불확실성

동맹관계를 중심으로 북한의 안보환경을 구성하면 다음과 같다. 냉전시절 북한의 대외 안보전략은 북소동맹, 북중동맹의 관리이다.[4] 탈냉전 이후

---

3) 미국과 중국의 상대적 능력의 경쟁적 관계가 나타나고 중국이 핵심이익을 강조하는 내용은 박용국(연변대학교 교수)의 글에서 잘 나타나 있다. 박용국, "북중관계 재정상화 성격연구: 제2차 북핵실험 이후를 중심으로," 성균관대학교 박사학위논문(2013).
4) 북한이 핵실험을 하는 것은 북중동맹을 관리하기 위한 전략으로 이해하는 대표적 논

한소국교수립과 한중국교수립은 북한에게 기존 동맹관계에서 위기를 의미
한다. 동맹을 통한 균형력 제고를 외적균형으로 본다면 동맹국 중국과 러시
아가 북한의 안보재를 제공할 의지가 있는지에 대하여 의심할 수밖에 없으
며 결국 북한은 자강에 의한 내적 균형력 제고를 위한 전략이 우월전략이
된다. 이런 설명은 1990년대 자강에 의한 안보 문제 해결을 위한 시도로서
북한 핵 문제에 대한 동기를 이해할 수 있게 한다. 또한 2006년 핵실험 이
후 UN에서 중국의 미국에 편승적 태도―미국 중심의 UN제재안에 대한 중
국의 합의―에 따른 불만으로 북한이 2009년 2차 핵실험을 강행한 것에
대해서도 일정 설명력을 갖는다.

또한 북한은 중국에 대한 경제적 의존성과 군사안보적 의존성이 매우
크다. 중국은 삼대세습을 반대하였으며 중국식 개혁개방을 북한이 시행할
것을 원하고 있다. 이는 북한에게는 정권안보 차원에서 위기로 이해될 수 있
다. 미국의 대북강경책 강화는 약소국 북한에게 동맹의 필요성이 커지고 이
는 역으로 동맹의존성 강화와 자국의 자율성 약화를 초래한다.[5] 북한 입장
에서 중국에 대한 동맹의존성을 극복하는 것은 적대관계에 있는 남북관계,
북미관계를 상대적으로 우호적 관계로 개선하거나, 자강에 의해 동맹의존성
을 약화하는 것이다. 북한이 전자의 입장을 취할 수 없다면 후자, 즉 핵실험
을 통해 자강능력을 강화해야만 한다.

북한은 동맹관계의 불확실성에 대한 자강능력 제고는 북한 핵실험에 대
하여 많은 것들을 설명한다. 특히 북한이라는 국가안보보다는 김일성 혈통
의 정권안보 차원에서 보면 더욱 설득력을 가진다. 그러나 여기서 문제는
미사일 및 핵실험은 국내자원의 고갈과 외부자원의 동원 필요성이 커진 북
한의 현실을 고려하면 20년 넘게 고립을 자초하는 핵·미사일정책을 이해하

자는 최명해이다. 최명해, 『중국북한동맹관계』(서울: 도서출판 오름, 2009).
5) 자국과 동맹국의 관계, 자국과 적대국과의 관계를 체계적으로 정리한 글은 글렌 스나
이더이다. 그는 동맹게임과 적대게임을 체계적으로 이해할 수 있는 모델을 제시하였다.
Glenn H. Snyder, "The Security Dilemma in Alliance Politics," *World Politics*,
Vol.36, No.4(1984), pp.461-495.

는 데는 부족하다. 국내적으로 북한 대중들에게 핵·미사일이 정권안보를
위해서 어떻게 구성되고 있는지, 즉 핵·미사일의 국내정치성을 이해할 필
요가 있다.

4. 핵·미사일의 국내정치성: 희생양, 이데올로기 응집성, 지배연합 모델

안보정책과 관련해서 국내정치성을 강조하는 모델 중 북핵 문제와 관련
된 세 방법을 소개하고자 한다. 가장 고전적 논리로서 '희생양모델'이며, 최
근 논의에서 '이데올로기적 응집성'을 강조하는 스웰러, 메스키타의 '승리연
합'모델이다.

희생양모델은 가장 고전적으로 국내적으로 정치적 위기와 관련하여 불
만의 시선을 외부로 전환하기 위해서 갈등관계에 있었던 외부의 적에 대하
여 충돌을 일으키는 것이다. 북한의 지배담론은 제국주의의 위협을 강조하
며 현재 주적은 미 제국주의이다. 따라서 미국과의 충돌―핵실험―은 북
한 국내의 불만을 외부로 돌리기에 충분하다. 북한의 경제적 빈곤의 지속은
북한주민에게 김정일과 김정은의 세습 정권의 정치적 정당성에 대하여 의구
심을 가지도록 할 것이다. 따라서 국내의 불만을 외부로 돌리기 위한 핵실
험과 미국의 공세적 압박으로 이어지는 강대강의 충돌은 매우 효과적 전략
으로 볼 수 있다.

그러나 잭 레비[6]의 지적대로 대외적 충돌(희생양)은 반드시 주민들에게
관심을 외부로 돌리는 것이 아니며, 더욱이 희생양 모델을 북한 사례에 적
용하기 어려운 이유는 핵실험으로 국내적 불만의 원인―경제난―이 해소
되지 않는다는 점이다. 오히려 핵실험은 대외적으로 동원가능한 자원을 차
단하는 역할을 한다는 점에서 모순관계에 놓여 있다. 물론 북한 정권에게는

---

6) Jack S. Levy, "The diversionary theory of war: A critique," *Handbook of War
   Studies* (Boston, 1989), pp. 259-288.

제국주의 경제봉쇄가 북한의 경제난의 근본원인이라고 자기합리화의 근거를 제시할 수는 있다. 그렇다고 해도 경제난이 해소되지 않는다면 언제까지 북한주민이 북한 정권의 정치적 정당성에 대하여 의구심을 가지 않을 것인가에 대하여 의문을 들게 만든다.

스웰러7)는 대외적으로 위협이 존재하고 대내적으로 위협을 인식하고 있는 상황에서 객관적으로 보았을 때 정상적인 균형전략을 취할 수 있지만 국내적으로 '이데올로기적 응집성'이 높으면 정상보다 과도한 균형전략을 채택하게 되며 '이데올로기적 응집성'이 낮으면 정상보다 과소한 균형전략을 채택할 것이라고 보았다. 물론 이외 사회적 균열, 정부취약성도 과대/과소 균형전략 채택의 원인이지만 가장 중요한 요인으로서 이데올로기적 응집성으로 보았다. 얼핏 보면 북한은 주체사상, 선군사상 등으로 단일한 이데올로기로 사회가 구성되어 있기 때문에 안보 관련 매 상황에서 과도한 균형전략을 선택하는 것은 당연한 것으로 볼 수 있다. 문제는 스웰러의 가장 강력한 요인인 '이데올리기적 응집성'이 북한사회에서 왜 높은지에 대한 설명이 없다면 이는 제한된 설명력만 가지게 될 것이다. 즉 탈냉전 이후 체제정당성 위기, 김정은 정권 초기 장성택과 그 외 세력 간 개혁개방과 관련된 노선투쟁 등이 실제하였다는 점에서 이데올로기적 응집성이 높다는 것은 선험적 태도에 불과하다.

메스키타의 '지배연합' 모델8)은 독재자가 권력을 장악 및 유지하기 위해서 최소한의 지배권력의 연합이 필요하며 독재자는 '지배연합'에 들어온 엘리트들에게 보상을 해주어야만 한다. 김정일, 김정은 정권의 최소 '지배연합'은 중앙당과 국방부문 당과 군 엘리트이다. 따라서 김정일, 김정은 정권

---

7) Randall L. Schweller, *Unanswered Threats: Political Constraints on the Balance of Power* (Princeton University Press, 2006).

8) 메스키타의 지배연합 모델을 북한 핵 문제에 연결한 글은 김재한과 박영자 등 다수 있다. 김재한, "부에노 데 메스키타의 북한문제 분석: 세계정치론을 중심으로," 『통일문제연구』 제27권 1호(2015), pp.299-319; 박영자, "김정은 체제의 통치행위와 지배연합," 『국방연구』 제56권 제2호(2013), pp.71-96.

모두 지배연합에 대한 보상을 위해서 정책으로 국방부문에 대한 자원을 우선 배분해야 하고 이는 대외적으로 핵·미사일 실험으로 나타난다. 이런 메스키타의 논리는 중국 사례에서도 엿볼 수 있는 바, 보수강경파 세력은 한 축인 군에 대하여 개혁개방을 설득하는 과정에서 군의 우선적인 자원배분 약속이 중요한 요인이었다는 점에서 타당성을 가진다. 그러나 중국과 북한 사례의 차이는 중국은 개혁개방의 원인도, 개혁개방을 지속할 수 있었던 이유도 인민경제와 연관되어 있다. 즉 북한 사례에서 경제적 빈곤이 지속되는 상황과 핵정책과 경제개선을 위한 외부자원 동원 간 모순은 주민들의 저항을 불러올 수 있다는 점이다. 과연 북한 정권이 지배엘리트(고위 당군간부)만을 대상으로 한 보상체계가 지속될 수 있는가의 의문은 남게 된다.

위 세 가지 핵·미사일 실험 등으로 대외적 강경책을 고수하는 북한 사례에 대하여 국내정치성을 중심으로 시도한 설명력도 역시 제한적이다. 각각의 한계는 북한주민들이 왜 국내불만을 외부로 돌리는지, 선군사상을 왜 받아들이는지, 지배엘리트들만의 보상구조에 대하여 불만을 가지지 않는지에 대한 설명하려고 시도하지 않는다는 점이다. 공통적으로 독재정부가 단기간 동안 주민들에게 대해서 경제빈곤 문제에 대해서 방기할 수 있지만 20년 이상 방기하고 있다면 합리적 정책결정으로 볼 수 있을까.

북핵 문제와 관련하여 한국과 미국을 중심으로 한 관련국 및 국제사회의 보상과 처벌에도 불구하고 북한은 일관되게 핵실험을 지속하고 있다. 북한을 합목적적으로 행위하는 합리적 행위자로 이해한다면 보다 일관된 분석틀을 제시할 필요가 있으며, 지금까지의 논의들이 부분적으로만 설명력을 가진다면 분석틀이 가진 부분적 설명력들을 고려한 보다 종합적인 분석틀이 필요하다.

이런 관점에서 가설은 다음과 같다. 첫째, 북한 사례에서 최고지도자가 가장 중요한 정치적 행위자이다. 둘째, 이 행위자가 대외적, 대내적 복합적 요인들로 구성된 외부환경에 적응하는 과정에서 제한된 합리성으로 일관되게 대응하였다. 셋째, 이런 행위로 인해 핵·미사일 의존적 경로가 형성되었다. 이런 핵·미사일 경로의 의존성을 이해하기 위해서 행위자 관점에서 핵·미사일이 가지는 의미(가치)들이 어떻게 구성되어 있으며 각각의 가치들이 어떻게 상호연결되어 있는지를 이해할 때 과거에 대한 설명과 미래에 대한 경향적 예측이 가능할 것이다. 이런 상호연결성의 관점에서 북한 정권들에게 핵·미사일 실험이 왜 합리적 선택이었는지에 대하여 설명하고자 한다.

III. 경론의존성과 복합적 요인

1. 경로의존성: 합리적 요인과 심리적 요인

경로의존성이 형성되는 과정을 단계별로 보면 진입단계, 고착화단계, 경로의존적 단계로 3단계로 볼 수 있으며[9] 진입단계는 새로운 환경에 다양한 경로들이 존재하는 단계로 볼 수 있다. 여기서 진입단계에서 고착화단계로 넘어가는 과정에 전환국면 I이 필요하다. 전환국면 I을 통과해서 고착화단계로 넘어가면 다양한 경쟁경로들 중에서 주요 소수 경로들만이 대안으로 남게 된다. 이후 고착화단계에서 경로의존적 단계로 넘어가는 과정에 전환국면 II가 필요하다. 고착화단계에서 전환국면 II(Lock-in)로 가는 과정에서 한두 개 정도의 대안경로만 남게 되고 최종적으로 Lock-in국면이 지나가면 하나의 경로가 지배적이 된다.

---

9) 본고는 시도우 등(Jörg Sydow, Georg Schreyögg, Jochen Koch)이 제시한 Critical Juncture와 Lock-in이라는 두 임계점을 지나 세 국면을 제시한다. 이를 받아들여 본고도 이 두 임계점을 전환국면으로 번역하고 두 전환국면을 기준으로 세 개의 단계로 설정하여 진입단계, 고착화단계, 경로의존적 단계로 정의하고자 한다. Jörg Sydow, Georg Schreyögg and Jochen Koch, "ORGANIZATIONAL PATH DEPENDENCE: OPENING THE BLACK BOX," *Academy of Management Review*, Vol.34, No. 4(2009), pp.1-21.

그렇다면 경로의존성이 재생산되는 과정에 대한 두 가지 조건을 정리하면 다음과 같다. 첫째, 하나의 경로의존적 행위를 하였을 때 행위결과로부터 긍정적 환류(positive feedback)를 받아야 한다. 즉 행위결과에 대하여 만족하지 못한다면 다음에 동일한 경로를 선택하지 않을 것이기 때문이다. 물론 여기서 합리성 가설을 만족하지 못할 수도 있다. 다른 경로가 더욱 합리적일 수도 있다. 그러나 개인적으로는 익숙해진 경로, 사회적으로는 하나의 경로와 연결된 생태계가 형성된 경우 대안경로가 더 합리적이라고 하더라도 이미 선택된 경로를 다시 선택한다. 그러나 선택된 기존 경로는 대안경로와 잠정적으로 경쟁적이다. 이와 관련하여 둘째, 대안경로로 가지 못하는 이유는 합리적 관점에서 전환비용이 크기 때문이다. 합리적 관점에서 기존 경로이익 A, 대안경로 이익 B, 전환비용 C라고 가정하면 다음과 같이 상황 3가지로 분류된다.

상황1: A-B > 0 이면 강한 경로의존성
상황2: A-B < 0 이고 A-B+C > 0 이면 경로 A와 경로 B: 잠재적 경쟁관계
상황3: A-B < 0 이고 A-B+C < 0 이면 새로운 경로로 진입

상황1은 이미 만들어진 경로가 잠재적 대안경로와 경쟁적이지만 기존 경로A가 더 합리적이므로 갈등이 존재할 이유가 없다. 상황2는 기존경로 A가 잠재적 대안경로 B보다 비합리적이지만 개인적, 사회적 이유로 인해 장애물인 전환비용이 매우 커서 기존경로 A가 경로의존적으로 재선택되는 경우이다. 문제는 상황2와 상황3의 차이는 전환비용의 크기이다. 그렇다면 객관적으로 B-A > C이면 대안경로로 넘어가는가. 이 물음에는 그럴 수도 아닐 수도 있다.

이와 관련하여 심리적 요인을 정리하면 다음과 같다. 첫째, 상황3 B-A > C가 제3자의 입장에서는 보일 수 있으나 경로A를 선택한 사람들은 대안경로B가 잘 인지되지 않는다는 것이다. 이는 페스팅거의 '인지적 부조화' 모

델10)에서 설명가능하다. 자신의 선택(경로A)과 경쟁적인 선택(경로B)에 대한 정보노출에 대하여 심리적으로 꺼리는 경향이 있다. 따라서 사람들은 선택적 정보노출에 따라 경로A에 친화적인 정보에 노출되며 제3자의 정보판단과 다르게 인지결과를 가지게 될 것이다. 즉 경로B에 대한 충분한 정보를 가지지 않을 것이다.

둘째, 경로A와 관련된 인지태도, 정서태도가 형성되어 있기 때문에 이런 심리태도가 사회적으로 구성되어 있다면 사회적 관성에 의해서 심리태도는 지속되려는 경향이 있다. 이런 심리태도는 사회적 경로B에 대한 저항이 존재하기 때문에 강한 경로의존성을 가진다. 즉 북한이라는 집합적 행위자는 국내사회에서 개인들에 대한 강한 구성효과를 가지기 때문에 경로A는 강한 경로의존성을 가진다.

결론적으로 상황3 B-A 〉 C에서도 개인적, 사회적 심리적 관성효과에 의해서 제3자의 상황판단과 다르게 전개될 수 있다. 결과적으로 행위자가 경로선택을 통해 긍정적 환류가 필요하다는 점에서 행위자의 동기와 외부환경에 대한 이해가 필요하다.

2. 행위자 동기: 정치적 목적

행위자는 행위 이전에 행위의 결과에 대한 기대를 가지고 있다. 행위 결과에 만족한다는 것은 다음에도 동일한 행위를 반복할 가능성이 커지며, 불만족한다면 다음에는 다른 선택적 대안을 찾을 것이다. 따라서 행위의 반복은 이전 행위의 만족을 전제로 한다. 따라서 정책의 반복으로 하나의 경로가 형성되었다는 것은 행위자 입장에서 경로의 만족스러운 경험을 바탕으로 한다. 만족은 행위 동기를 전제로 한다.

---

10) Leon Festinger, *A Theory of Cognitive Dissonance* (Stanford: Stanford University Press, 1957).

북한이 반복적으로 핵·미사일 실험을 한다는 것은 하나의 경로가 안정적으로 형성되었다는 것을 의미하며, 이는 이전의 행위에 대하여 만족스러운 결과를 얻었다는 것을 의미한다. 그렇다면 북한이라는 행위자의 정치적 동기를 이해하는 것이 중요하다. 일반적으로 국제관계에서는 이와 관련하여 안보개념의 확장을 통해서 다양한 정치적 동기를 구성하였다.

핵은 경제적 관점에서 에너지 문제, 군사적 관점에서 내적 균형력 제고와 동맹으로부터의 자율성 제고, 상징적 관점에서 체제 및 정권 정당성의 의미를 가지고 있다. 실제 북핵 문제 전개과정에서 김일성 시기 경제중심, 김정일 시기 사상중심(선군사상의 상징적 의미), 김정은 시기 군사중심의 주된 의미를 가진다고 볼 수 있다. 북한의 핵 문제가 하나의 단일한 이론적 배경에서 이해되는 것은 지금까지 한계가 명확했다. 따라서 복합적 요인들이 어떻게 상호연결된 방식으로 북핵 문제가 전개되어 왔는지를 이해하기 위해서 논의전개가 다소 복잡하더라도 현실 설명력 제고를 위해서 다양한 안보개념을 가져올 필요가 있다.

이를 위해서 본고에서는 군사안보, 경제안보, 관념안보를 모두 종합적으로 보고자 한다. 첫째, 군사안보는 전통적으로 자강에 의한 내적 균형력 제고와 동맹을 통한 외적 균형력 제고로 볼 수 있다. 내적 균형력 제고는 약소국의 입장에서는 제한된 의미만을 가진다. 즉 동맹을 통한 외적 균형력 제고가 필요하다. 문제는 동맹의존성이 증가할수록 약소국은 동맹국의 정치적 입장을 고려해야만 한다는 점이다. 동맹의존성은 두 가지 관점에서 중요하다. 동맹에 대한 군사적 의존과 경제적 의존이 그것이다. 전자는 자국의 안보를 위해서 자강능력 이외에 동맹의 군사적 필요성이 어느 정도로 커지는가에 따라 달라진다. 이와 관련하여 북한은 전통적으로 중국과 소련 사이에서 등거리외교를 한 것으로 유명하다. 즉 군사 안보 차원의 중국에 대한 동맹의존성은 대체제라는 소련이라는 동맹관계가 있다는 측면에서 상대적으로 안정적이었다. 후자는 경제교역 규모에서 대략 20% 이상 특정 국가에 의존한다면 경제적 민감성과 취약성에 의해서 약소국이 강대국에 정치·군사적 안보 측면에서 양보를 가질 수 있다는 점이다.

둘째, 정권안보이다. 북한이 중국과 소련으로부터 간섭을 받을 수 있으며 이는 1990년 이후 중국식 개혁개방의 요구와 삼대세습 과정에서의 반대 등의 문제와 직결된다. 북한은 1956년 종파투쟁 이후 중국과 소련이라는 동맹관계에서 자주성 테제를 가장 중요한 가치로 보았다는 점과 이는 북한에서 권력세습과정에서 삼대세습을 반대한다는 측면에서 보면 백두혈통 정권의 위기로 볼 수 있다. 즉 동맹의존성은 곧 국가 자율성의 문제, 구체적으로 북한 정권안보 차원의 위기로 이어진다.

북한 체제의 특성상 김일성-김정일-김정은으로 이어지는 최고지도자는 일인지배 권력구조를 재생산하는 것이며 이는 정권안보와 유사하지만 차이가 존재한다. 일인지배를 강화하는 원천이 최고지도자가 대중으로부터 지지를 확보하는 것이며 이것이 북한 권력구조의 속성을 보여준다. 이는 사회주의 체제에 있어 최고지도자의 위기는 주로 권력이 넘어가는 과정에서 발생하기 때문에 이 과정에 대한 관리가 중요하다.

셋째, 관념안보이다. 이는 체제정당성 위기로 직결된다. 동유럽 현존 사회주의 국가들이 1989년 이후 자본주의 체제로 전환되면서 북한 체제의 정당성 위기가 발생한다. 이는 전통적 군사안보와는 거리가 있는 관념적 안보 위기이다. 북한 관점에서 체제정당성은 두 가지 차원에서 고려되어야 한다. 한 가지는, 국내 차원에서 북한주민으로부터의 체제정당성을 인정받아야 한다. 두 번째는, 남북 간 체제경쟁국이 존재한다는 점에서 북한주민으로부터 남한 체제를 대안으로 보는 인식을 억제해야 한다. 물론 전자가 체제정당성의 주요인이 되며 후자는 부요인이 된다. 즉 체제만족도가 높다면 남북 간 체제경쟁은 별의미가 없어지며 체제불만족이 높아지면 그때 남한 체제를 대안으로 보려는 관점에서 체제정당성 위기가 가속화될 것이기 때문이다.

3. 외부환경: 대내요인 및 대외요인

대외정책은 기본적으로 두 가지 수준에서 이해되어야 한다. 모든 정치

적 선택에 의해서 결정된 정책들은 국내적으로 지지를 받거나 최소한 국민
들에게 소극적 태도에서나마 동의를 구해야만 한다. 이는 곧 모든 정부의
정치적 정당성과 연결된다. 다른 하나는 정책의 의도가 어떤 문제를 해결하
기 위한 정치적 선택이었는지를 이해해야 하며 정책의 후과(aftereffect)도
이해해야만 한다. 저비느 관점에서는 전자는 행위(정책)의 직접적 효과이며
후자는 행위(정책)의 간접적 효과와 의도하지 않은 효과이다. 더욱이 핵 문
제는 국제사회 및 관련국으로부터 강한 피드백을 받기 때문에 정치적 후과
는 더욱 중요하다.

탈냉전 이후 북한에서 가장 중요한 대내 요인은 체제정당성인 바, 최고
지도자 리더십 위기의 근저에 경제난이 있다. 가장 중요한 요인은 대내외적
경제적 요인이다. 또한 직접적으로는 최고지도자 리더십 위기와 최고지도자
의 건강이 중요하다. 북한의 핵·미사일 문제와 관련하여 김일성, 김정일,
김정은 시기의 상황의 차이, 특히 기술 발전의 차이에 따라 핵·미사일의 가
치가 달라진다는 점에서 복합적 상황요인들을 구체적으로 이해할 필요가 있
다. 또한 문화적 관점에서 핵·미사일의 관념적 구성도 중요하다. 지배담론
에 의해서 핵·미사일이 사회화되어 있다면 객관적 의미 이외에 사회적으로
구성된 관념구조와 그 의미들이 중요한 역할을 한다. 즉, 핵·미사일의 군사
안보 이외에 사회적으로 복합적 의미, 즉 가치로 구성되어 있다면 이에 대
한 이해도 중요하다.[11]

대외환경은 국제구조 차원에서 극성 또는 능력의 분포, 주요 강대국 간
의 상대적 능력의 변화가 일차적으로 중요하다. 보다 중범위 수준에서는 동
맹-적대관계가 중요하다. 권력세습과정에 동맹국의 간섭을 배제하기 위한
동맹 의존과 자율성의 문제도 중요하다.

---

11) 북한의 핵·미사일이 지배담론에 의해서 어떻게 구성되어 있는지에 대해서는 신대진
(2014; 2017)을 참조할 것. 신대진, "권력의 자기합리화 전략으로서 지배담론 분석:
김정일 시기를 중심으로," 『통일문제연구』 제26권 1호(2014), pp.133-159; 신대진,
"김정일 시기 대외정책의 국내정치성: 사회적 강제, 자유활동공간, 순응적 태도," 『통
일문제연구』 상반기 제29권 1호(2017), pp.129-160.

II절에서 대외적 안보환경의 관점에서 경제적 대외협상용, 군사적 비대칭 전력을 통한 억지력 제고, 북미관계에서 안보적 차원의 대응 등 합리적 계산에 의한 논리만을 제시하였다. 그러나 III절에서 북한의 핵무력 증진을 위한 노력들은 대내적 요인, 특히 핵무장이 북한사회 내에서 어떤 가치를 가지고 있는지, 안보외적 가치들과의 의미연결망이 어떻게 구성되어 있는지 등에 대하여 사회심리학적 관점에서 북한의 합리적 계산을 재구성함으로써 북한 핵 문제에 대한 현실성명력을 제고할 수 있음을 지적하였다. 따라서 IV절에서는 이런 분석 요인들을 고려하여 북한 사례를 분석하고자 한다.

IV. 사례분석: 핵·미사일 선군경로

1. 김일성 시기, 1956~1993: 진입 과정

최고지도자의 관점에서 정치적 동기는 일차적으로 정치적 정당성 제고를 통한 자신의 리더십을 안정적으로 관리하는 것이다. 리더십을 관리하기 위한 수단으로 국가안보, 정권안보, 관념안보를 적절하게 이용해야 한다. 이와 관련된 외부환경은 대외, 대내 요인이 복합적으로 구성되어 있다고 보았다. 또한 핵과 미사일기술도 이중적인 의미를 가진다. 핵은 원자력 발전기술과 핵무기기술로서 이중적 가치를 가진다. 미사일은 장거리발사체 기술로 우주개발기술과 중·장거리 미사일기술로서 이중적 가치를 가진다. 복합적 외부환경과 핵·미사일의 이중적 가치를 바탕으로 최고지도자가 어떻게 자신의 정치적 목적에 부합하게 전략적으로 행동하였는지를 살펴보고자 한다.

김일성은 1956년 종파투쟁에서 시작한 숙청이 1967년 갑산파 숙청으로 1970년 당대회, 1972년 최고인민회의 헌법개정을 통해 일인지배체제가 형성 및 제도화되었다. 또한 대외적으로 소련과 미국 간 양극체제, 북소동맹 및 북중동맹을 통해 국가안보, 체제경쟁 차원에서 사회주의 체제를 중심으로 일상의 안정적 재생산으로 관념안보 등 안보적으로 볼 때 안보요인은 상대적으로 위협적이지 않았다고 볼 수 있다.

그러나 김일성 시기는 에너지 및 국가 안보를 강화하기 위하여 세 가지 기술에 대한 투자를 한다. 첫째, 원자력기술의 도입이다. 1956년 북한은 소련과 원자력 평화적 이용에 관한 협정을 체결함으로써 핵기술 도입을 위한 협력관계를 시작한다. 1985년에 소련과 440MW급 4기 원자력발전소 협력 협정은 체결하였으나 구소련의 해체로 실현되지는 못했다. 다만 북한은 영변에 5MW 원자로 건설 및 가동으로 연구 차원의 원자력기술은 도입하였다. 둘째, 핵무기기술이다. 1980년대 고폭실험을 수십 차례 실시하였다. 고폭실험은 핵무기기술 개발로 볼 수 있다. 셋째, 미사일기술의 진보이다. 1984년 스커드B형, 1986년 스커드C형, 1993년 노동미사일 실험 등 미사일 관련 기술을 지속적으로 발전시켰다.

이런 상황에서 제1차 북핵위기는 사회주의권 붕괴에 따른 에너지 수급 문제가 직접적인 북한 경제에 타격을 주면서 북한의 핵 문제는 원자력발전이 일차적으로 보는 경향이 있었다. 1994년 제네바에서 북미 간 합의는 이런 관점에서 매우 합리적이었다.

김일성 시기 대내·외 안보환경은 상대적으로 안정적이었으며 탈냉전 이후 위기상황에서는 미국적 질서에 편승하는 듯한 태도와 함께 실리외교를 구사한 것으로 볼 수 있다. 이 시기는 핵·미사일 선군경로는 다양한 경로 중의 하나로 보는 것이 제3자의 입장에서는 타당하다.

2. 김정일 시기, 1991~2011: 고착화 과정

김정일 시기는 핵·미사일 선군경로가 리더십을 관리하기 위한 다양한 대안경로 중에서 유일한 대안경로로 가는 고착화 과정으로 보는 것이 타당하다. 이런 고착화 과정은 김정일 리더십의 형성기, 강화기, 포스트 김정일 리더십 위기 등 최고지도자의 정치적 목적과 연결해서 3시기로 구별해서 볼 필요가 있다.

1) 리더십 형성기: 1991∼1998

동유럽사회주의 몰락은 북한에게 체제정당성 위기에 직면하도록 한다. 이런 위기에 대응하여 김일성은 헌법권력에 의한 권력세습을 준비하였다. 김정일이 1990년 국방위원회의 제1부위원장이 되면서 본격적으로 헌법기관의 권력, 특히 국방부문의 권력을 중심으로 이양받기 시작한다. 또한 바로 1991년 김정일은 최고사령관으로서 등극한다. 본고는 최고사령관으로 권력 이양이 본격화된 것으로 평가한다. 그러나 본격적인 안보 위기는 1991년 구소련의 해체에 기인한 것으로 볼 수 있다. 양극체제에서 사회주의권의 붕괴로 미국 중심의 일극체제로 전환되는 과정이며 이는 북한에게도 매우 중요하다. 특히 1990년 한·소 국교정상화, 1992년 한·중 국교정상화는 북한이 미국 중심의 세계에 고립되는 상황에 놓이게 된다. 또한 1990년대 중반 '고난의 행군'으로 상징화된 경제난이다. 이는 북한 정권 위기, 최고지도자 리더십 위기와 바로 직결된다. 이런 복합적 위기 상황에서 김정일은 헌법기관에 의한 국가 차원의 리더십을 형성할 필요가 있었으며 그에 따른 비전과 정치적 성과를 이룩하는 것이 필요했다고 볼 수 있다.

이런 가운데 제1차 북핵위기와 관련해서 1994년 제네바합의는 미국 중심의 일극체제에 순응하는 모습을 보이지만 리더십 위기 관점에서 보면 북한 대중들에 각인된 제국주의 원흉인 미국에 대한 결연한 의지가 필요했다. 북한이 선택할 수 있었던 것은 국제적으로 허용가능한 것이 바로 미사일 실험이다. 김정일 최고사령관의 명령에 따라 1993년 노동미사일을 발사하였으며 최고지도자 국방위원장의 지시에 따라 1998년 광명성 1호를 발사하였다.

노동미사일은 국가안보에 대한 직접적인 대응으로 볼 수 있지만 광명성 발사는 국가안보, 정권안보, 관념안보 세 가지 의미를 동시에 가진 것으로 볼 수 있다. 로케트 발사 자체가 중·장거리미사일기술의 확보를 의미하지만, 또한 강성대국론이란 후계자 김정일의 새로운 비전과 직결된다. 이는 김정일식의 정치와 현상타파를 위한 비전이다. 여기서 강성대국론은 사상, 군사, 경제강국으로 구성되어 있다. 사상은 대중들에게 북한식 사회주의—우리식 사회주의—의 일상을 좋음의 대상으로 구성할 수 있다는 점에서 일차적으로 중요하며 이는 관념안보와 직결된다. 군사강국은 미사일기술을 중심으로 한 국가안보와 직결되며, 사상 및 경제 강국은 김정일 리더십을 상징적으로, 물질적으로 담보한다는 차원에서 직결된다. 이러한 세 가지 안보를 김정일은 광명성이라는 상징작용을 통하여 해결하고자 한 것이다.

여기서 핵·미사일 선군령로는 아직은 군사적, 경제적 관점에서 중요한 대안경로 중 하나로 볼 수 있다. 미국 중심의 일극체제에서 북한은 편승적 태도를 가져야 하며 이는 1998년 미사일회담으로 이어진다. 미국에 편승하느냐 균형하느냐는 북한의 결단에 달려 있지만 대외환경은 약소국에게 편승을 우월전략으로 선택을 강요한다. 또한 북한의 국내적 경제상황은 외국으로부터 지원이 필요한 상황이기에 균형전략은 선택될 수 있는 환경이 아니었다. 1998년은 핵·미사일 선군경로가 진입과정에서 고착화과정으로 넘어가는 전환국면I로 볼 수 있다. 장거리 발사체의 실험 및 군사강국을 강조하는 강성대국론이라는 비전 천명은 핵·미사일 선군경로가 중요한 경로임을 내포하기 때문이다.

2) 리더십 강화기: 1998~2008

김정일은 1998년 국방위원장으로 헌법기관에 의한 국가 최고지도자로서 등극함으로써 정치적 정당성을 재생산 및 강화하는 정치적 위기에 직면하게 된다. 김일성 시기보다 경제적 자원의 부족—자원제약성—한 상황에서 안보 문제뿐만 아니라 경제 문제도 해결해야 한다. 적어도 사회주의권의 몰락에도 불구하고 1994~1998년 유훈통치 기관에 체제정당성에 대하여 '우리식 사회주의', '강성대국론'이란 사상과 비전을 제시함으로써 관념 차원에서 대응전략이 적절하였다면 이제는 물질 차원에서 대중에게 리더십을 인정받을 수 있어야만 한다.

이 시기는 중국의 경제성장에 따른 상대적 부상, 강한 러시아를 추구하는 푸틴의 등장과 함께 북중동맹과 북러동맹이 재강화되는 시기이기도 하다. 국제구조의 관점과 동맹차원의 안보관점에서 상대적으로 북한이 운신의 폭이 넓어진 상황을 제공한다. 즉 미국 중심의 일극체제가 상대적으로 약화되었기 때문이다. 또한 남북관계에서 김대중 정부 등장과 함께 2000년 남북정상회담을 통해서 경제적으로도 원조에 의존하기는 하지만 다소 호전되는 시기이기도 했다.

문제는 2001년 부시 정부의 등장, 9·11테러 등으로 북미 간 적대관계에서는 매우 악화된 상황에 놓이게 된다. 2003년 미국의 이라크 침공은 북한의 입장에서는 미국을 신뢰할 수 없도록 하였다. 미국은 일극적 질서 속에서 힘의 우위를 바탕으로 독단적으로 국제정치를 결정할 수 있었던 시기였다. 북한의 입장에서 동맹관계의 우호적 환경, 적대관계에서의 강경한 태도에 대한 명분의 제공은 곧 중장거리미사일 실험 및 핵실험을 할 수 있는 대외환경을 제공하였다. 이는 북한의 국내상황에서도 2001년 7.1조치라는 경제분야의 개혁조치의 실패에 따른 대내불만요인을 외부로 돌리는 효과를 가진다는 점에서 2006년 핵·미사일 실험은 최고지도자 리더십 및 정권안보의 입장에서 합리적 선택으로 볼 수 있겠다. 그러나 당시 핵실험의 파괴력은 미약해서 핵무기기술의 보유국으로 인정받지 못하는 상황이었다. 따라서 핵무기기술을 보유하지 않은 상황에서 핵·미사일 선군경로가 유일한 경로로 발전한 것으로 보기 어렵다. 이는 김정일이 대내외적 환경을 고려한 현상 타개책으로 보는 것이 타당하다.

3) 포스트 김정일 리더십 위기: 2009~2011

2008년 김정일의 건강악화는 바로 최고지도자 리더십의 공백 또는 혈통 중심의 권력세습 등으로 구성된 포스트 김정일 체제의 위기를 의미한다. 또한 2008년 미국의 서브프라임모기지 시장의 위기로 촉발된 미국과 중국 간의 경쟁관계는 표면화되기 시작했다. 중국은 새로운 국제질서를 형성하기 위한 목소리를 높이기 시작했다. 브릭스 정상회담은 2009년부터 매년 개최하기 시작했다.

　북한의 입장에서 미중 간 경쟁은 매우 우호적 안보환경을 제공한다. 중국이 동맹국 북한에 대한 안보적 필요성은 이전보다 커질 것이며 이는 북한이 중국에 대한 협상력을 제고할 수 있기 때문이다. 다른 측면에서 북미 간 갈등관계에서 중국은 북한의 입장을 배려할 수밖에 없는 조건이 형성된 것이다. 북한의 국내환경은 포스트김정일 체제를 구축하기 위해 권력세습을 준비한다. 이는 제도적으로 엘리트 계층에서 충성을 유도하는 방식과 비제도적으로 대중으로부터 충성을 유도하는 방식이 존재한다. 2010년 당대표자회를 통해서 김정은이 당중앙군사위원회 부위원장 직함을 받으면서 제도적인 안전장치는 마련되었다. 문제는 짧은 기간 내에 후계자 김정은이 대중으로부터 인정받는 것이다. 더욱이 혈통중심의 세습에 대한 심리적 저항을 해소해야만 했다. 이와 연결된 상황은 김일성에서 김정일로 이어지는 혈통중심의 세습에 따른 학습효과를 대중들이 가지고 있다는 점이다. 즉 김정일의 승리의 역사는 곧 백두혈통의 승리의 역사로 사회적으로 구성되어야 하며 이는 김정일에게 위기이다. 경제적으로나, 안보적으로나 눈에 보이는 성과는 나지 않았기 때문이다. 따라서 김정일에게 경제적 자원제약성이라는 조건에서 안보적 차원의 승리의 역사를 구성할 필요가 있으며 이는 대외환경을 고려하여 2009년 광명성 2호와 2차 핵실험으로 나타난다.

　광명성2와 CNC로 대표되는 첨단돌파전의 상징전략은 경제강국 건설을 담보할 수 있는 과학기술강국으로서 김정일의 승리이며, 2차 핵실험으로서 대내외적으로 군사강국으로서 위상을 제고할 수 있기 때문이다. 이는 2012년 강성대국 건설의 목표시한이 얼마 남지 않은 상황에서 김정일의 승리의 역사를 구성하기 위한 전략이다. 적어도 2차 핵실험은 초보적이라지만 핵무기급이라는 것을 인정받았다. 따라서 기술확보와 함께 경제적 자원제약성을 고려한다면 북한이 최고지도자의 리더십을 강화하기 수단은 경제보다는 안보라고 볼 수 있다. 따라서 2009년 핵실험은 핵·미사일 선군경로가 고착화 과정을 넘어선 전환국면 II(Lock-in)로 볼 수 있다. 이후는 안보, 경제를 중심으로 한 외부환경요인이 커다란 변화가 오지 않는다면 최고지도자 리더십 위기와 관련하여 경로의존적으로 핵·미사일 실험이 반복될 것이라는 예측이 가능해진다.

3. 김정은 시기 2012~현재: 경로의존적 vs. 새로운 국면

1) 리더십 형성기: 2012~2015

중국은 북한에 대해 권력의 3대 세습에 대한 거부감, 북한의 중국식 개혁개방에 대한 선호 등의 관점을 가지고 있었다. 김정은 정권이 들어서서는 장성택을 통한 개혁개방의 길을 유도하려고 하였다. 또한 북한 핵 문제에 대한 국제사회의 보조를 일정 정도 맞추고 있는 상황이었다. 이를 북한의 관점에서 보면 가장 중요한 동맹국으로부터 국내 정치에 대한 간섭으로 이해할수 있다.

일반적으로 약소국은 경제적으로나, 안보적으로 강대국에 대하여 의존성이 높으면 그에 따른 정치적 양보를 할 수밖에 없다. 즉 동맹이 필요한만큼 자율성은 훼손되는 구조에 노출된다. 따라서 대내적·정치적 정당성이 취약한 김정은 정권에서 중국으로부터의 간섭은 제일 큰 정권안보 차원에서 위협이 될 수 있다. 그렇다면 그 해결책은 동맹의 필요성을 약화시키는 방안이다. 북한은 전통적으로 중국과 러시아 사이 등거리 외교전략을 구사하였으며 이는 동맹의존성을 약화시키는 수단으로 활용되었다. 그러나 그에 못지않게 중요한 것이 바로 내적 균형력 제고이다. 북한의 경제사정을 고려한다면 막대한 예산이 필요한 재래식 무기체계의 현대화보다는 핵무기에 의한 균형력 제고는 경제적 합리성을 가진다.

또한 김정은은 국내적으로 리더십 형성기로서 권력세습의 정치적 정당성을 대중으로부터 인정을 받아야 한다는 문제점도 있다. 김정은은 짧은 권력세습과정에서 대중으로부터 자신의 정치적 업적을 통해 인정을 받을 수 있는 기회가 제한되었다. 이는 김정일이 이미 닦아놓은 핵·미사일 중심의 선군경로이며 이를 대체할 만한 대안경로가 존재하지 않는 상황이다. 따라서 2012년 최고지도자로 등극하자마자 광명성3-1, 광명성3-2 실험 발사와 함께 2013년 3차 핵실험을 강행하였다. 이는 많은 사람들이 예상했던 경로였다. 백두혈통의 리더십 계승자로서 선대의 노선을 일거에 인정받을 수 있는 이벤트였다. 따라서 이러한 3차 핵실험은 경로의존적 행위로 이해할 수 있다.

첨단 돌파전의 상징인 광명성, 이는 새로운 리더십에 걸맞게 경제도 나아질 것이라는 비전과 함께 이어진다. 2013년 '새로운 병진노선'이라는 비전과 함께 '경제개발구' 관련 정령 채택, 지속적인 경제개발구 지정, 기념비적인 건설 사업 등을 실시하고 있다. 이는 선대 김정일 지도자의 강성대국 중 마지막 경제강성대국을 성취하기 위한 전략으로 볼 수 있다.

2) 리더십 강화기: 2016~현재

2016년은 북한발, 미국발 새로운 안보환경이 조성되었다. 국내적으로는 적어도 김정은 리더십의 위기를 논하는 연구자는 거의 없다. 이런 대내외적 환경에서 2016년 연초부터 북한은 두 차례의 핵·미사일 실험 및 다종의 중·장거리미사일 실험발사를 통하여 핵무기가 기술 차원에서 전력화 차원으로 진행 중이며 최종 ICBM 실험발사만 남은 상황이다. 이는 단순히 김정일이 전략적으로 선택한 핵·미사일 중심의 선군경로의 반복으로 이해하기 곤란하다. 제1, 2, 3차 핵실험 모두 최고지도자의 리더십 위기의 관점에서 설명될 수 있는 요인이 많았다. 그러나 김정은 리더십은 안정화되었기 때문에 도발로 인하여 새로운 정치적 위험을 감내할 필요가 없는 상황이다.

이런 관점에서 핵·미사일 중심의 경로가 새로운 대안경로로 전환되고 있는가에 대하여 논의할 필요가 있다. 이와 관련하여 북한은 제7차 당대회를 개최하였으며 당규약에 '핵보유국'을 명시하고 세계핵평화에 기여하겠다고 명시하였다. 이는 2013년 '새로운 병진노선'의 모호성에서 핵보유국을 전제로 한 경제성장전략이라는 것을 의미한다. 당대회 전후 두 차례의 핵실험과 다종의 미사일 실험은 어떤 대내외적 환경 속에서 김정은식 발전전략 '만리마 속도'로 대외 봉쇄전략을 타파해 나가겠다는 의지를 표명한 것이다.

현재의 북한 핵실험과 관련하여 레드라인은 추가 핵실험과 ICBM 실험

발사로 보는 시각이 존재한다. 적어도 북한은 대내외 요인에 의해서 핵실험
에 대한 합리적 관점에서의 이해가 가능하였다. 한마디로 말하면 과거 1,
2, 3차 핵실험은 복합적 위협요인에 대한 대응전략이었다면, 4, 5, 6차 핵실
험은 핵보유국으로서 현상타파를 위해 협상보다는 핵능력 시위전략을 선호
한다는 점이다.

이를 정리한 것이 다음의 〈표 1〉 대내외적 안보환경과 핵·미사일 선군
경로이다.

표 1　　　　　　　　　**대내외적 안보환경과 핵·미사일 선군경로**

		진입 과정	고착화 과정			경로의존적 단계	새로운 국면 (?)
최고지도자 정치적 목적		김일성 시기 1956~1993	김정일 리더십 형성기 1991~1998	김정일 리더십 강화기 1998~2008	포스트 김정일 리더십 위기 2009~2011	김정은 리더십 형성기 2012~2015	김정은 리더십 강화기 2016~현재
주요 안보 위기		상대적 안정기	체제정당성 위기 국가안보 위기 (일극) 정권 안보 위기(세습)	정권안보 위기 (정치적 정당성 위기) 국가안보 (북미관계)	정권안보 위기 (권력세습)	동맹 자율성 정권안보 위기 (권력세습)	정권안보 (정치적 정당성 위기) 국가안보 위기 (북미관계)
대외 환경	능력 분포	양극체제	미국중심 일극체제	중국의 상대적 부상	미국의 경제위기	미국의 상대적 호전 중국의 상대적 저성장	미국의 상대적 호전 중국의 상대적 저성장
	동맹	북소, 북중 동맹	동맹 약화	동맹 재강화 중국의 미국 편승	중국의 간섭 미중 간 경쟁 관계	중국의 간섭 (장성택)	미중 간 북핵 협력 미중 간 협력 과 경쟁
	적대	북미관계	북미협상 (클린턴)	공세적태도 (부시 II)	전략적 인내 (오바마)	전략적 인내 (오바마)	미국의 공세적 억제 사드배치, 전략 자산 전개
대내환경		상대적 경제 양호	고난의 행군	경제 다소 호전	김정일 건강 악화 장마당 의존 삼대세습	중국 경제의존 성 심화 장마당 의존 경제	중국의 경제 제재 참여

기술환경	실험용·원자로 가동 고성능 폭발 실험 단거리미사일 실험	93년 노동 미사일 98년 광명성 1호 발사	2006년 1차 핵실험 장거리 발사체 실험	2009년 2차 핵실험 광명성2호 발사	2013년 3차 핵실험 광명성3호 1-2 발사	2016년 4차, 5차 핵실험 SLBM, 고체 연료 발사체 중장거리 다종 미사일 발사 실험
핵무기 기술평가	실험용 원자력 발전 핵무기용 고폭 능력 독자 미사일 기술	중거리미사일 기술	초보적 핵능력	초보적 핵무기 급 능력 초보적 장거리 발사체	핵탄두소형화 장거리발사체 능력	핵탄두소형화 및 다종화 ICBM의 재진 입기술 확보 → 핵보유국 능력 직전 단계
핵·미사일 사회적 가치	에너지 문제 해결	강성대국론 비전의 축포	강성대국론 (핵보유국(군 사강국, 사상 강국의 보검))	첨단돌파전 (경제적 보상: 상징적 보상) 현상타파, 만능 의 보검	첨단돌파전 계승	핵보유국 지위 명문화 백두혈통의 체제정당성 의 보검

V. 맺음말

1. 핵·미사일의 복합적 의미

핵은 일반적으로 원자력발전 관련기술로서 에너지 문제, 핵무기 관련 기술로서 안보 문제 등에 의미를 가지고 있다. 핵능력은 일차적으로 내적 균형력—북한식 표현으로 자강력—제고 효과, 그에 따른 동맹의존성에 대한 자율성 제고 효과를 가진다. 이는 북미관계, 북중관계에서 의미를 가진다. 장거리발사체는 미사일기술로서 안보 문제, 로켓의 첨단기술로서 경제 문제와 연관된다. 후자는 첨단기술 확보에 따라 일거에 경제 문제를 해결할 수 있는 상징성을 준다. 이는 최고지도자의 강성대국론, 새로운 병진노선이라는 비전과 연결된다. 즉 최고지도자가 대중으로부터의 정치적 정당성을 인정받기 위한 수단으로서 의미를 가진다.

이런 안보적, 경제적 의미들은 사상강국, 즉 최고지도자의 사상과 노선이 옳음을 구성하는 효과를 가짐으로써 김정일 시기 사상, 군사, 경제강국으로 구성된 강성대국론을 실현시키는 결정적 담보가 되는 것이다. 핵·미사일기술의 복합적 의미로 구성되었기 때문에 단순히 안보관점, 경제관점, 또는 두 관점의 혼용으로만 이해한다면 다소 부족하다. 이는 사상강국, 관념안보 측면에서 핵·미사일은 상징적 효과가 인지적, 가치 중심성으로 구성되어 있기 때문이다. 이는 곧 핵·미사일을 제거한다면 김정일, 김정은 리더십, 정권의 정치적 정당성은 구성될 수 없다. 따라서 북한사회에서 핵·미사일이 이런 가치 중심성에 의해서 구성되어 있다면 외부의 압박—안보적, 경제적 요인—에 의해서 핵·미사일을 포기한다는 것은 경로의존성 관점에서 보면 전환비용이 무한대에 가까울 정도로 커진 상황이다.

더욱이 김정은 시기 핵·미사일은 김정일 시기처럼 대내외적 외부환경에 대한 대응전략—즉 현상에 순응하는 소극적 수단—으로서 합리적 선택이기보다는 현상타파를 위한 적극적 수단으로 의미가 강화되었다는 점이다. 이는 2016년 7차 당대회에서 '핵보유국'으로 명기함으로써 절대적 상황이 되었다.

2. 북한 핵 문제 주요 쟁점

북한 핵 문제를 북한사회의 관념적, 심리적 요인을 바탕으로 논의하면 안보 차원과 경제 차원에서 구별하여 논의될 수 있다. 안보 차원에서 북핵 문제를 살펴보면 다음과 같이 다양하다. 첫째, 현상유지 전략으로 갈 것인가, 아니면 폐기로 갈 것인가의 문제이다. 현상유지는 가장 현실적으로 접근 가능한 전략이지만 핵 문제를 근본적으로 해결할 수 없으며, 북한이 내부적으로 미사일기술을 바탕으로 핵능력의 강화로 이어질 수 있다는 점에서 한계도 명확하다. 이는 남북관계나 동북아 관점에서는 해결된 것이 없게 된다.

둘째, 핵기술을 무기 차원에서 제한하되 에너지 차원에서 허용해야 하는 가의 문제이다. 첫째 문제와 관련하여 보면 완전폐기가 현실적으로 어렵다면 원자력발전과 관련해서 NPT체제, IAEA체제에 재가입하는 것과 관련된다. 그러나 이는 P5 — 미국, 러시아, 영국, 프랑스, 중국 — 만 해당된다. 현실적으로 사실상 핵보유국으로 인정하되 국제적 지위는 인정하지 않음으로써 자체적인 원자력 발전을 묵인, 또는 핵 문제 해결과정에서 경수로 건설과 같이 외부에서 지원하는 것이다.

셋째, 장거리발사체와 관련된 문제이다. 현재 상황을 고려하면 ICBM이라는 레드라인을 넘어서지 않는다면 미사일 실험은 일정 정도 허용되고 있다. 또한 북핵 문제가 해결되는 과정에서 북한 체제의 특수성, 광명성이라는 첨단돌파전과 관련된 로켓기술을 허용해야 하는가의 문제는 여전히 남는다.

넷째, 북한핵의 완전폐기를 전제로 한 북미, 북일 간 국교정상화의 문제이다. 이 과정에서 평화협정 논의가 가능하다고 본다. 이는 본고에서는 현실가능성이 낮다고 보지만 실제 협상테이블에서는 논의될 수 있다. 이와 관련 북한의 주장은 7차 당대회를 기준으로 보면 한반도의 비핵화가 아니라 세계적 차원의 비핵화가 실현되는 과정에서만 가능한 논의이다.

다섯째, 사실상 핵보유국의 인정으로 남북, 북미 간 핵무기, 재래식무기의 군축 문제가 협상테이블에 올라올 수 있다. 물론 그러나 이는 첫째 이슈와 관련해서 현상유지 차원에서는 논의가 가능하다. 남북 간 핵-재래식무기 체계의 비교우위가 다른 상황에서 군축은 어려운 난제가 될 수 있을 것이다. 다만 북미 간 미국의 핵전력자산의 전진배치와 관련해서는 논의가 가능하다고 본다.

경제 차원에서 북핵 문제를 살펴 보면 다음과 같이 다양하다. 북한의 지배담론에서 북한식 개혁개방 — 국가주도 개혁개방 모델 — 을 인정했을 때만 논의가 가능할 것으로 보인다. 즉 중국식 개혁개방은 김정은 정권에게는 선택지가 아닌 것이다. 이를 전제로 한다면 북한식 개혁개방의 세 가지 측면을 고려할 필요가 있다. 첫 번째는 북한의 기득권 체제를 인정하는 방식으로 경제협력을 해야 하는가의 문제이다. 북한은 당, 군, 정 기관별 엘리트에 의해 기득권 구조가 형성되어 있다. 이는 오랜 역사의 누적된 결과이므로 쉽게 바뀌지 않을 것으로 보인다. 물론 이를 인정한다면 북한의 부패구조를 인정하되 북한의 기간산업을 복원하는 경제협력이 가능할 것으로 보인다. 즉 철도, 도로, 경제개발구 등 협력이 이에 해당된다.

두 번째는, 합작기업에 의한 소비재 산업의 복원이다. 김정은 정권은 핵무력에 대한 일차적인 자원배분과 경제성장 전략을 선택한다는 점에서 내부자원을 동원한 소비재 산업의 복원에 중앙정부 차원의 자원배분은 매우 한정적일 것으로 보인다. 그렇다면 개성공단과 유사한 방식으로, 또는 원조방식으로 생필품과 관련된 소비재 공장을 건설할 수 있을 것이다. 그러나 북한의 경제의존성에 따른 안보적 취약성에 민감하게 반응한다는 점에서 이 또한 어렵다고 보인다. 현실적으로는 북한의 권력층의 붉은자본이 장마당 시장에 상품을 공급하는 방식이 지속될 것이며 따라서 점진적으로만 소비재 산업이 복원될 것으로 보인다.

세 번째는, 장마당 중심의 상품유통 구조를 인정하느냐의 문제이다. 이는 중국식 개혁개방과 유사한 부분이지만 정권의 필요에 따라 장마당에 대한 통제와 허용의 정책이 비일관적이다. 따라서 외부에서 장마당 중심의 상품유통 구조에 대한 간섭은 민감하게 반응할 수밖에 없기 때문에 협상테이블에 올려놓을 필요는 없다고 보겠다.

경로의존성 관점에서 보면 최고지도자가 외부환경에 대응하기 위한 소

*안보: 핵미사일 선군경로와 대안경로	*경제: 국가주도 개혁개방 모델 인정
- 현상유지: 핵·미사일 실험 유예 - 핵무기 능력의 현상유지 vs 폐기 - 핵의 제한적 이용 허용 - 로케트 기술의 제한적 이용 허용 - 국교정상화(북미), 평화협정(북미) - 군축(남북, 북미)	1. 중앙정부에 의한 기간산업의 복원 　- 당·군·정 엘리트의 특권 인정, 기간산업 복원 2. 합작기업에 의한 소비재 산업의 복원 　- 자원외부 동원형 독립채산제 　- 외국기업과의 합작, 민간부분과의 합작 3. 장마당 중심의 상품 유통 구조 인정

극적 전략으로서 수단적 의미를 가지는가, 외부환경의 현상을 타파하기 위한 적극적 전략으로서 수단적 의미를 가지는가에 따라 북핵 문제는 다르게 볼 수 있을 것이다. 전자는 북한의 핵·미사일은 협상테이블에 놓일 수 있으나, 후자는 협상의제로서 놓일 수 없게 된다. 즉 협상개시 조건을 어떻게 볼 것인가에 대한 함의를 가지게 된다.

참·고·문·헌

김재한. 2015. "부에노 데 메스키타의 북한문제 분석: 세계정치론 을 중심으로."『통일문제연구』제27권 1호, pp.299-319.

박영자. 2013. "김정은 체제의 통치행위와 지배연합."『국방연구』제56권 제2호, pp.71-96.

박용국. 2013. "북중관계 재정상화 성격연구: 제2차 북핵실험 이후를 중심으로." 성균관대학교 박사학위논문.

손용우. 2012. "신현실주의 관점에서 본 북한의 핵정책 고찰(1945-2009)."『국제정치논총』제52집 3호(2012), pp.257-286.

신대진. 2014. "권력의 자기합리화 전략으로서 지배담론 분석: 김정일 시기를 중심으로."『통일문제연구』제26권 1호, pp.133-159.

_____. 2017. "김정일 시기 대외정책의 국내정치성: 사회적 강제, 자유활동공간, 순응적 태도."『통일문제연구』상반기 제29권 1호, pp.129-160.

최명해. 2009.『중국북한동맹관계』. 서울: 도서출판 오름.

Festinger, Leon. 1957. *A Theory of Cognitive Dissonance*. Stanford: Stanford University Press.

Levy, Jack S. 1989. "The diversionary theory of war: A critique." *Handbook of War Studies*. Boston, pp.259-288.

Mitzen, Jennifer. 2006. "Ontological Security in World Politics: State Identity and the Security dilemma." *European Journal of International Relations*, Vol.12(3), pp.341-370.

Schweller, Randall L. 2006. *Unanswered Threats: Political Constraints on the Balance of Power*. Princeton University Press.

Snyder, Glenn H. 1984. "The Security Dilemma in Alliance Politics." *World Politics*, Vol.36, No.4, pp.461-495.

Sydow, Jörg, Georg Schreyögg, and Jochen Koch. 2009. "ORGANIZATIONAL PATH DEPENDENCE: OPENING THE BLACK BOX." *Academy of Management Review*, Vol.34, No.4, pp.1-21.

핵의 정치학:
청중비용이론과 북한의 특수성*

홍석훈 • 통일연구원
나용우 • 통일연구원

I. 머리말

북한은 2016년 1월의 4차 핵실험을 감행한지 얼마 되지 않은 9월 5차 핵실험을 감행했을 뿐 아니라 지속적으로 중장거리 미사일 실험을 거듭하였다. 이러한 군사도발은 남북관계를 크게 경색시켰을 뿐 아니라 북미관계 나아가 동북아 안보환경에 큰 변화를 초래하고 있다. 최근 문재인 정부 출범 이후 '민간교류 유연화' 방침을 제시했음에도 불구하고, 북한은 신정부 등장 이후 8차례의 미사일 발사 및 9월 3일 제6차 핵실험을 감행함으로써, 한반도에서의 긴장감을 더욱 고조시켰다.[1]

---

* 본 글은 2017년 9월 『국가안보와 전략』에 "북핵 고도화와 새로운 대북정책의 모색: 공세적 핵전략으로의 진화와 우리의 대응전략"으로 게재된 논문을 수정·보완한 것임을 밝힌다.
1) 『연합뉴스』, 2017년 8월 26일.

북한은 2017년 11월 29일 '핵무력완성'을 선포하고, 핵능력을 고도화함으로써 국제사회에서 핵보유국으로서의 지위를 보장받으려 하며, 동북아에서 게임체인저(Game Changer)로서 위상을 확보하려 하고 있다. 미국 트럼프 행정부의 '최대의 압박과 관여(Maximum Pressure and Engagement)'라는 대북정책 기조로 가시화되는 한편, 중국 역시 자신감을 바탕으로 공세적 외교정책을 구체화하면서 향후 한반도를 둘러싼 동아시아 정세의 향방을 가늠하기 쉽지 않은 상황이다. 트럼프 대통령의 강한 북한 압박 메시지에도 불구하고, 북한은 핵보유 의지를 완전히 포기하지 않는다면 북한의 핵위협은 우리 정부의 남북관계 개선 의지를 막고 동북아의 안보적 긴장 심화 국면을 장기화시킬 가능성도 간과할 수 없는 상황이다.

과거 북한은 경제·핵무력 병진노선의 고수와 안보적 핵위협을 통해 남북관계의 경색을 지속시키고, 미중관계를 비롯한 동아시아의 안보적 대결구도를 구조화함으로써 대내적으로는 정권의 안정화를 꾀하는 동시에 대외적으로는 국제사회에서 자신의 위상을 제고하려 했다. 북한이 병진 노선을 대외정책 기조로 삼고 연이은 핵실험, 그리고 핵탄두의 운송수단인 중장거리 미사일 고도화를 위해 필사의 노력을 하고 있는데, 이는 북한 핵정책이 대외협상용 또는 수세적 수단을 벗어나 국내적 차원의 정권 안정화를 위한 수단과 함께 보다 공격적 군사수단으로 진화하고 있음을 의미한다. 북한이 핵탄두와 대륙간탄도미사일(ICBM) 기술을 완성한다면, 남북관계와 동아시아 질서의 게임 체인저가 될 수 있으며, 지역의 안보지형에 거대한 전략 변화를 초래할 것이다. 또한 한미 군사동맹의 대북 핵억지 능력에 큰 타격을 줄 것이며, 미국은 북한의 2차 핵보복 능력에 고심할 수밖에 없을 것이다. 나아가 대북 협상에 있어 북한이 핵보유국으로 인정받고 보다 유리한 상황을 점유해 나갈 것이라는 것은 명약관화하다.

이러한 과거 북한의 핵·미사일 도발에도 불구하고 우리에게는 한반도 평화정착과 통일이라는 국가적, 전 세계적 과제가 시급하다.[2] 남북관계의

---

2) 한국은 해양세력과 대륙세력이 맞부딪히는 전략적 접점에 위치하는 지정학적 특수성

개선과 한반도 평화정착, 그리고 한반도 통일을 위해서는 북한의 핵정책을 분석하여 한반도 비핵화 전략과 우리 정부의 향후 합리적이고 지속가능한 대북·통일정책의 청사진과 전략을 세우는 데 집중해야만 한다. 그러므로 본 논문은 북한의 핵정책을 분석하고 한국의 대북 전략적 대응방안을 제시한다. 나아가 지속가능한 통일정책을 모색하는 데 도움이 되고자 한다.

Ⅱ. 북한 핵정책의 진화와 대외전략

1. 북한의 정책결정구조 분석과 청중비용

북한의 핵전략을 분석하기 위해 피어론(James Fearon)의 '청중비용(do-mestic audience cost)'이론[3]을 중심으로 북한 외교정책 결정과정에서의 국내정치 변수를 중심으로 파악하고자 한다. 청중비용이란 지도자가 위협 또는 공약을 실행에 옮기지 않게 되었을 때 받게 되는 부정적 영향을 의미한다. 그에 따르면, 국제분쟁 또는 국가 간 위기는 국내의 청중(즉 국민)들이 지켜보고 있는 가운데 진행되는 공적 사건이다. 만약 정부가 공개적으로 상대방에 대한 강경한 대응을 공표한 이후 상대방의 위협에 굴복해 물러선다면 국내 청중들에 의해 처벌받게 된다. 만일 민주주의 국가의 경우 지도자는 다음 선거에서 심판을 받고 정권획득에 실패하는 엄청난 대가를 치러야 할 수 있다. 그러나 권위주의 국가에서는 민주국가의 책임성(accountability)

을 갖는데, 그러한 특성에서 기인하는 정책적 자율성을 더욱 심각하게 제한하는 요인은 바로 한반도 분단구조이다. 채재병 외, "동북아 지역질서 변화와 한국의 전략,"『한국정치외교사논총』제34집 2호(2013), pp.276-277.

3) James Fearon, "Domestic Political Audiences and the Escalation of International Disputes," *American Political Science Review*, Vol.88, Issue 3(1994).

이 결여되어 있거나 극히 미미하기 때문에 위기 시 뒤로 후퇴한다고 하더라도 큰 정치적 대가를 치르지 않아도 되므로 국내 청중비용이 민주주의 국가들에 비해 상대적으로 낮다는 것이다. 즉, 이러한 청중비용이 민주주의 체제 지도자들에게 중요하지만, 독재체제의 지도자들에게는 그러한 비용이 발생하지 않는다는 것이다.4) 북한과 같은 독재국가 지도자들에게는 국내 여론은 중요하지 않으며, 의사결정구조에서 최고결정자 개인과 권력엘리트집단이라는 국내적 요소가 보다 중요하다. 북한은 개인주의적 독재정권으로 국내 청중비용에 적용받지 않기 때문에 지도자의 개인적인 정치적 선호도와 인식에 따라 외교정책 결정과정과 대외전략이 변화하게 됨을 주지할 필요가 있다.5)

미국의 윅스(Jessica Weeks)는 국가의 정책결정자 개인과 집단들이 국제 정치의 가장 중요한 행위자이며 국가정책의 선호도를 결정한다는 자유주의적 관점에서 독재정권의 지도자들도 민주주의 체제와 유사하게 청중비용을

표 1   **권위주의 레짐의 유형 분류**

	Civilian Audience or leader	Military Audience or Leader
비개인 (엘리트에 의한 견제)	기제(Machine)	군부(Junta)
개인 (견제받지 않음)	보스(Boss)	강인(Strongman)

출처: Jessica L. P. Weeks, *Dictators at War and Peace* (Ithaca: Cornell University Press, 2014), p.17

---

4) 민주주의 국가들끼리 서로 전쟁을 하지 않는다는 민주평화론도 청중비용이론에 의해 부분적으로 설명될 수 있다. 김지용, "위기 시 청중비용의 효과에 관한 이론 논쟁 및 방법론 논쟁의 전개과정 고찰, 1994-2014," 『국제정치논총』 제54집 4호(2014), pp. 195-232.

5) 본 연구는 왈츠의 3가지 이미지 중 개인주의 행태 중심의 'first image'와 국내정치 제도를 중심으로 분석하는 'second image'의 통합적 사고를 통해 북한의 외교정책을 분석한다. Kenneth N. Waltz, *Man, the State, and War* (New York: Columbia University Press, 1959).

부담하는지에 대해 분석하면서, 〈표 1〉과 같이 권위주의 레짐의 유형을 분류하였다.

권위주의 정권 유형을 개인, 일당, 군사로 크게 3가지로 분류하는 게데스(Barbara Geddes)의 방법론을 채용하면서 개인성과 군사적 리더십(personalism, military leadership)의 두 가지 독립적 단위 차원에서 기제(machine), 군부(junta), 강인(strongman), 보스(boss)라는 지표변수를 가지고 독재체제를 유형별로 새롭게 분류하였다.

웍스는 북한을 군사지도자가 아닌 개인적 독재권력을 가지는 개인적 보스 권위주의 정권으로 분류하고 있으며, 개인독재정권(personalist regimes)이 국제분쟁 또는 전쟁을 일으킬 가능성이 집단정권(the group of regime; winning coalition)에 비해 훨씬 높다는 점을 주장하고 있다. 개인적 정권은 정권유지와 여론에 보다 자유롭기 때문이라는 설명이다.

개인주의적 보스 독재정권인 북한은 국내 청중비용을 부담하지 않아도 되기 때문에 대외정책에 있어 호전적이고 전쟁을 촉발시킬 가능성이 크다고 지적하고 있는데, 이러한 독재유형을 감안한다면 대북 외교협상을 진행하는 데 보다 직접적인 의사표현을 해야만 하고 북한의 공격적인 외교 행동에 대해서는 단호한 대처를 해야 한다고 제언하고 있다.[6] 또한 그는 북한이 전쟁을 수행하게 된다면 북한 내 정권 변화가 일어나고, 평화유지가 외부간섭을 줄일 수 있다는 것을 외부지도자들이 설득시키도록 제안하고 있다.[7] 그의 분석 틀에서 본다면, 북한의 의사결정 구조에서는 국내적 청중비용이 적용될 수 없으므로 김정은과 권력엘리트들의 인식과 정책 선호도에 의해 북한의 대외정책이 결정된다고 볼 수 있다. 따라서 근본적으로 북한이 보다 합리적 의사결정 구조로 전환하게 하려면 '민주주의 확산'이라는 실용주의적

---

6) 웍스 교수는 권위주의 레짐유형별 특징에서 민주주의 체제 국가뿐만 아니라 민간기제 독재국가들도 국내적 정치요인에 의한 의사결정과정과 전쟁에 대한 개입여부를 신중하게 결정한다고 제시하고 있다. 홍석훈, "독재자들의 전쟁과 평화,"『KINU 통일+』 2015년 가을호(서울: 통일연구원, 2015), p.97.

7) 홍석훈, 위의 글, p.97.

자유주의 접근법을 적용해야 한다.

그러나 우리 정부의 대북·통일정책과 외교정책 결정과정은 북한과 달리 국내 청중비용의 영향을 크게 받을 수밖에 없으며, 민주주의 시스템은 이러한 국민 여론을 비롯한 국내적 요인과 대외적 요인들의 상호작용에 의해 수립, 실행되는 구조라는 차이가 고려되어야 한다.

2. 북핵의 고도화와 핵전략의 진화

북한은 탈냉전 이후 사회주의권의 와해 그리고 변화된 국제정세하에서 체제생존전략으로서 상대적 우위를 점할 수 있는 핵과 미사일 중심의 비대칭 군사전략을 발전시켜 왔다.[8] 비대칭전략은 상대방 국가의 잠재적 군사위협에 유리한 대응을 위하여 상대방의 취약한 전력규모, 전투능력, 무기체계 면에서 상대방이 갖고 있지 않은 전략과 전술을 통하여 상대방 국가가 효과적인 군사적 대응을 못하는 전략을 말한다.[9]

북한의 기본 군사전략인 선제기습공격, 배합전, 속전속결전략의 트리오 군사전략에 선제적 핵개발과 미사일 능력 증대로 북한군의 완성도를 높여왔다. 2014년 국방백서에 따르면, 북한의 전략무기개발과 비대칭무력강화에 대한 실례로 공군을 중심으로 전체병력 1만여 명으로 늘렸고, 핵무기 소형화 능력이 상당한 수준에 이른 것으로 판단된다고 발표했다. 또한 김정은의 지시로 자강도 일대의 군수시설 경비와 북·중·러 접경지역의 군사력 보강 등을 위해 군단급 부대인 12군단을 창설한 것으로 판단했다.[10]

2006년 첫 핵실험 이후 지난해 4, 5차 2차례의 핵실험을 통해 핵무력의 고도화를 국제사회에 전파시키고 있다. 2016년 1월 4차 핵실험 이후 북한

---

8) 정영태 외, 『북한의 핵전략과 한국의 대응전략』(서울: 통일연구원, 2014).

9) 위의 책, p.75; 정보사령부, 『북한집단군·사단』(대전: 육군인쇄창, 2009), p.19.

10) 『헤럴드경제』, 2014년 1월 6일.

당국은 "새롭게 개발된 시험용 수소탄의 기술적 제원들이 정확하다는 것을 완벽하게 확증하였으며 소형화된 수소탄의 위력을 과학적으로 해명하였다" 라고 발표하였으며, 2016년 9월 5차 핵실험에서는 '핵무기연구소' 명의의 성명을 통해 "노동당의 전략적 핵무력 건설에 따라 우리 핵무기연구소 과학 자들은 북부 핵실험장에서 새로 제작한 핵탄두의 위력 판정을 위한 핵폭발 시험을 단행했다"(조선중앙TV 중대발표)며 공식 확인하였다.[11] 지난 9월 3일 6차 핵실험 이후 '핵무기연구소' 성명을 통해 "조선노동당의 전략적 핵무력 건설 구상에 따라 우리의 핵 과학자들은 9월 3일 12시 우리나라 북부 핵시 험장에서 대륙간탄도로켓 장착용 수소탄 시험을 성공적으로 단행하였다"라 고 조선중앙TV 중대발표를 통해 밝혔다.[12]

이번까지 6차례의 핵실험을 통해 북한의 핵무력이 상당 부분 향상되고 있음을 부정하기는 어렵다. 실제 북한 핵무기의 핵물질량이 증가하고 있고 핵탄두 제조 기술력이 날로 향상되는 등 핵전력이 고도화되고 있으며, 핵탄 두 제조기술도 1세대인 핵분열탄과 2세대인 수소폭탄을 제조할 수 있는 단 계 사이 수준인 것으로 추정되고 있다.[13] 특히 이번 6차 핵실험으로 핵기폭 기술이 일정 수준 달성됨으로써 북한이 스스로 강조한 '핵무력의 완성'이 목 전에 와 있다.

북한은 핵무기 고도화 전략으로서 군력 강화를 위한 4대 전략적 노선과 3대 과업을 제시하고 있다. 2015년 신년사를 보면, 김정은은 당의 유일적 영군체계를 강조하며 "군력강화를 위한 4대 전략적 노선과 3대 과업"[14]의

---

11) 위의 글, pp.25-26.

12) 『세계일보』, 2017년 9월 3일.

13) 정성윤, "북한의 핵전력 평가," 『KINU 통일+』 2016년 겨울호(서울: 통일연구원, 2016); 이번 6차 핵실험은 폭발력, 제조환경 및 기술력, 고도화 수준 및 북한 주장 등을 종합해보면 '수소탄'보다는 '증폭핵분열탄'일 가능성이 높다고 보지만, 북한의 고농축우라늄 즉 수소탄일 가능성도 완전히 배제할 수 없다. 정성윤, "북한의 6차 핵실험(1): 평가와 정세전망," 『Online Series』 CO 17-26(2017), pp.1-2.

14) 4대 군사노선은 정치사상의 강군화, 도덕의 강군화, 전법의 강군화, 다병종의 강군화 이며, 3대 과업은 사상무장의 강조, 과학기술의 발전, 실질적 훈련이다.

철저한 관철과 군종 및 병종 간 유기성을 강조하고 있어 선대의 군사 관련 지침과는 다소 차이가 있다. 다병종의 강군화는 육군·해군·항공 및 반항공군 등과 최근 제4군종으로 추가된 전략군 등 군종 사이를 보다 유기적으로 연계하는 새로운 전략, 전술의 필요성 등이 반영된 것으로 보인다. 2006년 1차 핵실험 이후 전방 배치 전력을 3단계에서 2단계 타격체제로 통합하고 경보병부대를 증강하였던 공세적인 기동전력으로의 조직 개편과 연속선상에 있으며 핵무기 고도화 단계에 따라 군종, 병종 간 체계를 재편성하고 '실전능력'을 기준으로 조율하고 있다. 또한 북한 전략군은 2012년 3월 김정은의 '조선인민군 전략로케트사령부' 시찰 소식으로 전해졌고, 전략로케트사령부는 기존의 미사일지도국을 확대, 개편한 것으로 2012년 4월 15일 열병식에서 '전략로켓군'으로 직접 호명되었다.15)

이러한 핵 고도화 전략은 김정은 체제 확립과 직접적으로 연관되어 있으며, 특히 김정은은 군부 장악에 사활을 걸고 있는 것으로 보인다. 2015년 조국해방 70년과 조선노동당 창건 70년을 강조하였고, 김정은 자신의 군지휘능력을 과시하면서 자신의 부족한 카리스마를 감추려 하고 있다. 이러한 핵개발과 장거리 미사일 능력 증대는 김정은 정권 확립의 필요조건이라는 판단과 함께 인민군대가 김정은과 당의 홍위군 역할을 강조하기 위해 대대적 군사훈련과 현지 지도를 연출하고 있는 것으로 해석된다.

2017년 북한 신년사에서도 이례적으로 핵·미사일 고도화 성과를 전면에 내세우면서 최근 성과를 구체적으로 열거하였으며 '대륙간탄도미사일 시험발사 준비사업이 마감단계'에 있다고 주장하였다. 또한 우리의 군사훈련 중단을 요구하면서 "핵무력을 중추로 자위적 국방력과 선제공격능력을 계속 강화"라는 강경적 표현을 서슴지 않고 발표하였다. 이는 북한이 과거 수세적 핵정책이었다면, 올해 신년사에서는 보다 공격적 핵정책으로 진화하고 있음을 알 수 있다.16)

---

15) 홍민, "핵경제 병진노선 이후 북한정세 종합평가," 『제11차 KINU 통일포럼』(서울: 통일연구원, 2015), p.41.

무엇보다도 젊은 김정은은 부족한 카리스마를 김일성 이미지 메이킹 홍보와 함께 백두혈통을 강조하면서 자신의 정통성을 강조하고 있다. 여기에 항일빨치산 2·3세와 만경대혁명학원 출신들을 핵심엘리트 반열에 올려놓음으로써 김정은과 공동의 이해관계를 형성시키고 있다. 북한 엘리트들 역시 김일성 일가의 항일빨치산 경험을 공유하며 한국전쟁 이후 김일성 유일체제 형성에 깊이 관여되어 있다는 역사적 사실로부터 그들의 정통성은 김씨 일가와 동거동락하여 왔다고 하겠다. 또한 권력상층 엘리트들은 외화벌이 등의 경제적 분야에까지 깊이 관여하고 있는 것으로 알려지고 있듯이, 북한 권력엘리트들은 김정은과 정치적, 경제적 이익을 공유하고 있다.

하지만 2013년 장성택 숙청, 2017년 2월 김정남 암살 등 공포정치 등 강력한 통제시스템을 지속적으로 정치수단으로 사용하고 있는 북한이 향후 정권의 안정성을 유지할 수 있을지에 대한 근본적인 의구심이 들 수밖에 없다. 김정은 정권의 장기집권을 염두에 두고 당 중심의 정치체제 확립을 통해 '북한식 유일체제'가 정치체제로 작동하기를 기대하고 있으나, 권력 상층부의 공포정치와 통제체제는 단기적으로 그 안정성을 보장받을 수 있겠지만 장기적으로 권력 내부의 불만과 반발로 인한 북한 정치체제의 변화가능성은 여전히 존재한다.

김정은의 부족한 카리스마를 메우고 권력 공고화를 위한 전략으로 북한 핵개발은 국내정치적 의미가 크며, 대외적으로도 국가전략의 대표적 기조로 표현되고 있다. 종합적으로 살펴본다면 외부와 단절되어 있는 북한은 핵개발을 통해 국내 정치 안정화와 대외적으로 정권 보장의 수단으로 활용되고 있다고 하겠다.

또한, 북한 핵능력 고도화에 따라 대외전략에서도 변화하고 있다. 북한은 과거 수세적이고 방어적 의미를 강조하며 핵개발을 주장해 왔으나 핵과 장거리 미사일 능력 증대에 따라 보다 공격적으로 북한 핵개발 의미를 부여

---

16) 통일연구원 북한연구실, "2017년 북한 신년사 분석 및 대내외 정책 전망," 『Online Series CO 17-01』(서울: 통일연구원, 2017), p.2.

하고 있다. 최근 8월 8일(현지시간) 미 트럼프 대통령이 뉴저지주 베드민스터 트럼프 내셔널 골프 클럽에서 "북한이 위협을 계속하면 화염과 분노(fire and fury), 솔직히 말하면 현재 세계에서 본 적 없는 힘과 맞닥뜨리게 될 것"이라고 경고한 발언에 대해, 3시간 후 북한은 전략군 대변인 성명을 통해 "중장거리 탄도로케트(미사일) 화성-12형으로 괌도 주변에 대한 포위사격을 단행하기 위한 작전방안을 심중히 검토하고 있다"고 대응하는 등17) 미국을 상대로 공격적이고 직접적 언급을 통해 공격적 의미의 핵개발을 표명하고 있다.

3. 북한 대외정책의 결정요인으로서 핵정책

북한 김정은의 대외정책의 특징으로 김정은의 권력승계 이후 북한 지도부는 국제적 고립과 경제제재에도 불구하고 김정은 자신의 권력 안정화에 치중함으로써 북한의 대외정책에서도 국내정치적 요소가 더 많은 영향력을 미치는 경향을 보였다. 김정은은 자신의 권력공고화를 위하여 당 중심의 권력재편과 핵무장을 자신의 통치 기제로 활용하여 외부적 압박과 제재를 더욱더 악화시키는 결과를 초래했다. 김정은 집권 이후의 두드러진 특징으로 핵 중심의 공격적 군사전략과 김정은 군지도 과시인데, 2011년 12월 김정일 사망 이후 초기 자신의 권력을 확립하지 못한 상황에서 보다 공격적인 외교전략을 선보임으로써 국내 정치권력을 확립하고 국제사회에서 자신의 위상을 과시하려고 하였다.

김정은 집권 이후 북한의 대외기조는 표면적으로는 대내 정당성 확보를 위한 자주·평화·친선 원칙을 그대로 유지하고 있지만,18) 사실 김정은의

---

17) 『중앙일보』, 2017년 8월 10일.
18) 2014년 북한 신년사에서 "평화는 더 없이 귀중하지만 그것은 바라거나 구걸한다고 하여 이루어지는 것이 아니라"며 강경정책적 의미를 표시하고 "조선반도에 우리를 겨냥한 핵전쟁의 검은 구름이 항시적으로 떠돌고 있는 조건에서 우리는 결코 수수방관할 수 없으며 강력한 자위적 힘"을 행사할 것 표명하였다. 이어 김정은을 의미하

표 2		유엔 안보리의 북핵 및 미사일 제재 성명·결의 일지

연도	일자	내용
2006	7. 5	• 북한, 장거리로켓 대포동 2호 발사
	7.15	• 안보리, 북한 도발을 규탄하면서 미사일 관련 물자·상품·기술·재원의 북한 이전 금지를 유엔 회원국에 요구하는 권고적 성격의 결의 1695호 **만장일치** 채택
	10. 9	• 북한, 제1차 핵실험 강행
	10.14	• 안보리, 북한 핵실험을 규탄하고 대북제재 이행과 제재위원회 구성을 결정한 결의 1718호 만장일치 채택
2009	4. 5	• 북한, '광명성 2호' 발사
	4.13	• 안보리, 북한의 행위를 규탄하는 의장성명 발표
	5.25	• 북한, 제2차 핵실험 강행
	6.12	• 안보리, 북한 핵실험을 '가장 강력하게 규탄'하고 전문가 패널 구성 등 강경한 제재를 담은 결의 1874호 **만장일치** 채택
2012	4.13	• 북한, 장거리로켓 은하3호 발사
	4.16	• 안보리, 북한의 로켓 발사를 강력 규탄하는 내용의 의장성명 채택
	12.12	• 북한, 장거리로켓 은하3호 2호기 발사
2013	1.22	• 안보리, 로켓 발사를 규탄하고 기관 6곳·개인 4명 추가해 대북제재 대상을 확대·강화한 결의 2087호 **만장일치** 채택
	2.12	• 북한, 제3차 핵실험 강행
	3. 7	• 안보리, '핵·탄도미사일 개발과 관련된 것으로 의심되는 북한의 금융거래 금지'를 골자로 한 결의 2094호 **만장일치** 채택
2016	1. 6	• 북한, 제4차 핵실험 강행(북, '첫 수소탄 시험 성공' 주장)
	1. 6	• 안보리, 북한 핵실험 규탄 언론성명 발표
	2. 7	• 북한, 장거리로켓 '광명성호' 발사
	3. 2	• 안보리, 북한의 4차 핵실험과 장거리 로켓 발사에 따라 북한 화물 검색 의무화, 육·해·공 운송 통제, 북한 광물거래 금지·차단을 주요 내용으로 하는 '역대 최강' 수위의 제재 결의 2270호 **만장일치** 채택
	3.17	• 북한, 탄도미사일 2발 동해상으로 발사
	3.18	• 안보리, 북한 규탄 언론성명 채택
	4.23	• 북한, 탄도미사일(SLBM) 발사
	4.24	• 안보리, 북한 규탄 언론성명 채택

는 "민족의 존엄"을 지킬 것을 핵심 과업으로 설정하고, 전통적 대외정책 이념인 자주, 평화, 친선은 수사적으로 유지하고 있다. 통일연구원, "2014년 북한신년사 분석," 『통일정세분석』 2014-01호(서울: 통일연구원, 2014), p.11.

	6. 1	• 안보리, 4~5월 탄도미사일 발사 비난하는 언론성명 채택
	6.22	• 북한, 중거리탄도미사일 2발 발사
	6. 3	• 안보리, 22일 북한의 무수단 미사일 발사에 대해 15개 이사국의 동의를 거쳐 북한의 탄도미사일 발사를 강력히 규탄하는 언론성명 채택
	8.24	• 북한, 잠수함탄도미사일(SLBM) 발사
	8.26	• 안보리, 북한 잠수함탄도미사일(SLBM) 발사에 대한 언론성명 채택
	9. 5	• 북한, '노동' 추정 준중거리탄도미사일 3발 발사
	9. 6	• 안보리, 북한의 5차 핵실험 및 안보리 결의 중대 위반 강도 높게 비난 새로운 제재를 추진하겠다는 내용의 언론성명 채택
	9. 9	• **북한, 제5차 핵실험 강행**
	9. 9	• 안보리, 긴급회의 후 핵실험 규탄 언론성명 채택
	10.15	• 북한, 무수단 추정 중거리미사일 발사
	10.17	• 안보리, '무수단 중거리미사일' 발사 규탄하는 언론성명 발표
	11.30	• 안보리, 북한의 5차 핵실험에 대응하는 결의 2321호 **만장일치** 채택
2017	4.20	• 안보리, 북한의 미사일 발사(16일 발사실험)를 규탄하는 언론성명을 만장일치로 채택
	5.14	• 북한, '화성-12형(IRBM)' 발사
	5.15	• 안보리, 북한의 도발(14일 탄도미사일 발사)을 규탄하고, 북한에 대한 추가 제재 경고 등 언론성명 **만장일치** 채택
	5.21	• 북한, 중거리탄도미사일(MRBM) '북극성-2형(KN-15)' 발사
	5.27	• 북한, 신형 지대공 유도미사일 시험사격(KN-06 추정)
	5.29	• 북한, 스커드-ER급 지대함 탄도미사일 발사
	6. 2	• 안보리, 북한 기관 4곳·개인 14명 추가제재를 담은 결의 2356호 **만장일치** 채택
	6. 8	• 북한, 지대함 순항미사일 발사
	7. 4	• 북한, ICBM급 '화성-14형' 최초 시험발사
	7.28	• 북한, ICBM급 '화성-14형' 2차 시험발사
	8. 5	• 안보리, 북한 ICBM급 미사일 발사에 대한 대북제재결의 2371호 **채택**
	8.26	• 북한, 탄도미사일 발사
	8.29	• 북한, IRBM급 '화성-12형' 발사
	9. 3	• **북한, 제6차 핵실험 강행**
	9.11	• 안보리, 유류공급 30% 차단, 섬유수출 전면금지를 담은 결의 2375호 **만장일치** 채택
	9.15	• 북한, IRBM급 탄도미사일(추정) 발사
	9.15	• 안보리, 15일 중거리탄도미사일 발사를 규탄하는 언론성명 **만장일치** 채택

* 저자가 정리

외교정책 목표는 2013년 3월에 '핵무력건설과 국가경제발전'을 병행하겠다는 '병진노선'을 채택하는 것에서 잘 드러났다. 선대부터 북한은 핵개발을 통한 억지력을 기반으로 '강성국가'라는 체제통치이념을 내세우면서 '핵개발'과 '경제건설'이라는 병진노선을 대외전략 기조로 삼고 있다.

이러한 김정은 외교정책의 특징을 3가지로 구분해서 살펴보면 다음과 같다.

첫째, 강경한 외교수단으로서 핵실험, 장/단거리 미사일 발사시험 그리고 황폭한 대외적 발언에 있다. 이는 선대 김정일이 구사했던 '선군정치'의 연장선상에 있는데, 핵개발을 통한 강경한 외교정책 수행이다. 북한 노동신문의 어휘에 대한 내용분석 기법을 이용한 결과, "핵"과 "병진"의 빈도수(2008년 1월~2017년 3월, 〈그림 1〉, 〈그림 2〉 참조)의 추이를 분석해보면 김정은 집권 내내 중요한 키워드로 나타나고 있음을 확인할 수 있다.[19] 노동신

그림 1   노동신문, "핵" 어휘 빈도 분석(2008년 1월~2017년 3월)

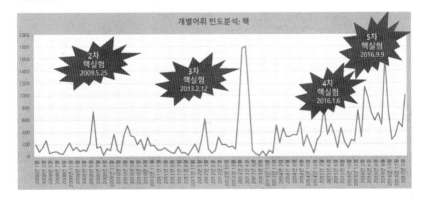

19) Krippendorff는 사회주의 체제와 같이 폐쇄적인 국가시스템에서 정치엘리트나 정책입안자들의 외교행태를 파악하기 위해 그들이 사용하는 대중매체 또는 공식문서에서 반복하거나 유효한 어휘들을 분석하는 내용분석기법이 유용하다고 하였다. K. Krippendorff, *Content Analysis: An Introduction to its Methodology* (California: Sage Publications, 2004), p.8.

○ 그림 2 노동신문, "병진" 어휘 빈도 분석(2008년 1월~2017년 3월)

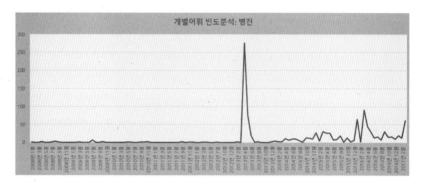

문은 북한 노동당의 공식 신문으로서 북한 정권의 인식과 정책적 선호도를 가장 잘 투영하고 있는 매체이기 때문에 북한의 외교적 행태를 분석함에 있어 가장 유용한 내용분석 자료로 활용할 수 있다.[20]

〈그림 2〉에서 나타나듯이, 2013년 김정은이 핵병진 노선을 공표한 이후 지속적으로 '경제·핵무력 병진 노선'을 강조하고 있음을 알 수 있다. '병진노선'은 2013년 김정은이 핵경제 병진노선을 채택함에 따라 2013년에 그 빈도가 집중되고 있다. 특히 북한 '핵정책'의 강조는 〈그림 1〉을 통해 분석한다면, 2013년 북한 3차 핵실험 전후, 그리고 2016년 북한 5차 핵실험 전후로 집중되고 있음을 확인할 수 있다. 김정일 시대의 '선군'정책 강조가 '병진 노선'으로 진화되며 강조하고 있음이 내용분석을 통해 드러난다 하겠다.

둘째, 경제적 실용주의 외교수단이다. 북한은 사회주의권 국가뿐만 아니라 자본주의 국가들과도 경제적 협력관계를 맺어 장기적으로 혁명역량을 증대시켜 정치적으로 북한과도 우호적 관계로 바뀌게 한다는 외교적 목적을 갖고 있다. 1994년 이후 김일성이 사망하고 김정일이 집권하면서 북한은 실

---

20) Sukhoon Hong and Yunyoung Cho, "Consistent pattern of DPRK's policy on ROK: What Shapes North Korea's foreign policy?" *International Area Studies Review*, Vol. 20, No. 1(2017), p. 59.

용적 경제정책을 외교적 수단으로 활용하여 1994년 미국과 제네바합의, 2000
년 한국과 6·15공동선언, 그리고 2007년 10·4남북공동선언을 채택하였다.
이러한 실용주의 노선은 정경분리원칙으로 삼고 북한 유일체제를 담보하는
조건이었기에 합의 가능하였다. 그럼에도 북한 정권은 북한사회와 외부와의
정보 및 교류를 철저히 폐쇄하면서 북한 내부의 동요를 막고 주체유일사상
을 지속시킬 수 있었다. 김정은 정권은 북한의 폐쇄정책을 그대로 유지하면서
경제 실용주의를 지속적으로 활용하려 했는데, 제3차 핵실험과 장성택 숙청
이후 북·중 간의 경제관계가 경색되자 북·일 간의 교섭과 북·러 간 경제협
력을 통해 국제사회의 고립을 벗어나려는 경제적 실리를 추구하고자 했다.
여기서 주목해야 할 것은 북한 외교행태의 변화가 어디까지나 전술적 측면
의 소폭 변화라는 것이다. 김정은 정권은 '북한식 사회주의' 고수라는 정치
목표와 외교전략 틀에서 강경적 외교자세와 폐쇄성을 유지시킴으로써 결국
'북한경제 살리기'정책에 부정적 영향을 미쳤고, 서방세계로부터 외교적 신
뢰성을 잃게 하는 요인으로 작용해 왔다.[21]

　　노동신문에서도 북한은 경제적 "협력"이나 "강성대국"이라는 표현을 2013
년 이후 많이 언급하지 않고 있다. 2012년 김정은의 집권 초기 경제에 집중

● 그림 3 　　노동신문, "협력" 어휘 빈도 분석(2008년 1월~2017년 3월)

---

21) 홍석훈, "중국의 대북한 외교정책 기조와 전략: 중국지도부의 인식과 정책선호도를
　　중심으로,"『정치정보연구』제17권 1호(2014), p.96.

그림 4 노동신문, "강성대국" 어휘 빈도 분석(2008년 1월~2017년 3월)

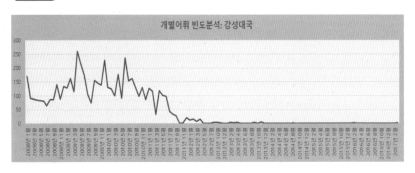

하는 모습에서 2013년 핵경제 병진노선을 채택하면서 보다 강력한 핵보유 의지를 강조한 결과이며, 경제보다는 핵개발 및 보유에 대한 선호가 절대적으로 높아진 것으로 해석될 수 있을 것이다〈그림 3〉과 〈그림 4〉 참조). 위의 〈그림 1〉에서 확인되듯이, 2017년 들어 북한은 핵개발에 대한 표현을 자제하고 있는 것으로 보이는데, 이는 트럼프 행정부의 강경한 대북정책을 자신에게 유리하도록 변화시키려는 의도를 것으로 이해될 수 있다.

셋째, 강한 민족주의를 내세우며 대남 및 대미정책에 있어 '자주통일'을

그림 5 노동신문, 주요 키워드 어휘 빈도 분석(2008년 1월~2017년 3월)

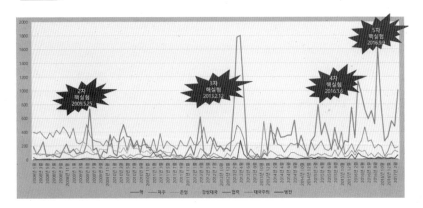

대외전략으로 활용하고 있다. 김정은 정권은 선대가 활용한 '민족적 자주(우리끼리)'를 대남전략으로 채택하여 남한사회를 선동하는 동시에 미국과는 민족자주를 실현시키기 위한 명목으로 미군 철수를 요구하며 정전협정을 평화협정으로 전환하여 수세에 몰린 북한 정권의 생존을 보호받으려 하고 있다.

노동신문을 통하여 북한 김정은이 강조하는 키워드 분석을 통해 간접적으로 북한의 정책 선호도가 가시적으로 나타난다고 가정한다면, 〈그림 5〉에서 보듯이 김정은 집권 이후 핵정책의 중요성은 가장 중요한 사안이라는 것을 알 수 있다. 이러한 선호도 패턴을 감안한다면, 북한의 내부 정치적 사안이 대외정책에도 결정적인 변수로 작동되고 있다고 하겠다.

결국 북한 김정은 정권의 '핵병진'정책은 북한식 수령체제가 존속하는 한 지속될 수밖에 없다. 북한정치체제는 청중비용이 적용되지 않기에 정책적 합리성이나 책임정치가 담보될 수 없기 때문이다. 또한 북한 김정은 정권이 지속되고 있는 한 북한 지도부의 의사결정구조나 정책의지가 바뀔 가능성은 희박하다. 즉, 북한의 핵개발로 인한 대북제재와 압박이 가중된다 하더라도 북한의 대외정책 기조에서 '북한식 시스템 존속과 김정은 정권 보장'이라는 국내 정치적 요소가 중요하며 이러한 지도부의 정책적 선호도와 인식이 반영될 것이라고 예상할 수 있을 것이다. 이와 같은 분석 틀에서 향후 북한 김정은 정권의 핵개발정책은 국내 정권 유지 수단으로서, 대외 공격적 안보수단, 그리고 국제협상 테이블에서 보다 유리한 상석을 차지하려는 의도를 가지고 핵정책이 유지 및 진화할 것이다. 이에 따른 전략과 전술상 일정수준의 변화는 가능할 것이나, 북한 핵개발 의지는 멈추지 않을 것으로 예상된다.

III. 북한 핵정책에 따른 한반도 정세 변화

조셉 나이(Joseph S. Nye, Jr)는 핵무기는 '공포의 균형(balance of terror)'
이란 특이한 형태의 세력균형을 만들어 냈다고 지적하고 있다.[22] 또한 2차
세계대전 이후 3차 세계대전의 발발을 제한하는 역할을 핵이 담당했다고 하
면서 효과적 핵억지의 요소로 능력(capability)과 핵무기가 사용될 수 있을
것이라는 신뢰성(credibility)이 작동되어야 하고, 그 신뢰성은 분쟁과 관련된
사안에 따라 결정된다고 설명한다.

이와 관련 핵무력 사용에 있어 조셉 나이 교수는 도덕(ethics)과 여론
(public opinion) 때문에 핵보유 국가들이 핵사용에 대한 제한성을 보인다는
것인데, 앞서 언급한 바와 같이 북한은 청중비용 적용이 어렵고 정책결정과
정에서 도덕적 제한을 받기가 힘들다는 상황이다. 결국 북한의 핵보유는 핵
억지능력 보유뿐만 아니라 안보적 공세성이 급상승한다는 것을 말해 준다.

북한이 핵탄두 기술과 대륙간 운반수단 능력을 확보한다면, 미국의 예방
전쟁(preemptive war)에 북한이 대미 2차 보복 수단을 갖는다는 의미를 다
시금 상정해야 한다. 미국은 북한의 보복 능력이 있다고 가정한다면 미북
간 협상과 압박에 있어 또 다른 국면을 맞이할 수 있기 때문이다. 미국의
입장에서는 대북한정책에 있어, 이러한 북한의 핵능력과 투발 수단의 고도
화는 핵무장 이전의 북한과 다른 차원의 접근방법을 채택할 수밖에 없다.
물론, 안보적 차원에서 남북관계에서 한국이 주도적 관계를 선점하기가 용
이하지 못하다는 점이다.

북한의 핵개발은 일차적으로 대외 체제보장을 위한 군사적 안보수단으
로 활용되지만, 동시에 김정은 정권의 연착륙을 위해 그리고 군사지도자 이
미지(수령체제 존속) 확립을 위해 핵과 전략미사일 개발은 지속될 것으로 보

---

22) J. Nye and D. Welch, *Understanding Global Conflict and Cooperation*, Ninth
Edition(Pearson, 2013), pp.176-178.

인다. 2017년 북한은 미국 트럼프 행정부와 남한의 문재인 정부 출범과 맞물려 '대결'과 '대화'라는 두 가지 옵션을 마주하고 있다. 추가 핵실험 감행과 ICBM 발사 실험 등 군사도발을 감행해 미국을 자극할 경우 트럼프의 개인적 성향을 고려할 때 군사적 옵션을 선택하는 최악의 상황으로 전개될 수 있으며, 반대로 북한이 대화테이블로 나와 미국과 평화협정 논의 등을 통하여 진정성 있는 대화를 이어나가면서 남북관계를 우호적으로 개선시킨다면 북한은 과거와 달리 북미관계의 개선을 꾀할 수 있는 기회를 잡을 수 있다.

지속적인 도발행위에도 불구하고, 지난 5월 노르웨이 북미 1.5트랙 접촉에서 최선희 북미국장은 "당당한 핵보유국이며 … 인정을 하건 그렇지 않건 이는 객관적 사실"이라고 주장하면서도 추가 핵실험 및 미사일 발사를 중단하기 위한 조건을 미국 측에 전달했다.23) 이러한 모습은 북한이 미국과의 대화 가능성을 여전히 갖고 있음을 보여주는 것이다.

그러나 한편 북한의 기존 대미 협상전략 행태를 돌이켜보면 북한은 탐색적 도발과 대화유도라는 양면 전술을 구사하고 있는 행태와 크게 다르지 않다고 할 수 있다. 문재인 정부 출범 이후 '신베를린구상'으로 대표되는 화해의 제스처에도 불구하고, 북한은 여전히 고강도의 전략적 도발을 감행하고 있다. 문재인 대통령 당선 직후 5월 14일 '화성-12형' 중장거리 탄도미사일(IRBM) 발사를 시작으로, 5월 21일 '북극성 2형' 중장거리 탄도미사일(MRBM), 5월 27일 신형지대공요격 유도무기체계('KN-06' 추정), 5월 29일 '스커드 계열' IRBM, 6월 8일 지대함순항미사일, 7월 4일 ICBM급 미사일 '대륙간 탄도로켓 화성-14형,'24) 7월 28일 '화성-14형,' 8월 26일 단거리 탄도미사일 발사, 8월 29일 IRBM급 '화성-12형,' 9월 15일 탄도미사일 발사 등 신정부

23) "최선희 북 외무성 국장 지난 5월 핵실험 중단 조건 제시했었다," 『중앙일보』, 2017년 9월 4일.

24) 국가과학원 명의로 '대륙간 탄도로켓 화성-14형' 발사에 성공했다고 발표했다. 『노동신문』, 2017년 7월 5일; 이에 대해 한국, 미국, 일본 정부도 미사일 시험의 성공을 인정하고 있지만, 재진입 기술의 완성도에 대한 기술력 확보 및 ICBM 기초능력의 완성단계로는 보지 않고 있다.

출범 이후에만 총 10차례에 걸쳐 군사도발을 지속하였고, 지난 9월 3일 제6 차 핵실험을 감행하였다.

이러한 행태는 북한은 트럼프의 대북정책이 완전하게 확립되기 전 자신 의 존재감을 제고하는 동시에 북미협상에 있어 유리한 입장을 선점하기 위 한 목적에서 도발을 감행하고 있는 것으로 이해된다. 북한은 핵과 미사일기 술 고도화의 현시를 통해 트럼프 정부의 대외정책에서 북한 문제에 대한 우 선순위를 격상시키려는 의도이자 미국과의 협상에서 평화협정체결 등 북미 관계 정상화와 평화공세를 병행할 것으로 예상된다. 6차 핵실험은 이러한 의도[25]가 반영된 것으로 한국을 비롯한 국제사회의 대응 및 제재강도에 따 라 북한은 여러 채널(1.5, 2트랙)을 활용하여 북한의 입장 — 핵보유국으로의 인정 — 을 전파하는 동시에 미국과의 북·미 간 평화회담, 핵군축회담 등 북 미 간 대화와 협상을 유도하려고 할 것이다.

북한은 정경분리 원칙을 고수하며 남북관계보다 북미관계에 보다 무게 를 둘 것으로 보인다. 실제 문재인 정부 출범 이후 다양한 채널을 통해 대화 의 메시지를 보내고 있음에도 이에 대해 북한은 의미 있는 대응을 하지 않 고 있다. 이는 북한이 핵능력의 고도화로 인해 자신들이 한반도 정세에 우 위를 차지하고 있다고 생각하는 것으로 남북관계를 통한 경제적 이익보다는 미국과의 협상을 통해 자신들의 체제보장과 남북관계에서의 우위를 중요시 할 가능성이 크기 때문이다. 미국 트럼프 행정부가 한국에게 북한 문제의 주도권을 인정하면서 북한과의 적극적인 대화와 협상에 응하지 않은 결과가 미사일 시험을 비롯 최근 핵실험까지 감행하게 되는 요인으로 작용한 것이 다. 이를 통해 북한은 미국과의 담판을 유도하며 다시 한반도로 끌어들이려 하고 있다.

북한의 대남정책으로 '통일대전' 구호를 생각해 본다면, 우리 정부의 민

---

25) 정성윤은 6차 핵실험('미니 수소탄')을 감행한 동기로 1) 핵 고도화 완성을 위한 단계 적 목표의 일환이자, 2) 대미 강압을 통해 북핵 국면의 주도권 강화라는 군사적·정 치적 차원에서 찾고 있다. 정성윤(2017), 위의 글, pp.2-3.

간 교류 활성화 및 남북관계 개선 의지와 무관하게 강경한 대남정책은 지속될 것으로 보인다. 남북관계의 악화 원인을 우리 정부에게 떠넘기면서, 핵 능력 및 미사일 능력의 고도화를 수단으로 한국을 배제하려 할 것이다. 이러한 북한의 행태는 이미 김정일이 구사했던 '선군정치'의 연장선상에 있다. 이러한 강경한 대남정책은 남북 간 체제경쟁 차원에서 지속적으로 수행될 것으로 보이는데, 이는 남한과의 군사적 긴장감 조성을 통하여 북한 내부의 정치적 능력을 결집하고 미국의 군사적 압박과 경제봉쇄정책에 맞서 반제국주의 논리를 전개시켜 체제정통성의 확립에 활용하고자 하기 때문이다.

그럼에도 불구하고, 북한에게 남한의 경제적 지원과 협력 역시 절실하다. 이를 위해 선대 김정일이 취해왔던 '정경분리'와 '체제보장' 조건을 남한에 제시하면서 '북한식 유일체제'의 안정성 확립과 '경제발전'이라는 두 마리 토끼를 잡으려 할 것이다. 그러나 핵 문제의 근본적 해결이 없는 상황에서 북한의 해외투자 유치와 외화벌이정책은 성공하기 어렵고, 이러한 위기를 돌파하기 위해서는 한국의 지원과 협력이 필요하다. 북핵 고도화의 진전에 따라 대미·대남 주도권을 확보했다는 판단이 서면, 전략적으로 남한과의 대화 분위기를 조성하면서 자신의 경제적 실리를 추구할 가능성을 배제할 수 없다. 그렇다고 하더라도 김정은 정권은 북한 체제가 위협당하거나 정치적 관여가 우려되는 상황이 발생할 경우 '최고존엄모독' 이유로 언제든 대화를 단절할 수도 있다.

북한이 핵 및 미사일기술 고도화를 활용해 평화협정 등 미국과의 양자협상을 강조하며 한국을 배제하려는 의도가 보다 분명해지고 있는 상황에서 미국과 한국 간 긴밀한 공조가 무엇보다 중요해지고 있다. 미국은 지난 6월 한미정상회담을 통해서 강력한 한미군사동맹의 강화와 한미 간 대북정책 긴밀한 공조를 약속하였으며, 한반도 문제의 한국 주도 및 문제 해결 최종수단으로 대화 원칙을 확인하였다.[26] 그렇다고 하더라도 미국은 '미국 우선주의(American First)'를 기조로 외교정책을 구상 및 실행할 것으로 예상되기

---

26) 『조선일보』, 2017년 7월 3일.

때문에, 북한이 핵 및 미사일 고도화를 지속한다면 혹은 레드라인을 넘어간다면 최대압박(Maximum Pressure)을 실행할 수도 있다.[27] 특히 지난 한미 정상회담의 공동성명 내용을 보면, "under the right circumstances"에서 대북대화 재개 조건으로 삼고 있다. 이는 미국이 우선 제재에 집중하고 있으며 '대화를 위한 올바른 여건'에 대한 조율이 필요하다는 점이다. 그러므로 문재인 정부의 대북정책의 구동에 있어 미국과의 조율이 필요하다는 것을 인식해야 한다.

G20 정상회의와 〈안보리 대북제재결의안 2375호〉 채택과정에서 잘 드러났듯이, 중국과 미국 간 패권경쟁이 북핵 및 한반도 문제를 하위구조화시켜 북핵 문제의 해결에 부정적 영향을 미치고 있다. 실제 이번 6차 핵실험 이후 미국 주도의 고강도 대북제재가 또다시 중국과 러시아에 의해 상당 수준 완화되었다는 사실에서 이를 확인할 수 있다.[28] 미중 간의 협력과 갈등 관계가 반복하는 것은 어쩔 수 없다 하겠으나, 만약 미중이 동아시아에서의 패권경쟁에 과도하게 집착하게 된다면 북핵 문제와 한반도 통일 문제는 간과될 수밖에 없고 중국은 북한을 자국의 동맹국으로서 재인식하여 대미 완충국가(buffer zone) 역할을 중시할 수 있다. 북한 역시 이러한 미중 틈새벌리기를 전략적으로 활용해 중국으로부터 안정적 정권유지와 경제지원을 보장받을 가능성이 커진다. 일본 정부 역시 미국의 군사 동맹국으로서 역할 분담이 커지게 된다면, 보다 더 적극적으로 한반도 문제에 개입하려 할 것이다.

한반도 통일을 위한 국제적 환경은 우리에게 분명 난망한 상황이다. 미·중 간의 패권경쟁 구도가 심화되고 있는 지금의 상황은 우리에게 유리하지

---

27) 맥매스터 미국 국가안보보좌관은 최근 기고를 통해 미국우선주의에 기초한 지역별 선별적 균형과 안보비용의 재분배를 거론한 바 있다. H. R. McMaster and G. D. Cohn, "America First Doesn't Mean America Alone," *Wall Street Journal* (2017. 5.3).

28) 6차 핵실험 이후 9월 11일(현지시간) 만장일치로 채택된 유엔안보리의 새로운 대북 제재결의안 2375호에서는 미국이 강력하게 요구했던 원유금수, 해상봉쇄, 김정은 자 산동결 등 이른바 '끝장 제재'가 중·러의 강경한 반대로 통과되지 못하면서 '무용론' 까지 제기되고 있다. 『헤럴드경제』, 2017년 9월 12일.

않은 상황이기 때문에 한국 정부는 그 어느 때보다 적극적인 통일외교에 나설 시점에 와 있다.

IV. 맺음말: 북핵과 새로운 대북·통일정책 추진전략

김정은 정권은 '북한식 유일체제'와 '폐쇄적 북한식 사회주의' 그리고 핵개발을 포기하지 않고 있으며 남한뿐만 아니라 주변국과도 도발과 대화의 양면전술로 줄다리기 외교를 지속하고 있다. 한국은 2000년 남북정상회담을 계기로 교류와 협력의 대북관여정책을 전개했으나 북한의 변화는 우리의 기대치를 만족시키지 못했다. 오히려 북한은 2000년대 이후 끊임없는 군사적 도발과 책임성 없는 합의와 파기를 반복하며 국제사회의 북한에 대한 신뢰성을 잃게 했다.

그러나 문재인 정부 출범 이후 우리 정부는 북한과의 대화·협력을 표방해왔으며, 지난 2017년 7월 19일 문재인 정부의 '국정운영 5개년 계획'에서 '국가비전 ― 5대 국정목표 국정전략 ― 100대 국정과제'를 발표하였다. 이는 '남북 간 화해협력과 한반도 비핵화' 전략을 바탕으로 북한을 대화로 이끌고, 북한 비핵화와 평화체제 구축의 포괄적 추진을 말한다. 북핵 문제를 평화적으로 해결하여 한반도 평화 정착을 추진하면서 남북대화와 교류를 재개를 통해 남북합의를 법제화하여 '한반도 신경제지도' 구상을 본격 추진할 것과 대북정책에 대한 초당적 협력과 국민적 지지를 강화하여 통일공감대를 확산할 것을 공표한 것이다.29)

남북관계의 개선은 한반도와 동북아 평화정착에 중요한 단초이다. 올해 우리 정부의 노력과 북한의 대외정책 변화가 맞아떨어지면서 한반도 평화의

---

29) 국정기획자문위원회, 『문재인정부 국정운영 5개년 계획』, 2017년 7월.

전환점이 되고 있다. '2018평창동계올림픽'을 계기로 남북대화가 재개되고, '4·27남북정상회담'이 성사되면서 남북관계는 새로운 전환점을 맞이하고 있다. 또한 우리 정부의 중재로 '6·12북미정상회담'이 싱가포르에서 개최됨에 따라 북핵 문제의 평화적 해결이 가시화되고 있다. 특히 북한은 2018년 4월 20일 노동당 전원회의를 통해 '핵병진 노선' 승리를 선포하고 '경제건설'에 집중할 것을 발표하였고, '6·12싱가포르선언' 이후 북미 간 북한 비핵화 협상이 진행되고 있어 북핵 문제의 평화적 해결이 가시화될 수 있는 기회가 마련되었다.

그러나 북미 간 '북한 비핵화'와 '북한 체제보장'의 협상은 많은 난관이 예상되고 있어 우리 정부는 보다 면밀한 정책적 대응을 모색해야 할 시점이다. 무엇보다도 우리 정부는 남북관계 개선과 북한 비핵화의 선순환을 위해 노력하고 있지만, 장기적으로 북한의 변화를 유도할 수 있는 발전적 정책을 수립해야 할 시점임이 분명하다. 만약 북한의 핵 고도화를 막지 못한다면 한반도 정세는 악화될 것이 분명하다. 과거 북한의 핵개발이 방어적 차원에서 공세적 차원의 핵정책으로 진화하고 있기 때문에 북한의 핵무장이 가시화된다면 한반도 정세에도 큰 영향을 줄 수밖에 없다. 만약 북한이 실전 핵배치가 가능하게 된다면 우리에게도 큰 위협이자 부담이 된다.

우리의 대북정책 역시 화해·협력을 근간으로 한반도의 평화정착과 통일을 위해 남북 간 대화를 추진하고 있으며, 한반도 통일이라는 장기적 목표를 실현하려면 국내, 국제적 변수들을 파악하고 대비해야만 하는데 북한의 핵개발이 한반도 평화와 남북관계 개선에 엄청난 위협이라는 것은 명약관화하다. 하지만 우리 정부 주도의 남북관계 개선, 그리고 한반도 평화정착을 이끌어 나가려면 북한의 핵개발 저지도 중요하지만 남북관계 개선이 시급하다. 그러므로 북한 핵 문제와 남북관계 개선은 '투 트랙(two track)' 전략으로 추진해야 할 것이다.

또한 남북 대화 창구의 복원 등 양자협상을 기본으로 한반도 평화체제 및 동북아 안보협력 등을 위한 다자적 협상 창구를 확보해야 한다. 물론 북한이 비핵화 의지를 보여주지 않는 한 북미 간 '북한 핵협상'은 난망하지만,

북핵 문제의 해결과정에서 한국의 주도적 역할을 할 수 있는 공간을 지속적으로 만들어내야 한다. 이를 위해 남북 간 당국회담과 민간교류가 병행되어야 하며, 특히 정치적 요인들이 민간교류확대를 방해해서는 안 된다. 경색된 정부 차원의 교류가 쉽지 않은 현실에서 우선적으로 민간 차원의 교류협력과 환경, 문화적 접근법을 보다 가시적으로 추진해야 할 시기라 생각된다. 민간부문의 필요에 따라 인도적 지원과 적극적 관여도 필요한 상황이다. 이 과정에서 우리 정부는 남북 간 교류가 유지될 수 있도록 제도적 장치를 마련해야 하고 동시에 인류 보편적 가치를 기반으로 하는 남북협력관계를 추진할 수 있도록 뒷받침해 주어야 한다.

　한반도 평화를 넘어서 적극적 평화를 추진하기 위해서는 장기적 플랜이 필요하다. 평화통일정책의 추진이라는 것은 남북통일이 평화적으로 남북 간 합의에 의해 이루어져야 한다는 뜻이므로 우리사회의 통일 필요성에 대한 공감대와 통합을 동시에 추구해야 한다. 국제적 차원에서는 기존의 미국, 일본, 중국, 러시아 등 한반도 주변 4국 대상의 통일외교를 견지, 강화하는 동시에 통일외교에 대한 공감대를 국제적으로 확대시켜야 한다. 2차 세계대전 이후 한반도를 둘러싼 동아시아는 이념적·정치적 실험실이었으며 치열한 경쟁구도가 형성되어 왔던 역사적 경험을 감안한다면, 한반도의 평화적 통일은 세계평화에 가장 큰 축이며 업적이라는 인식을 확산시켜 나가야 한다. 또한 우리의 통일정책 추진은 국제사회의 협력과 이해가 없이는 많은 한계가 발생할 것이다. 다시 말해 한반도의 평화통일을 위해서는 국제사회의 협력이 필요하며, 이를 위해서는 해외 네트워크 구축과 외교적 노력이 요구된다.

　마지막으로 우리 정부의 대북·통일정책을 수행함에 있어 국민과의 협의와 이해가 필수적 요소라는 것이다. 지난 촛불 정국에서 보았듯이 우리의 민주주의 수준은 상당한 발전을 이루었고, 앞서 언급한 청중비용이 철저하게 적용받는 사회로 발전하고 있다. 민주주의 제도와 절차, 그리고 여론형성은 우리 정부의 국가정책 수립에 절대적인 정당성 담보와 정부 평가 잣대가 되기 때문이다. 우리사회의 정치 지도자, 정책 입안자들은 이러한 민주주의 발전단계를 인식하고 주권자들과의 소통과 협의가 무엇보다도 중요한 시점이라는 것을 이해해야 할 것이다.

참·고·문·헌

국정기획자문위원회. 『문재인정부 국정운영 5개년 계획』, 2017년 7월.

김지용. 2014. "위기 시 청중비용의 효과에 관한 이론 논쟁 및 방법론 논쟁의 전개과정 고찰, 1994-2014." 『국제정치논총』 제54집 4호.

정보사령부. 2009. 『북한집단군·사단』. 대전: 육군인쇄창.

정성윤. 2016. "북한의 핵전력 평가." 『KINU 통일+』 2016년 겨울호. 서울: 통일연구원.

_____. 2017. "북한의 6차 핵실험(1): 평가와 정세전망." 『Online Series』 CO 17-26. 서울: 통일연구원.

정영태 외. 2014. 『북한의 핵전략과 한국의 대응전략』. 서울: 통일연구원.

채재병·나용우. 2013. "동북아 지역질서 변화와 한국의 전략." 『한국정치외교사논총』 제34집 2호.

통일연구원 북한연구실. 2017. "2017년 북한 신년사 분석 및 대내외 정책 전망." 『Online Series』 CO 17-01. 서울: 통일연구원.

통일연구원. 2014. "2014년 북한신년사 분석." 『통일정세분석』. 서울: 통일연구원.

홍 민. 2015. "핵경제 병진노선 이후 북한정세 종합평가." 〈제11차 KINU 통일포럼〉. 서울: 통일연구원.

홍석훈. 2014. "중국의 대북한 외교정책 기조와 전략: 중국지도부의 인식과 정책선호도를 중심으로." 『정치정보연구』 제17권 1호.

_____. 2015. "독재자들의 전쟁과 평화." 『KINU 통일+』 2015년 가을호. 서울: 통일연구원.

『로동신문』, 2008년 1월 1일~2017년 3월 31일; 2017년 7월 5일.

『세계일보』, 2017년 9월 3일.

『연합뉴스』, 2017년 8월 26일.

『조선일보』, 2017년 7월 3일.

『중앙일보』, 2017년 8월 10일; 2017년 9월 4일.

『헤럴드경제』, 2014년 1월 6일; 2017년 9월 12일.

Fearon, James. 1994. "Domestic Political Audiences and the Escalation of International Disputes." *American Political Science Review*, Vol.88, No.3.

Hong, Sukhoon, and Yunyoung Cho. 2017. "Consistent pattern of DPRK's policy on ROK: What Shapes North Korea's foreign policy?" *International Area Studies Review*, Vol.20, No.1.

Krippendorff, K. 2004. *Content Analysis: An Introduction to its Methodology*. California: Sage Publications.

McMaster, H. R., and G. D. Cohn. 2017. "America First Doesn't Mean America Alone." *Wall Street Journal*, 3 May 2017.

Nye, J., and Welch D. 2013. *Understanding Global Conflict and Cooperation*, 9th Edition. Pearson.

Waltz, Kenneth N. 1959. *Man, the State, and War: A Theoretical Analysis*. Columbia University Press.

Weeks, Jessica. 2014. *Dictators at War and Peace*. Ithaca: Cornell University Press.

제7장

북한 문제의 구조적 특징과 '억지·강요'의 이론적 분석

박인휘 • 이화여자대학교

I. 머리말

탈냉전 이후 약 30년이 다 되어가는 기간 동안 북한의 비핵화 및 개방개혁을 이끌어 내기 위한 다양한 정책을 추진하였지만 결과적으로 모두 실패하였다. 북한의 지속적인 핵실험과 장거리 미사일 발사 실험은 한반도와 동북아는 물론 국제사회 전체에 심각한 안보 위협을 안겨다 주고 있으며, 그 결과 북한의 국제적 고립감이 더욱 심화됨은 물론 우리가 궁극적으로 추진해야 할 한반도 평화통일의 실현은 더욱 어려워지고 있다.

기본적으로 지금까지 우리 정부가 추진했던 대북정책은 크게 보아 두 가지 차원의 성격을 가지고 있는데, 하나는 북한을 상대로 각종 지원과 교류협력을 통한 관여정책을 전개하여 북한을 비핵화와 변화의 길로 들어서게 하는 것이고, 다른 하나는 북한을 상대로 제재와 압박을 통해 어려움을 안겨다 주어 외부의 압력에 굴복하게 만드는 방법이다. 정부의 이념적 정체성, 각 정권이 가지는 대북정책의 목표, 국민적 합의, 그리고 국제사회의 지지도 등에 따라 이 두 가지 정책이 선택적으로 채택되는 경향을 보여 왔다.1)

그런데 소위 제재정책이 성공하기 위해서는 대부분의 과거 다른 지역 사례에서 볼 수 있듯이, 두 가지 핵심 조건이 충족되어야 한다. 첫 번째 조건은 경제제재가 실패할 경우 다음 정책 옵션으로는 군사행동을 선택할 것이라는 메시지를 상대방 국가에게 분명하게 전달하여, 경제제재에 응하지 않을 경우에 발생할 두려움을 느끼게 만들어 한다는 점이다. 두 번째 조건은 상대방 국가 즉 목표 국가(target state)가 교역 등을 통해 외부세계와의 의존성이 일정 수준 이상 유지하고 있는 관계로 제재가 경제적 손실로 쉽게 전환될 수 있어야 한다는 점이다. 이런 관점에서 보자면, 북한의 경우 제재 정책이 쉽게 성공하기 어려운 구조적 한계성을 보여주고 있는 것이 분명하다.2)

더구나 시간이 흐를수록 북한의 핵무기 보유 의지는 더욱 강화되고 있으며, 북한을 짧은 시간 안에 핵을 포기시키거나 변화의 길로 들어서게 만든다는 것은 쉽지 않을 것으로 판단된다. 이와 동시에 북한 지도부가 자행하고 있는 빈번한 숙청이나 체제 결속을 위한 핵심 권력층의 잦은 이동 등

---

1) 전자의 경우를 통상 '관여정책(engagement policy)'이라고 부르는데, 기능주의(Functionalist) 접근법에 따라 지원과 교류협력의 결과가 정치적 선택으로 전환되는 전환효과(spill-over effect)가 발생할 것으로 기대한다. 후자의 경우 통상 '압박정책(copellence policy)' 혹은 '제재정책(sanctions policy)'이라 부르는데, 이미 발생한 그릇된 행동의 패턴을 바꾸거나 전환시켜야 할 경우, 경제제재에 대한 고통을 가중시키거나 혹은 경제이득에 대한 기대를 높여줌으로써 목표 국가(target state)의 정치적 결단을 유도하는 정책을 말한다.

2) 2016년 1월 6월 북한은 제4차 북핵실험을 전격적으로 감행하였다. 이에 우리 정부는 지금까지의 대북정책과는 다른 '전격적인 제재정책'을 선택하였고, 개성공단 중단을 포함하여 우리 주도의 '단독제재,' 미국, 중국 등과 함께 진행하는 '양자제재,' 그리고 유엔을 중심으로 전개하는 '다자제재,' 이렇게 다층적인 단계에서 제재를 전개하고 있다. 하지만 북한은 이러한 외부의 제재가 자국의 핵개발 의지를 꺾을 수 없다는 메시지를 발산하려는 듯, 2016년 9월 제5차 핵실험을 전격 감행하기에 이른다.

으로 인해, 우리 국민은 물론 국제사회로부터 북한 집권세력에 대한 거부감 역시 더욱 증폭되고 있는 현실이다. 결과적으로 정치, 군사적인 대화는 물론 경제교류나 사회문화 협력 분야의 협력 자체가 위축되고 있고, 비록 의도하지는 않았다고 하더라도, 남북관계 발전과 평화통일 실현을 위한 전제조건이 북한의 태도에 달려 있는 듯한 상황이 지속되고 있다.

현실적으로 북한 문제의 해결과 통일은 대체로 3가지 시나리오 중에서 하나의 방식을 통해 달성될 것으로 예상되는데, 1) 남북한 합의(협상)에 의한 비핵화 및 통일(일종의 북한 스스로의 포기), 2) 다양한 요인이 상호 작용한 북한의 붕괴 혹은 이와 유사한 방식의 남한 중심의 흡수 통일, 3) 교류협력을 통한 평화정착이 선행하고 이를 통한 북한사회의 점진적 변화가 통일로 연결되는 우리의 '민족공동체통일방안'의 실현, 이렇게 세 가지 방안 중에서 어느 하나로 귀결될 가능성이 크다. 이 세 가지 중에서, 3)번 방식이 현실적으로 가장 바람직한 방안으로 이해되고 있지만, 문제는 현재로서는 평화를 정착 및 발전시키고 또한 대규모 및 포괄적인 교류협력 추진을 위한 구체적인 모멘텀이 확보되지 않고 있으며, 이에 따라 대북한 관여정책을 적극 추진할 국내외적 동력이 실종되었다는 점이다. 결과적으로 북한의 핵포기와 변화를 유도해 내기 위한 '긍정적 관여정책'을 추진하기 위한 정치적 리더십, 국내적 지지, 국제적 환경 조성 등이 마련되지 못하고 있는 실정이다.[3]

이러한 배경에서, 본 장에서는 지금까지 우리사회의 논쟁적 이슈로 존재했던 대북한 관여정책의 문제점에 대해서 이론적으로 상세히 검토해 보고자 한다. 북한 문제가 안고 있는 고유한 속성이 대북 관여정책을 딜레마적 상황으로 만든 측면에 대해서 분석하고, 이어서 궁극적으로 북한의 변화를 이

---

3) 최근 북한의 연이은 핵실험 이후 우리 정부와 국제사회(특히 미국)는 과거와 달리 대북한 적극적인 압박정책을 추진하고 있는데, 이러한 대북정책이 북한에게 고통을 줄 수는 있겠지만, 과연 북한 스스로의 핵포기로 연결될 수 있을지에 대해서는 다양한 논쟁이 이어지고 있다. 보수주의 세력 일부의 경우 스스로 제재의 목적이 북한의 붕괴가 아니라 대화 테이블로 이끌기 위한 불가피한 수단이라고 설명하고 있지만, 제재 이후를 포함해서 북한이 우리가 내미는 협상카드 효과에 관심을 가지게 할만큼 정교한 대북정책의 로드맵이 제시되지는 못하고 있다.

끌어 내기 위한 관여정책의 내용 및 방향성은 무엇인가에 대해서 살펴보기
로 하겠다.

II. 북한 문제의 구조적 딜레마

1. 북한 문제 해결의 어려움

비핵화의 달성과 북한사회의 변화 및 개방이라는 차원에 초점을 맞추고
보면, 탈냉전기 이후 2017년 현재에 이르기까지 약 25년 동안의 대북정책
은 모두 실패하였다. 보수정권의 원칙론적인 대북 강압정책도, 진보정권의
적극적 관여정책도 효과를 발휘하지 못하고 있다.[4] 왜 그럴까 하는 원인 분
석과 함께, 북한 문제 해결에 있어서 다음과 같은 세 가지 차원의 딜레마적
상황을 짚어보는 것은 의미가 있는 것으로 판단된다. 왜냐하면 북한 문제,
특히 북핵 문제의 경우 우리의 의지 및 능력과는 무관하게 한반도 차원을
넘어서는 관점에서 해석되는 경우가 많거나 혹은 북한 내부의 특성과 관련
한 정확한 이해가 요구되기 때문이다.

첫째, '한반도 차원'의 문제들이 '미중 간 게임 차원'의 문제들로 전환되
는 특징이 발견되는데, 이러한 특징은 우리의 국력 및 의지를 넘어서는 범
위에 있는 경우가 많으므로 우리에게는 일종의 딜레마적인 상황이 아닐 수
없다. 이는 동북아 지역이 가지는 고유한 지역안보질서 특성에서 비롯되고
있는데, 다른 지역과 달리 '강대국 정치'의 반영이 매우 뚜렷한 관계로 남북
관계 차원에서 발생하는 정책 옵션과 안보 상황이 강대국, 즉 미중 간 차원

---

4) 이러한 상황의 배경에는 우리의 정책적 역량과 의지만으로는 쉽게 해결하기 어려운
   한반도 및 동북아 안보상황의 구조적 문제가 존재하기 때문이다.

의 액션으로 해석되는 경우가 자주 발생한다.[5] 다수의 안보 전문가들은 '미중 간 신권력관계'를 의미하는 G2시대에는 갈등과 협력이 공존할 것으로 예측하고 있는데, 한반도 안보는 양국 간 대표적인 '갈등 유발 이슈'로 평가되고 있다. 한반도 차원의 이슈가 미중 간 차원의 이슈로 전환되는 데에는, 이러한 구조적 배경과 맞물려 있는 것으로 볼 수 있다. 여기에서는 자세하게 논의하지 않겠지만, 한반도 사드 배치(THAAD: Terminal High Altitude Area Defences) 문제는 북핵을 억지하기 위한 정책 옵션이 어떻게 미중 간 권력게임으로 전환되는지를 매우 잘 보여주고 있다.

우리나라보다 외교자원이 풍부한 나라들인 미국과 중국을 상대로 북한 문제의 해결 및 통일에 대한 협조를 이끌어내야 하는 우리의 입장에서, 한반도 문제가 미중 간 게임의 차원으로 전환되는 것은 우리 외교 공간의 제약을 의미하게 된다. 한반도적 적실성만을 가져야 하는 문제들을 놓고서 미국과 중국이 대미 및 대중 견제의 차원에서 이해한다면, 우리의 국가이익이 배제되는 결과로 이어지기 때문이다. 한국이 북한 문제 해결에 대한 주도권을 쥐고, 북한 변화 및 통일과정에서 미국과 중국이 우리에게 우호적인 선택을 해줘야 하는 상황에서, 이러한 외교안보상의 구조적 한계는 우리의 의지 및 능력과는 무관한 딜레마적 현상이 아닐 수 없다. 결국 이러한 현실적 제약을 반영하여, 우리 정부는 미국과 중국 모두를 핵심 외교 파트너로 삼겠다는 의지를 강조하고 있지만, 미국과 중국은 한반도 문제에만 집중하기보다는 글로벌 전략 및 동아시아 전략이라는 보다 상위의 차원에서 북한 문제를 접근하는 관계로, 우리가 그리는 외교그림에 미국과 중국을 끌어들인다는 것은 매우 어려운 일이 아닐 수 없다.

두 번째 딜레마로는, 북한 내부의 고유한 특성상 북한을 상대로 한 '관여정책'과 '압박정책' 모두 실효성을 거두기 어두운 현실을 지적할 수 있다. 잘 알려진 바와 같이, 북한은 한국전쟁 이후 지금까지 독특한 지배 이데올로기

---

5) Eleanor Albert and Beina Xu, "The China-North Korea Relationship," *CFR Backgrounders* (Feb 8, 2016).

를 토대로 외부 세계와 단절된 정치질서를 유지하고 있는 바 외부의 영향이 좀처럼 내부 사회로 침투하기 어려운 구조이다. 다시 말해, 북한 체제의 특성상, 관여정책의 결과로 '개방 지향적인' 새로운 정치그룹이 등장하는 것도 아니고, 또한 동시에 압박정책의 결과로 '피해를 두려워하는' 그룹의 정치적 압박이 중대하지도 않는다는 것이다.[6]

관여정책의 경우, 외부세계에서 투입되는 각종 혜택이 북한사회 내 특정 그룹의 경제적 지위를 향상시키고, 이러한 경제적 지위의 강화라는 변화가 다시 정치적 입지의 강화로 이어져, 결과적으로 이러한 그룹이 외부로부터 전달되는 관여정책이 지속되도록 영향력을 행사해야 한다. 그리고 북한 내부에 이러한 사회구조적인 변화가 정착되어야 한다. 하지만 북한의 경우 관여정책으로 인해 전달되는 외부 세계의 각종 지원과 혜택이 북한 내 세력들 간 정치적 게임의 변화로 전환이 되지 않는 모습을 보여 왔다. 동시에 외부에서 제재를 가하는 압박정책 역시 한계성을 보이기는 마찬가지인데, 외부에서 제재를 가하게 되면 북한사회 내부의 경제사회적 상황이 악화되어 여기에 불만을 품는 세력들이 정치적 목소리를 키우게 되고, 그 결과 개혁 및 개방을 선택하는 정치적 결단으로 이어져야 한다.

하지만 잘 알려진 바와 같이, 북한의 경우 한국전쟁 이후 오랜 기간 동안 만성화된 대외제재를 비록 왜곡되었지만 일관된 방식으로 견디고 있으며, 경제가 침체되어도 여기에 불만을 품은 세력들이 '김정은'으로 대표되는 국가 리더십에 영향을 미칠 만큼 정치적 세를 확보하기 어려운 특징을 보이고 있다. 물론 최근 북한 내부에 장마당으로 대표되는 사회구조 변화의 초보적인 움직임이 가시화되고 있지만, 이러한 변화가 권력구조 변화로까지 이어질 것인지에 대해서는 판단하기에 아직 이르다.

결국 이상에서 살펴본 바와 같이, '당근정책'과 '채찍정책'이라는 두 유형의 정책이 모두 실효성을 거두기 어렵다는 점은 우리의 입장에서 딜레마적

---

6) Christopher R. Hill, "The Elusive Vision of a Non-Nuclear North Korea," *Washington Quarterly*, Vol.36, No.2(2013).

상황이 아닐 수 없다. 1990년대 이후 지금까지의 대북정책은 다양한 방식을 취하고 있었지만, 궁극적으로는 우리의 지원과 북한의 포기 사이에 교환을 전제로 한 게임이었다. 다시 말해, 다양한 방식으로 대북정책에 대한 설명이 가능하겠지만, 기본적으로 거시적인 관점에서 우리(혹은 국제사회)의 '경제적 및 사회적 지원'과 북한의 '핵 포기 및 체제 변화'를 전제로 한 일종의 교환(trade-off)이라는 의미를 가지고 있었던 것이다. 그런데 과거 이명박 정부와 박근혜 정부가 취한 대북정책 스탠스는 이러한 교환에 기반한 '기능주의적 접근(functionalist options)'이 무의미한 것으로 인식하고, 어떤 형태로든 북한의 태도 변화가 우리의 긍정적인 관여의 전제가 되어야 한다는 인식이 깔려 있었다. 이러한 판단에 의해 교환을 대신한 대북제재가 채택되었던 것인데, 그런데 안타깝게도 과거의 '교환(or 관여)'을 대체한 '제재(sanction) 정책' 역시 북한 변화라는 우리가 기대한 효과를 가져다주지 못하고 있다는 점이다. 앞서 언급한 북한사회의 구조적 특성상, '당근'과 '채찍' 모두 북한의 변화(전략적 선택)를 야기하기에는 어려움이 불가피하다는 점은 우리에게 일종의 딜레마적 상황이 아닐 수 없을 것이다.

셋째, 우리의 대북정책을 무력하게 만드는 마지막 딜레마적 특징은 북한의 리더십에 있다. 북한사회의 특성상, '국가안보'와 '리더십안보'가 집권세력은 물론 북한 내 대부분의 주민에게 동일한 의미로 받아들여지고 있는데, 그 결과 핵개발이 국가안보가 아닌 리더십안보에만 도움이 됨에도 불구하고, 핵무기 보유가 국가안보 차원에서 생존의 전제조건으로 받아들여지는 비이성적 상황이 전개되고 있다. 이러한 현상 역시 우리의 정책 실효성을 제한하는 명백한 딜레마로 작동하고 있다. 국가안보는 구성원들 간 합의와 가치(value) 간 경쟁에 의한 사회적 구성(social construction)을 의미하지만, 북한의 경우 리더십의 유지가 국가안보로 치환되고 있어서, 이러한 현상은 외부 행위자의 정책적 자율성을 침해하는 딜레마로 평가되고 있다. 북한이 핵카드를 본격적으로 꺼내든 이후, 핵무기 보유 시도가 일반 주민의 삶과 무관함은 물론 국제사회로부터 더욱 심각한 고립을 유도함에도 불구하고, 핵을 포기하지 않은 이유는 북한이라는 국가 전체의 안보보다는 특정 리더십의 안보의 관점에서 접근하기 때문인 것으로 알려져 있다.

총합적인 국가안보의 확보가 아니라 김정은으로 대표되는 집권안보의 확보에서 생각하다 보니까, 핵보유 시도에서 비롯되는 이익이 더욱 극대화되는 것이다. 만약 북한이 보이는 이러한 비정상적인 판단이 일정 부분 북한주민들 간 암묵적 동의에 의해서라면 즉, 집권세력의 안보를 유지하는 것이 북한사회 전체의 안보를 유지하는 것으로 받아들이고 있다면, 이러한 현상은 한국 정부와 국제사회가 대북정책을 전개하는 데에 있어서 매우 심각한 방해 요소로 작용하게 된다. 특히 대북정책 실현과 관련하여 의도하든 의도하지 않든, 우리의 관점에서는 '북한 정권'과 '북한주민'을 적절한 수준에서 분리하는 전략이 필요한데, 국가안보와 리더십안보가 동일한 의미로 받아들여지는 북한의 현실이 '주민-정권' 분리 전략을 사실상 어렵게 만들고 있다.

2. 북한 문제에 대한 미국과 중국의 입장

이상에서 설명한 북한 문제 해결을 둘러싼 딜레마적 현상 중에서도, 특히 최근에 와서 미국과 중국이 한반도에 대해서 가지는 이해관계를 파악하는 일이 더욱 중요해지고 있다. 미국의 경우 트럼프 행정부가 들어선 이후 전례가 없는 군사적 압박에서부터 트럼프 대통령 스스로 북한지도자와의 직접 대화 언급에 이르기까지 소위 '널뛰기 전략'이 이어지고 있는데, 이는 결과적으로 한국의 대북한 정책적 자율성을 침해하는 가능성을 의미한다. 중국의 경우 소위 대북한 제재 국면에서 그 존재감이 더욱 커지고 있는데, 유엔 결의안에 의한 대북제재의 원론적인 동참은 이뤄지고 있지만, 다양한 예외 조항들을 통해 중국이 가지는 고유한 대북한 접근법을 그대로 유지하고 있는 것으로 알려져 있다.

결국 한·미·중 사이에 북한 문제 해결에 대한 공감대가 없이는 우리의 대북정책이 결코 성과를 거두기 어렵다는 결론이 가능한데, 미국과 중국이 가지는 대한반도 이익을 우리의 이익에 수렴시키는 일은 매우 어려운 외교

과제여서, 한 마디로 이 또한 딜레마적 상황이 아닐 수 없다. 그렇다면 미국과 중국이 가지는 한반도적 이익은 구체적으로 무엇일까?

미국의 입장에서는 북한의 돌이킬 수 없는 핵개발과 뒤이은 제재 국면이 변수로 작용하지만, 기본적으로 동북아 전체 차원에서 미중관계를 안정적으로 유지하는 것이 최대의 이익이라고 생각하고 있으며, 이에 따라 중국을 상대로 동아시아에 '묶어두기' 전략을 통해 중국의 미국 '밀어내기' 전략에 대응하며, 세력권 확장을 도모할 것으로 예상된다. 바로 이러한 전략적 그림의 맥락에서 한반도 문제를 접근하고 있는 것으로 판단된다. 안보 전략은 항상 최악의 시나리오를 가정하는 일종의 전략게임이므로, 미국의 입장에서 동북아 지역의 최후 군사기지가 일본이냐 혹은 한반도냐 하는 점은 매우 큰 차이와 의미를 가진다.

특히 2016년 북한의 4차, 5차 핵실험에 대한 국제사회의 제재 이행과정에서 중국을 견제하고 동북아에서 리더십을 유지하며, 미국의 동아시아적 이해관계의 확장을 위해 한국과 일본을 적극적으로 활용하려는 노력이 자명해 보인다. 이러한 맥락에서, 미국의 동북아 전략은 재균형(Rebalancing)정책에 바탕을 두고 한미동맹과 미일동맹을 결합한 삼각 협력체제를 구축하는 것인데, 무엇보다도 일본과의 동맹을 강화하면서 최근까지 진행해 온 미일 방위협력지침 재개정, 일본의 집단적 자위권 활용 및 THAAD 배치 논의를 통해 미일동맹의 활용을 통한 미국의 영향력을 높이려고 할 것이다.

트럼프 행정부 등장 이후 대한반도 전략이 크게 변화한 것처럼 보이지만, 사실은 기존의 전략적 스탠스가 그대로 유지되는 것으로 보인다. 미국은 2016년의 북한 4차 및 5차 핵실험을 계기로 인해, 미국 정가에 퍼져 있던 한국의 중국 경사론이 상당 부분 해소되었으며, 이와 연동되어 동아시아 MD 구축을 위한 주한미군 THAAD 도입 역시 순조롭게 마무리되어야 한다는 입장이다. 대북제재 과정에서 한미동맹과 미일동맹에 기반한 협력을 강화하면서 미국의 동아시아 재균형전략에서 한반도를 전략적으로 적극 활용하고 있는 것으로 판단된다. 예를 들어, 남중국해 문제는 한반도에서 상대적으로 멀리 떨어진 이슈이지만, 미중의 이해관계가 충돌하는 변수여서 미국이 대응하는 과정에서 THAAD, 대북제재 등 한반도 관련 부분에서 영향을 미치는 상황이 예상되므로, 우리는 이와 관련한 전략적 대비 역시 필요한 상황이다.[7]

한편 중국 지도부는 2050년을 국가현대화 목표의 달성 시점으로 보고 있기 때문에 2020년까지는 국내 발전에 전력투구를 해야 하는 전략적으로 중요한 시기에 해당된다. 이 때문에 중국 주변의 안보환경을 안정적으로 관리하는 것이 중요하고, 이를 위해서는 한반도의 평화와 안정을 유지하는 것이 가장 중요하다고 인식하고 있다. 이런 기조하에서 중국은 한반도의 평화와 안정, 북한 체제 유지, 북한 비핵화를 강조하고 있는 것이다.

중국의 대미전략 측면에서도 한반도의 분쟁은 한반도 내 미국 군사력의 영향력을 증대시키게 되어 중국 안보에 상당히 부정적 영향을 미칠 수 있으므로, 한반도의 평화와 안정은 매우 중요하다. 북한 체제가 변하거나 남한 주도의 통일이 이뤄질 경우 미국의 영향력하에 편입될 가능성이 크기 때문에, 중국은 북한 체제를 유지하는 것을 목적으로 하는 것으로 판단된다. 특히 북핵을 빌미로 한국과 미국이 북한에 무력을 사용하거나 한국이 미국의 미사일 방어체제에 완전히 편입되는 것을 경계하고 있다.

중국의 대한반도 전략과 관련하여, 중국은 단기적으로는 한반도의 '안정적 국면 유지'를 전략적 목표로 삼고 있지만, 중장기적으로는 '안정적 국면의 경영'으로 전환할 것으로 예상된다. 중국이 추구하는 구체적인 이익과 관련해서는, 다층적 소통 창구, 메커니즘 구축, 경제 등의 공통 이익 형성, 상호 타협 촉진, 안보 이익 충돌 관리 등을 들 수 있다. 중국은 한반도 평화와 안정 유지, 그리고 비핵화를 위해 한국과의 관계를 확대 및 심화해가면

---

7) 사드(THAAD)와 관련한 다양한 논쟁을 편의상 구분하면 크게 보아, 두 가지 범주의 논의로 요약되는데, 사드가 가지는 한반도적 적실성에 초점을 맞춘 논의와, 사드를 미 중간 게임으로 관점을 확장시켜서 이해하려는 논의가 있다. 두 가지 논점 모두 장단점을 가지고 있는 것으로 판단되는데, 이와 관련하여 핵심적인 두 개 글을 소개하면 다음과 같다. 박휘락, "사드의 한국 배치 논란에 드러난 오인식과 집단사고," 『국가정책연구』 29권 3호(2015); 서재정, "사드와 한반도 군비경쟁의 질적 전환," 『창작과 비평』 168호(2015).

서 6자회담의 틀 안에서 북핵 문제를 해결해야 한다는 입장을 고수할 것이다. 특히 북한의 4차, 5차 핵실험 이후 현재 전개되는 제재 국면이 일단락된 다음에는, 북한과 함께 협력하여 대미 및 대한반도 '평화공세'를 적극적으로 전개할 것으로 예상된다.

그런데 본 장의 문제의식과 관련하여, 흥미로운 점은 미국과 중국이 북한 및 한반도 문제에 대해서 가지는 서로의 이해관계가 매우 차별적임에도 불구하고, 한 가지 중요한 공감대를 가지고 있다는 점이다. 그것은 바로 북한의 핵개발이 분명 국제안보 관점에서 위험하고 즉시 해결해야 할 사안이기는 하지만, 우리에게는 북한 핵이 매우 명백하게 한반도와 동북아 안보질서를 악화 및 파괴시키는 것으로 해석되지만, 미국과 중국의 경우는 이 정도까지는 아니어서 동북아 안보질서가 현상유지를 크게 벗어나지는 않고 있다고 파악하고 있다.

북한의 핵개발이 위험한 시도이기는 하지만, 그렇다고 해서 북한이 한반도에서 전쟁을 감행할 위험이 당장 있는 것도 아니고, 인접국인 한국, 일본, 대만 등이 연쇄적인 핵무기 개발을 시도하지도 않을 것이며, 북한의 핵개발이 동북아 차원의 미중게임에 근본적인 악영향을 미치는 것도 아니라는 판단이 어느 정도 깔려 있는 것으로 판단된다. 이러한 판단은 미국이 왜 군사적 옵션까지 동원하면서 북핵 문제를 해결하려는 시도를 하지 않는지, 또 왜 중국이 북한이 도저히 버티지 못할 만큼의 적극적인 제재 수단을 사용하지 않는지를 이해하는 데에 중요한 설명을 제공하고 있다. 만약 이러한 진단이 정확한 것이라면 그리고 우리가 주도하는 대북제재와 압박이 군사적 충돌까지 감수한 것이 아니라면, 결국 북한을 변화시키고 궁극적인 비핵화 단계로까지 나아가기 위해서는 대북한 관여정책으로의 전환이 필요해 보인다.

이러한 맥락에서 다음 절에서는 한반도 차원에서 대북정책에 적용해 볼 수 있는 관여정책을 둘러싼 이론적인 설명을 다소 상세하게 점검해 보고자 한다. 관련하여 과거의 대북한 관여정책이 왜 실패했는가에 대한 원인 분석을 중심으로 객관적인 분석을 통해 실현 가능한 관여정책의 이론적 토대를 제시해 보고자 한다.

III. 관여정책과 이론: 억지와 강요의 혼돈

이상에서 언급한 북한 문제 해결을 방해하는 딜레마적 현실은 과거에도 다양한 방식을 통해 설명된 바 있는데, 그렇다면 왜 이러한 현상이 발생하는가와 관련하여, 지금까지는 대체로 북한이 가지는 '포용과 극복의 이중성'의 차원에서 설명하는 경향이 강하였다. 기본적으로 긴장과 협력의 남북관계라는 이중적인 현실이 앞서 소개한 딜레마적 현실의 배경으로 인식되었던 것이다. 즉, 우리의 보편적인 대북 인식에는 북한은 배제와 극복의 대상이면서 동시에 포용과 통일의 동반자라는 이중적인 인식이 깔려 있기 때문에 북한 문제를 해결하기 위한 적극적인 의지와 입장에도 불구하고, 정책 수립 및 실천의 차원에서 심각한 문제점을 드러냈던 것으로 판단된다.

이러한 이중성이 존재하기 때문에, 우리사회 내부의 보수적인 시각을 강조하는 사람들의 경우 북한을 적으로 간주하는 기준에서 대북정책의 인식론적 기반을 강조하고 있는 반면, 진보적인 시각을 강조하는 사람들의 경우 북한이 설득과 포용의 대상이라는 기준에서 대북정책의 인식론적 기초를 강조하고 있는 것이다. 하지만 이 둘 중에서 어떤 시각이 우선시되더라도, 향후 우리사회는 과학적인 정교함을 전제로 한 대북정책의 개발이 필요해 보인다.

사실 지금까지 북한 문제와 북핵 문제가 정교하게 결합 및 분리되지 못하면서, 북한이 '억지(deterrence)'의 대상인지 혹은 '강요(compellence)'의 대상인지에 대한 분명한 인식과 전략이 모두 부재했던 것이 사실이다. 억지는 어떤 일이 발생하지 못하도록 막는 데에 목적이 있고, 강요는 이미 발생한 일을 변경시키거나 다시 되돌리는 데에 목적이 있다. '전략이론'에서 보면, '억지'는 특정한 유형의 (군사적) 행동을 하지 못하도록 만드는 것이다. 다시 말해 예방적인 차원에서 상대 행동을 적절한 차원에서 사전에 제어하는 것을 의미한다. 반면, '강요'는 이미 발생한 사건(행동)에 대해서 상대방의 의도를 꺾고 다른 선택을 하도록 만드는 것을 의미한다. 즉, 상대방이 선택한 이익구조와 행동패턴을 다른 방향과 방식으로 전환시키는 것을 의미한 다.[8] 간략하게 요약하면, '억지'는 미래 행동에 대한 방향 전환이고, '강요'는 과거 행동에 대한 방향 전환을 의미한다.

그렇다면 한미동맹은 성공적으로 작동하고 있는 것일까? 즉, 한미동맹 이 핵심 목표로 삼고 있는 북한 돌출행동의 억지는 성공적으로 작동하고 있 는 것일까? 우리는 이 질문에 대한 답변을 쉽게 내릴 수 없다. 왜냐하면, 한미동맹의 근원적인 목적인 북한 군사행동의 억지라는 차원에서 동맹의 목 적이 성공적으로 이행 중에 있다고 볼 수도 있지만, 한편으로 북핵 문제만 을 분리해서 보자면 핵개발(그리고 핵실험)을 중단시키거나 혹은 핵개발과 관련한 북한의 국가이익 차원의 이익구조(interest structure)를 변환시켜야 하는 데에는 한미동맹의 억지 기능이 실패했다.

다시 말해, 북한의 전쟁 재발과 같은 행동을 억지시키는 데에는 성공을 거뒀지만, 핵개발을 막는 데에는 실패한 것이다.[9] 두 가지 차원의 정책 영 역이 혼재하고 있는 상황이다. 여기에 덧붙여서 북한은 기회가 있을 때마다 스스로의 핵개발이 미국이 주도하는 위협적인 적대시 전략 때문이라고 주장 하고 있기 때문에, 기본적으로 방어적 차원에서 작동하는 한미동맹과 직접 적으로 연결시키는 일이 더욱 난감해지는 상황이 되고 있다.

하지만 그렇다고 하더라도 개념적으로 혹은 이론적으로 우리의 전략적 판단 내에서, 북한 문제와 북핵 문제가 혼재하여 '억지'와 '강요' 사이의 전략

---

8) 군사행동은 거시적인 관점에서 '전투, 억지, 강요,' 이렇게 세 가지 영역으로 세분화되 는데, 이와 관련한 군사행동의 전략적 범위(scope)에 대한 자세한 설명은 다음을 참 고. Daniel Byman and Matthew Waxman, *The Dynamics of Coercion: American Foreign Policy and the Limits of Military Might* (New York: Cambridge University Press, 2002).

9) 물론 핵개발이라는 사안이 한미동맹이 담당해야 할 억지의 대상인가를 놓고 논쟁이 있을 수 있다. 현재의 한미동맹은 한국전쟁 직후부터 작동하기 시작하였고 또 한반도 적 상황을 고려할 때 재래식 무기의 사용이라는 차원으로 억지 기능이 제한된다고 볼 수 있지만, 한미동맹이 한반도에 발생 가능한 모든 돌발 상황을 모두 커버해야 한다고 주장한다면, 핵개발은 당연히 한미동맹이 목표로 하는 억지의 대상으로 규정된다.

적 구분이 성공적으로 이뤄지지 않았다는 점은 부인할 수 없다. 현실적인 표현으로 옮겨보자면, '미세한 국지도발과 대대적인 남침'을 사전에 차단하고 예방해야 하는 한미동맹의 목표의 양 극단 사이에서, 억지를 목적으로 한 동맹적 기능은 성공적으로 수행되고 있는 것으로 평가된다. 하지만 북한 핵개발을 한반도 및 동북아의 심각한 안보위협으로 인식한다면, 이는 2006년 1차 핵실험 이후(혹은 그 이전 시점을 기준으로 1993년 혹은 2002년)부터 북한은 더 이상 '억지'의 대상이 아니라 '강요'의 대상 즉, 이미 발생한 핵무기 개발이라는 행동의 변경을 목적으로 하는 대북정책이 수립되었어야 하는 것이다. 바로 이러한 맥락에서 우리에게는 억지와 강요에 대한 전략적 개념 규정을 엄격히 내려야 할 필요가 발생하게 된다.

이론적으로 '억지'는 상대방이 도발(provocation)을 선택할 때까지 지속되지만, 일단 도발이 발생하면 그다음부터는 목표 국가(target state)를 향한 정책은 '강요'로 전환되어야 한다. 여기서 명심해야 할 점은, 억지와 강요는 서로 다른 시그널을 상대방에게 분명하게 즉, 북한에게 명백하게 전달할 수 있어야 하는데, '억지'가 전달하는 시그널은 북한이 도발하지 않는 한 우리가 먼저 북한에게 손해를 끼칠 의사가 없다는 내용이어야 하고, 반면 '강요'가 전달하는 시그널은 이미 발생한 행동을 변경하지 않으면 더 큰 손해를 입을 수 있거나 혹은 발생한 행동을 변경하면 더 큰 경제적 혜택을 입을 것이라는 내용이어야 한다.[10] 다시 설명하자면, 억지의 대상에게는 만약 어떤 행동을 하면 우리도 가만있지 않겠다는 메시지가 성공적으로 또한 지속적으로 전달되어야 하고, 강요의 대상에게는 이미 선택한 행동을 포기하거나 바꾸지 않으면 큰 피해를 입을 수 있고 만약 우리에게 협조한다면 큰 혜택을 받을 것이라는 메시지가 분명하게 전달되어야 한다.

북한이 '억지'의 대상인 상황에서 우리는 한미동맹이라는 전략 자산을 적극 활용하면서, 북한에게 나름대로 성공적인 메시지를 전달해 온 것으로

---

10) 이와 관련한 이론적인 설명은 다음을 참고. Miroslav Nincic, *The Logic of Positive Engagement* (Ithaca, NY: Conell University Press, 2011).

평가된다. 그런데 여기서 핵심적으로 유념해야 할 점은, 만약 북한의 핵도 발 역시 한미동맹이 억지 대상으로 삼아야 할 명백한 군사 액션이라고 전제 한다면, 북한이 핵실험을 선택하는 순간(우리의 관점에서 억지의 대상에서 강요 로 대상으로 전환되는 순간) 우리는 북한을 억지의 대상이 아닌 강요의 대상으 로 신속하게 전환시켰어야 한다. 하지만 과거 우리는 그러지 못하였다. 극 복의 대상이면서 동시에 포용의 대상인 북한이기 때문에, 강요정책에 해당 하는 정책 옵션들을 적극적으로 구사하지 못했던 것이다. 물론 여기에는 북 한의 핵개발이 철저하게 생존적 목적이라는 북한 스스로의 정교하고 영리한 외교전술이 일정 부분 성공을 거둔 측면도 있는 것으로 보인다.[11]

여기서 한 가지 더 생각해 봐야 할 점은, 억지의 대상이 강요의 대상으 로 전환될 때, 목표 국가(target state)를 향해 선택할 수 있는 정책 옵션으로 무엇을 고려할 것인가의 문제이다. 기존 연구들에 의하면 강요의 대상을 향 해서는 '군사적 보복' 가능성을 전달하거나 혹은 포기하기 어려운 경제적 유 혹을 통해 행동을 되돌리는 게 관례이다. 한반도적 맥락에 적용해 보자면, 북한이 핵개발이라는 도발적인 게임을 본격적으로 시작하기로 결정했을 때, 한국과 국제사회가 선택할 수 있는 '강요'의 옵션인 '군사적 보복'과 '관여적 (경제적) 혜택' 중에서, 북한은 현실적으로 군사적 보복은 채택될 수 없다는 판단을 했을 것으로 짐작되고, 관련하여 '경제적 보복'의 경우 역시 두렵지 않거나 혹은 버틸 수 있다는 내부적 판단을 했을 것으로 짐작된다. 북한의 내부적 계산과 무관하게, 우리 정부와 국제사회는 북한의 핵도발이 시작되 었을 때, 북한이 행동을 변화시키기 위해서 '군사적 행동'이라는 정책 옵션 을 실천 가능한 선택 범주에 포함시켰어야 하지만, 이는 현실적으로 불가능 하였는데, 그 이유는 앞서 설명한 북한 문제가 가지는 구조적 딜레마, 특히 '미중게임으로의 전환'이라는 부분 등과 연관되어 있다. 그렇다면 또 다른 유의미한 대응 옵션은 적극적인 '관여적 혜택'이었어야 하는데, 이 부분과

---

11) H. S. Park, "North Korea: The Unconventional Politics of Wisdom," *Journal of East Asian Studies*, Vol.4, No.1(2004).

관련하여, 과연 우리가 북한에게 이와 관련한 분명한 메시지를 전달하였고, 또한 우리 스스로 충분하고 결정적인 정책을 개발하였는지 자문하지 않을 수 없다.[12]

돌이켜보면 지금까지 한국 정부 혹은 국제사회는 '북핵 문제' 발생 이후 북한의 행동을 변경시키기 위한, 미래에 발생할 행동을 방지하는 '억지'의 차원을 넘어서, 이미 발생한 행동을 포기 및 변경시키는 '강요'의 차원으로 전략적 진화가 이뤄져야 함에도 불구하고 그러한 노력은 구체적으로 추진되지 못하였다. 구체적인 노력의 경우, (1) 북핵 문제를 북한 문제로부터 정교하게 분리하고 1차 핵실험이 진행되었을 때 '군사적 수단 사용'까지 포함하면서, '억지'에서 '강요'로 대북정책의 목표를 신속하게 전환하였거나, 혹은 (2) 기존의 관여정책을 뛰어넘는 보다 공격적으로 포괄적인 대북 '평화공세'를 선택했어야 한다. 만약 앞서 설명한 한반도 상황의 구조적 딜레마로 인해 정책 옵션 (1)의 사용이 현실적으로 불가하다면, 정책 옵션 (2)에 관한 진지한 고려와 관련 정책이 준비되었어야 한다고 본다.

IV. '억지-강요' 전환의 구조적 한계

그렇다면, 북한은 왜 핵개발 카드를 꺼내면서 핵실험 등 일련의 프로세스가 진행되더라도 미국 등이 군사적 옵션은 선택하지 않을 것이라고 판단했던 것일까? 그리고 왜 경제제재가 예상은 되지만 중국의 존재로 인해 극단적인 제재상황까지는 않을 것으로 예상했던 것일까?

앞 절에서 설명한 대북정책의 '억지'와 '강요'의 혼돈을 초래하는 요인들

---

12) Jon Revehouse, "Democracy from the Outside-In? International Organization and Democratization," *International Organization*, 56(2)(2002), pp.515-549.

에 대해서 좀 더 구체적으로 설명하면 다음과 같다. 첫째, 한국과 국제행위자 사이의 인식 및 전략 옵션의 차이가 존재하고 있다. 한 마디로 북핵 개발과 추가 핵실험이 한국의 입장에서는 한반도 안보를 위협하고 동북아질서를 파괴하는 명백한 '현상악화'로 인식되지만, 미국과 중국의 입장에서는 일정부분 '현상유지'적인 측면으로 인식되기도 한다는 사실을 의미한다. 즉, 북한 핵능력이 국제 테러리스트 등 외부 세계로 이전될 가능성이 없고, 중국은 북한이 야기할 최악의 선택을 적절한 수준에서 제어해 줄 수 있을 것이며, 미국과 중국이 지금 당장은 북한의 붕괴(통일) 등으로 인한 동북아 세력구조의 급격한 변화를 원하지 않는다는 차원에서 북한의 핵게임은 '현상유지'적인 성격을 가지는 것으로 이해될 수 있다.[13] 결과적으로 현상 악화적 인식에서 정책 옵션을 수립하는 우리의 입장과 현상 유지적 측면을 함께 인식하면서 정책 옵션을 고려하는 미국 및 중국 사이의 간극이 발생할 수밖에 없는 것이다. 물론 미국의 경우 우리의 통일정책을 적극 지지하고 있으며, 중국 역시 한반도의 안정을 전제로 한 한반도 통일을 지지하고 있지만, 세부적인 통일 시나리오 및 프로세스와 관련해서는 상이한 로드맵을 희망하고 있을 것이라는 짐작은 당연한 추론이다.

둘째, 북한 논리의 부분적인 성공과 관련하여, 과거 김정일 시대를 돌이켜 보면 '핵보유 관련 전략적 모호성'이 어떤 의미에서건 유효했던 부분이 있었음을 발견하게 된다. 구체적인 사례만을 살펴보더라도 김정일 정권의 북한은 국제사회와 다양한 외교적 타협을 성사시켰는데, 6자회담의 출범, 2005년의 9·19합의, 2007년의 2·13합의 등을 꼽을 수 있다. 즉, 핵개발을 지속하면서도 전략적 모호성을 견지하면서, 국제사회로부터 핵개발에 대한 즉각

---

13) 이러한 맥락에서 북한의 4차 핵실험(수소탄 관련 주장), 장거리탄도미사일 기술력 주장 등은 지금까지의 북한 입장과는 논리적 정합성이 떨어지는 측면이 있음. 최근 들어 국제사회에서도 유사한 부분을 지적하고 있는데 다음을 참고. Amy J. Nelson, "The Logic of North Korea's Nuclear Ambitions," *CFR* Interview (Jan 12, 2016); Scott Snyder, "North Korea's H-bomb and the Costs of American Indifference," *Washington Examiner* (Jan 18, 2016).

적인 대처를 지연시키는 데에 성공한 것으로 볼 수 있다. 돌이켜 보면 핵능력의 고도화가 시작되었을 때부터, 핵 문제 해결을 위한 '강요'의 단계로 시급하게 전환할 필요성이 있었음에도 불구하고, 김정일 정권은 스스로 이러한 필요성을 사전에 제거하는 외교전술을 구사한 것이다. 한마디로, 북한의 입장에서 일종의 시간벌기가 성공한 결과로 이어지게 되었다. 이러한 관점에서 보자면, 북한이라는 행위자와 비핵화를 이뤄내야 하는 한국 및 외부행위자 사이에 심각한 간극이 발생했다고 볼 수 있다.

과거 김정일 시대 핵개발에 몰두하던 북한 정권의 전략적 모호성은 북한 핵을 해석하는 외부 세계의 이분법적 방식과 연결되어 있다. 대체로 2013년을 기준으로 북한 핵은 돌이킬 수 없는 상황으로 넘어가게 되었다는 것이 보편적인 시각인데, 이러한 진단은 2012년 김정은 체제의 공식적인 출범과 함께 '핵·경제 병진노선'을 천명하게 되었고, 특히 2012년 북한의 헌법 개정을 통해 전문에 핵국가임을 명시한 데서 그 이유를 찾고 있다. 또한 2013년 한국에 새로운 정부가 들어서기 불과 2주 전에 북한은 3차 핵실험을 감행하게 되는데, 이 시점을 전후로 북한의 핵포기를 유도하는 것이 불가능할 수 있겠다는 부정적인 전망이 국내외에 확산되기에 이른다.

2013년 이전의 시기 동안 북한 핵개발을 바라보는 외부의 시각은 '외교적 수단' vs. '궁극적인 핵보유 국가'라는 방식으로 이분화되었다. 즉, 상대적으로 진보적 관점의 사람들은 북한 핵개발이 외부로부터 더 많은 지원과 관심을 끌어내기 위한 외교적 수단이라고 분석하고 있었고, 반면 상대적으로 보수적 관점의 사람들은 북핵이 외교수단과는 무관한 궁극적인 핵보유 국가가 되기 위한 치밀한 프로세스라고 분석하였다. 이러한 두 가지 서로 다른 분석은 매우 중요한 의미를 가지는데, 왜냐하면 전자의 경우처럼 북핵을 외교적 수단으로 해석할 경우, 북한에게 핵을 포기시킬 명분과 정책개발의 책임은 상대적으로 한국과 국제사회가 가지게 된다. 한편 후자의 경우처럼 북핵을 핵보유 국가로 나아가는 일관된 프로세스라고 해석할 경우, 외부의 관여와는 무관하게 핵을 포기할 일차적 책임은 북한이 지게 되는 셈이다.

그런데 2013년 이후의 시기부터 북한 핵이 돌이킬 수 없는 상황으로 치닫게 되는 것이 아닌가 하는 우려가 확산되면서, 북한 핵 문제를 바라보는 외부의 시각은 새로운 형태의 이분법으로 그 양상이 바뀌게 된다. 북한 핵이 한반도와 동북아 안보질서를 근본적으로 파괴하는 현상 악화적 시각과, 북핵이 안보 파괴적인 요소가 있기는 하지만 아직 동북아 안보질서 근간을 흔들 정도는 아니라는 현상 유지적 시각으로 나뉘어지게 된 것이다. 핵개발 초기 단계에서 보여지던 '외교적 수단' vs '궁극적 핵개발'의 이분법이 시간이 흐르면서 '현상 악화적 진단' vs '현상 유지적 진단'으로 변화하게 된 것이다. 과거 이분법이 상대적 진보의 시각과 상대적 보수의 시각 사이의 이분법이었다면, 현재의 이분법은 한국의 시각과 미중의 시각이라는 이분법으로 변화된 것을 발견할 수 있다. 문제의 핵심은 북한 핵개발을 바라보는 이러한 일련의 시각과 접근에 이분법적 논쟁이 존재하고, 판단과 정책 옵션 선택 사이에 시간적 차이가 존재하며, 또한 미국과 중국의 북한 문제 접근법이 우리와 불가피하게 차이를 보이는 이유는, 앞에서 소개한 바와 같이 북한의 정교한 '핵개발-생존논리' 사이의 연결성이 작동하고 있기 때문인 것으로 판단된다.

셋째, '북한 문제의 근원적 해결을 위한 구조적 장애'와 관련하여, 본 연구에서는 '평화협정'과 '평화체제'를 엄격하게 구분하지 않음을 전제로, 이와 관련한 논의들이 '9·19합의' 등에 이미 등장한 사안임에도 불구하고, 평화협정 관련 논란은 정치적 해석이 강조되고 있는 경향을 보이고 있다. 특히 '평화협정'과 '평화체제'를 하나의 묶음으로 볼 때, 그 구체적인 사안과 관련해서는 북한이 장악한 고유한 외교전이라는 성격을 띠게 되었다. 즉, 평화협정과 평화체제는 북한만이 관심을 가지고 있는 고유한 논리로 인식되는 경향이 있음을 의미하는데, 궁극적으로 비핵화 관련 진정성 있는 행동이 선행되어야 하는 우리 국민들의 우려를 존중하면서, 동시에 '정전체제'로 상징되는 구조적 장애물의 제거를 함께 고민하는 접근이 아니고서는 북한 문제의 근원적인 해결이 한계를 가질 수밖에 없다는 사실을 인정할 필요가 있다.

비핵화라는 매우 위중하고 험난한 과제가 일정한 수준에서 진정성을 가지고 선행될 수만 있다면, 북한 문제의 완전한 해결과 평화통일의 달성을 위해서 '평화협정'과 '평화체제'는 어떤 형태로든 반드시 거쳐가야 할 단계임에는 틀림이 없다. 문제는 이미 오래전부터 북한이 평화협정 관련 문제를 외교적 수사로 전환시켜서, 북한에게 가해지는 외교적 고립감을 벗어나기 위한 수단으로 사용했다는 데에 문제의 핵심이 있음을 직시하고, 비핵화 단계와 평화체제 논의 단계가 서로 선순환적 구조를 가질 수 있도록 보다 정교한 정책 수립을 고민할 때라고 생각한다.

마지막으로, 억지와 강요를 혼돈한 과거 우리의 정책적 실패와 관련하여, '북한 문제와 국내정치의 결합'의 문제에 대해서도 생각해 볼 필요가 있다. 북한 문제를 인식하는 방법 및 정책적 옵션을 선택하는 과정에서 국내 정치적 요소가 다양한 방식으로 결합하는 과정을 피할 수는 없을 것이다. 어느 정권이든 북한 문제를 객관적으로 다루면서 정치적 변수의 관여를 최소화하고 싶어 하지만, 현실적으로 둘 사이의 결합은 불가피해 보인다. 따라서 국내적 정치적 변수에 따라 좌우되는 대북 및 통일정책은 대북정책의 견고성을 떨어뜨리는 결과로 이어졌고, 결과적으로 '정권 안보와 생존'이라는 북한의 목적에 활용되는 측면이 발생하게 된다. 이러한 관점에서 북한 문제의 객관성과 주관성 사이에 간극이 존재하는 것으로 볼 수 있는데, 대북정책은 불가피하게 국내적 자원 배분의 변화를 꾀하게 되고, 정치적 지지 세력의 이동 등의 결과를 가져오기 때문에, 국내정치적 변수들에 대한 고려가 과도해지는 실수가 반복되었던 것으로 보인다.

V. 맺음말

이 글은 지금까지 기존 대북정책의 구조적 딜레마 요인 및 이와 연동된 정책 실패의 원인에 대해서 살펴봤다. 결론을 대신해서, 향후 북한의 변화와 비핵화를 도출하기 위한 논리의 근거 및 정책의 방향성에 대해서 간략하게 설명하고자 한다.

앞에서 설명한 바와 같이 북핵 개발 과정에서 우리의 전략적 판단 그리고 한반도가 동북아 안보질서와 연동된 방식 등의 이유로 인해 억지의 대상이 강요의 대상으로 신속하게 전환되지 못한 점이 인정된다. 북핵 개발이 한미동맹의 억지 대상인지는 쉽게 판단하기 어려운 매우 복잡한 고려사항들이 있는데, 이와 관련해서는 본문에서 잠시 살펴본 바 있다. 만약 북핵 개발이 억지의 대상이었다면, 북한이 핵실험 등의 행동을 했을 때 단호하게 군사적 조치를 취했어야 할 것이다. 그리고 북핵이 억지의 성공 여부와 연관 짓기 어려운 측면이 있다고 하더라도, 핵실험 이후 북한의 행동을 되돌리기 위한 분명한 강요(compellence)의 조치가 취해졌어야 한다.

관점에 따라서는 우리 나름의 분명한 강요의 조치가 취해졌다고 볼 수도 있다. 최근까지 두 차례 보수정권은 북한의 행동을 되돌리기 위한 다양한 제재와 압박을 가하였기 때문이다. 하지만 대부분의 전문가들은 제재가 북한경제에 상당한 고통을 주겠지만, 핵포기 및 북한 체제의 변화를 가져다주지는 못할 것이라고 설명한다. 이와 같은 제재의 제한적인 효과는 핵개발과 관련한 북한의 전략적 판단에 기인하는 것으로 보인다. 다시 말해, 핵개발이라는 도발을 시작할 때, 북한은 한국과 미국이 일종의 대북한 억지의 실패로 인식하여 강요 단계로 전환할 것이라고 예상하면서도, 강요의 내용은 군사적 옵션은 결국 배제한 채 경제적 제재와 북한의 고립의 강화라는 카드로 결정될 것으로 예상했고, 나아가 그러한 제재는 버틸 수 있을 것이라는 자체적 판단이 있었을 것으로 판단된다.

이론적으로 강요는 거시적으로 두 가지 부류의 정책 옵션으로 구성된다. 본문에서 밝힌 바와 같이, 하나는 군사적으로 치명적인 보복을 예고하여 행동을 돌이키거나, 또 다른 하나는 도저히 거부하기 어려운 경제사회적 유인책을 통해 행동을 돌이키는 것이다. 한반도의 경우 전자의 정책이 선택되기 어렵다면, 두 번째 정책이 과감하게 선택되어야 하겠지만, 현재 우리의 현실은 이도 저도 아닌 불분명한 상태에 머물고 있다. 결론적으로 북한에 단호한 메시지를 전달하는 것과 긍정적 관여정책을 추진하는 일이 서로 공존할 수 없다는 인식이 옳지 않다. 북한의 그릇된 행동에 대한 우리의 단호한 입장이 전달하는 메시지와 적극적인 관여정책의 가능성이 전달하는 메시지가 차별적으로 전달되면 되는 것이다.

단호한 메시지의 대상은 북한이 추구하는 방식으로는 생존이 불가능하다는 것이어야 하고, 긍정적 관여정책의 추진은 북한의 그릇된 행동을 용인하는 의미가 아니라 평화협력에 기반한 통일의 적극적인 실행이라는 의미여야 할 것이다. 본 글에서 살펴본 억지 및 강요와 관련한 개념적 설명이 향후 대북 긍정적 관여정책에 의미 있는 토대가 되기를 희망한다.

참·고·문·헌

김석진·양문수. 2014. 『북한 비공식 경제성장 요인 연구』. 서울: 통일연구원.

김진하·정성철 외. 2015. 『통일외교 컨텐츠 개발』. 서울: 통일연구원.

박명규·김병연. 2013. 『남북통합지수: 2008-2013 변화와 함의』. 서울: 서울대출판문화원.

박영호. 2011. 『평화통일을 위한 통일외교 전략』. 서울: 통일연구원.

박인휘. 2013. "북핵 20년과 한미동맹: 주어진 동맹 vs. 선택적 동맹."『국제정치논총』 53권 3호.

박종철. 2015. 『남북통합에 대한 국민의식 조사』. 서울: 통일연구원

박휘락. 2015. "사드의 한국 배치 논란에 드러난 오인식과 집단사고."『국가정책연구』 29권 3호.

서재정. 2015. "사드와 한반도 군비경쟁의 질적 전환."『창작과 비평』 168호.

우승지. 2008. "남북한관계 60년 분석, 1948~2008."『국제지역연구』 17권 2호.

윤영관. 2011. "통일외교, 어떻게 할 것인가?"『외교』 99호.

이 석. 2014. 『북한경제의 분야별 현황 분석과 대북정책에의 시사점』. 서울: KDI.

조한범. 2015. 『한반도 통일에 대한 국제사회의 기대와 역할: 주변 4국과 G20』. 서울: 통일연구원.

하영선 외. 2012. 『복합세계정치론: 전략과 원리 그리고 새로운 질서』. 서울: 한울아카데미.

Albert Eleanor, and Beina Xu. "The China-North Korea Relationship." *CFR Backgrounders*. Feb 8, 2016.

Alder, Emanneul, and Michael Barnett. 1999. *Security Communities* (Cambridge Studies in International Relations). Cambridge University Press.

Armstrong, K. Charles. 2002. *Korean Society: Civil Society, Democracy and the State*. London: Routledge.

Booth, Ken. 2007. *Theory of World Security*. Cambridge: Cambridge University Press.

Booth, Ken, and Nicholas J. Wheeler. 2010. *The Security Dilemma: Fear, Cooperation, and Trust in World Politics.* Houndmills: Palgrave Mcmillan.

Brizinsky, Gregg. 2009. *Nation Building in South Korea: Koreans, Americans, and the Making of a Democracy.* Chapel Hill, NC: University of North Carolina Press.

Buzan, Barry, and Gerald Segal. 1994. "Rethinking East Asian Security." *Survival,* Vol.36, No.2.

Calder, Kent, and Min Ye. 2010. *The Making of Northeast Asia.* Stanford: Stanford University Press.

Christensen, Thomas. 1999. "China, the US-Japan Alliance, and the Security Dilemma in East Asia." *International Security,* Vol.23, No.4.

Foot, Rosemary, and Andrew Walter. 2010. *China, the United States, and Global Order.* Cambridge: Cambridge University Press.

Gaddis, John Lewis. 1982. *Strategies of Containment: A Critical Appraisal of Postwar American National Security Policy.* Oxford: Oxford University Press.

Hill, Christopher R. 2013. "The Elusive Vision of a Non-Nuclear North Korea." *Washington Quarterly,* Vol.36, No.2.

Krauss, Ellis, Ellis S. Krauss, and T. J. Pempel. 2003. *Beyond Bilateralism: US-Japan Relations in the New East Asia.* Stanford, CA: Stanford University Press.

Levy, Jack S, and William R. Thompson. 2011. "Sea Powers, Continental Powers and Balancing Theory." *International Security,* Vol.36, No.2.

Menon, Rajan. 2008. *The End of Alliance.* Oxford: Oxford University Press.

Morrow, J. D. 1991. "Alliances and Asymmetry: An Alternative to the Capability Aggregation Model of Alliances." *American Journal of Political Science,* Vol.35, No.3.

Nye, Joseph S. 2005. *Soft Power: The Means to Success in World Politics.* New York: Publicaffairs.

_____. 2008. *The Powers to Lead.* Oxford: Oxford University.

Park, Ihn-hwi. 2013. "Alliance Theory and Northeast Asia." *Korean Journal of Defence Analysis*, Vol.25, No.3.

Ross, Robert. 2004. "Bipolarity and Balancing in East Asia." In T. V. Paul et al. *Balance of Power.* Stanford: Stanford University Press.

Ross, Robert S., and Zhu Feng. 2008. *China's Ascent: Power, Security, and the Future of International Politics.* Ithaca: Cornell University Press.

Samore, Gary. 2003. "The Korean Nuclear Crisis." *Survival*, Vol.45, No.1.

Shambaugh, David. 2013. *China Goes Global: The Partial Power.* Oxford: Oxford University Press.

Snyder, Glenn H. 1994. "Alliance Theory: A Neorealist First Cut." *Journal of International Affairs*, Vol.44.

_____. 2002. "Mearsheimer's World Offensive Realism and the Struggle for Security: A Review Essay." *International Security*, Vol.27, No.1.

Steinberg, James, and Michael O'Hanlon. 2014. *Strategic Reassurance and Resolve: US-China Relations in the Twenty-first Century.* Princeton: Princeton University Press.

Sutter, Robert. 2010. *US-China Relations: Perilous Past, Pragmatic Present.* Durham, NC: Rowman and Littlefield Publishers.

Twining, Daniel. 2007. "America's Grand Design in Asia." *The Washington Quarterly*, Vol.30, No.3.

Wendt, Alexander. 1994. "Collective Identity Formation and International State." *American Political Science Review*, Vol.88, No.2.

제3부

한반도의 외교안보환경

제8장

한반도 문제에서 중국의 역할과 향후 전망

김현주 • 용인대학교

I. 머리말: 한중관계 수립과 대중통일외교전략의 필요성

1992년 수교 이후 지난 20여 년 동안 한중관계는 비약적으로 발전해왔고, 2008년에는 단순한 경제-통상-인적 교류를 넘어 정치-외교-군사적 차원에서의 '전략적 협력동반자관계'로 확대·발전되기에 이르렀다.[1] 특히 안보-국방 차원에서의 교류가 과거와 달리 눈에 띄게 확대되었다. 이런 점에서 한반도 평화와 안정에 있어서 양국의 협력이 갖는 중요성이 점차 커지고 있으며, 그와 더불어 대중 통일외교전략의 올바른 정립이 보다 요구되고 있다.

---

[1] 대중 통일외교는 노태우 정권의 '북방외교'에서 시작되어, 1992년 8월 24일 한중 수교로 결실을 맺었고, 노무현 정권 시기 '전면적 협력동반자관계'로, 이명박 정권에 이르러 '전략적 협력동반자관계'로 점차 발전되었다.

한국이 적극적으로 대중 통일외교를 전개하고 있는 이유는 크게 두 가지로 정리할 수 있다. 첫째는 한반도에 대한 중국의 강한 영향력 때문이며, 둘째는 한반도정책에 대한 중국의 부정적 분석 때문으로 한국은 중국의 불필요한 전략적 우려를 없애고자 한다는 점에 있다(梁立昌 2015). 따라서 한국 정부는 한중관계의 전면적 심화를 통해 양국의 전략적 신뢰관계를 구축하고자 노력해왔다. 2013년 6월 박근혜 대통령이 중국을 방문했을 당시 「한중 미래비전 공동성명」을 발표하였고, 2014년 7월 시진핑 주석이 방한 시에 「한중공동성명」을 발표하여 그에 화답하였다. 이런 최근 양국 간에 있어 활발한 관계구축의 움직임에도 불구하고, 통일외교의 관점에서 대중관계를 다룬 연구가 아주 적다는 점에서 이 글이 시사하는 바가 크다.

2012년 통일부가 통일외교를 적극 추진하겠다는 의사를 밝힌[2] 이후 대중통일외교전략 수립의 필요성이 더욱 증대된 이래, 지금까지 한국 정부의 대중통일외교의 주요목적은 통일과정에 있어서 중국 정부의 정치적 지지를 획득하는 것에 있었다. 이렇듯 대중통일외교전략이란 "우리의 통일정책 있어서 예상되는 다양한 형태의 장애요인들을 유용한 외교적 수단을 통해서 제거하고 중국의 지지와 지원을 확보하는 전략"을 말한다(변창구 2012). 이를 제대로 수립하기 위해서는 무엇보다도 한중협력에 미치는 요인과 쟁점들이 무엇인지 파악하고, 그런 연후에 향후 활용할 수 있는 외교적 방안은 무엇인지 알아보아야 할 필요가 있다.

---

2) 『문화일보』, 2012년 1월 19일.

II. 한반도 평화통일을 위한 한중협력이 어려운 이유

우리 통일과정에서 가장 큰 영향력을 가지고 있는 국가가 미국과 중국이라는 점에는 의문의 여지가 없다. 그러므로 이들의 협력을 유도하는 '연미화중(聯美和中)' 전략3)이 유효하다는 주장 또한 틀린 말이 아닐 것이다. 예를 들어, 과거 박근혜 대통령이 중국방문에서 제기한 "심신지려(心信之旅)"는 그러한 전략의 일환이며, 그것은 경제적 협력을 넘어 정치 전략적 협력으로의 발전을 의미한다고 해석되기도 한다(仇發華 2014). 그러나 그것이 그렇게 말처럼 쉽지만은 않다. 그 이유는 무엇일까?

그것은 우선 미중관계 때문이다. 21세기 국제관계의 핵심은 미중관계4)라고 해도 과언이 아니다. 스나이더(S. Snyder)는 한국의 외교가 "두 개의 전략적 관계, 즉 미국과의 21세기 전략동맹(strategic alliance for 21th century) 및 중국과의 전략적 협력동반자관계(strategic cooperative partnership) 사이의 균형"5)을 맞추어야 하는 과제를 가지고 있다고 이야기한 바 있다. 이것은 국제관계의 역학, 특히 미국과 중국 관계의 역학이 한반도에도 중요한 영향을 미치고 있는 것이 간과할 수 없는 사실이기 때문이다. 그런데 2010년 미국이 중국을 G2의 하나로 규정하면서, 경제 분야에서뿐만 아니라 정치 분야에서의 중국의 입지가 강화되고 있고, 그만큼 한반도 정세에 있어서 미약했던 중국의 발언권이 강화되고 있다. 상황이 이런 만큼 한국의 입장은 더욱 난처한 상황에 처해 있다. 그것은 한반도가 미중대결의 장으로 점차 변질되고 있기 때문이다. 즉 패권을 유지하려는 미국과 그에 도전하고자 하

---

3) 이상현, "미국, 아시아 복귀 중국과 실용적 협력 천명," 『통일한국』 제327호(2011), 23쪽; 이상현은 비대칭적 연미화중전략을 주장한다.

4) 전진호, "일본의 대중국 안보인식 변화: 외교청서와 방위백서를 중심으로," 『한일군사문화연구』 제11집(2011).

5) Scott snyder, "Establishing a Strategic Cooperative Partnership," *Comparative Connections*, Vol.10, No.2(2008), p.6.

는 중국의 패권대결의 장이 되고 있는 것이다.

중국의 저명한 학자 옌쉐통은『역사의 관성: 미래 10년의 중국과 세계』에서 한중동맹의 수립가능성을 주장한 바 있는데,[6] 그에 부정적 영향을 미치는 주요한 요인으로 한미동맹을 지적한 바 있는 만큼 미국과 중국 사이에서의 선택은 한중관계 발전의 걸림돌이 되고 있는 것이 분명하다. 미국과 중국이 아시아에서 대립하는 동안 한반도 문제에 있어서 중국이 가장 중시하는 것은 한미관계 또는 동맹일 것이고, 한미동맹이 강화될수록 중국은 북한이라는 우방의 존재에 대해 더 필요성을 느낄 것이기 때문이다.

미국과 중국 사이에서 한반도평화와 통일에 있어서 어떠한 태도를 취해야 하는가라는 어려운 선택의 기로에서, 우리는 우선 한반도 문제를 둘러싼 몇 가지 쟁점들을 짚어보고자 한다. 그리고 나아가 한반도에 대한 중국의 태도를 살펴보고 그에 대응하여 우리가 취해야 할 알맞은 대중통일외교방안을 모색하고자 한다.

III. 한중협력에 영향을 미치는 요인과 쟁점들

한중관계와 관련하여 검토해 보아야 할 주요 쟁점들은 다음과 같다. 첫째, 중국위협론 vs. 기우론, 둘째, 북핵 문제를 둘러싼 중국책임론 vs. 미국반성론, 셋째, 미국의 아시아재균형정책 vs. 중국의 신형대국관계론 등의 쟁점들이다. 각각의 쟁점들은 국제 사회 특히 아시아에서의 미국과 중국의 대

---

6) 옌쉐통은『역사의 관성: 미래 10년의 중국과 세계』(성균차이나브리프)에서 한중동맹의 수립가능성을 주장하면서, 그 조건으로 일본의 군사강국화, 북한의 핵무장이라는 공동의 위협, 지역평화 유지라는 공동의 과제를 거론하였다. 부정적 영향을 미치는 요인은 한미동맹과 북중동맹을 들었지만, 후자는 실질적으로 존재하지 않는다고 주장한 바 있다.

립을 표상한 것으로, 쌍방의 의견과 입장이 얼마나 다른지를 보여준다. 특히 이것은 한반도를 둘러싼 갈등적이고 모순적인 국제관계를 보여주는 것으로서, 한반도 평화와 통일을 실현하고자 할 때 우리가 반드시 고려해야 하는 대표적인 쟁점들이라고 할 수 있다.

1. 중국위협론 vs. 기우론

중국위협론(China Threat)[7]은 중국이 개혁개방을 시작한 이후를 시작으로 1990년대를 기점으로 국제사회에서 꾸준히 도마에 오르고 있다. 그것은 중국을 국제사회의 평화와 안정을 위협하는 세력으로 보는 견해를 말한다. 중국위협론에 대해 일각에서는 단순한 기우에 지나치지 않는다는 견해도 있지만, 미 국방부는 「중국 군사력에 관한 연례보고서(Annual report on the military power of the People's Republic of China)」에서 중국을 여전히 "국제사회의 군사적 균형을 파괴하고 평화를 위협하는 군사대국으로서의 패권을 추구한다"고[8] 규정하고 있어 그러한 논란은 당분간 계속될 전망이다.

그런데 중국위협론이 부각되고 있는 이유는 중국의 경제적·정치적 부상과 관련한 중국의 대국화와 관련 있다. 우선 경제적으로 중국은 개혁개방 이후 놀라운 속도로 성장하고 있으며 현재 외환보유고 1위, 국내총생산 1위 등 세계경제대국으로서 급부상하였기 때문이다. 그것은 자연스럽게 정치적 부상으로 이어졌으며, 매년 엄청난 규모의 국방비 예산을 증액함으로써 서방국가에게 있어서 군사적으로도 실질적 위협이 되고 있다.[9] 이러한 중국

---

7) 중국위협론은 미국의 학자인 로스 먼로(Roth Moonro)에서 비롯된 것인데, 그가 1992년 『Policy Review』 가을호에서 「깨어나고 있는 거대한 용, 아시아의 진정한 위협은 중국으로부터 온다」라는 글을 발표하면서이다. 그 후 번스타인(Richard Bernstein), 거츠(Bill Gertz) 등 중국 전문가들이 중국위협론을 제기하였다.

8) http://shindonga.donga.com/3/all/13/106531/1

9) 중국은 경제성장률에 발맞춰 계속해서 국방비를 증액해왔으며, 2014년에는 1,311억 달러, 2015년에는 1,458억 달러에 이르렀으며, 중국 정부가 2016년 3월 발표한 『2015

위협론의 주요 내용은 크게 네 가지, 즉 경제적 위협, 군사적 위협, 정치적 위협, 기술적 위협으로 요약될 수 있다.

우선 경제적 위협은 시진핑 주석이 2013년 아시아 국가들을 순방하면서 제시한 "일대일로(一帶一路, One belt, One road)정책"으로 더욱 현실화되었다. 중앙아시아와 유럽을 잇는 육상 실크로드(일대)와 동남아시아, 아프리카, 유럽을 잇는 해상 실크로드(일로)를 뜻하는 일대일로정책을 통해, 중국은 현대판 실크로드가 지나가는 60여 개국으로 이루어진 거대한 경제권을 형성함으로써 중국을 중심으로 물류, 에너지, 금융 등을 포괄하는 네트워크를 건설하고자 하고 있다. 이것은 자유무역질서로 집약될 수 있는 워싱턴을 중심으로 한 세계경제질서로 중국을 통합시키려고 시도해왔던 미국의 노력에 대한 도전으로 인식되고 있다.

둘째, 군사적 위협은 중국이 개혁개방 이후 경제성장에 비례하여 군사비 지출액을 계속해서 증액함에 따라 가시화되었다. 중국은 군의 '혁명화, 현대화, 정규화'를 모토로 군사력을 강화하고 있다. 중국은 이것이 중국의 대국으로서의 지위를 얻기 위한 것이며, 동시에 "중국몽(中國夢)"의 실현을 통한 중화민족 부흥의 전제조건이라고 공개적으로 밝힌 바 있다. 이것은 미국에게는 중국의 세계 2위로서의 군사력이라는 가시적 위협이 중국의 국가이익을 위해 적극적으로 사용될 수 있음을 시사하는 것으로 해석되고 있다.

셋째 정치적 위협으로, 이것은 중국의 부상이 미국을 중심으로 한 서방 국가들에게 냉전시대를 연상시키는 사회주의적 이데올로기의 도전으로 여겨진다는 점이다. 중국은 일명 다변외교를 통해 아시아는 물론이고 중동, 아프리카, 중남미 지역에서 자국의 영향력을 계속해서 확대하고 있다. 중국은 이들 국가들에서의 미국의 정치적 간섭에 대해 내정간섭이라고 비난하며, 민주와 인권을 내세운 미국의 외교정책에 대해 공격을 함으로써 사회주

년 중앙과 지방의 예산집행상황과 2016년 중앙과 지방의 예산초안 보고』에 의하면, 2016년에도 전년 대비 7.6%가 증가하여, 국방비에 있어서 미국에 이어 세계 제2위를 차지하고 있다.

의 국가들과 제3세계국가들을 단결시키고자 하고 있다. 중국은 미국과는 사회제도와 이데올로기 측면에서 상당한 차이가 있다는 것을 인정하고 있으며, 그로 인한 갈등과 모순을 직시하고 있다. 이것은 미국의 패권에 불만을 품고 있는 제3세계국가들의 정치적 문제들에 대해 눈을 감아주면서 동시에 그들 국가들과의 관계를 보다 친밀하게 하고자 하는 전략이다.

넷째, 기술적 위협으로, 세계에서 가장 빠른 슈퍼컴퓨터라는 '톈허-1A (Tianhe-1A)'나 우주기술 등으로 알 수 있듯이, 중국 과학기술은 미국을 맹추격하고 있다. 중국은 연구개발에 대한 GDP 비중을 꾸준히 늘려왔기 때문에(2016년에는 GDP의 2.1%에 이르렀음)[10] 그것은 당연한 일이지만, 미국에게는 위협적일 수밖에 없다. 그리고 그것은 중국의 하이테크 기술들이 정치적·군사적인 목적으로도 이용될 가능성이 크기 때문에 더욱 그러하다. 그것은 미국이 줄곧 중국 정부와 중국기업들에 대해 해킹 의혹을 제기해오고 있다는 점에서 알 수 있다. 2012년 미국의 하원정보위원회(the House Intelligence Committee)는 중국이 자국기업인 화웨이(Huawei)와 ZTE를 미국의 안보를 위협하는 "사악한 목적을 위해" 사용하고 있다고 주장한 바 있다.[11] 화웨이는 정보위원회의 보고가 온갖 루머와 억측으로 이루어진 것이라고 반박하였지만, 중국기업에 대한 해킹과 첩보 의혹은 사라지지 않는 것을 보면 미국은 중국을 위협적 존재로 인식하고 있음을 알 수 있다.

이러한 위협론에 대해 중국은 "중국의 외교이념은 평화발전을 견지하는 것"이라고 반박하면서, 중국은 미국과 달리 세계정치에 있어서 강권정치와 패권정치를 지양한다고 주장해왔지만, 중국의 위협에 대한 서방국가들의 경

---

10) 2016년 IMF에 의하면 중국의 GDP는 113,916억 달러로 세계 2위로, 한국의 8배가량이라는 점을 감안하면 R&D 비중이 2.1%라는 것은 상당히 큰 규모라는 것을 알 수 있다. 구체적인 수치로는 한국의 R&D 투자규모는 605억 달러이지만, 중국은 2,118억 달러로 한국의 3배 이상이라는 것을 보면 알 수 있다(http://www.scienc etimes.co.kr/?news=%ED%95%9C%EA%B5%AD-gdp-%EB%8C%80%EB%B9%8 4-rd-%ED%88%AC%EC%9E%90-%EC%84%B8%EA%B3%84-1%EC%9C%84).

11) https://www.theguardian.com/technology/2012/oct/08/china-huawei-zte-securi ty-threat

계심과 의구심은 좀처럼 사라지지 않고 있다. 그것은 중국 내에서 가열되고 있는 중화 민족주의 때문에 더욱 그러하다. 1990년대 이후 중국 정부는 자국민에 대해 꾸준히 애국주의를 내세운 사상교육을 강화해왔고, 중국몽을 내세운 중화민족주의 키우기에 열심인 것이 사실이다. 때로는 그것은 외국 세력에 대한 배타적이고 심지어 폭력적인 감정으로 발전되어 중국에 진출한 여러 해외기업들을 곤란하게 만들거나 심지어는 퇴출시키기까지 하였기 때문에, 중국위협론이 더욱 설득력을 얻고 있는 것이다.

반면에 위협론에 대해 기우론을 주장하는 이들도 있다. 위협론은 중국을 위협적인 존재라고 생각하는 서방국가의 편견에서 비롯된 허구이거나 과장이라는 것이다. 중국의 경제력은 물론이고 정치력이나 군사력이 물론 무시할 수 있는 수준이라는 것은 아니지만 지나치게 부풀려져 있다는 것이다. 중국이 아직까지 여러 면에서 미국의 상대가 되지 못한다는 이런 주장들은 설득력이 있다. 중국 정부가 대내적으로 정치적 안정과 정당성을 확보하기 위해 경제적 혹은 군사적 성과를 과장한 점이 없지는 않기 때문이다. 그러나 한편에서는 중국의 실력이 미국을 앞서지 않았다고 해서 위협이 되지 않는 것은 아니라는 반론을 한다.

이에 대해 위협론에 반대하는 이들은 미국이 그런 우려를 베트남, 필리핀, 일본 등 아시아 각국에게 조장함으로써 냉전으로의 회귀하려 한다고 비난한다.[12] 그것은 한편으로는 미국의 방위산업을 발전시키고자 하는 핑계이며, 그렇게 해서 만들어진 무기들을 중국 주변국들에게 팔고자 하는 속셈이라는 것이다.[13] 2008년 금융위기 이후 미국은 경제를 회복하기에 역부족이었으며, 국제적으로도 패권적 지위가 흔들리고 있기 때문이라는 것이다. 기우론자들은 미국에 못지않게 중국위협론을 주장하는 일본 또한 그것을 빌미로 속되는 경제불황의 원인을 중국에게 전가시키는 한편, 보통국가화를

---

12) https://www.forbes.com/sites/stephenharner/2014/06/22/the-nytimes-china-threat-myth-the-pivot-to-asia-and-obamas-foreign-policy-legacy/2/#49adcba55596
13) http://theory.people.com.cn/n/2015/0715/c40531-27306124.html

꾀하고, 군비와 군대를 확충하고자 하는 정치적 계산에 따른 것이라고 주장한다.[14)

중국의 이러한 반박에도 불구하고 중국위협론은 서방국가들을 물론이고 한국과 일본을 포함한 중국의 주변 국가들에 널리 퍼져 있다. 특히 일본의 경우, 일본 방위대학의 무라이 도모히데(村井友秀)가『제군(諸君)』에서 "중국의 잠재위협을 논함"이라는 글을 발표한 이후, 2015년 『방위백서』에서 중국위협론이 제기되고, 아베 총리가 같은 해 7월 27일 국회에서 "중국위협"을 제기함에 따라 기정사실화되어버렸다.

그런데 중국위협론이 이렇게 주목받을 경우 한중관계의 발전은 어려워질 수밖에 없다. 한반도 주변의 긴장관계가 고조된다면 한반도의 안전과 평화 또한 담보하기 어려워진다. 그런데 중국위협론이 제기되고 있는 것은 중국의 경제적, 군사적, 정치적, 기술적 실력이 뒷받침되고 있기 때문이다. 이런 상황에서 중국을 무시하고 미국에만 편승해서는 한국으로서 이익이 되지 못한다. 결국은 한반도에서의 주도권을 위해 중국과 미국이 각축을 벌일 것이다. 그렇게 된다면, 한국의 통일이나 이익은 뒷전이 되어버릴 가능성이 크다. 그러므로 한반도가 미국과 중국 간 세력균형 또는 세력대결의 장으로 전락하는 것은 피해야 할 것이다. 중국위협론에 대해 무비판적인 추종이나 중국에 대한 무조건적인 긍정이 아닌 객관적이고 미래지향적인 태도를 견지하는 것이 중요하다.

2. 중국책임론 vs. 미국반성론

1980년대 본격화되기 시작한 북한 핵 문제가 아직까지 해결되지 않은 채로 장기화되면서 북핵 문제의 책임을 둘러싸고 중국책임론과 미국반성론

---

14) 徐世剛·姚秀麗, 日本渲染"中國威脅論"的戰略意圖分析, ≪東北亞研究≫ 2003(1), pp. 26-31.

이 대립하고 있다. 2016년 1월 6일 오전 1시 30분 풍계리 핵실험장에서 북한은 4차 핵실험을 강행했다. 이후 미국은 북핵 문제에 대해 중국의 책임을 거론하며 중국이 강경한 태도를 취하지 않았기 때문이라고 비난하고 있다. 반면 중국은 북핵 문제의 진정한 책임은 오히려 미국에게 있다는 미국반성론을 제기하며 미국의 주장에 맞서고 있다.

2012년 오바마 대통령은 방미 중인 시진핑 주석에게 "중국은 강대국으로 성장한 것에 걸맞은 역할을 수행해야 한다"고 주장하면서 중국에게 강대국으로서의 책임을 수행할 것을 강조하는 "중국역할론"을 주장하였다. 이후 북한의 핵미사일 도발이 계속되자 한국과 미국은 중국이 북한에 대한 제재에 미온적인 태도를 보였기 때문이라고 비난하는 중국책임론을 제기하였다. 이러한 중국책임론은 북핵 문제가 본격적으로 제기된 1994년 이후 줄곧 중국을 괴롭히는 문제이며, 트럼프 행정부도 여전히 북핵 문제의 책임을 중국에 돌리고 있는 것은 변함이 없다. 미국은 식량과 에너지를 공급하고 있는 중국이야말로 북한제재와 봉쇄에 동참하여 북한이 핵무기를 포기하도록 유도해야 한다고 하지만, 북한에 대한 영향력을 잃고 싶지 않은 중국으로서는 북한에 대해 엄중한 제재를 하지 못한 것이 사실이다. 그리고 북한이 결국은 핵무기 실험을 재기한 것을 보면 북한에 대한 미국의 봉쇄정책이 결과적으로 실패하였다는 것을 보여준다고 주장하면서 봉쇄정책의 실효성을 제기한다.

그리고 중국은 미국이 중국책임론을 거론하는 것은 억지이자 궤변이라고 반박한다. 중국이 북한의 핵보유가 가져올 부정적 결과에 대해 이미 충분히 인식하고 있고, 북한의 핵무장에 대해서도 절대 반대라는 입장이다. 그리고 중국은 한반도 핵 문제의 기원이 냉전에서 비롯된 것이므로 사실상의 책임이 미국에게 있다고 주장한다. 미국이 1957년부터 1991년 반출될 때까지 한국에 배치한 전술핵무기의 수는 1,000여 개에 이르고 그것은 북한이 핵무기를 개발하도록 하는 강력한 동기를 제공하였다는 것이다. 즉 미국이 북한을 군사적으로 위협하고 체제를 붕괴시키려고 하지만 않았다면 북한은 지금처럼 핵무기를 개발하지 않았을 것이라는 것이다. 그러므로 북핵 문제를 해결하려면 그것을 조장한 미국이 응당 책임을 져야 할 일이라는 것이다. 나아가 중국은 미국이 의도적으로 북핵 문제를 키운 것은 아닌가 하는 의문을 제기한다. 이것이 바로 미국반성론으로, 북핵 문제의 본질은 북한과 미국의 갈등에 있기 때문에 전적으로 미국에게 책임이 있다는 것이다.[15] 북핵 문제에 있어서 북한이 항상 중국이 아니라 미국과의 대화를 시도해왔다는 점을 보면 중국의 주장에도 일리가 있다.

또한 미국이 한국에 대해 가지고 있는 영향력만큼 중국이 북한에 대해 영향력을 행사할 수 있는지의 문제가 있다. 미국의 전략가들은 미국이 한국의 핵무장을 막은 것처럼 중국도 북한의 핵무장을 막을 수 있을 것이라고 생각하지만 그렇지 않다. 2016년 뮌헨안보회의에서 중국 패널로 참석한 푸잉(傅瑩) 전 외교부 부부장은 북한에 대해 중국이 통제력을 상실하였는가라는 질문에 대해 그런 질문 자체가 서구적인 발상이라며, 중국은 어느 나라에 대해서도 통제해야 한다고 생각해본 적이 없으며, 자국 또한 다른 나라에 의해 통제되고 싶지 않다고 밝혔다. 나아가 푸잉은 북핵 문제의 책임이 전적으로 미국에 있다는 중국의 입장을 다시 한번 강조했다. 북한의 동맹국으로서 중국은 미국에 비해 더 북한에 대해 강압적으로 파워를 행사하기가 어렵기 때문에 북핵 문제에 대해 미온적인 태도를 취할 수밖에 없는 현실이라는 것이다.

그리고 사실 북핵 문제의 책임을 어느 일방에 묻는 것은 문제를 해결할 수 있는 적절한 방법이 아니다. 북핵 문제가 전적으로 중국이나 미국에게만 책임이 있는 것이라면 그것은 한국의 통일외교에 해가 되면 해가 되었지 득이 되지 않는다. 북핵 문제가 한반도 통일의 걸림돌이라면 한국이야말로 그 책임을 인식하고 적극적이고 주동적으로 일본이나 러시아를 포함한 주변국 모두의 협력을 통해 문제를 해결하고자 노력해야 한다. 그러므로 북핵 문제의 책임이 어느 나라에 있는가를 따지기보다는 북핵 문제를 조속히 해결하고

---

15) 재미있는 것은 2006년 KBS 제1라디오 '김방희 지승현의 시사플러스'가 실시한 설문 조사에 의하면 우리나라 성인의 43%가 북핵 문제의 가장 큰 책임이 미국에게 있다고 답했다는 점이다. 그러므로 미국책임론은 비단 중국의 주장만은 아닌 것이다.

자 노력하는 것이 한반도 평화정착과 통일의 실현에 더욱 바람직할 것이다.

3. 중국의 '신형대국관계론'과 미국의 '아시아정책'

중국은 시진핑 집권 이후 태평양은 미국과 중국이 공존하기에 충분히 넓다고 하면서 '신형대국관계'를 형성할 것을 미국에 제안하였다. 이에 대해 미국은 협력적 공존을 모색하자는 취지로 이해하고 중국의 주장을 받아들였지만, 이에 대해 중국은 아시아지역에서의 중국의 영향력을 인정받은 것으로 오해하였다. 이렇듯 신형대국관계를 둘러싸고 미중 간에 입장 차이가 존재한다.

중국은 신형대국관계론을 주장하면서 그 핵심이 상호존중, 호혜협력, 상호이익의 파트너관계라고 밝힌 바 있다.[16] 이전의 대국관계가 대결과 제로섬을 그 특징으로 하였다면, 신형대국관계는 경쟁과 협력을 추구하는 대국관계라는 것이다. 그러므로 신형대국관계는 상호신뢰, 상호이익, 상호평등을 전제조건으로 한다. 이러한 신형대국관계를 요구하면서 중국은 자국의 "핵심이익"을 존중받고자 하였다. 2011년 9월 중국이 발표한 핵심이익이란 국가주권, 국가안전, 영토안정, 국가통일, 중국의 헌법을 확립하는 국가정치제도와 사회대국(大局)의 안정, 그리고 경제사회의 지속가능한 발전기초의 보장이다.[17] 중국은 냉전이라는 과거의 역사를 재현하지 말고 상호협력과 상호존중을 해야 한다고 주장하면서 중국에 대한 미국의 의구심은 양국의 정치전통, 가치체계, 그리고 문화가 다르기 때문이라고 주장한다.[18] 그러나

---

16) 중국이 "신형대국관계"를 구체적으로 언급한 것은 2012년 4차 미중전략경제대화에서이다. 이때 후진타오 주석이 새로운 강대국관계가 미중관계 발전에 중요하다고 언급한 이후, 2013년 시진핑 현 주석이 또다시 "신형대국관계"를 언급함으로써 그것은 중국의 공식적 입장이 되었다.

17) http://baike.baidu.com/link?url=f0gm4DM1uhW6GmzbbaacgJA2HiZcdmSKkzwb 7aFIiBsRQ8_ld2X8iHPNKKrjwTjVonBHlBlrVhiMCvq4dw4Apa

18) 王輯思·李侃如, 『中美戰略互疑: 解析與互疑』(社會科學文化出版社, 2013).

이것은 미국에게는 중국이 미국의 패권과 미국을 중심으로 한 국제관계에 도전하려는 의도로 받아들여지고 있다.

이와 더불어 중국의 시진핑 주석이 2014년 아시아교류 및 신뢰구축회의(CICA: Conference on Interaction and Confidence Building Measures in Asia)에서 제시한 '아시아 신안보개념'은 아시아의 안보는 아시아 국가들에 의해 지켜져야 한다는 것으로 이 또한 미국에게는 또 다른 도전으로 해석되고 있다. 이것은 분명하게 아시아에서 미국의 영향력을 배제하겠다는 취지로 여겨질 수 있기 때문이다. 이러한 정치적 도전과 함께 중국은 2013년부터 '일대일로'정책19)을 통해 유럽과 아시아의 경제통합을 추진하고 있어, 미국에게 있어서 그것은 미국 주도의 세계 정치경제질서에 대한 심각한 도전으로 인식되고 있다.

또한 '신안전관'으로 표현되는 중국의 신안보개념은 시진핑 집권 이후 국가목표로 제시되어 오고 있는 '중국몽'과 더불어 중화민족의 위대한 부흥을 목표로 제시된 것이기 때문에 그에 대한 미국의 경계심은 더욱 강화될 수밖에 없다. 중국은 신형대국관계의 정립과 신안보관의 수립을 '중국몽' 실현의 중요한 구성요소로 보고 있는데, '중국몽'이란 민족주의와 애국주의를 근간으로 추구되고 있기 때문에 더욱 그러하다. 중국몽은 부강한 국가, 민족의 부흥, 인민의 행복을 추구하는 것을 모토로 삼고 있는 13억 중국인의 "강성몽(强盛夢)"이다. 이러한 중국의 꿈의 실현은 대내적으로만 실현되는 것에 그 의의를 갖는 것이 아니라 대외적으로 중화민족의 부흥을 목적으로 하기 때문에 더욱 그러하다.

그러므로 해외 학자들과 언론들은 '중국몽'을 '패권몽', '제국주의' 혹은 '신패권주의'라고 비난한다. 이에 대해 물론 중국은 그러한 비난 또한 중국위협론의 일환으로 자국을 세계적으로 고립시키려는 미국의 전략이며, 패권

---

19) "일대일로"는 "실크로드 경제대"와 "21세기 해상실크로드"의 약칭으로, 육상과 해상 양 방면에서 중국과 그 주변국을 연결시키는 새로운 정치경제질서의 구상이다. 이것은 2013년 시진핑 주석이 아시아를 순방하면서 제시한 것으로, "중국은 대국으로서 보다 많은 책임을 질 것"이라고 밝힘으로써 중국의 대국책임론의 일환이다.

국가는 오히려 미국이고, 미국의 세계전략이야말로 '패권몽'의 추구라고 반박한다. 또한 중국몽은 확장적이고 패권적인 침략정책이 아니라고 단언한다. 그러나 중국몽이 국제신질서의 확립이라는 점을 분명하게 밝히고 있기 때문에[20] 미국을 중심으로 한 세계질서에 대한 도전이라는 점은 분명한 것이다.

더구나 개혁개방 이후 중국은 꾸준히 ASEAN 국가들과 정치, 경제, 사회, 문화 등 다방면에서 관계를 개선해오고 있고, 이들 국가에 대한 중국의 '매력공세(charm offensive)'가 계속되어 오고 있어서 중국에 대한 이미지가 상당히 부상한 것 또한 사실이다. 이에 따라 당연한 일이지만 이 지역에서의 미국의 영향력이 점차 상실되고 있다.[21]

중국의 이러한 도전에 맞선 미국의 대응은 아시아에서 미국의 리더십과 영향력을 재확인하는 것이다. 그것이 바로 과거 오바마 행정부 시절에는 '아시아 재균형(Rebalancing to Asia)정책 또는 아시아 회귀전략(pivot strategy to Asia)'으로 또한 현재 트럼프 행정부하에서는 '인도-태평양 구상'으로 구체화되고 있다. 인도라는 전략적 지역의 포함 여부의 문제가 있기는 하지만, 이 두 개의 아시아전략에는 공통적인 부분이 많기 때문에 본 글에서는 개괄적으로 그 특징을 언급하겠다. 그 내용은 크게 네 가지로 정리할 수 있다.

첫째, 전 지구적 차원에서의 재균형으로, 유럽에 주둔해 있던 미군을 감축하여 아시아지역으로 이동시키는 것이다. 둘째, 아시아지역에서의 재균형으로, 아프간과 이라크 등지에 있던 부대를 동남아로 재배치시키는 것이다. 셋째, 미국 국내정책과 대외전략의 재균형이다. 마지막으로 인도, 호주 등 태평양을 중심으로 한 전 세계 핵심 전략지역을 모두 포함하겠다는 의지의 표현이다. 이를 통해 미국은 아시아 태평양지역에서 동맹체제를 더욱 강화

---

20) 서안 정치학원 마르크스주의이론학과의 류쉬칭(劉旭青)은 『인민일보』, 7월 29일 자에서 중국몽은 현 시대의 불공정하고 불합리한 국제질서를 개편하여 공정하고 합리적인 신국제질서를 세우기 위한 것이라고 주장한 바 있다(http://opinion.people. com.cn/n/2013/0729/c1003-22355697.html).

21) Tommy Koh, "America's Role in Asia: What Does Southeast Asia Want from Washington?" PACNET#53, Center for Strategic and International Studies, Washington, D.C.(December 21, 2004).

하고자 하고 있다. 사실 동아시아는 미국의 사활적 이익이 걸려 있는 지역
은 아니었지만 중국의 부상으로 생각이 달라졌다. 중국의 부상은 미국에게
있어 동아시아에서 중국을 견제하고 군사적으로 봉쇄하는 일이 중요한 문제
로 부각한 것이다.

　물론 미국 정부의 이러한 대아시아정책을 둘러싸고 미국 내에서도 반론
이 많다. 군법무관인 존 포드(John Ford)는 그러한 정책이 곧 중국에 대한
미국의 적의를 드러내어, 중국이 군사적으로 더욱 위협적인 존재가 되도록
만들어 아시아의 긴장관계를 더욱 조장할 수 있음을 지적한다.[22] 게다가 경
제적으로도 트럼프 대통령이 TPP(환태평양경제동반자협정) 탈퇴를 공식적으
로 선언하면서 오바마 행정부의 재균형정책은 실패했다고 할 수 있다. 트럼
프 행정부는 2017년 4월 "회귀 또는 재균형" 등의 용어들을 사용하지 않겠
다고 밝혔지만, 그럼에도 불구하고 "계속해서 아시아에 적극적으로 관여할
것"이라고 밝힘으로써[23] 아시아회귀정책 자체를 철회한 것은 아님을 시사
했기 때문에, 아시아를 둘러싼 미국과 중국의 갈등은 여전히 사라지지 않았
다고 할 수 있다.

　중국이 주장하고 있는 신형대국관계론이나 미국이 추진하고 있는 아시
아정책이 아시아에서의 패권을 둘러싼 미중 간의 분명한 입장 차이를 보여
주고는 있다는 것은 변함이 없지만, 둘 다 아시아 문제에 있어서 공식적으
로는 대화와 협력, 그리고 평화공존을 지향한다는 공통점을 갖고 있다는 점
에서 한반도평화에 부정적인 것만은 아니다. 양국은 모두 대립과 갈등보다
는 협력과 화해가 공생의 길이라는 것을 알고 있기 때문에 핵심이익을 내세
운 전통적 갈등구조에서 벗어나 공동의 이익을 통한 발전적 관계를 모색해
야 하며, 그러한 관계의 정립이야말로 한반도 통일에 유리한 환경을 조성할
수 있을 것이다. 그러므로 한국 또한 중국을 적대적 세력으로만 인식할 것

이 아니라, 한반도 평화통일의 적극적 협력자가 되도록 유도할 수 있는 정책을 모색해야 할 것이다.

IV. 중국 정부의 한반도에 대한 입장

한국전쟁 이후 중국의 한반도정책은 중조(中朝)동맹을 기초로 이루어져 왔다. 중국과 북한은 1961년 혈맹관계로서 '중조 우호협력조약'을 체결하였으며, 조약 제2조에는 "어느 일방에 대한 어떠한 국가로부터의 침략이라도 이를 방지하기 위하여 모든 조치를 공동으로 취할 의무를 지닌다. 일방이 어떠한 한 국가나 여러 국가의 연합군으로부터 무력침공을 당하여 전쟁상태에 처하면 상대방은 전력을 다해 지체 없이 군사 및 기타 원조를 제공한다."[24] 라고 규정되어 있다. 그러나 냉전종식 이후 중국의 한반도정책은 어느 정도 변화를 피할 수 없었다. 중국은 북한과는 전통적 우호관계를 유지해오면서도 남한과 외교관계를 수립하였고 경제무역 분야를 비롯하여 다방면에서 한국과의 관계를 꾸준히 발전시켜왔다. 중국은 이러한 균형관계를 계속해서 유지하고 싶었지만, 21세기에 들어서, 북한 핵 문제는 한중관계의 걸림돌이 되고 있다.

후진타오시대에 중국 정부는 북한과 국제사회의 대립을 중재하고자 하였으며, 6자회담을 중심으로 북한이 국제사회로 회귀하도록 촉구하는 선에서 북한과의 관계를 유지하고자 했다. 그러나 김정은 집권 이후 북한과 중국의 거리는 나날이 멀어지고 있다. 2013년 2월 12일 북한의 3차 핵실험은

---

24) http://baike.baidu.com/link?url=czLtiB8Y-bRxWlNR4V1jmyDqypFJRUs8CyCb1x
8vNCmjdonuUjxXGh4YlSLSrP5dGij3sjt_0ZECv_nqAAQY--vGGtpAVkfzM0zVwY
ql_ogl5ApqvSsXUq68boDh3_CJC5oAjYWDILx4JNKSoLS0gzipG29TFi9XEZqx7T
_40o-Z_k9G0i1AZy0KTtRUJKIP#1

중국을 국제적으로 더욱 난처하게 만들었다. 시진핑 주석은 2013년 4월 8일 "누구도 아시아에서 혼란을 야기하는 것을 허락하지 않는다(不准任何人搞亂亚洲)."[25]고 하면서 북한에게 경고를 하기에 이르렀다.[26] 중국의 이러한 위협에도 불구하고 북한은 여전히 핵도발을 도모하고 있다. 결국 중국 인민대(人民大) 국제관계원의 팡중잉(龐中英) 교수에 의하면, "북한의 핵개발은 중국 안보에 위협이 되고 있으며, 이는 중·조 우호협력조약을 무효로 만들었다."[27]

이렇듯 한국과 중국 모두 북한이 계속해서 핵실험을 하는 것에 우려를 표명하고, 어떠한 상황하에서도 북한이 핵을 사용하는 것을 인정할 수 없다는 점에 동의한다. 중국 내에서 북한의 핵 문제는 중국의 핵심이익에 저촉이 되며, 중국의 한계에 도전하고 있으므로, 양국의 혈맹관계를 수정하고 관계 정상화를 시도해야 한다는 의견도 제기되고 있다(仇發華 2014). 한중 모두 핵무기 개발이 동북아 및 세계 평화와 안정에 심각한 위협이 된다는 생각에는 이견이 없는 것이다. 특히 중국이 북한 핵무기에 반대하는 이유는 북한의 핵무기를 명분으로 한 미국의 개입에 대해 우려하기 때문이다. 북한 핵무기는 객관적으로 한반도 안전을 더욱 긴장시켰을 뿐만 아니라 미국 등 서방국가들이 그것을 빌미로 동북아지역에서 미사일방어체제를 적극적으로 추진하도록 하고 있기 때문이다(梁立昌 2015). 뿐만 아니라 북한의 급변사태로 인한 대량난민의 중국 동북지역으로의 유입 또한 중국이 바라는 바는 아니다. 따라서 중국은 불통불란(不統不亂)정책, 즉 통일도 전쟁도 원치 않는 현상유지정책을 고수해 오고 있는 것이다(변창구 2012).

중국은 북한이 핵무기를 개발하는 것도 원하지 않지만 스스로 붕괴되는 시나리오 또한 원하지 않는다. 한반도의 안전과 안정은 중국의 한반도정책

---

25) "外媒關注: 習近平警告不准任何人搞亂亞洲," 新華網, http://news.xinhuanet.com/world/2013-04/08/c_124549457.htm.

26) "外媒: 中方罕見釋放11名朝鮮'脫北者'未強行遣返," 重慶時報, http://news.china.com/domestic/945/20140817/18715148.html.

27) http://news.chosun.com/site/data/html_dir/2016/04/18/2016041800176.html

의 중요한 목표이고, 북한은 전략적으로 중요한 위치를 점하고 있으므로 북한을 포기해서는 안 된다는 주장 때문이다(仇發華 2014). 따라서 북한의 대중의존도를 높여 중국의 영향력을 높이는 한편, 북한을 6자회담이라는 틀 속에 끌어들이려고 노력한다. 이러한 정책은 한국에도 해당된다. 로이에 의하면, "한반도에서 중국의 외교목표는 한국을 미일블럭에서 분리시키고 한국을 중국에 기울도록 하는 이른바 한반도 전체를 완충지대화하는 것"[28]에 있기 때문이다.

중국의 저명한 학자였던 옌쉐퉁은 한반도 통일에 대해 다음과 같이 밝힌 바 있다.

"첫째, 한반도의 통일은 한국과 북한에 달려 있는 것이지 중국에 달려 있는 것이 아니고, 중국은 한반도를 통일시키거나 통일시키지 않을 수 있는 능력이 없으며, 둘째, 통일된 한반도와 그렇지 않은 한반도 중 어느 것이 중국에 유리한지 누구도 알 수 없고, 셋째, 중국 스스로도 지금 통일을 추구하고 있는 상황에서 어느 나라의 통일도 반대할 수 없기 때문이다."[29]

이런 생각에 기반하여 중국은 한반도정책에 있어서 한반도의 현상유지를 지지해왔다. 한반도의 통일을 반대하는 것은 아니지만, 북한의 붕괴나 일방에 의한 흡수통일이 아닌 평화통일을 지지해왔다. 특히 한반도 문제에 타국이 개입하는 것에 적극 반대하고 있다. 그리고 한반도의 불안정은 미일동맹의 강화나 일본의 군사력 확대를 초래할 가능성이 크고, 그러한 긴장관계의 심화와 그로 인한 불상사의 출현은 중국의 지속적인 발전을 저해한다고 생각하여 중국은 줄곧 한반도의 평화적 통일과 평화와 안정을 강조해왔던 것이다.[30]

---

28) Denny Roy, "China and the Korean Peninsular: Beijing's Pyongyang Problem and Seoul Hope," *Asia-Pacific Security Studies*, Vol.3, No.1(Jan. 2004), p.2.
29) 『국민일보』, 2011년 12월 9일, 45쪽.

그리하여 중국은 한반도 문제에 대해 "평화공존(和平共處)"을 기본으로 한 평화적 외교방식에 따라 해결할 것을 주장해왔다. 중국은 북한에 대한 경제제재가 결국은 북한의 인도주의적 재난을 야기할 것이라고 생각한다(梁立昌 2015). 그런데 문제는 중국이 말하는 "평화공존"원칙이다. 그것은 레닌이 주장한 "평화공존"을 의미한다. 즉 사회주의 국가와 자본주의 국가가 평등을 기초로 국가 간의 정상적 교류를 실현하는 것을 의미한다. 평화공존적 외교사상은 스탈린에 의해 발전한 것으로, "평화공존"의 양방이 서로 다른 두 종류의 사회제도를 가진 국가 간의 협력을 전제로 하는 평화공존을 의미하며, 성격이 다른 사회제도 간의 광범위한 경제협력교류를 주요 내용으로 한다. 이후 스탈린은 평화공존의 이론을 확대하여 경제적인 협력뿐만 아니라 정치적 평화공존을 도입하였다. 그리고 그는 주권의 평등과 내정불간섭의 원칙을 수용하였는데, 이를 중국의 저우언라이가 발전시켜 "평화공존" 5원칙31)을 제시한 것이다(梁立昌 2015).

물론 중국이 평화공존원칙을 기반으로 한반도에서 평화롭고 안정적인 환경을 조성하려는 이유는 중국의 지속적 경제발전과 국제관계의 역학에 대한 고려 등에서 비롯된 것이지만, 통일한국이 중국에 적대적일 수 있다는 우려 때문이기도 하다. 그러므로 중국은 한반도 문제는 기본적으로 남북 당사자끼리 대화와 협상을 통해 해결해야 한다는 당사자 해결원칙을 지지한다. 따라서 중국은 박근혜 대통령이 제기한 "한반도신뢰프로세스 구축" 구

---

30) 문대근, 『한반도 통일과 중국』(서울: 늘품플러스, 2010), 278쪽.

31) 저우언라이(周恩來)의 평화공존 5원칙은 상호 영토주권의 존중, 상호불가침, 상호 내정불간섭, 평등호혜와 평화공존(周恩來 1984)으로서, "이러한 다섯 가지 원칙은 각국의 상호이해와 평화공존의 건실한 기초를 구성한다."고 밝힌 바 있다(新華月報 1955年 第5號, 54); 덩샤오핑(鄧小平) 또한 저우언라이의 "평화공존" 5원칙을 계승하여 그것을 통한 국제정치경제 신질서를 건의하였다; 이후 장저민(江澤民)은 평화공존 5원칙을 기초로 신안전관(新安全觀)을 제시하였고; 후진타오(胡錦濤)의 화해세계(和諧世界)관 또한 평화공존 5원칙을 포함하고 있다. 현 주석인 시진핑(習近平)의 "아시아이익공동체(亞洲利益共同體)" 또한 전임자들과 마찬가지 맥락에서 제기된 것으로, 중국은 대외적으로 줄곧 평화공존을 지지한다는 원칙을 고수하고 있다.

상을 환영하였으며, 한국 측의 남북관계를 개선하고 긴장을 완화하고자 하는 노력을 높이 평가하였다.[32] 남북 양측이 한반도 문제의 직접 당사자이며, 정부 간 대화 등을 통해 한반도 문제 해결을 위해 적극적으로 임해야 한다는 점에 대해 한중 간의 의견이 일치한다.

그러므로 중국에 대한 통일외교의 핵심은 무엇보다도 양국 간의 신뢰구축이 되어야 한다. 그를 위한 전략으로 "통일과정에 있어서 미국뿐만 아니라 중국의 협력도 이끌어내기 위한 '연미화중(聯美和中)'의 전략, 중국의 부담을 줄이고 외교의 효율성을 제고하기 위한 '소프트 파워(soft power)'전략, 한반도의 안정과 평화통일의 국제환경 조성에 중국의 적극적 역할을 유도하기 위한 '다자안보전략,' 양국 간의 신뢰구축과 상호의존성 증대를 겨냥하여 다양한 영역과 차원에서 이루어지는 '그물망(networking)'전략"(변창구 2012) 등이 제기되었지만, 무엇보다도 양국 간의 상호이익이 중심이 되어야 할 것이다. 그런 점에서 미래 한반도에서 중국이 얻을 수 있는 '이익'을 확신시키는 것이 무엇보다 중요할 것이다.[33]

그것은 단순히 경제적 이익을 말하는 것이 아니라 중국이 내세우고 있는 "핵심이익"을 고려해야 한다는 것이다. 중국의 "핵심이익"을 무시하고 한국만의 입장에서 신뢰관계를 구축한다는 것은 사실 어불성설일 따름이다. 물론 그렇다고 해서 무조건적으로 중국의 이익만을 우선시한 정책의 수립

---

32) http://politics.people.com.cn/n/2013/0627/c1001-22000275-2.html
33) "첫째, 한반도 통일은 북핵, 대량살상무기 확산 위협의 해소로 생존, 번영에 기여할 것 … 둘째, 한반도는 해양세력과 대륙세력을 잇는 거대한 인적, 물적 교통, 물류중심의 연계망 확보로 다양한 이익을 획득가능하게 한다 … 이를 통해 중국은 동북아 문화공동체, 경제협력공동체 구상과 함께 대륙세력과 해양세력과의 경제적·문화적 소통확대는 물론, 중국문화의 세계전파에 유리한 고지 확보 … 셋째, 통일한국은 중국이 추진하는 균형적 발전전략 특히 동북지역발전에 강력한 기술력과 경제력을 지닌 통일한국을 경제파트너, 협력파트너로 확보하게 될 것 … 넷째, 남북대결구도에 의한 중국의 난제와 부담이 해소 … 북한주민의 대량탈북 사태에 따른 인권 문제 발생과 대북원조에 대한 부담이 없어지고 대량 탈북사태에 따른 동북3성의 관할우려도 해소" 등등(장공자, 제4장 "박근혜정부 출범과 한중관계 발전방향," 『통일전략』 제13권 제2호(2013)).

또한 반드시 경계해야 할 것이다. 그리고 만일, 중국의 핵심이익이 한국의 국가안보에 저촉이 된다면, 중국의 핵심이익을 해치지 않는다는 소극적 차원의 대응전략의 수립이 필요하다. 양국이 서로 자국만의 이익만을 고려하고 그것만을 고집한다면, 한반도의 평화는 차치하고 평화적 통일은 더욱 힘들어질 것이기 때문이다.

V. 맺음말 : 대중통일외교방안과 향후 방향

대중통일외교방안을 모색함에 있어서 남경대학 국제관계연구원 원장인 주펑(朱鋒)의 말이 시사하는 바가 크다. "통일한국이 중국과 협조하고 협력하는 한, 중국 정부는 긍정적이고 적극적인 역할을 기꺼이 수행할 것이며, 통일한국이 중국과의 우정을 중시하고 중국의 전략적인 비전을 이해하는 한, 중국은 통일한국을 위협적인 존재로 여기지 않을 것이다."[34] 즉 통일한국이 중국에 우호적인 한 중국은 한반도 통일을 반대하지 않는다는 것이다.

중국이 우려하는 것은 한반도뿐만이 아니라 아시아에서의 미국 영향력의 확대이며, 그 결과 타이완에 대한 중국 본토의 영향력 축소, 나아가 타이완의 독립이다. 이것은 중국의 핵심이익에 대한 심각한 위험이기 때문이다. 우리는 중국과의 관계 정립에 있어서 중국이 우선시하는 것이 중국의 핵심이익이라는 점을 잊어서는 안 된다. 그러므로 한반도통일이 중국의 핵심이익을 해치지 않는다는 것을 인식시켜야 한다.

중국의 정책에서 불가분의 요점은 ① 북한과의 전통적 우호협력관계의 안정 및 발전, ② 한국과의 전략협력동반자관계의 공고 및 심화, ③ 한반도

---

34) 주펑, "중국의 관점에서 본 한반도 통일문제," 최진욱 편, 『한반도통일과 주변4국』 (서울: 늘품플러스, 2011), 94쪽.

의 평화고착 수호, 한반도 무핵화 견지이다. 이런 입장에 기초하여 중국은 한민족의 자주적 평화통일의 실현에 대한 염원을 이해하고 존중하며, 향후 중한 전략협력동반자관계를 계속해서 발전시키고자 한다. 이때 중국은 연합국 성명에서 확립한 원칙과 방향에 따라 양국의 협력을 심화시키고자 하며, 양국관계에 영향을 주는 내외적 제약요인을 적절히 처리하고, 양국 간의 중대 문제 상의 의견대립을 최소화하고, 양국의 공동이익을 증진하는 것이다 (梁立昌 2015). 그러므로 이것은 한중관계에 있어서도 충분히 고려해야 하는 사항인 것이다.

그리고 중국의 국제관계는 언제나 '이익'을 중심으로 이루어져 왔으므로, 한반도 통일이 중국에게 이익이라는 것을 확신시킬 필요가 있다. 현재 시진핑 정권이 추진하고 있는 일대일로전략 또한 중국 주변지역을 "이익공동체," 나아가 "운명공동체"로 발전시키고자 하는 것(仇發華 2014)인 만큼 "이익"은 중국의 외교정책에 있어서 대내외적으로 중요한 화두이다. 따라서 한국은 중국에게 양국이 하나의 이익공동체임을 인식시키고 한반도 통일에 대한 중국의 우려를 불식시키고자 노력할 필요가 있다. 박근혜 정부는 아태자유무역지대와 아시아기초설비투자은행 등에 있어서 중국을 지지하였지만, 중국은 주변국가의 안전을 포함하는 사드에 있어서 한국이 자국의 국가이익만을 고려하였다고 생각한다는 점을 주의할 필요가 있다. 한국은 미국 편향적인 정책과 태도에서 벗어나 보다 더 장기적인 안목에서 자주적이고 독립적인 사고를 할 필요가 있으며, 더 이상 한반도를 미중 갈등의 전초기지로 만들어서는 안 될 것이다.

결론적으로 한반도 통일은 남북한이 주도적이며 자주적으로 해결해야 하는 문제이지만, 미국과 중국을 비롯한 동맹국과 주변국들의 도움과 양해가 반드시 필요하다고 할 수 있다. 특히 대중통일외교에 있어서는 중국의 신뢰를 획득해야 하며, 통일 이후에도 중국과 한국이 평화롭고 호혜적인 동반자라는 점을 인식시켜야 할 것이다.

참·고·문·헌

문대근. 2010. 『한반도 통일과 중국』. 서울: 늘품플러스.

변창구. 2012. "한국의 대중국통일외교: 콘텐츠와 전략." 『통일전략』 12(4). 한국통
일전략회의(2012.10), 169-292.

『역사의 관성: 미래 10년의 중국과 세계』 2016년 제4권 제1호(통권 38호). 성균차이
나브리프.

이상현. 2011. "미국, 아시아 복귀 중국과 실용적 협력 천명." 『통일한국』 제327호.

장공자. 2013. "제4장 박근혜정부 출범과 한중관계 발전방향." 『통일전략』 제13권
제2호.

전진호. 2011. "일본의 대중국 안보인식 변화: 외교청서와 방위백서를 중심으로." 『한
일군사문화연구』 제11집.

주 평. 2011. "중국의 관점에서 본 한반도 통일문제." 최진욱 편. 『한반도통일과
주변4국』. 서울: 늘품플러스.

허문영·마민호. 2011. 『중국의 부상에 대한 북한의 인식과 대응』 KINU 연구총서
11-09. 서울: 통일연구원.

Denny Roy. 2004. "China and the Korean Peninsular: Beijing's Pyongyang
Problem and Seoul Hope." *Asia-Pacific Security Studies*, Vol.3, No.1.
Jan.

姜紅·李永強·沈海濤. 論朝鮮半島和平共處的實現與保障. 東北亞論壇. 2014年 第5期.

仇發華. 新時期中國朝鮮半島戰略調整的變化·動因與趨勢, 國際關係研究. 2014年 第6期.

梁立昌. 朝鮮半島統一問題與中韓戰略合作夥伴關係. 東疆學刊. 第32卷 第4期. 2015年
10月.

徐世剛·姚秀麗. 日本渲染"中國威脅論"的戰略意圖分析. ≪東北亞研究≫ 2003(1), 26-
31.

王宇軒. 中國外交戰略調整對朝鮮半島政策的影響回顧. 沈陽工程學院學報. 第11卷 第1

期. 2015年 1月.

王輯思·李侃如. 2013. 中美戰略互疑: 解析與互疑. 社會科學文化出版社.

周恩來. 1984. 和平共處五項原則. 周恩來選集(下). 北京: 人民出版社, 118.

『문화일보』, 2012년 1월 19일.

http://baike.baidu.com/link?url=czLtiB8Y-bRxWlNR4V1jmyDqypFJRUs8CyCb1x
    8vNCmjdonuUjxXGh4YlSLSrP5dGij3sjt_0ZECv_nqAAQY--vGGtpAVkfzM
    0zVwYql_ogl5ApqvSsXUq68boDh3_CJC5oAjYWDILx4JNKSoLS0gzipG29
    TFi9XEZqx7T_40o-Z_k9G0i1AZy0KTtRUJKIP#1

http://blog.naver.com/sharp326/150006301624

http://news.china.com/domestic/945/20140817/18715148.html.

http://news.chosun.com/site/data/html_dir/2016/04/18/2016041800176.html

http://news.xinhuanet.com/world/2013-04/08/c_124549457.htm.

http://politics.people.com.cn/n/2013/0627/c1001-22000275-2.html

http://shindonga.donga.com/3/all/13/106531/1

http://theory.people.com.cn/n/2015/0715/c40531-27306124.html

http://www.newsis.com/view/?id=NISX20170315_0014766098&cID=10101&pID
    =10100

https://www.forbes.com/sites/stephenharner/2014/06/22/the-nytimes-china-thr
    eat-myth-the-pivot-to-asia-and-obamas-foreign-policy-legacy/2/#49adcba
    55596

한미동맹과 한중관계, 그리고 한반도 문제

박인휘 • 이화여자대학교

I. 머리말

동맹관계는 타자의 세력을 적극적으로 활용하여 자국의 안보를 확보하는 전략적 선택으로서, 한국의 경우 유일한 동맹파트너인 미국과의 동맹관계를 가장 소중한 외교안보 자산의 하나로서 간주하고 있다. 한반도가 처한 안보현실을 고려할 때 한미동맹을 어떻게 활용하느냐의 문제는 한국의 대외관계는 물론, 정치, 경제, 사회 등 모든 정책 분야에 커다란 영향을 미치게 된다. 최근에 이르러 글로벌 및 동북아 안보 환경은 급변하고 있는데, 그 핵심에는 중국의 성장과 그와 연동된 중국의 강대국 프로젝트가 자리 잡고 있다.

소위 G2로 알려진 미국과 중국 사이의 새로운 권력관계가 한반도 안보 및 평화통일 환경에 많은 영향을 미칠 것이라는 예측은 이미 수년 전부터 강조되어 온 바 있다.1) 특히 지난 정부 들어서는 특히 한미동맹과 한중관계의 병행발전을 강조하면서, 미국과 중국을 동시에 우리의 우방으로 확보하여 한반도의 동북아적 이익은 물론 북한 문제 해결 및 한반도 통일과정에서 한국의 외교안보적 이익을 극대화하려는 노력이 있었다. 하지만 그러한 노력은 구체적인 내용과 치밀한 전략 없이 추진된 결과, 2016년 1월 감행된 북한의 4차 핵실험 이후 한중관계는 급속히 악화되어 일시적으로나마 사상 최악의 한중관계를 경험한 바 있다.

현재 한미동맹은 국가전략적 차원에서 핵심적으로 두 가지 내용의 과제에 직면해 있는 것으로 판단된다. 첫째, 미중 간 권력관계가 새로운 국면에 접어들면서, 무엇보다도 미국과 중국은 의도하든 의도하지 않든 '한미동맹'을 서로 상대방을 견제하는 수단으로 활용하려는 의지를 키워나가고 있다. 즉, 중국에게 한미동맹은 한반도 안보의 의미와 적실성만을 가지기보다는 미중관계의 차원으로 해석되고, 미국에게도 한미동맹은 한반도 차원을 넘어서서 동아시아 전체 안보전략 및 미중관계의 차원으로 이해되는 부분이 발생하고 있다. 결과적으로 중국의 부상에 따른 한반도 및 아시아 안보질서에서의 영향력이 확장됨에 따라, 한미동맹의 목표와 정체성 또한 크게 영향받을 수밖에 없다. 특히 중국은 북한 문제 해결에 매우 중요한 관여자라는 점을 고려할 때, 한미동맹과 한중관계 사이의 균형을 어떻게 정립하느냐의 문제는 우리가 중심이 되어야 할 한반도 평화통일 과정에 핵심 과제가 아닐 수 없다.

이러한 배경에서 이 글은 미중 간 발생할 새로운 역학관계의 의미를 국제정치학적 관점에서 다시 한번 점검해 보고, 미국과 중국이 가지는 대한반도 국가이익에 대한 이해를 바탕으로, 안정적인 한미중관계의 건설 방안을 모색해 보자는 데에 있다.

---

1) 관련한 대표 연구는 다음을 참고. 전재성, "분단 70년의 국제환경, 대내구조, 남북관계의 조명," 『통일정책연구』 24권 1호(2015), pp.1-27.

II. 국제질서 구조와 미중관계의 의미

1. 미중시대의 의미와 유형

아날학파의 시각에 의하면 역사의 변화라는 관점에서 사건들은 구조사적 전환, 국면사적 전환, 혹은 사건사적 전환 등의 차원에서 해석된다.[2] 미중관계의 새로운 세력관계 변화가 구소련의 붕괴와 같은 구조사적 전환을 야기할 것인지, 60년대 말 냉전질서 속에서 유럽에서 발생한 일련의 사건들처럼 국면사적 전환을 야기할 것인지를 정확하게 단언하기는 어렵다. 다만 1990년대 이후 유지되던 미국 중심의 국제질서 구조에 중대한 영향을 미칠 것임에는 틀림이 없을 것이다. 이러한 관점을 전제로 미중시대로 알려진 G2를 해석하는 다양한 설명이 존재하고 있다.

첫째, G2는 아시아 지역의 세계 중심으로서의 부상을 의미한다. 2030년까지 중국의 GDP가 세계 GDP에서 차지하는 비중이 25%에 달하는 등 잘 알려진 바와 같이 아시아는 세계질서의 중심지로 부각하고 있다. 지난 세기 냉전적 경제성장이 서유럽 중심의 세계질서를 의미했다면, 미중시대는 중국을 축으로 한 아시아의 성장과 발전이 세계질서의 중심으로 부상하는 것으로 이해된다. 17세기 이후 근대적 국제질서가 생겨나면서 세계의 중심은 반복적으로 서구문명을 중심으로 진행되는 특징을 보였지만, G2는 국제정치의 중심에 아시아가 자리 잡게 됨을 의미하고 있다.

둘째, 미중시대는 균형화(balancing)의 한 방식이라는 견해가 뚜렷이 존재하고 있다. 탈냉전 20년을 넘어서면서 미국을 제외한 나머지 국가들의 부상과[3] 관련하여 중국의 괄목할만한 경제성장이 미국과 중국 사이의 세력전이로 이어질 수 있을 것이고, 이러한 배경에서 '공격적' 혹은 '방어적' 현실주의

---

2) 김응종, 『아날학파의 역사세계』(서울: 아르케, 2001), 4장.

3) Fareed Zakaria, *Post-American World and the Rise of the Rest* (New York: Penguin Books, 2009).

의 주장처럼 대중국 균형화 전략이 치밀하게 수립되어야 한다는 양자관계적 측면이 강하게 반영되는 입장이 지배적이다.[4] 과거 90년대 중후반기 중국에 대한 미국의 관점은 '위협론(threat) vs. 전통주의(traditionalist)'적 차원에서 유행하였던 적이 있는데, 오늘날에 이르러서는 전자의 경우 중국이 보다 적극적인 봉쇄와 억지의 대상이 되어야 한다는 입장으로 발전하였고, 후자의 경우 세계화시대의 다양한 이슈들을 함께 해결하면서 글로벌 리더십과 책임감의 공유가 가능하다는 소위 자유주의적 입장이 발전한 것으로 이해된다.[5]

미중시대가 간략하게나마 이러한 의미를 가진다면, 향후 두 국가 사이에는 구체적으로 어떠한 방식의 세력관계가 전개될 것인가? 첫째, '적대적 경쟁관계'를 상정해 볼 수 있다. 경쟁관계는 양 국가의 국가이익 편차가 크다는 것을 전제로 하기 때문에 결과적으로 기존 패권국가인 미국의 대중국 세력균형이 성공하느냐 아니면 두 국가 사이에 세력전이가 발생하느냐의 문제로 볼 수 있다. 하지만 현실적으로 아직까지 중국이 글로벌 차원에서 미국에 대항할 제도적 리더십을 갖춘 것이 아니기 때문에, 포괄적인 성격의 세력균형보다는 아시아 지역에 한정된 사안과 관련한 제한된 세력균형 및 위협균형과 같은 논리가 보다 나은 설명력을 가질 수 있다. 관련하여 주요 이익에 따른 미국과 중국의 입장이 경쟁적이라면 특히 아시아에 위치한 다른 국가들의 안보적 자율성은 훼손될 수밖에 없다. 다만 전통적인 의미에서의 강대국 간 경쟁관계는 여타 국가들을 자기의 세력하에 끌어들이기 위한 치열한 경쟁을 전제로 하지만, 미국과 중국 사이의 현실적인 힘의 격차 그리고 21세기 외교의 구조적 속성인 네트워크형 외교의 발달과 국제정치 이슈들의 탈근대성을 고려할 때, 냉전기와 같은 진영대결형 세력균형 및 봉쇄정책은

---

4) Graham Allison, *Destined for War: Can America and China Escape Thucydides' Trap?*(New York: Houghton Mifflin Harcort, 2017); Avery Goldstein, ed., *China's Global Engagement: Cooperation, Competition, and Influence in the 21st Century* (Washington, D.C.: Brookings Institute Press, 2017).
5) Robert S. Ross and Zhu Feng, *China's Ascent: Power, Security, and the Future of International Politics* (Ithaca: Cornell University Press, 2015).

적극적으로 전개되지 않을 것으로 판단된다.

둘째, '강대국 협조관계'를 생각해 볼 수 있다. 이것은 기본적으로 최근에 등장하는 G2 체제를 미중 간 리더십 공유로 이해하는 것이다. 강대국 협조체제는 상호 핵심이익에 대한 이해와 존중을 전제로 하며 이러한 이해가 하나의 외교관계 차원의 메커니즘으로 전환될 수 있음을 의미한다. 글로벌 차원에서 혹은 특정 지역에서 강대국 협조체제가 형성되기 위해서는 미국과 중국이 다른 국가들과 확연히 구분되는 강대국의 자격을 인정받아야 한다. 과거 유럽의 경험을 참고로 하면, 두 국가 사이에 다양한 내용과 수준의 협의 채널이 제도화되어 있어야 하며, 이러한 상호 인정의 외교는 매우 높은 수준의 권위를 확보할 수 있어야 한다. 그런데 문제는 세계화시대의 특성상 서로 확연히 구분되는 영역에서 상호 배타적인 이익을 영유하는 것이 가능한 것인지 의문이 제기될 수 있다. 예를 들어 중국과 관련한 영토 문제, 인권 문제, 소수민족 문제 등의 경우 미국이 중국의 배타적 국가이익에 쉽게 동의할 수 있는 성격이 아닌 것으로 판단된다.

마지막으로, 미국과 중국 사이에서 소위 '전략적 협력관계'를 생각해 볼 수 있다. 이러한 관계는 기본적으로 핵심 이슈들에 대한 양 국가의 편차가 크지 않거나, 혹은 국가이익 간 차이가 있더라도 중국은 미국이 제도화한 국제질서를 인정하는 것을 전제로 외교전략을 추구하는 세력관계이다. 따라서 이 경우 미국과 중국은 글로벌 이슈는 물론 지역적 차원의 이슈와 관련하여서도 양국의 공동이익이 증대되는 '이익균형'의 논리에 따르게 됨을 의미한다. 미중 전략적 협력관계는 지역적, 세계적 차원에서 기본적으로 경쟁과 협력이 공존하는 형태이지만 어느 일방이 과다한 이익을 향유하거나 혹은 과다한 손해를 떠안지 않는 공동체적 노력을 전제로 한다. 물론 힘의 유동성이 강한 국제정치 현실에서 전략적 협력관계의 유지는 제도적 수준으로 발전하지 못하는 문제점을 노출할 수 있으나, 기존에 국제사회가 경험한 강대국 정치보다 두 세력 간 문명적 이질성이 더 크고, 또한 네트워크 외교환경의 특징에 따라 어차피 국제정치적 권력관계가 국가들끼리 매우 복잡하게 얽혀 있다면 '적대적 경쟁관계'나 '강대국 협조체제'보다는 다소 현실성 있는 관계로 볼 수 있다.

2. 미중관계와 미국의 동아시아 전략

미중시대로 대표되는 새로운 글로벌 세력관계는 과거의 경험으로부터 자유롭지 못한 측면과 또 동시에 자유로운 측면을 모두 가진다. 우선 세계 질서의 지속성이라는 차원에서 가장 대표적인 특징으로 과거 국제정치의 강대국은 각기 배타적인 이익을 영유하는 고유의 영역이 존재하였다는 점을 들 수 있다. 유럽협조체제의 주요국과 냉전 시기의 미국과 구소련은 각기 독점적 영향력을 행사하는 영역이 있었는데, 이를 미중관계에 적용해 보면, 중국의 경우 향후 국내정치(소수민족정책), 동남아 지역으로 대표되는 화교경제권, 영토분쟁 지역, 동북아(특히 한반도)를 놓고서 독자적인 영향력 행사를 주장할 가능성이 높다.

반면 과거와는 차별적인 현상으로는 대표적으로 두 가지 점을 지적할 수 있는데, 하나는 중국 부상이 가지는 복합적인 성격을 들 수 있고, 또 다른 하나는 G2의 경우 기존 글로벌 파워인 미국의 입장에서 일종의 선택의 결과로 비쳐진다는 점이다. 첫 번째 부분과 관련하여 중국은 가난하면서도 막강한 경제력을 가진 나라, 힘이 있으면서도 문제가 많은 나라라는 소위 '능력의 이중성'이 존재하고 있는데, 이러한 측면은 중국의 국가정체성에서 야기되는 글로벌 영향력의 복합성이라는 측면에서 설명될 수 있다. 무극의 시대 (age of nonpolarity)라는 지적에서 알 수 있듯이 미국을 제외한 국가의 글로벌 영향력은 제한적인 측면에서만 작용할 것으로 예상된다. 두 번째 부분과 관련하여 과거 유럽협조체제의 등장이나 미소 양극체제의 경우 어느 일방에 의한 전략적 선택의 결과라는 측면은 찾아보기 어려운데, 구소련의 글로벌 영향력은 (수정주의자들의 기여를 인정하지만) 미국의 전략적 선택의 결과가 아니었다. 반면 G2의 경우 미국이 중국의 부상을 어쩔 수 없이 받아들여야 한다는 지적에도 불구하고, 미국은 미일동맹에 의한 중국 관리, 전면적 세력균형전략 등 여전히 다양한 전략 옵션들을 가지고 있다는 점이 인정된다.

미중시대의 도래에서 비롯되는 세계질서의 변화가 우리에게 사활적인 의미로 다가오는 이유는 두 국가 사이의 세력관계의 변화가 무엇보다도 동북아 지역에서 두드러지게 전개될 것이기 때문이다. 역사적으로 미국의 동아시아 개입은 '문호개방'과 '국가이익'이라는 두 가지 가치의 지극히 미국적인 통합을 통해 전개되어 왔다. 수백 년 동안 보편적인 가치들을 공유하면서 국제관계의 수평적인 확산을 통해 초국가적 질서를 확장하고 제도화시켜 온 유럽 국가들과는 달리, 동아시아 국가들은 대개 19세기와 20세기에 들어와서야 상대적으로 빠른 속도로 근대적인 국제질서에 편입하게 된다. 이후 동아시아 근대화의 과정은 미국의 개입과 전략의 국제정치적 결과라고 하여도 과언은 아닐 것이다.

20세기 후반 동아시아 지역의 냉전구조 심화를 거치면서 미국은 동아시아 국가로서의 정체성을 확립하였다.[6] 탈냉전기에 들어서도 미국은 기존의 동맹국들과의 관계 강화, 중국과의 외교적인 파트너십, 호주, 뉴질랜드를 포함한 거대 태평양 안보네트워크, APEC을 통한 동아시아 지역주의 논의 흡수 등을 통해 지속적으로 동아시아적 이익을 실현하고 있다. 미국이 추진한 '미국의 동아시아' 만들기는 대체로 세 가지 차원에서 진행되어 왔다.

첫째, 미국은 동아시아 안보부재를 전략적으로 활용하여 동아시아가 지속적으로 미국을 필요로 한다는 논리를 재생산해 왔다. 특히 탈냉전기 이후 기존의 동맹안보구조에 느슨한 다자주의 형태의 새로운 안보협력체제를 추가로 구축하면서 미국-동아시아 간 미래 지향적인 안보적 결속력을 추구하고 있는 것으로 풀이된다.

둘째, 미국은 동아시아의 지속적인 경제성장 및 경제통합은 이 지역의 다자주의적 외교관계를 강화하여, 결과적으로 이 지역 국가들로 하여금 국

---

6) 박인휘, "미국의 동아시아 인식과 전략," 손열 편, 『동아시아와 지역주의: 지역의 인식, 구상, 전략』(서울: 지식마당, 2006); Bruce Cumings, *Parallax Visions: Making Sense of American-East Asian Relations at the End of the Century* (Durham, NC: Duke Univ. Press, 1999).

제규범을 준수하게 만들고 미국적 이념과 가치를 수용하게 만들 것으로 기대한다. 동아시아 역내 경제적 통합의 심화는 개방경제, 자유주의, 공정무역 등에 대한 필요성을 강조할 것이고, 이러한 변화는 궁극적으로 미국이 제공하는 글로벌 표준을 동아시아가 더욱 적극적으로 받아들이게 만들 것으로 기대하고 있다.

셋째, 이미 잘 알려진 바와 같이, 미국은 탈냉전기 이후 유지되는 단극적 지위의 유지와 새로운 국제 리더십 창출을 위해 '변환외교(transformational diplomacy)'를 추진하고 있다. 대외관계의 지식기반 강화, 공공외교, 비정부 간 외교 등을 중심으로 진행되는 미국의 변환외교는 결과적으로 동아시아가 지속적으로 미국 중심적 질서로 유지되는 데에 적극적으로 기여할 것으로 보인다.

이러한 설명들을 종합해 보면 동아시아에서의 미국의 이해관계는 이 지역에서 냉전기 동안 확보하였던 미국의 안보이익, 경제이익 및 이를 위한 적극적인 '지역균형자'로서의 역할을 지속하는 것이다. 구체적으로 살펴보면, 우선 미국이 추구하는 일반적인 이익은 '대량살상무기의 확산 방지', '지역패권국가의 출현 저지', '유라시아에서 강대국들 간의 안정 확보', '중동지역의 평화와 지역 내 영향력 확보', '미국 중심의 경제성장', '민주주의와 자유주의의 전파' 등으로 알려져 있다.[7] 이러한 국가이익을 동아시아적으로 표현하면 '중국 성장에 대한 안정적인 관리', '일본, 한국 등을 중심으로 한 역내 동맹국가와의 관계 강화', '대만 문제, 북한 문제 등으로 대표되는 지역분쟁 해결', '세계경제의 심장으로서의 지속적인 역할', '역내 국가들에 대한 적극적인 민주주의 확산' 등으로 이해된다. 이러한 미국의 이해관계는 다른 지역과 일정한 차별성을 보이면서 동북아의 지정학적 특수성이 적극적으로 반영된 것으로 볼 수 있다.

---

7) 관련한 논의는 다음을 참고. 박인휘, 앞의 글(2007); Hillary Clinton, "American's Pacific Century," *Foreign Policy* (October 2011); Joseph S. Nye, "Redefining the National Interest," *Foreign Affairs* (July/August 1999); Condoleezza Rice, "Rethinking the National Interest," *Foreign Affairs* (July/August 2000).

III. 미중관계와 동북아

다음으로는 미중관계의 세력변화가 동북아 차원에서 어떠한 의미를 가지는지 살펴보고자 한다. 구체적인 사안에 들어가면 논쟁의 여지가 있긴 하지만 포괄적으로 얘기해서, 2차 대전의 종식은 동북아 지역에도 근대적인 시장을 중심으로 한 국가가 국제정치의 가장 핵심적인 행위자로 등장하면서 근대 주권개념에서 태생적으로 파생된 배타적 상호인정의 권리 향유를 가능케 하였다. 냉전 초기부터 냉전 종식 시기에 이르기까지 동아시아(동북아) 국제관계는 미국 전략의 중국에 대한 부분적인 균형 회복, 미국에 의존한 일본의 독자외교 실종 등을 특징으로 하면서 다소 비대칭적 미중관계의 특징을 보였다. 탈냉전기 이후에는 미국의 전반적인 대동아시아 전략가치 조정이 발생하는데, 구체적으로 동맹파트너로서의 일본의 전략가치 재평가, '중국기회론' vs. '중국위협론'과 관련한 논쟁이 핵심적인 내용을 이룬다. 특히 이 시기 동안 미국의 전 세계 전략은 시장과 민주주의가 가지는 규범적 효용의 극대화를 통해 패권 기반의 조건을 새롭게 구축하는 것이었다.[8]

이러한 분석의 연장선에서, 다소 단순화의 우려가 있지만 미중관계를 중심으로 한 강대국 정치는 동북아에서 일관되게 발견되는 작동원리라고 볼 수 있다. 좀 더 구체적으로 살펴보면, 동북아에서 발견되는 주요 권력관계의 가장 핵심적인 행위자는 바로 미국이라는 사실을 발견할 수 있다. 전후 국제질서에서 미국이 차지한 패권적 지위를 고려할 때 지극히 당연한 지적이라고 할 수 있겠지만, 지역안보구도가 세계안보구도와 일치를 보이지 않는 사례가 그리 드문 것만은 아니다. 예를 들어 중동정치의 경우 미국의 강대국적 지위가 이스라엘이나 다른 아랍 국가들보다 결정적인 행위자 국가로

---

8) 미국의 이러한 외교정책적 관점은 전형적인 Neo-Willisonian으로 설명될 수 있는데 관련 설명은 참고, Robert Sutter, *United States and East Asia: Dynamics and Implications* (Durham: Rowman and Rittlefield Publisher, 2003).

군림하게 만들었다고 보기 어렵다. 또한 기본적으로 미중일 관계는 '미·일 대 중국'이라는 비대칭적 속성을 보였다. 물론 미일 밀착관계를 미국의 선택으로 보아야 할지 일본에 의한 선택의 결과로 보아야 할지 속단하는 것은 어렵다. 비단 일본의 정치경제적 성격과 중국의 정치경제적 성격 그리고 역사적 반감을 고려할 때 중일 간 밀착관계가 어려운 점은 인정되나, 그렇다 하더라도 2차 대전을 전후로 한 미국과 일본의 반목과 대결구도를 상기해보면 미일동맹의 성공적인 운영 역시 쉽게 설명할 수 있는 것은 아니다.[9]

또한 소위 국제정치 이론에서 말하는 "지역에 의한 세력균형"의 논리 역시 동아시아 국제관계에서 미국 역할의 중요성을 보여주고 있다. 유럽의 경우 독일의 성장과 부흥은 지정학적 특성 및 주변 선진국에 의한 견제 등이 작용하여 자연스럽게 세력균형하에 놓이게 되지만, 동아시아에서는 중국의 부상을 견제할 세력이 존재하지 않는다는 논리이다.[10] 결과적으로 전후 질서 이후 지속적으로 미국의 전략은 대중국 억지력을 목표로 이 지역 안보를 담당하는 가장 중요한 작동기구였다는 사실을 확인할 수 있다. 이와 관련하여 일본은 탈냉전기 이후 대중국 외교에서 일정한 독자성을 회복하였음에도 불구하고, 때로는 미중대결 구도에 직접 참여하기보다는 적절한 거리를 두고 있는 것처럼 보이고 또 때로는 영토분쟁 등을 통해 대중국 관여정책에 매우 적극적으로 참여하고 있는 것처럼 보인다.[11]

따라서 미중 세력관계의 변화는 과거에도 그러하듯이 향후에도 미국의 동아시아 안보전략에 가장 커다란 영향을 미치는 요인으로 작동하게 될 것이다. 미국은 상대적으로 성공적이었던 미국 중심의 양자동맹을 지속적으로 강조하면서 동시에 초기 단계에 머물고 있는 이 지역 안보다자주의를 동아

---

9) 동아시아 지역에서 미일동맹의 성격 및 역할에 대한 전반적인 이해는 다음을 참고. 김성철, 『일본외교와 동아시아 국제관계』(서울: 한울, 2015).

10) 관련 설명은 다음을 참고. 박인휘, "동북아 국제관계와 한국의 국가이익: 미중일 세력관계를 중심으로," 『국가전략』 11권 3호(2005).

11) Takashi Inoguchi, *The U.S.-Japan Security Alliance: Regional Multilateralism* (New York: Palgrave McMillian, 2011).

시아 안보를 지탱하는 추가적인 구조로 간주할 것이다. 과거 미국 주도의
동아시아 안보가 '반공주의'를 정신적으로 공유하였다면, 향후 양자동맹과
다자주의가 결합된 새로운 동아시아 안보구조를 통해 '자유주의' 연대라는
이념적 공유를 추구하고 있다. 이러한 자유주의 연대는 G2시대와 관련하여
적어도 안보구조에 있어서는 중국에 대한 개입과 관리정책으로 일관할 것이
라는 예상을 가능케 만든다.

결국 동북아는 물론 동아시아에서 확고하게 자리 잡은 미국 중심의 안보
구조에 근본적인 변화가 발생하기 위해서는 미국의 세력에 맞균형(counter-
balancing)을 시도하는 국가가 출현하여야만 가능하다는 얘기인데, 이 글의
주제와 관련하여 그러한 맞균형은 중국과 중국의 리더십에 편입된 추종국가
군이 존재하여야 가능하다. 하지만 국제정치 이론에서는 초강대국이 이등
국가(second-ranked state)와의 국력 격차가 얼마인가 하는 바가 매우 중요
하다. 미국과 중국과의 심대한 군사력 격차는 물론 중국을 둘러싸고 있는
러시아, 인도, 일본, 중앙아시아 등의 지정학적 구조를 고려해 보면 아시아
국가들 중에서 중국이 주도하는 대미국 맞균형에 참여할 국가는 거의 없을
것으로 보인다.[12] 따라서 G2가 앞서 언급한 것처럼 협력과 갈등 간 공존을
전제로 한 세력관계를 본질적으로 의미하지만, 미국은 동아시아(동북아)에서
확보한 세력균형자 역할을 쉽게 상실하지 않을 것으로 판단된다.

이러한 주장을 이론적으로 살펴보더라도, 소위 '공격적 현실주의' 및 '방
어적 현실주의'가 설명하는 이론적 적실성은 동북아에서 가장 민감하게 반
응하고 있다는 사실을 발견하게 된다. 약술해서 공격적 현실주의는 미국이

---

12) 탈냉전기 이후 아시아의 지정학적 특징을 포함하여 미중 간 일정한 힘의 격차를 전
제로 한 안정적 세력균형을 전망하는 일군의 학자그룹이 있는데, 일종의 방어적
현실주의 입장에서 이들의 논리는 상당한 설득력을 얻고 있다. 대표적인 논문으로는
Robert S. Ross, "Bipolarity and Balancing in East Asia," in T. V. Paul et al.,
Balance of Power: Theory and Practice in the 21st Century (Stanford: Stanford
University Press, 2004); Glenn Snyder, "Mearsheimer's World-Offensive Realism
and the Struggle for Security: A Review Essay," *International Security*, Vol. 27,
No. 1(2002).

보유한 힘의 우위를 확실하게 유지하여 대중관계에서 미국의 이익을 극대화하는 데에 있고, 방어적 현실주의의 경우 중국의 부상을 인정하되 기본적으로 미중 간 적절한 세력균형을 유지하여 동북아는 물론 글로벌 안보질서의 안정성을 유지하는 데에 초점을 맞추고 있다.[13] 21세기 이후에 등장한 미국의 부시 행정부와 오바마 행정부는 이 두 가지 전략적 입장을 각기 상징적으로 잘 보여주고 있다. 그런데 미국의 각종 전략보고서 및 정부 성명들을 종합해 보면, 최근 대중국 관리정책의 대표적인 사례인 '미국의 이익 극대화 전략'과 '미중 간 세력균형 전략'이 가장 잘 드러나고 있는 지역이 바로 동북아라는 사실을 확인하게 된다.

이 글의 문제의식과 관련하여, 여기서 한 가지 생각해 봐야 할 점은 미중관계의 새로운 세력관계가 첨예하게 전개되는 동북아지역은, 이 지역에서 기존의 작동하고 있던 소위 동북아의 '지역적 이중성'과 맞물려 한반도의 안보환경에 더욱 부정적인 요인으로 작용할 가능성이 크다는 사실이다. 동북아의 지역적 이중성이란 경제적으로는 한중일 삼국의 GDP가 글로벌 GDP의 30%에 육박하면서 한중일 삼국 간 역내무역 역시 개별국가 대외무역의 30% 수준까지 차지하는 상호의존성이 존재하면서도, 또 한편으로는 전 세계 어느 지역에서도 쉽게 찾을 수 없는 정치군사적인 민감성이 작동하고 있는 지역질서의 부조화를 의미한다.[14] 한반도의 평화통일은 궁극적으로 미국과 중국으로 대표되는 주변국들의 동의와 이해를 전제로 하고 있다는 점을 고려할 때, 미중 간 대력과 갈등이 심화되고, 이러한 양국 간 관계가 미국의 동북아 핵심 동맹 파트너인 한국과 일본에도 부정적인 영향을 미치게 된다면, 소위 평화통일 친화적인 한반도 외교안보환경은 더욱 멀어지는 결과가 초래될 수 있을 것이기 때문이다.

---

13) 앞의 책, Ross and Zhu(2015), Ch. 5, 6, 7.

14) PARK Ihn-hwi, "Alliance Theory and Northeast Asia: Challenges on the 60th Anniversary of the Korea-U.S. Alliance," *The Korean Journal of Defense Analysis*, Vol. 25, No. 3(2013).

IV. 미국과 중국의 대한반도 국가이익과 전략

1. 미국의 한반도적 이해관계와 외교전략

트럼프 행정부 등장 이후 전면적이고 강압적인 대북정책이 예고되고 있지만, 현실적으로 당장 사용할 수 있는 전략카드가 별로 없는 것이 사실이다. 대부분의 경제적 압박수단은 이미 채택되었고, 아직 사용하지 않은 경제제재 수단의 경우 중국과의 관계 악화를 전제로 해야 하기 때문에, 미국이 정책 옵션으로 선뜻 꺼내 들기에는 어려움이 있어 보인다. 또한 북한을 상대로 군사적 수단을 사용하는 일은 북한의 대남한 공격수단을 완전하게 억제할 수 있는 상황이 아니면 고려하기 어렵기 때문에 현실 가능성은 더욱 적어 보인다. 바로 이러한 맥락에서 일부 전문가들은 트럼프 행정부 이후의 대북정책 역시 기본적으로는 과거 오바마 행정부 시절의 대북정책과 큰 그림에서는 궤를 같이 할 것이라는 분석이 나오고 있는 것이다.[15]

글로벌 차원에서 미국은 지속적으로 중동지역에서 IS 및 시리아 문제에 대응할 것이며, 러시아 문제에 대한 고민 역시 더욱 증가할 것으로 예상된다. 동북아에 대해서는 북한의 4차 및 5차 핵실험 이후 제재 국면이 변수로 작용하지만, 미국의 동북아정책은 미중관계의 안정적 운영을 기반으로 이루어지는 특징을 이어갈 것이다. 미국은 미중관계를 안정적으로 유지하는 것이 동북아에서 최대의 이익이라고 생각하고 있으며, 이에 따라 중국을 상대로 동아시아에 '묶어두기' 전략을 통해 중국의 미국 '밀어내기' 전략에 대응하며, 세력권 확장을 도모할 것으로 예상된다.

이러한 모습은 중국의 신형대국관계라는 동진전략과 일대일로 및 AIIB

---

15) 물론 2017년 6월 12일 역사적인 북미정상회담이 성사되었고, 북한 비핵화를 위한 북미 간 빅딜이 시도되고 있는 것은 사실이다. 하지만 트럼프 행정부의 외교적 레토릭과는 무관하게, 북한 비핵화의 실질적인 성과를 기대하기는 쉽지 않을 것이라는 전망이 지배적이다.

에 기초한 서진전략이 결합된 외교정책에 대한 미국의 본격적인 대응전략으로 이해될 수 있다. 미국의 아시아 재균형정책과 중국의 신형대국관계의 리더십이 서로 갈등하는 경쟁구도가 2016년 이후부터 본격적으로 진행될 가능성을 예고한 바 있다. 관련하여, 최근 동중국해와 남중국해에서 벌어지고 있는 중국의 해양 영유권 주장 및 이에 대한 미국의 적극적 대응이 미국의 동북아 전략 성공여부에 대한 중요한 테스트 케이스가 될 수 있을 것이라는 전망도 나오고 있다.

특히 북한의 4차 및 5차 핵실험에 대한 국제사회의 제재 이행과정에서 중국을 견제하고 동북아에서 리더십을 유지하며, 미국의 동아시아적 이해관계의 확장을 위해 한국과 일본을 적극적으로 활용하려 할 것이 자명하다.16) 이러한 맥락에서, 미국의 동북아 전략은 재균형(Rebalancing)정책에 바탕을 두고 한미동맹과 미일동맹을 결합한 삼각 협력체제를 구축하는 것인데, 무엇보다도 일본과의 동맹을 강화하면서, 최근까지 진행해 온 미일 방위협력지침 재개정, 일본의 집단적 자위권 활용 및 THAAD 배치 논의를 통해 미일동맹의 활용을 통한 미국의 영향력을 높이려고 할 것이다.

미국의 대한반도 전략을 살펴보면, 미국은 2016년도에 한미동맹 강화 및 대북제재 문제를 제외하고는 한국 문제에 대해 큰 정책적 변화를 보이지 않고 있다. 2015년 가을 이후 불거졌던 한국의 중국 경사론도 북핵 실험 및 대북제재로 상당 부분 해소되었으며, 동아시아 MD 구축을 위한 주한미군 THAAD 도입 역시 순조롭게 논의하고 있는 모습이다. 대북제재 과정에서 한미동맹과 미일동맹에 기반한 협력을 강화하면서 미국의 동아시아 재균형

---

16) 트럼프 대통령은 기회가 있을 때마다 북핵 문제 해결에 대한 중국의 역할을 강조 및 비판하고 있는데 이러한 언급은 다양한 목적을 고려한 것으로 해석된다. 우선은 북한 문제 악화의 일차적 책임은 미국이 아니라 중국에 있다는 점을 미국 국내 및 국제사회에 설명하기 위함이다. 둘째로는, 북한 문제가 악화되긴 했지만, 결국 중국이 마음만 먹으면 언제든 해결이 가능하다는 메시지를 전달하여, 동북아 안보가 그렇게 비관적이지 않다는 설명을 시도하고 있다. 마지막으로는, 중국 책임론을 반복적으로 거론하면서, 결국 한반도 및 동북아 안보의 최종 책임자는 미국이라는 점 역시 부각시키고자 하는 의도로 풀이된다.

전략에서 한반도를 전략적으로 적극 활용하고 있는 것으로 판단된다. 예를 들어, 남중국해 문제는 한반도에서 상대적으로 멀리 떨어진 어젠다이지만, 미중의 이해관계가 충돌하는 변수여서 미국이 대응하는 과정에서 THAAD, 대북제재 등 한반도 관련 부분에서 영향을 미치는 상황이 예상되므로 이와 관련한 전략적 대비 역시 필요한 상황이다.

　기본적으로 미국은 트럼프 행정부 이후 더욱 적극적인 모습을 보이고 있지만, 기존의 대북 '전략적 인내' 전략이 큰 틀에서 유지되고 있다고 볼 수 있다. 이는 북한 문제에 대한 뾰족한 해결방안이 없는 상황에서, 미얀마, 쿠바, 이란 등과는 달리 북한 문제와 같이 외교적 성과가 쉽지 않은 국가를 상대로 군사적·외교적 자원을 낭비하고 싶어 하지 않는 것으로 해석된다. 이러한 맥락에서 과거 오바마 행정부 후반부에 들어 '전략적 인내'가 '전략적 무관심'으로 전환되는 양상을 보이고 기존의 핵 및 미사일 문제보다는 북한의 인권 문제, 사이버 테러 문제 등에 집중해 왔던 것이 사실이다.

　2016년 이후 미국은 유엔안보리에 의한 다자제재뿐만 아니라 상하원에서 세컨더리 보이콧을 포함한 강력한 대북제재 법안을 통과시켰고, 행정명령으로 대북제재를 강화하는 등 적극적인 대북 압박전략을 펼치고 있다. 대북제재의 성공여부는 미국이 이란 수준으로 제재를 집행하고 중국 또한 강력한 제재를 지속적으로 집행하도록 설득할 수 있을 것인지의 여부이지만, 잘 알려진 바와 같이 행정부에 재량권을 위임하는 선에서 의회-행정부 간 합의가 이뤄진 상태이다. 다시 말해, 미국이 북한 문제로 인해 미중관계의 리스크를 부담할 것이냐가 문제인데, 이와 관련하여 한미 간에 다양한 정책 영역과 정책결정 차원에서 인식차가 발생할 것으로 판단된다. 미국이 진정으로 북핵과 미사일에 본토의 위협을 느낀다면 미중관계에 일정한 부담이 되더라도 세컨더리 보이콧을 적극적으로 추진할 것이지만, 현재는 유엔결의에 의한 다자제재에 중점을 두고 있는 것으로 보아 중국을 설득하여 대북제재의 효과를 보려는 대응전략을 가진 것으로 해석된다.

　따라서 본 연구 주제와 관련하여, 대체로 대북제재의 과정에서 대 중국 견제로 인한 미국의 재균형정책을 강화할 것이고, 주한미군의 THAAD 도입 논의로 동아시아에서 MD를 강화할 수 있다. 또한 대북제재 과정에서 한국의 '중국 경사론'을 불식시키고 한미일 동맹을 강화하고, 제재의 과정에서 북중관계의 간극을 확대하는 효과를 보고 있는 것이다. 당장은 대북제재에 초점을 두지만, 미중관계를 고려하여 일정 기간 이후 협상의 가능성을 배제할 수는 없는 현실이다.

2. 중국의 한반도적 이해관계와 외교전략

중국의 대 동북아 및 한반도 이해관계와 관련하여, 중국 지도부는 2050년을 국가현대화 목표의 달성 시점을 보고 있기 때문에 2020년까지는 국내발전에 전력투구를 해야 하는 전략적으로 중요한 시기에 해당된다. 이 때문에 중국 주변의 안보환경을 안정적으로 관리하는 것이 중요하고, 이를 위해서는 한반도의 평화와 안정을 유지하는 것이 가장 중요하다고 인식하고 있다. 이런 기조하에서 중국은 한반도의 평화와 안정, 북한 체제 유지, 북한 비핵화를 강조하고 있는 것이다.

중국의 대미전략 측면에서도 한반도의 분쟁은 한반도 내 미국 군사력의 영향력을 증대시키게 되어 중국 안보에 상당히 부정적 영향을 미칠 수 있으므로, 이러한 상황을 사전에 예방하는 차원에서의 한반도의 평화와 안정은 매우 중요하다. 북한 체제가 변하거나 남한 주도의 통일이 이뤄질 경우 미국의 영향력하에 편입될 가능성이 크기 때문에, 적어도 현 시점에서 중국은 북한 체제를 유지하는 것을 목적으로 하는 것으로 판단된다. 특히 북핵을 빌미로 한국과 미국이 북한에 무력을 사용하거나 한국이 미국의 미사일 방어체제에 완전히 편입되는 것을 경계하고 있다. 이러한 점은 한중 간 사드 논쟁에서도 잘 나타나고 있다.

또한 한반도는 지정학적으로 대륙세력(중국, 러시아)과 해양세력(미국, 일본)의 교차점에 위치함으로써 전략적 완충지대 역할을 담당한다. 한반도를 영향권 내에 둘 경우 중국의 해양진출이 용이하며 향후 미중 혹은 중일 경쟁이 격화될 경우를 감안하면, 한반도는 중국에게 전략적 가치가 매우 높은 것으로 알려져 있다. 무엇보다도 미국, 일본, 한국은 중국에 있어서 매우 중요한 경제 교역국인데 한반도의 분쟁은 이들 국가와의 정상적 교류를 어렵게 하여 경제적 타격을 입을 수 있다. 이는 경제 성장에 정치적 정당성을 두고 있는 중국공산당에게 큰 부정적 영향을 미치는 것으로 알려져 있다.

중국의 대한반도 전략과 관련하여, 중국은 단기적으로는 한반도의 '안정적 국면 유지'를 전략적 목표로 삼고 있지만, 중장기적으로는 '안정적 국면의 경영'으로 전환할 것으로 예상된다. 중국이 추구하는 대한반도 관련 구체적인 이익과 관련해서는, 다층적 소통 창구, 안정적인 메커니즘 구축, 경제 등의 공통 이익 형성, 상호 타협 촉진, 안보 이익 충돌 관리 등을 들 수 있다. 중국은 한반도 평화와 안정 유지, 그리고 비핵화를 위해 한국과의 관계를 확대 및 심화해가면서 6자회담의 틀 안에서 북핵 문제를 해결해야 한다는 입장을 고수할 것이다. 특히 북한의 4차 및 5차 핵실험 이후 현재 전개되는 제재 국면이 일단락된 다음에는, 북한과 함께 협력하여 대미 및 대한반도 '평화공세'를 적극적으로 전개할 것으로 예상된다.

잘 알려진 바와 같이, 한국과의 관계는 경제적 호혜협력 수준을 넘어 외교, 안보적 협력을 지향하는 관계로 발전했다. 김대중 정부 시기에는 '협력적 동반자관계'에서 이명박 정부에 들어서는 '전략적 협력동반자관계'까지 협력관계의 단계가 높아졌음을 인정해야 할 것이다. 시진핑 체제 등장 이후 중국 정부는 북한과의 관계를 기존의 '특수 관계'에서 다루지 않고 정상적인 '국가 대 국가 간의 관계'로 정의하고 있다. 다시 말해 북한을 전략적 동업자에서 강대국 중국의 이익을 침해할 수 있는 약소국으로 인식하는 경향이 강화되고, 북한의 외교에 중국이 불필요하게 연루되고 이용되지 않겠다는 의지를 보이고 있는 것이다.

시진핑 정부에 들어서 북한을 상대로 한 비핵화 의지가 전례 없이 강화되고 있는데, 이는 북한 핵 문제에 대한 북한의 전향적 조치를 북중 정상회담의 핵심 전제 조건으로 삼고 북핵 관련 대북제재 조치 목록을 확대하는 등을 통해 구현되고 있다. 지난 수년간 시진핑 정부에 들어서 북중관계를 중심으로 한반도 문제에 접근하던 시각에서 벗어나 한중관계를 북중관계와는 독립적인 것으로 인식하는 등 균형적 접근법으로 전환하고 있는 것이다. 이는 미국과 전략적 경쟁이 격화되고 있는 상황에서 일종의 '한국의 중립화'를 추동하려는 노력으로 보이며, 이러한 의도는 시진핑 정부 출범 후 이례적으로 한국을 먼저 방문한 것에서도 잘 나타난 바 있다.

중국은 북핵 문제가 중국의 안보를 해치는 요인이 될 수 있다고 생각하고 있다는 점에서 북한의 비핵화에 대해 미국과 일정 부분 이해를 같이 하는 측면이 있다. 북핵 문제에 관한한 미국과 중국은 모두 북한을 핵보유국으로 절대 용인하지 않을 것이며 핵무기 개발도 용인하지 않는다는 데에 인식을 같이 하고 있다는 해석이 지배적이다. 물론 북한의 지속적인 핵도발에도 불구하고, 중국의 대북정책이 근본적으로 변화할 가능성은 여전히 크지 않다. 중국은 북핵 문제를 대화를 풀어야 한다는 입장을 지속적으로 견지할 것이고, 비록 과거보다는 일정 부분 제재 강도는 높아질 것으로 보이지만 원유와 식량 같이 북한 정권 안정에 직접적인 위협이 될 수 있는 강경한 대북제재에는 반대 입장을 분명히 보이고 있다.

앞서 지적한 바와 같이 시진핑 정부의 등장 이후 북중관계가 과거와 달리 새로운 국면에 들어섰다고 설명이 지배적이지만, 이러한 입장의 변화가 중국의 국가이익에 차지하는 북한의 전략적 가치 자체가 변화했다고 보는 것은 무리이다. 소위 미중시대로 대표되는 강대국 정치가 과거 19세기의 영국 중심의 강대국 정치 및 20세기 냉전기의 미소 양극적 강대국 정치와 무엇이 다른가 하는 질문과 관련하여, 많은 전문가들은 미중 간 강대국 정치는 협력과 갈등이 공존하는 특징을 보인다고 설명하고 있다. 이러한 맥락에서 한반도는 미중 간 이해관계가 가장 첨예하게 경쟁할 지역으로 손꼽히고 있으며, 이러한 중국의 전략적 입장은 결코 바뀌지 않을 것이다.

V. 안정적인 한미중관계를 위한 향후 과제

1. 지난 정부의 교훈

　　과거 정부들은 예외 없이 모두 한미동맹과 한중관계의 병행 발전을 핵심 외교목표로 설정했다고 해도 과언은 아니다. 미국과 중국을 모두 우리의 대북정책 및 통일정책의 지원 세력으로 확보하고자 하는 정부 차원의 노력은 지난 박근혜 정부에서도 이어졌다. 하지만 돌이켜보면 안타깝게도 문제의식만큼 정교한 외교전략의 콘텐츠가 뒷받침되지 못하였다. 또한 '미중 모두로부터 구애를 받는 외교' '통일대박' 등 레토릭에만 치중하였고 외교정책을 국내정치의 연장선으로 접근한 점은 커다란 문제점으로 남아 있다. 한마디로 미국과 중국을 상대로 한 '실용적 균형외교'가 제도적 차원으로까지는 발전하지 못한 것이다.

　　특히 한중관계의 경우 2016년 1월 4차 북핵 실험 직후 한중 양 정부가 보인 외교적 마찰은 지난 박근혜 정부 등장 이후 3년간 쌓아온 한중외교관계의 성과가 근본적으로 침해되는 것이 아닌가 하는 국민적 우려를 낳기도 하였다. 한 마디로, 한미동맹과 한중관계 사이의 실용적 균형외교가 안정적으로 구현되지 못하였다는 평가가 가능한데, 한중관계가 개별정책 영역에서 자율성을 가지고 국가이익을 확보해 나가는 것이 아니라, 정책 영역 간 횡적으로 서로 보이지 않게 연관되어 있어서, 특정 사건의 발생이 다른 영역으로 전파되어 과거 외교성과를 침해하는 결과로 이어지고 있는 것으로 판단된다.

　　그렇다면, 과거의 문제점들을 극복하고 향후 안정적인 한미중관계를 구축하여, 이를 바탕으로 한반도 평화통일을 위한 우호적인 외교안보환경 정착을 가능케 하는 방안은 무엇일까? 앞서 소개한 바와 같이 무엇보다도 미국과 중국은 대한반도 이해관계 및 한반도 평화통일에 대한 차별적인 접근법을 가지고 있다. 미국과 중국은 한반도 문제에 서로 개별적인 이익구조

(interest structure)에 기반한 국가이익을 가지고 있는데, 이 둘 사이의 간극을 좁히는 일은 매우 어려워 보인다. 영토, 군사력, 경제규모, 외교적 영향력, 동맹관계 등 우리와는 비교가 되지 않을 만큼 풍부한 외교자원을 가지고 있는 미국과 중국을 상대로 우리가 희망하는 대로 대한반도 관점을 조정해 달라고 요구할 수는 없는 노릇이다. 결국 문제는 우리 스스로 대미 및 대중관계에 투입 가능한 외교자원을 개발하고 또한 지속적으로 확장시키는 노력이 필요해 보인다.

한미동맹은 명백히 우리의 사활적인 외교안보이익을 지켜주는 핵심 외교안보 자산임에는 틀림이 없다. 하지만 동시에 우리가 활용하고 의지할 외교안보 자산이 한미동맹뿐이어서는 안 될 것이다. 한미동맹을 활용하여 우리 국민의 안보 불안을 불식시키는 노력은 중요하지만, 만일 그러한 노력이 대중관계에서 불가피하게 외교적 마찰을 야기한다면, 한미동맹의 효용성과는 또 다른 차원에서 사용할 수 있는 외교자산을 확보하고 있어야 할 것이다. 기본적으로 북한 핵개발 등은 우리의 관점에서는 명백하게 한반도 안보 상황의 악화로 받아들여지지만, 경우에 따라서 미국과 중국에게는 현상유지적인 측면도 있을 수 있다는 점을 이해하여야 한다.[17] 미국과 중국을 상대로 한 안정적인 한미중관계의 확보는 이처럼 정확하고 거시적인 전략적 이해에서부터 출발한다. 관련하여 제일 중요한 문제점은 한반도 통일이 미국 및 중국의 관점에서 구체적인 이익으로 전환되지 않고 있다. 이를 위해서는 한반도적 게임과 미중 간 게임의 경계를 우리가 효과적으로 설정하여 미중 양국에게 설명하는 노력이 매우 중요하다고 판단된다.

중국의 부상으로 대표되는 미중 간 세력관계의 변화는 현상적인 차원의 변화가 아니라, 국제정치질서의 근본적인 변화를 가능케 할 구조적 차원의 변화이다. 우리보다 월등히 풍부한 외교안보 자산을 보유한 이들 국가가 각

---

17) 이와 관련하여, 북한의 핵능력 고도화는 미국과 중국에게도 명백히 한반도 및 동북아 안보상황의 악화로 이해되지만, 그 문제를 해결하는 과정에서 미중이 서로 충돌을 감수하면서까지 정책 옵션을 적용하기에는 어려움이 있다는 점을 지적하고자 한다.

기 차별적인 대한반도 이해관계에도 불구하고, 우리가 설정하고 디자인한 평화통일전략을 수용하게 만드는 길은 미국과 중국을 상대로 평화로운 방법을 통해 한반도에 등장할 통일한국이 구체적으로 어떤 맥락과 차원에서 자국의 국가이익을 침해하지 않고 오히려 더 큰 이익을 안겨다 줄 것인지를 보여주는 것이다. 그러기 위해서는 미중 간 세력관계의 변화가 어떤 경로로 전개될 것인지 또한 그러한 경로가 동북아 안보질서에 어떤 세부적인 결과를 몰고 올 것인가에 대한 정확한 진단과 예측이 무엇보다도 중요할 것으로 판단된다.

2. G2시대 안정적인 한미중관계를 위한 과제

이상에서 살펴본 바와 같이 한미동맹과 한중관계의 병행발전이라는 목표의 추진은 한국의 국가이익에 매우 중요한 실천과제이고, 지난 정부에서 보였던 실패와 어려움에도 불구하고, 향후 지속적으로 추진해야 할 한국 외교의 핵심 목표임에는 틀림이 없다. 마지막으로 한미중관계의 성숙한 발전을 위해 다음과 같은 핵심 과제 몇 가지를 지적하고자 한다.

첫째, 장기적으로 한미동맹의 정체성 변화를 준비해야만 한다. 주지하는 바, 한반도안보는 동북아 안보와 밀접하게 연계되어 있다. 북한이 야기하는 안보 위협은 한반도는 물론 동북아 전체의 위협으로 해석 및 확산되고 있으며, 특히 핵 문제의 경우 한반도적 수준을 넘어서는 국제안보 현안으로서의 특징을 가지고 있다. 또한 한국의 가진 가장 중요한 국가 정체성의 하나는 바로 '동북아 국가'라는 사실이다. 한국을 제외하고, 동북아 역내에 존재하는 다른 어떤 나라도 동북아 국가로 규정되지는 않는데, 이러한 사실은 동북아지역의 외교안보적 안정성이 한국의 국가이익에 가장 중요한 전제조건이라는 사실을 의미한다. 따라서 한미동맹 역시 이러한 한반도 안보의 특징에 주목하면서, 한반도적 안보상황을 위한 노력이 의도하지 않게 동북아 안보의 불안정성으로 연결되지 않도록 노력해야 할 것이다. 예를 들어 사드

(THAAD)를 둘러싼 논쟁이 대표적인 사례인데, 사드의 효용성이 한반도적 적실성만을 가진다는 한국과 미국의 지속적인 입장 표명에도 불구하고, 중국은 매우 심각한 우려를 표명한 바 있다. 따라서 차제에 사드 배치의 당위성, 대북 억지효과, 군사기술적 정밀성, 배치를 위한 논리 개발 등에 있어서 더욱 정교한 외교안보적 정당성이 확보되어야 할 것으로 생각한다.

북한 문제의 해결과 한반도 통일이 평화로운 방법을 통해서 이뤄지기를 희망한다면, 우리 스스로 먼저 평화를 실천하는 '자기 실천적인' 모습이 필요할 것이다. 이러한 원칙과 가치는 한미동맹의 추진 과정에도 적극적으로 반영되어야 한다. 구체적으로, 국제사회에서 한국은 동아시아 국가들 중에서 가장 앞선 민주주의를 이룩한 나라로 알려져 있다. 상대적으로 짧은 현대사의 경험에도 불구하고 성공적인 민주화와 사회 다원화를 이룩한 데에는 한미동맹의 적극적인 기여가 있었던 것으로 평가된다. 이러한 전통은 향후에도 지속적으로 이어져야 할 것이다. 한미 간 포괄적 정책 영역에 걸친 전략동맹은 지속적으로 인권, 민주주의, 다원주의 등과 같은 인류보편적인 가치를 실현하는 노력을 경주해야 한다. 한미동맹의 이러한 실천 및 관련한 한국의 지위는 주변국인 중국, 일본 등과 비교하여 더욱 선진화된 사회의 실천을 가능케 하여, 결과적으로 한미동맹이 한반도 및 동북아에서 더욱 적극적인 역할을 담당할 수 있게 만드는 논리적 토대로 작용될 수 있을 것이다.

둘째로 한미동맹과 한중관계 사이에 한반도 평화를 위한 국제 분업구조가 요구된다. 북한의 4차, 5차, 6차 등 연이은 핵실험으로 인해 형성된 대북제재 국면에서 발견되었듯이, 북한 문제 해결 과정에서 미국과 중국의 역할 그리고 기타 국제사회의 역할에 대해서 우리 스스로 혼란스러운 모습을 보이는 경향이 있었던 것이 사실이다. 물론 미국, 중국, 국제사회 등 이들 사이의 역할이 명확하게 구분되는 것은 아니지만, 예를 들어 북한에 대한 제재정책을 전개하는 과정에서 여러 가지 요소들을 종합적으로 고려할 때 미국의 대응방식과 중국의 대응방식이 동일하기를 기대할 수는 없는 상황이다.

한미동맹이라는 외교자산이 북한 문제 해결 과정에서 필요에 따라 즉각적으로 투입할 수 있는 전략 자원이라면, 한중관계는 큰 그림에서는 한중

간 정책공조가 이뤄지면서 세부적인 액션에서는 중국의 자율성을 인정해 주는 차원에서 외교적 합의가 이뤄져야 할 것이다. 이러한 배경에서, 미국과 중국을 포함한 다양한 국제행위자들 간 국제분업구조에 대한 고민이 필요하고, 관련한 정교한 정책 대안이 필요한 시점이로 판단된다.

2016년 북한의 핵도발 이후 북한 비핵화에 대한 회의감이 더욱 확산되고 있는 것은 사실이지만, 한반도 평화통일을 위해서 비핵화는 반드시 달성해야 할 궁극적인 목표가 아닐 수 없다. 우리 정부와 국제사회의 지속적인 노력의 결과로, 언젠가는 북한이 핵폐기 합의에 원칙적으로 동의하는 수준까지는 다다를 수 있을 것으로 예상하고, 관련한 다양한 국내외적 실천방안들이 추진될 것으로 예상한다. 즉, '민족공동체통일방안'에 소개된, '평화정착-경제통합-정치통합'으로 이어지는 단계 지향적인 통일 로드맵에 따라 북핵 문제에서 비롯되는 비대칭적 위협의 해소는 우리 외교안보의 핵심 목표가 아닐 수 없다. 북한을 상대로 관여정책 혹은 제재정책 중에서 어떤 전략이 더 유효한가에 대해서는 국내외적 합의를 도출하기 어려운 측면이 있다. 하지만 분명한 점은 미국과 중국은 북한 문제 해결의 핵심 관여자이자 동시에 우리의 동반자라는 사실에 입각하여, '한-미-중'으로 대표되는 국제 협력체제의 유지는 핵심 전제조건이라는 점에 명심해야 할 것이다.

셋째, 한미동맹의 한반도적 이익이 미중 간 경쟁게임으로 전환되지 않도록 차단하는 일에 더욱 많은 관심을 가져야 한다. 한미동맹과 한중관계의 병행발전이라는 핵심 외교안보적 목표와 관련하여, 우리 정부의 의지와 능력을 넘어서는 가장 어려운 과제의 하나는, 한반도적 상황에서 이해되고 추진되어야 할 외교안보적 실천 과제들이 많은 경우 의도하지 않게, 미중 간 경쟁 구도의 차원에서 이해된다는 점이다. 한반도적 적실성을 가지는 외교안보 실천 과제와 동북아적 적실성을 가지는 외교안보 실천 과제들이 적절한 수준에서 분리되어야만 한국의 국가역량이 발휘되고 또한 미국과 중국이라는 외교 동반자를 활용할 수 있을 것이다. 이런 관점에서 한반도의 외교안보 상황이 미중 간 게임의 차원에서 이해되는 경향은 가능한 한 예방되어야 할 것이다.

2016년 이후 한반도를 둘러싸고 전개되는 사드 배치를 포함한 다양한 외교안보 사안들이 한반도적 차원의 이해를 넘어서서 미중 간 경쟁 게임의 입장에서 해석되는 경향을 보이고 있다. 즉, 한반도 문제 및 이와 연동된 남북한 간 통일 관련 이슈가 미중 간 경쟁구도의 대표적인 각축장이 된 것이다. 두 개 초강대국과의 국가이익이 복잡하게 얽혀 있는 한국의 입장에서 이러한 현상은 어려운 외교안보적 딜레마가 아닐 수 없다. 따라서 우리 정부 및 관련 전문가들은 이와 관련한 철저한 논리적 준비와 관련 정책개발이 요구된다.

넷째, 특정 리더십과 정치적 이해관계를 넘어서는 한미 및 한중관계의 발전이 필요한 상황이다. 외교안보 영역은 다른 어떤 정책 영역보다도 국가 리더십의 역할이 두드러진 특징을 보이는 것은 사실이다. 한미동맹의 역사와 탈냉전 이후의 한중관계의 역사를 되돌아볼 때, 특정 국가 지도자의 비전과 성향에 따라 한미 및 한중 간 양국관계가 발전과 정체를 거듭하는 특징을 보였던 점은 인정된다. 하지만 21세기 미래 지향적인 실용적 균형외교를 추구하는 입장에서 한미동맹이 합의한 동맹의 방향성 및 목표는 특정 리더십 및 정치집단에 의해서 수정되거나 조정되어서는 안 될 것이다. 과거 의도하지 않게 한미 양국의 특정 리더십 간 동맹이익을 정의하는 접근방식이 달랐던 까닭에 양국관계가 잠시 순조롭지 못한 경험이 있었는데, 경우에 따라 이러한 견해차이가 발생한다고 하더라도 한미동맹이 지향하는 거시적인 목표의식 및 이익이 훼손되어서는 안 될 것이다. 한미동맹이 합의하고 있는 동맹이익은 특정 정치적 집단의 견해가 과도하게 개입하지 않는 보편성과 포괄성을 추진원칙으로 해야 한다.

한중관계 역시 이러한 보편성과 포괄성의 원칙에서 예외여서는 안 되는데, 지난 시절 박근혜 정부 초기 시점에서 잠시 동안 한중관계가 역대 최고 상황이라는 평가가 나온 때가 있었지만, 그러한 평가는 북한 변수로 인해 너무도 쉽게 무너지고 말았다. 한반도 안보 불안과 우리의 외교정책의 어려움을 모두 북한 탓으로 돌릴 수는 없는 노릇이고, 결국은 우리의 능력 부족과 오판에 기인했음을 인정해야만 할 것이다. 따라서 한중관계의 발전과 유대 강화 역시 한미동맹과 마찬가지로 특정 리더십 간 개인 차원의 성과에 그쳐서는 안 되고, 외교관계의 제도화를 제고시키는 방향으로 이어져야 할 것이다.

VI. 맺음말

모든 강대국이 패권적 지위를 확보하는 것은 아니다. 전통적으로 패권의 요소는 선진화된 군사적 능력, 경제적 능력, 그리고 문화적 능력과 이러한 능력을 글로벌 수준의 제도적 차원으로 구현할 수 있는 힘을 말한다. 이런 기준에서 보자면 중국을 패권적 지위에 올려놓기에는 많은 문제점이 있다. 다만 광활한 영토, 압도적인 인구규모, 오랜 역사, 지속적인 고도성장 등 중국 국가정체성의 요소들이 글로벌 금융위기, 미국이 제공하는 제도적 장치의 노화현상 등과 맞물리면서 미중시대라는 미국과 중국 사이의 구조적 권력관계의 변화가 발생한다는 판단을 가능케 하고 있다.

본 글에서 살펴본 바와 같이 국제정치는 사회과학의 어느 분야보다도 반복성이 강한 특징을 보이는 학문인 관계로, 과거 19세기 유럽협조체제와 20세기 냉전기 양극체제는 미중시대가 예고하는 역사적 반복성과 새로운 현상 모두를 예상하는 데에 도움을 주고 있다. 특히 과거 강대국 정치의 경우 반드시 개별 강대국 차원에서 독립적으로 행사한 고유한 이해관계가 있었다는 점은 우리에게 많은 점을 시사해 주고 있는데, 만약 중국이 추구할 고유한 이익 속에 한반도와 북한 문제가 포함된다면 우리의 전략적 고민은 더욱 깊어질 수밖에 없는 문제이기 때문이다.

근대 질서로의 편입 이후 우리는 대체로 세계적 수준의 변화를 전략적으로 읽어내는 능력이 부족하였다. 글로벌 정치는 개별 국가단위의 정치와 또한 그 국가가 속한 개별 지역단위의 정치와 다양한 방식으로 상호의존적 관계를 맺고 있는데, 돌이켜보면 우리는 그러한 '글로벌-지역 간 소통방식'에 대한 혜안이 없었던 것으로 판단된다. 대미관계와 대중관계가 비대칭적인 구조를 보이고 있는 우리의 입장에서, 안정적인 한미중관계의 정착은 가장 시급한 외교안보적 목표가 아닐 수 없다. 미중 간 세력관계의 변화가 한미동맹, 한중관계, 동북아지역질서, 북한 문제 등과 어떠한 방식으로 결합할 것인지 그 어느 때보다도 정확한 분석이 요구되는 시점이다.

참·고·문·헌

김성철. 2015. 『일본외교와 동아시아 국제관계』. 서울: 한울.

김응종. 2001. 『아날학파의 역사세계』. 서울: 아르케.

박인휘. 2005. "동북아 국제관계와 한국의 국가이익: 미중일 세력관계를 중심으로." 『국가전략』 11권 3호.

_____. 2007. "미국의 동아시아 vs. 동아시아의 미국: 미국의 실천과 매력." 손열 편. 『매력으로 엮는 동아시아: 지역성의 창조와 서울컨센서스』. 서울: 지식 마당.

박휘락. 2015. "사드의 한국 배치 논란에 드러난 오인식과 집단사고." 『국가정책연 구』 29권 3호.

서재정. 2015. "사드와 한반도 군비경쟁의 질적 전환." 『창작과 비평』 168호.

이근욱. 2009. 『왈츠 이후: 국제정치이론의 변화와 발전』. 서울: 한울.

전재성. 2015. "분단 70년의 국제환경, 대내구조, 남북관계의 조명." 『통일정책연구』 24권 1호, pp.1-27.

정덕구·추수롱 편. 2013. 『기로에 선 북중관계: 중국의 대북한 정책 딜레마』. 서울: 중앙북스.

조동준. 2011. "외교정책결정자 심리분석의 유용성 검토: 1990년대 북핵위기를 둘러 싼 한미관계를 중심으로." 『한국정치외교사논총』 26권 1호.

Allison, Graham. 2017. *Destined for War: Can America and China Escape Thucydides' Trap?* New York: Houghton Mifflin Harcort.

Avery Goldstein, ed. 2017. *China's Global Engagement: Cooperation, Competition, and Influence in the 21st Century.* Washington, D.C.: Brookings Institute Press.

Barry Buzan, and Rosemary Foot. 2004. *Does China Matter?: A Reassessment: Essays in Memory of Gerald Segal.* London: Routledge.

Christensen, Thomas. 1999. "China, US-Japan Alliance, and the Security

Dilemma in East Asia." *International Security*, 23-4.

Cumings, Bruce. 1999. *Parallax Visions: Making Sense of American-East Asian Relations at the End of the Century*. Durham, NC: Duke University Press.

Foot, Rosemary. 2006. "Chinese Strategies in a US-hegemonic Global Order: Accommodating and hedging." *International Affairs*, 82-1.

Glaser, Charles. 2011. "Will China's Rise Lead to War?" *Foreign Affairs*, 90-2.

Goldstein, Avery. 2013. "First Things First: The Pressing Danger of Crisis Instability in U.S.-China Relations." *International Security*, 37-4, pp.49-89.

Haass, Richard N. 2008. "Age of Nonpolarity." *Foreign Affairs*, May/Jun 2008.

Hillary Clinton. 2011. "American's Pacific Century." *Foreign Policy*. October.

Inoguchi, Takashi. 2011. *The U.S.-Japan Security Alliance: Regional Multilateralism*. New York: Palgrave McMillian.

Joseph S. Nye. 1999. "Redefining the National Interest." *Foreign Affairs*, July/August.

Kang, David. 2009. "The Security of Northeast Asia," *Pacific Focus*, 24-1.

Kang, David, and Victor Cha. 2013. "Thank Again: North Korea," *Foreign Policy*, Mar.

Layne, Christopher. 2006. *Peace of Illusions: American Strategy from 1940 to the Present*. Ithaca: Cornell University Press.

Michael C. Williams. 2005. *The Realist Tradition and the Limits of International Relations*. Cambridge: Cambridge University Press.

Montgomery, E. B. 2006. "Breaking out of the Security Dilemma: Realism, Reassurance and the Problem of Uncertainty." *International Security*, 31-2, pp.151-185.

Nye, Joseph, Jr. 2010. "American and Chinese Power after the Financial Crisis." *The Washington Quarterly*, 33-4, pp.143-153.

Overholt, William H. 2010. "China in the Global Financial Crisis: Rising Influence, Rising Challenges." *The Washington Quarterly*, 33-1, pp.21-34.

PARK, Ihn-hwi. 2013. "Alliance Theory and Northeast Asia: Challenges on the 60th Anniversary of the Korea-U.S. Alliance." *The Korean Journal of Defense Analysis*, Vol.25, No.3.

Ross, Robert S. 2004. "Bipolarity and Balancing in East Asia." In T. V. Paul et al. *Balance of Power: Theory and Practice in the 21st Century*. Stanford: Stanford University Press.

Ross, Robert S., and Zhu Feng. 2015. *China's Ascent: Power, Security, and the Future of International Politics*. Ithaca: Cornell University Press.

Snyder, Glenn H. 2002. "Mearsheimer's World-offensive Realism and the Struggle for Security." *International Security*, 27-1.

Sutter, Robert. 2003. *United States and East Asia: Dynamics and Implications*. Durham: Rowman and Rittlefield Publisher.

Wohlforth, William C. 2009. "Unipolarity, Status Competition, and Great Power War." *World Politics*. Jan 2009.

Zakaria, Fared. 2009. *Post-American World and the Rise of the Rest*. New York: Penguin Books.

유럽연합(EU)의 대북정책과 한반도 평화통일

이종서 · 유럽연합정책연구소

I. 머리말

북한의 지속적인 핵실험과 대륙간탄도미사일 발사 실험은 국제 사회에 대한 심각한 도전이라 할 수 있다. 북한의 핵실험과 미사일 발사는 동아시아에 무기경쟁을 불러올 가능성이 있고, 이로 인한 군사적 개입이 필요한 경우 동아시아는 큰 혼란에 빠질 가능성이 있다. 불행하게도 북한과 미국 간의 공식적 대화는 물론 비공식적 대화도 중단되었고 가까운 미래에 새로운 대북협상이 재개될 가능성은 그리 크지 않다. 사실상 6자회담이 중단되었을 때 다른 방식의 문제 해결 방안이 강구되었어야 했다. 6자회담 중단과 같은 상황은 북한이 파괴적 행동을 지속하는 것에서 알 수 있듯이 역효과를 낳았다.

만약 6자회담 주요 행위자들 간의 긴장을 완화시키기 위한 새로운 행위자가 존재하였다면 미국, 일본, 한국 간의 새로운 프레임을 만들 수도 있었을 것이다. 예를 들면 몽골, 싱가포르, 말레이시아, ASEAN, 유럽연합 등이 잠재적 행위자가 될 수 있다. 유럽연합은 북핵위기를 해결할 중요한 행위자는 될 수 없다. 그러나 유럽연합의 다층화된 외교적 접근 방식은 문제가 있는 국가들에게 압력을 행사하는 독특한 수단을 보유하고 있음을 의미한다. 즉 유럽연합은 회원국들의 양자 간 협상, 정치적 합의가 이루어진 후 공동체 차원의 행동을 취할 수 있는 중요한 행위자이다.

유럽연합은 공식적 지원규모는 줄였다. 그러나 보충성의 원칙(Principle of Subsidiary)에 입각하여 회원국 차원의 투자와 초국적 기업을 통한 대북투자를 중단하지 않고 있다. 이는 첫째, 북한의 광물 및 지하자원에 대한 선점, 둘째, 기간산업 선점, 셋째, 시장 확대를 대비한 포석의 차원에서 해석할 수 있다. 북한과 유럽연합의 경제협력 현황을 살펴보면 현재 유럽연합은 북한의 제3대 교역 파트너이다. 신기능주의 이론에 따르면 시장 간의 상호의존관계와 상호침투과정의 증가는 경제적이고 정치적인 강력한 이데올로기로 기능하게 하고, 국가나 초국가 제도도 시장의 초국가적인 요구에 부응하게끔 된다.

무엇보다 유럽연합은 북한 문제 해결에 있어서 다음과 같은 행동을 취해야 한다. 첫째, 유럽연합은 북한과 외교관계를 정상화한 경험이 있는 회원국들과 경험을 공유해야 한다. 둘째, 다양한 이슈들 중에 하나인 비핵화 문제를 북한과 양자 간 대화를 통해 풀어나가야 한다. 셋째, 비핵화를 포함한 인권 문제를 북한과 양자 간 대화를 통해 풀어나가야 한다. 넷째, 에너지 분야의 지원을 늘려야 하며 특히, 경수로 설치를 지원할 필요가 있다. 다섯째, 유럽연합은 무역, 에너지 등 지원할 수 있는 한도 내에서 기금을 늘려야 한다. 여섯째, 과거 소련 해체 당시의 경험을 살려 북한의 핵 문제에 깊이 관여해야만 한다.

이 글의 목적은 유럽연합이 한반도에서 균형자 역할과 새로운 국제 변수로 작용할 가능성이 있을 것인지를 고찰해보는 데 있다. 이글의 구성은 다음과 같다. 제I절 머리말에 이어 제II절에서는 유럽연합과 북한의 관계를 역사성(historicity)과 시간성(temporality)에 따라 살펴볼 것이다. 제III절에서는 유럽통합의 심화와 확대에 따른 유럽연합-북한 간의 관계가 어떤 식으로 변화하고 있는지를 검토한다. 제IV절에서는 유럽연합의 대북정책 특징에 대해서 살펴 볼 것이다. 제V절 맺음말에서는 한반도 평화통일을 위한 대유럽 통일 외교방안을 조망해 보고자 한다.

II. 동·서유럽의 대북관계 역사: 의존과 갈등

유럽과 북한의 관계는 크게 유럽에서 냉전이 고조되고, 아시아에서도 한국전쟁으로 냉전이 심화된 1948년~1954년까지의 기간, 북한과 서유럽이 각각 진영외교에서 벗어나 나름대로 독자노선을 추구한 기간인 1955년~1976년까지의 기간, 북한과 서유럽이 데탕트라는 국제환경의 등장과 각각 대내적 필요성에 따라 협력관계를 강화하고 공식적 외교관계 수립을 모색하는 1978년~1988년까지의 기간, 인도적 지원이 확대되고 정치적 관계에 관심을 갖기 시작하는 1989년~1998년까지의 기간, 유럽연합이 경제적 영향력을 확대하는 1999년~2002년까지의 기간, 인권 문제 제기 등 유럽연합의 대북시

표 1　　　　　북한-유럽 관계의 시기별 특징

시기	특징
1948년~1954년	냉전(진영외교) vs. 유럽의 비자발적 협력
1955년~1976년	다변외교와 독자노선 추구
1978년~1988년	데탕트와 공식외교 관계 수립 모색
1989년~1998년	인도적 지원과 정치적 고려
1999년~2002년	경제적 영향력 확대
2003년~2007년	인권 문제 제기 등 유럽연합의 시각 변화(노무현 정부)
2007년~2017년 현재	유럽연합의 역할 감소(이명박, 박근혜 정부)

각의 변화가 감지되는 2003년~2007년까지의 기간, 북핵 문제 재발 이후 대북정책 공조로 인한 유럽연합의 역할 감소 시기 등 현재까지 7시기별로 구분이 가능하다(〈표 1〉).

1. 북한의 진영외교 vs 유럽의 비자발적 협력

북한 정권이 수립된 1948년부터 1954년에 이르기까지 북한의 외교정책은 사회주의 진영에 국한된 진영외교의 양상을 보인다. 북한은 세계를 미국 중심의 제국주의진영과 소련 중심의 국제 민주진영으로 구분하고 전 세계적인 사회주의 건설을 위해 국가적으로 단결하고 협력할 것을 주장했다.[1] 북한 정권 수립 초기 소련 일변도의 진영외교가 성립된 배경은 소련이 북한에 대하여 정신적·물질적 지주로서의 역할을 수행해 왔다는 데 있다. 비록 1948년 12월 소련군이 북한에서 철수하여 형식상 소련군정은 끝났으나, 그 후에도 3,000여 명의 소련 고문단이 정치, 경제, 군사, 외교 분야에 있어서 절대적 영향력을 행사함으로써 사실상 북한은 소련에 의존할 수밖에 없는 입장이었다.

그 후 한국전쟁의 발발과 함께 북한은 소련으로부터 전쟁수행 원조와 중국군대의 파병에 외교정책의 초점을 두고 적극적인 대중·소 외교를 전개하였다. 한국전쟁을 계기로 북한과 사회주의진영 국가들과의 관계는 더욱 긴밀해졌다. 반면 유엔(UN: the United Nations)이 북한을 침략국으로 규정하고 남한에 유엔의 이름으로 대규모 지원을 제공한 관계로 자유진영과는 갈등이 심화되었다. 특히 서유럽 국가들 중 유엔 가입국인 영국, 프랑스, 네덜란드, 벨기에, 룩셈부르크 등이 한국전에 참전함으로써 북한과 서유럽 국가들 사이에는 적대적 긴장관계가 형성될 수밖에 없었다.

한국전쟁에 참전하였던 서유럽 국가들은 휴전협정 이후 1954년 제네바

---

1) 정규섭, 『북한외교의 어제와 오늘』(서울: 일신사, 1997), pp.34-40.

정치회담에서 한국, 미국, 유엔 참전국들과 함께 북한 및 공산 측 대표들과 한반도 문제를 평화적으로 해결하기 위한 협상을 진행하였다. 여기서 특이한 점은 서유럽 국가들은 비록 기본적으로 한국 및 미국과 협력관계를 유지하였으나, 사안에 따라 서로 다른 입장을 내세움으로써 간접적으로 북한의 입지를 강화시켜주는 결과를 가져오기도 했다는 점이다.

제네바회담에서 가장 논란이 되었던 사항은 남북한 통일방안과 관련된 것이었다. 남측은 북한에 국한한 선거를 주장한 데 반하여 북측은 남북한 동시 총선거를 주장하였다. 이에 대해 영국을 비롯한 유럽 국가들은 북측이 제시한 남북한 동시선거안이 보다 합리적 방안이라는 의견을 내놓았다. 그 결과 자유진영의 공동제안을 위해 구성된 9개국 위원회(한국, 미국, 영국, 프랑스, 호주, 필리핀, 터키, 콜롬비아, 네덜란드)에서는 한국을 제외한 나머지 8개국이 한국이 북한 단독선거안을 철회할 것을 요구하였다.[2] 이와 같이 서유럽 국가들은 한반도 통일방안에 대해 북한의 제안을 선호함으로써 결과적으로 북한의 입장을 강화시켰다. 그러나 북한과 서유럽 국가들이 자발적 협력관계를 형성한 것은 아니었다.

1955년부터 북한은 기존의 중국과 소련 중심의 진영외교에서 탈피하기 시작하였다. 다변외교를 선언한 북한은 일본과의 접촉을 시작으로 인도, 미얀마, 인도네시아 등 아시아 국가들과의 관계를 확대하였다. 김일성은 1962년 10월 최고인민회의에서 "자본주의 국가들과도 정상적인 관계를 수립하며 경제·문화교류를 발전시키기를 원한다"라고 언급한 것을 시작으로 북한의 다변외교는 1960년대에 들어오면서 더욱 확대되었다.[3]

1960년대 들어와 북한의 다변주의 외교정책과 함께 중부 및 동유럽 사회주의 국가들과의 관계가 소원해졌다. 그 결과 북한과 서유럽 국가들 간의 접촉이 시작되었다. 1962년 중국과 인도의 국경전쟁 시 소련의 인도지원과

---

[2] 영국의 이든(Robert A. Eden) 외상은 변영태 장관을 자기 거처로 초청해 남북한 동시선거를 설득하였다. 결국 한국 측은 유엔 감시하에 북한은 물론 남한에서도 선거를 실시한다는 쪽으로 입장을 변경하였다.

[3] 『조선중앙연감 1962』, p.60.

쿠바위기 이후 미·소 화해를 계기로 중·소분쟁이 격화되자 북한은 노골적으로 중국노선을 따르게 되었다. 반면 중·소분쟁의 소용돌이 속에서 1962년부터 알바니아를 제외한 모든 동유럽 국가들은 소련 편으로 기울게 되었다. 한편 북한은 1961년 단교한 알바니아와 긴밀한 관계를 유지하였으며, 소련과 요원한 관계였던 루마니아와의 관계를 강화시켰다. 따라서 북한과 소련을 지지한 다른 동유럽 국가들과의 관계는 요원해질 수밖에 없었다. 이와 같은 상황은 북한과 서유럽 국가들과의 접촉을 보다 용이하게 만들었다.[4) 또한 1966년 서독의 할슈타인 원칙의 포기와 동방정책도 유럽 국가들이 북한과 접촉을 시작할 수 있는 중요한 계기를 제공하였다. 이는 당시 외교다변화 노력을 경주하던 북한의 이해관계와 함께 민간교류 중심의 북한·서유럽 관계 형성이 디딤돌이 되었다. 그러나 냉전체제의 영향으로 양자 간의 관계는 정부차원의 교류로는 발전하지 못했다.

민간교류 수준의 북한과 서유럽 국가들과의 관계는 1960년대 후반부터 본격적으로 정부 간 협력 형태로 발전하기 시작했다. 북한은 자립적 계획경제 건설전략에 한계를 느꼈고, 이를 극복하기 위해 필요한 자본과 기술을 서유럽으로부터 구하고자 하였다. 북한은 1956년 9월 평양 동명회사와 스위스 안스트 브렌네루 회사 간에 물자교역에 관한 의정서를 최초로 체결한 이래로 서유럽 국가들이 제공한 교역차관으로 플랜트와 기계류를 대량 수입하여 1960년대 후반부터 북한과 서유럽 국가 간의 무역이 급증하게 되었다. 서유럽 국가들도 자신들의 필요에 의해 북한과의 수교에 적극적이었다. 그 결과 1971년에 몰타가 서유럽 국가들 중 처음으로 북한과 수교를 맺었다. 이어 1972년 말 노르웨이, 덴마크, 스웨덴 등이 양국 간 외교관계 수립을 검토하였고, 같은 해 4월에서 7월까지 약 4개월간 덴마크, 핀란드, 노르웨이, 스웨덴, 아이슬란드와 수교를 하였다. 이듬해인 1974년에는 오스트리아와 스위스, 1975년에는 포르투갈이 북한과 수교를 맺었다. 그러나 동서냉전이라는 국제정치의 현실로 인해 서독, 영국, 프랑스, 이탈리아 등 서유럽의 주

---

4) 최성철 외, 『북한과 유럽』(서울: 한양대학교 통일정책연구소 편, 2008), p.23.

요 국가들과의 외교관계 수립은 이루어지지 않았다.[5]

그럼에도 북한은 1970년부터 프랑스, 서독, 스웨덴 등으로부터 차관을 도입하고 서방과의 교역을 확대하였다. 그 결과 1971년에는 15%에 불과했던 대서방무역이 1974년에는 대공산권 무역과 거의 같은 42%에 달하였다. 1975년에는 오히려 비공산권 국가와의 교역이 공산국가와의 교역을 능가했다. 그런데 서방으로부터 과도한 차관 및 선진기술 도입은 1970년대 중반 북한의 무역수지 적자와 외환사정 악화를 초래하였다.[6] 1970년부터 가속화되었던 북한의 무역수지 적자가 1975년에는 결국 최악에 달하였고 같은 기간에 북한이 서방국가로부터 빌린 외채가 12억 4천만 달러에 달하였다. 결국 1975년 북한은 외채에 대한 모라토리엄(Moratorium, 지불유예)을 선언하였고 서유럽과의 관계는 급랭하였다.

마침내 북한은 보유 중인 금과 은을 영국과 서독의 은행에 매각하고 차관의 상환연기 등을 위해 교섭을 벌였으나 끝내 신용회복에는 실패했다. 결국 영국은 1976년 북한과 개설한 민간무역협회 사무실을 폐쇄했으며, 채권국가들은 수차례 회의를 개최하여 추가 차관 제공 중단을 논의하기에 이르렀다. 결국 북한은 이러한 경제위기상황을 극복하기 위해 현지 주재 외교관들의 면책특권을 이용하여 주류, 담배, 마약 등의 밀수 및 밀매를 하다가 적발되었고, 같은 해 덴마크, 노르웨이, 핀란드로부터 북한대사관 요원이 추방되는 사태를 맞게 되었다.[7]

---

5) 북한과 서유럽 관계를 분석하는 데 유의할 점이 있다면 그것은 서유럽과 유럽연합이 지역적으로 완전히 일치한 적이 없다는 것이다. 이것은 서유럽 국가들 중에서도 스위스, 노르웨이, 아일랜드가 유럽연합에 참여하지 않고 있기 때문이다. 세종연구소 북한연구센터 엮음, 『북한의 대외관계』(한울아카데미, 2007), p.356.

6) 북한은 서유럽으로부터 선진기술의 플랜트 구입 및 차관도입을 추진하였다. 북한은 1971년 석유화학단지 설비를 포함한 5,400만 달러에 달하는 설비를 프랑스를 통해 구입하였다. 1972년에는 9,500만 달러 상당의 플랜트를 수입했고, 1973년에 들어서는 1억 6,000만 달러의 시멘트 공장 설비를 구입하였다. Maurizio Martellini, "EU Cooperation with the Democratic People's Republic of Korea(DPRK)"(2000) 참조.

7) *Ibid.*, p.354.

한편, 북한 정부 차원의 서유럽에 대한 정치적 접근은 쉽지 않았다. 냉전상황에서 북한이 자본주의 진영에 속한 서유럽 국가들과 외교관계를 수립하는 것은 어려운 일이었고 유럽국가들 또한 정치적으로 북한과 관계개선을 해야 할 필요성을 느끼지 못했다. 무엇보다도 당시 남한과 외교관계를 맺고 있던 대부분의 서유럽 국가들은 할슈타인 원칙(Hallstein Doctrine)을 고수하고 있던 남한의 입장을 고려하지 않을 수 없었다.

1970년대 들어서면서 서유럽은 그동안 진행된 유럽통합의 발전을 바탕으로 독자적인 노선을 시도하게 된다. 이는 1970년대 들어오자마자 미국이 처음으로 무역적자를 보게 된 것과 깊은 관계가 있었다. 무역적자의 주된 원인은 달러 가치의 고평가에 따라 미국의 수출 경쟁력이 하락했기 때문이었다. 그러나 닉슨 대통령은 유럽공동체의 공동농업정책을 비난하였고, 1971년 미국은 전후 자유무역질서의 근간을 이루고 있었던 브레턴우즈체제(Bretton Woods System)를 일방적으로 포기하여 미국과 유럽의 관계를 악화시켰다. 닉슨 쇼크에 대한 대응책으로 유럽은 1970년 베르너보고서를 준비하였다. 이는 암묵적으로 미국의 통화정책으로부터 유럽공동체를 보호하려는 노력의 결실이었다.

1970년대 들어 북한도 자주노선을 견지하면서 자본주의 국가와의 외교관계를 수립하였다. 그 일환으로 북한은 남북대화, 미국에 대한 직접접촉 제의, 국제기구 가입 확대, 비동맹운동 참여 등 외교 활성화에 박차를 가했다.[8] 김일성은 "조선반도의 남과 북에 대하여 침략적 성격이 없는 균등한 정책을 실시하는 자본주의 나라들과도 평화공존의 원칙에서 국가적 및 정치, 경제, 문화적 관계를 맺기 위하여 노력할 것이다"라고 천명함으로써 대서방 외교에 대한 적극성을 나타냈다. 또한 동서 데탕트와 남북대화도 북한의 외교 확대에 영향을 미쳤다. 1970년을 전후하여 동서진영 간의 긴장완화가 이루어졌고, 특히 미국과 중국 간의 관계진전은 북한에게 외교적 위기와 기회를 동시에 제공하였다. 그러나 앞서 설명한 바와 같이 북한은 1976년

---

8) 정규섭(1997), *op. cit.*, pp.45-78.

이래 신용위기 상황이 걸림돌이었다.

1980년대에 들어오면서 북한은 다시금 대서유럽관계 복원을 시도하기 시작했다. 북한은 1984년 9월 합영법을 제정하여 공업, 건설, 운수, 과학기술, 관광업 등 5개 분야에 걸쳐서 서방의 자본과 기술 도입을 촉진시키려 했다. 북한이 이와 같이 외교를 활성화하고 대외개방을 추진한 가장 큰 이유는 경제적 필요성 때문이다. 북한은 1차 7개년 계획(1961년~1967년)을 추진하면서 주체적 사회주의 경제발전 전략이 한계에 봉착했다. 이를 극복하기 위해 필요한 자본 및 기술을 세계시장에서 찾았던 북한은 일본 및 서유럽 국가들로부터 자본 및 기술도입을 절실하게 필요로 하였다.

한편, 유럽공동체는 1980년대 들어오면서 국제사회에서 그 역할을 증대하려는 시도를 하였고 정책결정에 있어 미국을 배제한 독자노선을 추진하려 하였다. 프랑스가 먼저 소련 및 중국과의 화해를 시도했다. 나아가 유럽의회도 북한과의 대외무역관계에 관심을 가졌다. 그 이유 중 하나는 북한을 활용하여 대외적으로 공동체의 위상을 제고시킴으로써 보다 독립적인 역할을 하려고 했던 것으로 볼 수 있다.

III. 유럽연합의 '신아시아 전략'과 대북접근방식의 변화

유럽연합의 대북정책은 대한반도정책의 일환으로 이해되어야 한다. 유럽연합의 공식적 대북정책은 1994년 유럽연합 집행위원회에서 채택한 '신아시아 전략(Towards a New Asia Strategy)'으로부터 시작되었다. 신아시아 전략은 유럽연합이 아시아와의 경제협력과 군사적 차원에서 미국에 대응한 지역안보 구축을 위함이 주목적이었다.[9] 신아시아 전략은 아시아 시장으로의

---

9) 유럽연합-북한 전략보고는 유럽연합이 북한과 우선 협력할 분야로 세 가지를 제시

진출 확대와 경제협력 증진이 정치관계 발전에도 기여한다는 생각을 기본으로 한다. 이 전략의 구체적 목표는 다음과 같다. 첫째, 유럽연합은 세계경제에서 주도적 역할을 유지하기 위해 아시아 지역에서 유럽연합의 경제적 비중을 강화한다. 둘째, 아시아지역의 정치안정을 도모한다. 셋째, 아시아 빈국들의 경제발전을 돕는다. 넷째, 아시아에서의 민주주의와 법치의 발전, 그리고 인권존중의 원칙 수립 등이었다. 유럽연합은 이를 통해 유럽의 가치를 간접적으로 확인하고 공동체의 대외적 이미지를 제고하려는 목적이 담겨 있다.

그 후 유럽연합은 아시아와의 관계를 더욱 강화하기 위해 2001년 「유럽과 아시아의 심화된 동반자 관계를 위한 전략적 틀(Europe and Asia: A Strategic Framework for Enhanced Partnership)」이라는 보고서를 작성하였다. 이 보고서는 신아시아 전략의 일환으로 대한반도정책이 포함되었다. 그 결과 2002년 2월 「대북한 국가전략보고서(The EC-DPRK, Country Strategy 2001-2004)」가 탄생하였다. 이 보고서는 향후 유럽연합의 대북지원 우선순위로 1) 제도지원 및 능력구축, 2) 천연자원의 지속적 관리 및 활용, 3) 신뢰성 있고 지속가능한 운송부문 등의 세 분야를 설정하고 있으며 유럽연합의 대북한정책이 처음으로 체계화되는 계기가 마련되었다.

이후 유럽연합은 2012년 신아시아 전략을 보강한 '동아시아정책 지침서'를 발표하였다. 이 지침서는 아시아 관련국들과의 안보협력 및 경제적 개입이라는 외교정책을 기술하고 있다. 한반도에서의 유럽연합의 주요 목표는 북한의 핵프로그램을 멈추게 하는 것이다. 이를 위해서 유럽연합 내부에서는 '당근과 채찍'이라는 세부정책이 필요하다는 데 합의가 있었다.[10]

하고 있다. 첫째, 경제개발을 위한 청사진을 입안 및 실행할 수 있는 능력의 구축지원, 둘째, 안정적인 에너지 공급, 셋째, 경제발전과 사회복지를 위한 안정된 교통망 확충 등이다. 김학노, "한반도 평화프로세스와 유럽-북한 관계," 민주평화통일자문회의, 한국국제정치학회주최, 2002 통일문제국제학술회의(2002), pp.1-41.

10) Council of the European Union, *Guidelines on the EU's Foreign and Security Policy in East Asia* (15 June 2012), http://register.consilium.europa.eu/doc/srv?l=EN&f=ST 11492 2012 INIT.

1. 대동아시아정책과 한반도정책 목표

유럽연합은 1994년 채택된 신아시아 전략을 통해 아시아 지역에서의 경제적 비중 강화, 지역 안정, 빈국과 낙후된 지역들의 경제발전, 민주주의와 법치 및 인권신장 등의 구체적 목표를 수립하였다. 신아시아 전략의 핵심은 아시아를 이전보다 훨씬 중시하고 경제협력관계를 한 차원 높게 강화할 뿐 아니라, 이 지역에서의 정치적 문제와 안보 문제에까지도 관여하는 것을 공식적 목표로 삼은 것이다. 특히 아시아와의 정치대화 주제의 하나로 제시한 군비통제와 핵 비확산 문제와 관련하여, 북한의 핵 실험 야기된 국제사회에 대한 도전은 아시아와 유럽이 협력할 수 있는 기회이기도 하다는 점을 밝힘으로써 유럽연합이 개입할 수 있는 여지를 마련하였다.[11]

유럽연합이 이와 같이 새로운 아시아정책을 수립하게 된 배경에는 첫 번째, 아시아 국가들의 경제성장에 따른 국제정치경제적 위상 강화가 중요한 요인으로 작용하였다. 1990년대 들어서면서 아시아는 급속한 경제성장으로 경제적으로 중요한 지역이 되었다. 두 번째, 유럽연합의 동아시아정책은 경제적 요인 이외에 유럽연합의 국제적 위상을 높이려는 유럽연합 측의 의도와 냉전 종식 이후 새로운 세계질서 구축과정에서 아시아 지역의 유동성이 맞아떨어진 것이 중요하게 작용하였다.

특히, 유럽통합이 심화됨에 따라 공동외교안보정책(CFSP: Common Foreign Security Policy)을 수립할 필요가 생겼고 통합된 유럽에 걸맞게 국제적 역할을 확대할 필요성을 인식하게 되었다. 동시에 국제적 외교역량을 발전시켜야만 했다. 이러한 유럽연합 내적인 역동성이 아시아에 대해 본격적인 전략을 추진하게 되는 내적인 계기가 되었다. 여기에 냉전의 종식은 아시아 지역의 유동적인 정치 상황과 맞물리면서 유럽연합이 아시아 지역을 보다 중시하게 되었다.

---

11) Axel Berkofsky, "EU's Policy towards the DPRK: Enlargement of Standstill?" *EIAS Publications* BP 03/01(2003), pp.9-10.

요컨대 냉전의 종식과정에 발생한 아시아 지역에서 러시아의 상대적 위상 하락은 유럽연합에게 새로운 기회를 제공하였다. 마침 CFSP를 추진함으로써 자신의 국제적 위상을 강화하려는 유럽연합에게 이러한 기회는 놓치기 어려운 것이었다. 아시아 지역에 대한 유럽의 관심과 역할중대 노력은 냉전 이후 세계질서를 재편하는 과정에서 미국과 유럽의 세력권 확장 경쟁 양상으로 나타났다. 먼저 미국은 1993년 말 아태경제협력(APEC: Asia-Pacific Economy Cooperation) 정상회담을 개최함으로써 아시아와의 관계를 강화하고자 하였다. 따라서 유럽연합은 아시아 지역에서도 APEC에 대응하면서 이 지역을 선점해야만 했다.12) 그 결과 유럽연합의 신아시아 전략의 첫 번째 가시적 결과라 할 수 있는 아시아-유럽정상회의(ASEM: Asia-Europe Meeting)가 탄생하게 되었다. 유럽연합은 ASEM을 계기로 아시아 지역에서 미국-아시아-유럽연합 삼각관계를 구축하여 미국과 균형을 유지하여 외교적 지위를 격상시켰다.

유럽연합은 신아시아 전략 목표를 달성하고 안보적 발언권도 증대시키기 위해서 우선적으로 아시아 지역 국가들과의 경제협력을 강화하고, 이를 기반으로 정치적 군비통제와 핵 비확산, 인권 문제와 민주주의 및 법치수립, 마약 문제 등 정치대화를 통한 영향력 확대를 목표로 하고 있다. 이 지역은 이미 군사, 안보적 측면에서 미국과 중국이 강력한 지도력을 행사하고 있어 유럽연합으로서는 연성권력을 확대시키는 것이 이들 국가들과의 충돌을 피하면서 유럽연합의 이익을 극대화하는 현실적인 대안인 것이다.13)

사실 유럽연합의 입장에서 보스니아와 코소보 내전, 체첸 공화국의 유혈 사태, 미국의 이라크 침공과 같은 문제보다 북한 문제가 상대적으로 공동체 차원에서 동질성을 느끼며 보다 수월하게 정책을 수행할 수 있었다. 따라서 탈냉전 이후 전개되고 있는 유럽연합의 대북협력정책은 경제 및 정치통합과

---

12) 김학노, "동북아시아 안보공동체 비전구상," 영남대학교 통일문제연구소, 『통일문제연구』 25-26집(합권호)(2004) 참조.
13) 최의철 외, "유럽연합(EU)의 대북 인권정책과 북한의 대응"(서울: 통일연구원, 2005), p.53.

정의 심화와 확대과정에서 유럽연합의 내재적 가치를 실현하고 동질성을 확인하는 좋은 기회로 볼 수 있다.

신아시아 전략 실현의 부분적 목표로서 북한에 대한 경제적 지원 및 정치대화를 병행한 결과 마침내 유럽연합은 북한과 2001년 5월 14일 공식외교관계를 수립하였다. 이는 북한 문제의 개입을 통해 탈냉전 후 국제관계에서 유럽연합의 정치 및 외교적 영향력을 강화시키기 위함이었다. 전술하였듯이 유럽연합의 대북정책은 대한반도정책의 일환으로 이해되어야 한다. 대북정책의 방향을 잡기 시작한 시점이라고 할 수 있는 1999년 7월 유럽연합 일반이사회에서도 북한에 대한 지원정책 수립은 한국과 유럽연합의 관계 강화의 한 방편임을 강조하였다.

한국을 포함한 한반도 전체가 다시금 유럽연합의 특별한 관심 대상이 된 이유는 무엇보다 경제성장과 민주화로 인하여 한국의 국제적 위상이 커진 데 있었다. 유럽연합은 한국과의 정치대화를 강화함으로써 한국을 아시아에서 자유민주주의의 보루로 적극 지지하고 향상된 경제력에 걸맞게 경제협력을 강화하려고 하였다. 경제적 중요성과 함께 한국의 정치적 비중도 증가하였는데, 이것이 유럽연합 측에 중요한 영향을 미치는 것으로 판단된다. 특히 유럽과 아시아의 대화의 장으로서 ASEM을 발전시키는 데 있어서 한국이 주도적 역할을 수행하리라는 인식이 확산되어 있었다.

유럽연합은 경제 외적인 측면에서도 1990년대 중반 이후 한반도를 특별히 주목하기 시작했다. 아시아 지역의 안보와 평화 유지를 위해 적극 개입하려는 의사를 표명한 유럽연합으로서는 북한의 핵 문제가 불거져 있는 상황에서 이에 대해 지대한 관심을 가지는 것은 당연한 일이었다. 아시아에서도 특히 동북아시아 지역은 세계수준에서의 냉전해체와 한반도 수준에서의 냉전해체가 시간적 차이를 두고 진행되는 '냉전해체의 비동시성'으로 인해 여전히 긴장과 갈등이 계속되고 있었다.14) 미국과 대립각을 세우고 있던 러

---

14) 박용수 외, 『Asia-Europe Meeting(ASEM): 아시아-유럽 동반자관계의 모색과 정립』 (서울: 엠에드, 2002), p.32.

시아의 위상 약화와 중국의 개혁정책으로 생긴 동북아시아 국제정치 역학관계의 변동을 틈타서 유럽연합이 한반도 국제정치에 특별한 관심을 갖게 된 것이다. 이런 맥락에서 유럽연합의 KEDO 참여는 회원국과 유럽연합의 이해관계가 일치했다고 볼 수 있다.[15]

유럽연합은 1994년 KEDO에 참여했을 뿐만 아니라 대부분의 회원국들이 북한과의 외교관계 정상화를 통한 독립적인 정책을 발전시켰다. 유럽연합과 북한의 공식적 관계 수립은 2001년부터 시작되었다. 유럽연합의 '포용정책'은 김대중 정부의 '햇볕정책'과 닮아 있다. 그러나 유럽연합은 2002년 북핵위기가 발발하고 KEDO가 중단된 이후 한반도 문제에서의 역할이 감소되었다. 유럽연합은 2003년 8월 시작된 6자회담의 공식파트너에서 배제되었고 6자회담에 단지 외교적 지원을 제공하는 정도로 역할이 감소되었다. 2009년 이래 지속된 북한의 핵실험 및 수차례의 미사일 시험발사로 6자회담이 중단되자 유럽연합은 UNSC의 제제 및 PSI와 같은 억지수단을 간접적으로 지원해왔다.

유럽연합은 회원국들이 북한과 양자 간, 다자 간 외교관계를 맺고 있었기 때문에 향후 유럽연합의 외교정책 수단으로 활용하기 위해 이들과 북한과의 관계를 묵인하였다. 외교안보 고위대표인 모게리니(Mogherini)는 유럽연합이 아시아에서 능동적인 행위자가 되길 원한다면 지금 당장 해결은 어렵지만 북핵 문제를 해결하기 위한 세 가지 전략을 사용할 수 있음을 언급하였다. 첫 번째는 경제적 지원이고, 두 번째는 국제사회 관련국들과의 안보협력, 세 번째는 북한에 대한 외교적 지원이다. 이 전략을 통해 유럽연합은 동북아의 안정을 가져오는 데 크게 기여할 것이며 한반도에서 독자적 목소리를 낼 수 있을 것이라고 주장하였다. 이 전략은 유럽연합의 중단기 외교정책에 기반한 것이다. 한반도 문제는 모게리니 연설에서 두 번씩이나 언

---

15) 유럽연합은 KEDO에 1997년 9월 정식 가입하였으며 가입 당시 2000년 12월 31일까지 계약을 한정하였다가 2001년 12월에 5년간 계약을 연장했다. 유럽연합은 1996년부터 2006년까지 KEDO 이사국 및 회원국의 지원 총 규모 중 6%(총 1억 2,330만 달러)에 해당하는 사업비를 부담했다.

급되었다. 한번은 "유럽연합은 한국과의 전략적 동반자 관계를 공고히 하기 위해 노력한다"이고 또 한번은 한반도 비핵화에 대한 유럽연합의 입장을 재확인한 것이다. 이는 한반도 문제에 대한 유럽연합의 다음과 같은 원칙을 확인한 것이다. 한반도 문제 해결을 위한 유럽연합의 원칙 첫 번째는 북한에 대한 경제적 지원의 지속이고, 두 번째는 한국과의 안보협력이고, 세 번째는 한반도 문제에 대한 다른 이해관계자들과의 협력이다.[16]

2. 유럽연합의 북핵 문제 중재자로서의 역할 가능성

개별 회원국 차원에서 아시아 지역을 포함한 세계 안보를 지키는 것에는 한계가 있기 때문에 유럽연합이 28개 회원국들을 대신해서 외교안보정책을 실행하는 것은 아니다. 유럽연합은 그들의 경제적 이익과 영향력을 확대하기 위해 아시아 안보에 개입하는 것이다. 유럽연합이 한반도 핵위기 사태와 최근 재발하는 동남아시아에서의 영토 갈등 문제에 개입하는 것은 매우 제한되어 있다. 유럽연합이 '경성안보'를 강조함으로써 아시아에서 발생하는 문제들을 해결할 수는 없다. 유럽연합은 현재로선 '연성안보'를 통한 개입만이 가능하다.

유럽연합의 대외정책에서 중국, 일본, 북한과의 안보 문제 개입 패턴을 하나로 정의할 수는 없다. 오히려 유럽연합의 의지와는 다르게 개별회원국들 스스로 마련한 외교안보정책을 실행하고 있다. 하나의 예로, 1989년 중국에 대한 무기수출금지조치는 개별회원국들과 마찰을 빚은 적이 있다. 유럽연합은 회원국들이 그들의 입장을 강력히 주장함으로써 유럽연합의 외교안보정책에 대한 신뢰가 떨어졌다고 주장한다. 인권과 같은 논쟁이 있는 분

16) European External Action Service(EEAS), *Shared Vision, Common Action: A Stronger Europe. A Global Strategy for the European Union's Foreign and Security Policy* (28 June 2016), p.38, http://europa.eu/globalstrategy/en/node/2.

야를 제외하고 EU-중국 간 경제협력은 확대되고 있다. 소위 '25 EU-중국'
으로 명칭된 분야별 대화가 진행 중에 있다. 여기에는 에너지, 환경보호, 소
비재안전 문제, 민간항공, 경쟁정책, 교육 및 문화, 고용 및 사회 문제, 지적
재산권, 해상교통, 규제 및 산업정책 등 다양한 분야에서의 협력이 포함되어
있다. 비록 모든 분야에서 만족할 만한 수준의 성과를 거둔 것은 아니지만
환경을 포함한 몇몇 분야에서는 괄목할 만한 성과를 이끌어 냈다. 자동차
배출가스 관련 EU-중국 대화는 최근 중국이 유럽연합의 표준을 채택하는
결과를 낳았다. EU-중국 대화에서 중국의 관리들은 유럽의 요구 수준을 맞
추지 못할 때를 대비해서 비공식적 대화를 지속적으로 요구하고 있다. 특히
지적재산권, 중국 시장접근과 같은 문제들이 바로 그것이다.

2007~2013년 「EU-중국전략보고서(EU Strategy Paper)」는 1억 2천800
만 달러(2007년~2010년)를 할당하는 협력프로그램 분야를 발표하였다. 이
기금은 EU-중국 대화에서 채택된 무역, 사회경제적 발전, 중국의 내부개혁
프로그램, 기후변화 및 에너지 분야에 투자되었다. 한편, 유럽연합의 지원에
더해서 많은 회원국들이 환경, 법률, 에너지, 빈곤감소 프로그램에 지원을
하고 있다. 유럽연합이 28개 회원국들을 대신해서 통일된 정책으로 중국과
협상한다는 것은 매우 제한된 분야에서만 가능하다. 또한 집행위원회(EU 전
반적 무역정책 담당)와 각료이사회(EU 대외안보정책 담당) 사이에 제도화된 협
력이 사실상 쉽지 않다.

북한에 대한 외교적 지원과 다자간협상을 통한 평화구축 노력은 과거
박근혜 정부 초기 시절의 정책과 비슷한 점이 있다. 유럽연합은 당시 박근혜
정부의 정책을 지원할 것을 공식적으로 표명한바 있다.[17] 이는 2010년 5월
서명한 한·EU기본협약(EU-South Korea Frame Agreement)이 토대가 되었
다. 한·EU기본협약은 양자 간 다양한 분야에서의 협력을 기술하고 있다.

---

17) Park Geun-hye, "A New Kind of Korea: Building Trust between Seoul and
   Pyongyang," in *Foreign Affairs*, Vol.90, No.5(September/October 2011), pp.13-
   18, https://www.foreignaffairs.com/node/1108418

비록 북한이 언급되지는 않았지만 협약의 몇몇 조항은 북한의 도발을 막는 것에 협력할 것임을 암시하고 있다. 또한 대량살상무기확산방지, 사이버 범죄, 자금세탁, 마약거래, 인권보호 등이 포함되어 있다. 이후 유럽연합은 2015년 한·EU정상회담을 통해 유럽연합의 경험을 나눌 것을 약속하였다. 하나의 예로 학생교환프로그램, 교육프로그램 등 1.5트랙을 통한 남북한 협력 가능성을 제시하였다.[18]

유럽연합은 6자회담 당사국이 아니다. 그러나 유럽연합은 2003년 6자회담이 시작된 이후부터 2009년 중단될 때까지 동북아 문제에 깊이 관여하였다. 중국, 일본, 한국와의 전략적 동반자 관계는 이러한 과정을 거쳐서 이루어졌다. 6자회담 당사국들 중 몇몇 국가는 회담재개를 공식적으로 요청했다. 이는 6자회담이 다자간협상의 틀로 존재한다는 의미이며 이와 비슷한 대화채널의 형성 가능성이 있다는 의미이기도 하다. 따라서 유럽연합은 6자회담 당사국들 중 3개국들과 전략적 동반자 관계를 맺는 등 비록 6자회담 당사국은 아니지만 북한 문제에 깊이 관여하고 있다.

북한, 미국, 일본 간의 외교관계 정상화는 대부분의 유럽연합 회원국들이 북한과 외교관계를 수립한 1990년대 후반과 2000년대 초반과 같은 경로를 따를 것이다. 1990년 후반 서유럽의 대부분의 국가들은 북한과 상당히 제한적인 접촉만이 있었다. 이는 오늘날 북미, 북일관계가 제한된 상황과 비슷하다. 미국, 일본이 북한과의 관계정상화 과정은 상호간 외교사무소 개설과 외교 수단의 교환을 통해 이루어질 수 있다. 2016년 11월 불가리아, 체코, 독일, 폴란드, 루마니아, 스웨덴, 영국은 평양에 외교사무소를 설치했다. 북한 역시 이들 국가들을 포함해서 오스트리아, 이탈리아, 스페인에 외교사무소를 개설했다. 이들 국가들은 평양에 설치한 외교사무소의 업무를

---

18) EU Institute for Security Studies (EUISS) and Korea National Diplomatic Academy (KNDA), *Northeast Asia Peace and Cooperation Initiative (NAPCI) and EU-ROK Cooperation: Outcomes, Recommendations and Way Forward* (September 2015), http://www.iss.europa.eu/activities/detail/article/northeast-asia-peace-and-cooperation-initiative-napci-and-eu-rok-cooperation

통해 매일의 진행상황과 그들의 경험을 교환할 수도 있다. 또한 탈북민 사태와 같이 북한에서 일어나고 있는 일들에 대해 공식적으로 북한에 영향력을 행사할 수도 있다.[19]

미국과 일본이 북한과 외교관계를 정상화한다는 것이 현재로서는 상상할 수도 없는 일이지만 클린턴 행정부는 이와 같은 생각을 한 적이 있었다는 사실을 잊어서는 안 된다. 더욱이 일본과 북한은 2002년 평양선언에서 양국 간 관계정상화를 언급한 적이 있다. 유럽연합이 6자회담과 같은 협의체에 참여할 수 있는 방법은 정치적 대화와 인권대화를 통해서이다. 유럽연합은 김정은 정권과 어느 정도 대화가 가능한 몇 안 되는 '정치체' 중의 하나이다. 북한과 유럽연합 간의 대화는 한반도 비핵화 이슈를 포함한 6자회담의 진행에 영향을 끼칠 수 있다. 핵비확산 문제는 이미 북한과 유럽연합 간 대화에서 빠지지 않고 등장한다. 대부분의 국가들이 북한에 대한 정치적 입장을 갖고 있지 않기 때문에 유럽연합은 그들의 입장을 강하게 표명할 수 있을 뿐만 아니라 안보 문제에도 깊이 관여할 수 있는 것이다.[20]

IV. 유럽연합의 대북정책 현황과 특징

북한의 대외정책은 1980년대 말 소련과 동유럽 국가들의 체제 붕괴 등 급격한 대외환경을 목격한 이후 변화를 거듭했다. 중국은 한국과의 수교를 결정하였고 북한에 대한 군사·경제적 원조 또한 현격하게 줄였다. 북한과 구사회주의 국가들과의 관계를 보면 과거 전통적인 공산당을 주축으로 하는

---

19) Ramon Pacheco Pardo, *North Korea-US Relations under Kim Jong Il. The Quest for Normalization?*(London and New York, Routledge, 2014).

20) European External Action Service (EEAS), *EU-DPRK Political Dialogue — 14th Session*, Brussels, 25 June 2015, http://europa.eu/!Xm36fP

특수 관계에서 국가 대 국가의 실리적 관계로 변화했다. 냉전기 북한의 대외관계는 주로 국제적 요인, 이데올로기적 요인, 체제건설 및 유지와 관련이 있다.

1980년대 중·후반 이후, 특히 1989년부터 동유럽 국가들이 다당제를 채택하면서 북한과 동유럽 국가들 간의 이념적 동질성이 사라지게 됨에 따라 북한의 동유럽 국가들에 대한 인식은 매우 부정적으로 변하게 되었다. 1988년 서울 올림픽 참가를 계기로 많은 동유럽 국가들이 북한의 반대에도 불구하고 남한과의 수교를 강행하고, 북한에 대한 무상지원을 중단함으로써 북한과 동유럽 국가 간의 우호적 관계는 급격히 냉각되었다. 결국 냉전 이후, 북한과 동유럽 국가들과 관계에는 경제적 요인만이 자리 잡게 되었다.

더욱이 북한은 대서방외교의 대상을 서유럽으로 확대하고 경제지원 확보 및 과거 1983년 아웅산 사태로 인한 부정적 이미지 개선을 위해 노력하였다. 미국과 일본과의 관계개선이 여의치 않고 두 나라와의 경제적 교류 또한 정치적인 문제에 얽매여 큰 진전을 보이지 않는 가운데, 북한은 경제난 극복이 체제생존에 필수적임을 인식하고 외교의 방향을 서유럽까지 돌리게 된 것이다. 그러나 북한은 서유럽 국가들에 의한 사상적 오염을 두려워한 나머지 한반도 문제와 관련하여 서유럽 국가들의 지지를 이끌어내는 데는 근본적인 한계가 있었다. 따라서 북한과 서유럽 국가들 간의 인적 교류와 협력의 규모는 과거 동유럽 국가들에 비해 상대적으로 미미할 수밖에 없었다.

1. 유럽연합의 대북 인도적 지원과 정치적 고려

유럽연합 차원의 대북정책은 1995년 북한의 홍수피해에 대한 집행위원회 산하 인권사무국(ECHO: European Commission Humanitarian Aid Office)이 인도적 지원을 제공하고 한반도에너지개발기구(KEDO: Korean Peninsula Energy Development Organization)에 참여하면서부터라고 할 수 있다. 이 시기 유럽연합과 북한 사이에는 대화나 외교관계 또는 경제적 관계에서 이렇다 할 접촉도 없었고 정치적 이슈도 없었다. 인도적 지원사업은 유럽연합으로서는 거의 자동적인 기제에 의하여 작동하는 것으로서, 북한에 대한 정치적 고려에서 시작된 것은 아니었다. 탈냉전 이후 북한과 유럽연합과의 관계는 자연재해와 기근이 겹침으로 인한 인도적 지원사업에 의해 촉발된 성격이 강하다.21) 1998년 이후 유럽연합은 한국과의 경제관계 발전뿐만 아니라 한반도 긴장완화를 위해서 북한에 보다 적극적인 압력을 행사하기로 한다. 특히 북한과의 정치적 대화를 계속하고 북한의 대응 양상에 따라 향후 북한과의 쌍무적 관계를 점진적으로 개선할 것을 희망하였다.22)

2000년 6월의 남북정상회담이 성공적으로 개최되자 유럽연합이사회는 2000년 10월 9일 한반도에 안정과 안보를 구축하기 위해서 남북한 간 화해협력을 계속할 것을 북한에 촉구할 것을 결의하였다. 이를 위해 단기적으로 북한과의 정치대화를 강화할 것, 북한사람들의 초청 등을 통한 신뢰와 평화구축, 중기적 기술지원을 염두에 둔 준비조처 실행, 북한에게 유럽연합 시장 개방 확대 검토 등의 계획을 천명하였다.23) 이와 같은 정책의 기본방향은 2000년 11월 20일의 일반이사회에서 '북한에 대한 유럽연합의 행동지침'으로 공식화되었고 행동지침을 토대로 유럽연합은 북한에 대해 본격적으로 경제적 영향력 확대를 도모하였다.24)

---

21) 이 시기에 유일하게 동북아시아지역에서 유럽연합의 정치적 입지를 수립할 수 있는 채널이 된 KEDO에 유럽연합이 참여한 것은 상당한 정치적 의미가 있다. 하지만 사실상 유럽연합의 KEDO 참여는 1990년대 초반에 발칸에서 일본이 벌였던 지원활동에 대한 유럽 측의 보답의 성격도 지니고 있다. 백학순 외(2007), *op. cit.*, pp.355-407.

22) EU Council-General Affairs, *Press Release No. 10135/99* (1999) 참조.

23) EU Council-General Affairs, *Press Release No. 13430/00* (2000a).

24) 여기에는 한반도의 미래가 유럽연합에게 대단히 중요한 문제라는 인식, 유럽연합과 회원국들이 합일된 대북한정책을 채택할 필요성, 북한에 대한 인센티브로 기술지원과 시장개방 방안 강구, 한국과의 공동행동 강화 등이 포함된다. 김학노, "유럽연합의 대북한 정책과 남북한 평화구축 과정,"『대한정치학회보』14집 2호(2006), *op. cit.*, p.295.

2000년 10월과 11월의 유럽이사회 회의 결과 집행위원회는 두 가지 측면에서 대북한 지원사업을 강화하는 방안을 강구하였다. 하나는 북한상품에 대해 유럽시장의 개방을 확대함으로써 북한의 수출산업을 도와주는 것이었다. 다른 하나는 기술지원을 제공하는 방안으로 단순한 인도주의적 원조에서부터 북한의 경제를 발전시키는 개발원조로 방향전환을 모색하였다. 이를 위해 2001년 2월 북한에 전문가팀을 파견하였다. 이 팀의 북한 현지답사를 바탕으로 우선사업 분야가 정해졌다.[25] 이러한 노력의 결과 집행위원회는 2002년 2월 앞서 언급한 「대북한 국가전략보고서」를 발간하였다.

유럽연합의 대북한 행동지침은 우선 KEDO 지원의 확대로 나타났다. KEDO는 1995년 3월 9일, 대한민국-미합중국-일본 삼국이 창립한 단체로, 1994년 영변 원자력 연구소에서 원자력발전소와 관련된 개발, 연구를 하는 것으로 알려진 북한을 북미양자협상으로 원자력 발전소 개발연구의 봉인을 유도한 이후, 그에 따른 보상을 하기 위해 설립되었다. 한반도 에너지 개발기구의 핵심 활동은 경수로를 건설하여 북한으로 하여금 북한의 마그녹스형 발전소를 포기토록 유도하는 목적이었다. 2001년부터 2005년까지의 기간을 다루는 유럽연합의 KEDO 참여갱신 협약에서, 유럽연합은 2005년 말까지 매년 2,000만 유로의 재정분담금을 제공하기로 하였다. 그러나 2003년 협정이 파기되기 시작하면서부터, KEDO는 대부분의 기능을 잃었다. 2005년에는 한반도 에너지 개발기구가 경수형원자로 발전소 건설계약을 파기할 것이라는 보고가 돌기 시작하였고 마침내 2006년 1월, 한반도 에너지 개발기구는 프로젝트가 끝났음을 시인했으며, 모든 인력들은 귀국할 것이라고 발표하였다. 이에 따라, 조선민주주의인민공화국은 보상을 요구하였으며, 4천5백만 달러가량의 남겨진 장비들을 돌려주는 것을 거부하였다.[26]

---

25) 우선사업 분야는 첫째, 제도수립과 관련된 교육훈련, 둘째, 에너지 산업부분의 재건, 셋째, 농촌 발전, 넷째, 운송부분의 개혁 등이 선정되었다.

26) 정치대화의 의제로는 북한 핵 문제에서부터 대량살상무기 문제, 일본인 납치의혹 문제, 인권 문제에 이르기까지 광범위하다. 정성장, 『김정일시대 북한과 유럽연합: 새로운 관계모색』(성남: 세종연구소, 2002), pp.23-28. 특히 유럽연합은 인권 문제가

한편, 2000년 10월과 11월 일반이사회 결론의 연장선 위에서 유럽연합은 2001년 3월 스톡홀름 유럽이사회에서 유럽연합의 트로이카를 평양과 서울에 보냄으로써 한반도의 평화와 안정 및 자유를 구축하기 위한 모멘텀을 유지하는 것에 동의하였다. 그 결과 2001년 5월 2일 유럽연합 의장국인 스웨덴의 페르손(G. Person) 총리와 유럽연합 공동안보정책 고위대표(HR: High Representative)인 솔라나(J. Solana), 그리고 유럽연합의 대외관계 집행위원인 패튼(C. Patten)이 이끄는 유럽연합 대표단이 북한을 방문하여 김정일 위원장과 대화를 나누었고, 이어 5월 14일 북한과 공식적 외교관계를 수립하였다.27)

이 시기 가장 큰 국제적 변화는 냉전의 종식과 함께 나타난 사회주의 국가들의 몰락이었다. 동유럽 국가들의 몰락과 이들 국가들의 체제변화는 북한의 위기의식을 증폭시켰고 이로 인해 서유럽 국가들과의 관계개선 노력이 활발해졌다고 볼 수 있다. 유럽연합으로서는 한반도 긴장의 주요 원인이 되고 있는 대량살상무기의 조속한 해결에 관여함으로써 동북아에서의 유럽연합의 위상과 경제적 영향력을 확대하려는 전략적인 의도가 있었다.

핵심 관심사항임을 지속적으로 강조하고 2001년 5월 평양방문에서 인권회담 개최에 대한 북한의 합의를 이끌어냄에 따라 2001년 6월 13일 브뤼셀에서 북한과 인권 문제에 대한 회담을 개최하였다. European Commission, The EC-Democratic People's of Korea(DPRK), Country Strategic Paper 2001-2004(2001b).

27) 2000년 1월 북한은 이탈리아와의 수교를 계기로 유럽연합 회원국들과의 외교관계 수립에 적극적으로 나서기 시작하였으며, 그 결과 동년 12월 영국, 2001년 1월 네덜란드와 벨기에, 2월에 스페인, 3월 독일과 룩셈부르크 및 그리스가 북한과 외교관계를 수립하였다. 이로써 프랑스와 같은 유럽연합의 회원국이 제외되었지만, 북한은 1970년대 일부 서유럽 국가들과 외교관계를 수립한 이후에 2000년대 들어서 유럽연합 회원국들과 유럽연합 자체와 정식으로 수교를 맺게 되었다. 프랑스는 유럽연합의 다른 국가들과는 다르게 이미 파리에 북한 일반대표부와 유네스코 북한대표부라는 채널을 가지고 있으며 북한과 외교관계를 맺고 있는 유럽연합 대표단 및 프랑스 외교관의 평양방문을 등을 통해 북한과 대화 중이기 때문에 특별히 정식 수교를 체결할 필요가 없다는 입장을 보이고 있다. European Commission(2001a, 2001b); 최성철·홍용표, "냉전기 북한과 서유럽의 갈등과 협력," 『한국정치외교사논총』 제26집 2호(2월)(2005) 참조.

KEDO의 중단과 북한 김정은 정권이 핵실험과 미사일 시험발사를 지속하고 있음에도 불구하고 유럽연합은 1995년부터 2017년 현재까지 북한에 대한 인도적 지원은 멈추지 않고 있다. 유럽연합의 이러한 인도적 지원은 거의 20년 이상 식량부족사태로 인해 영양결핍 상황에 있는 북한인구의 비중이 상당히 높기 때문에 필요하다. 또한 식량지원을 통해 북한 정권과의 관계가 강화될 수도 있다는 점에서 매우 중요하다.[28]

북한의 잘못된 행동에 다른 국가들은 지원을 바로 끊었으나 유럽연합은 지원을 지속하였다. 이는 북한이 유럽연합을 신뢰성 있는 상대로 인정한다는 것을 의미한다. 북한은 세계은행(World Bank), 아시아개발은행(Asian Development Bank), 아시아인프라투자은행(Asian Infrastructure Bank)과 같은 기구에 가입되어 있지 않기 때문에 유럽연합의 인도적 지원이 더욱 가치가 있다. 그러나 6자회담의 재개는 다양한 형태의 협력을 필요로 한다. 여기에는 북한의 핵발사체를 해체할 수 있는 기술적 능력을 가진 유럽연합의 회원국들도 필요하다. 유럽연합은 한반도에서 중요한 역할을 한다. 따라서 북한과의 외교적 협력과 다자 간 평화유지 노력은 지속되어야만 한다. 그러나 북한과 연관된 행위들이 효과가 나타날 수 있는 정도의 양적인 시도는 없었다.[29]

2. 유럽연합의 연성권력과 포용정책

앞서 검토한 바와 같이 북한이 경제실리외교를 추진했던 1970년대 이래로 유럽 국가들과의 관계는 조금씩 개선되기 시작하였다. 그러나 북한은 무

---

28) Mark E. Manyin and Mary Beth D. Nikitin, "Foreign Assistance to North Korea," in *CRS Reports*, No. R40095(2 April 2014), https://fas.org/sgp/crs/row/R40095.pdf

29) Ramon Pacheco Pardo, "The EU and the Korean Peninsula: Diplomatic Support, Economic Aid and Security Cooperation," *Insituto Affari Internazionali* (2017), p.10.

역적자, 외채상환 불이행과 밀수사건 등으로 국제적 신용을 잃게 되었고, 그 결과 서유럽 국가들과의 관계에 기대했던 진전을 이루지 못했다. 그러던 중 1990년대 말 냉전 종식과 공산권 붕괴로 북한은 국제적 고립탈피를 통한 체제유지와 경제발전을 위해서 전방위 외교를 추진하였으나 북한의 과거 행적이 대서방외교 확대에 제약요인으로 작용하였다.

따라서 2000년대 초반 유럽연합이 북한에게 요구한 인권 문제 개선과 관련한 정치대화를 북한이 수용한 것은 대미 견제장치로서뿐만 아니라 북한의 고립탈피를 위한 어쩔 수 없는 선택이었다. 여기에 북한의 식량난은 유럽연합과의 관계회복을 절실히 필요로 하였다. 유럽연합은 북한과의 인권대화를 통해 북한을 국제사회로 편입시키는 데 기여하고 한국 정부의 화해협력 계기를 마련할 수 있다는 정치적 의도를 가지고 있었다.

유럽연합의 대북정책은 미국의 대북한 강성권력 확산정책과는 달리 연성권력 확산의지를 갖고, 동시에 한국의 포용정책과 달리 보편적 원칙을 준수하면서 북한사회의 개선을 요구하는 선택적 포용정책을 추구하고 있다. 말하자면 급격히 변화하는 국제환경에 따른 미국의 적극적인 국제질서 재편전략과 생존을 추구하는 북한의 대외전략을 관망하면서 대북협력과 고립이라는 상반된 가치를 적절히 혼용하는 양상을 보여준다.[30]

유럽연합의 포용정책과 한국 정부가 추구했던 포용정책이 동일한 것은 아니다. 유럽연합과 한국의 대북한 접근방식의 차이점은 유럽연합의 경우 포용정책에 분명한 '조건'을 부여한다는 점이다. 하나의 예로 북핵 문제가 불거진 다음에 개최된 2003년 일반이사회에서는 북한과 국제사회와의 향후 관계는 북한 측이 얼마나 신속하고 검증가능하게 북핵 문제를 해결하느냐에 달려 있음을 강조했다.[31] 북한에 대한 조건 부여는 반드시 핵 문제에만 국한되지 않는다. 인권개선, 핵비확산, 외부지원에 대한 주민들의 접근성 개

---

30) 박홍규, 『EU의 동아시아 전략: 북핵문제를 중심으로』 정책연구시리즈 2004-13(외교안보연구원, 2005).

31) EU Council-General Relations, *Press Release, No. 14184/02* (2002) 참조.

선, NGO 활동여건 개선, 북한 경제의 개방과 구조적 개혁 등 북한 내부의 개선 정도에 상응하여 북한에 대한 전반적인 지원을 늘리겠다는 것이 유럽연합의 기본방침이었다.[32]

유럽연합은 2001년 5월 북한과의 공식적 외교관계 수립 이후 대북정책의 주요 전개 방향을 대북전략보고서를 통해 분명히 제시하고 유럽연합과 회원국들의 대북정책 추진 시 참고하도록 하였다. 유럽연합은 인권존중, 민주주의, 법의 지배촉구라는 일반적인 목표를 달성하는 데 기여하기 위해서 북한에 대한 지속적인 경제적·사회적 발전, 세계경제 편입, 빈곤퇴치를 협력 목표로 설정하였다.[33] 특히 인권, 대량살상무기 비확산, 남북한 화해, 북한경제구조개혁 등과 관련한 북한당국의 협조 여부에 따라 유럽연합의 지원 여부를 결정하기로 하였다. 그러나 북한당국이 인권 문제 이외에 핵 문제, 경제정책 등에서 주변국들과 국제사회에 가시적인 성과를 제공하지 못하게 되자 유럽연합을 비롯한 유엔 등 국제사회의 대북 인권압박은 더욱 강화되었다.[34]

요컨대 인권 문제는 유럽연합에게는 타협할 수 없는 원칙의 문제이다. 민주주의의 확산, 선정, 법치, 핵비확산 등도 유럽연합이 추구하는 중요한 가치에 속한다. 따라서 유럽연합에게 있어서 이러한 중요한 가치와 북한의 개선을 도모하는 정치적 대화와 경제적 지원의 연계는 당연한 것이다. 유럽연합이 2002년 북핵 문제가 다시 불거지자 대북한 기술지원, 즉 개발원조 제공 계획을 정지시킨 것도 이러한 맥락에서 이해될 수 있다.[35]

최근 미얀마에 인권협력대화체가 설립된 경우에서 보듯이 경제가 인권

---

32) Christopher Patten, "The Relationship between the EU and Asia One or Many? Speech at Chatham House, London, 6 September 2002, Speech/02/368.

33) *Ibid.*, p.5.

34) European External Action Service(EEAS), *Fact Sheet: EU-Democratic People's Republic of Korea(DPRK) Relations* (1 June 2016), http://europa.eu/!Hq38kF

35) 이규영, "유럽연합의 대북한인권정책," 『한독사회과학논총』 13권 2호(2003), pp.36-56.

문제보다 중요함에도 유럽연합은 인권침해 문제에는 단호한 입장을 취하고 있다. 북한은 분명히 보편적 인권에 대한 인식이 매우 미약하다. 그러나 과거 몇 년에 비추어 볼 때 김정은 정권이 이 문제에 대해 논의할 의지가 있다는 것으로 판단된다. 이와 같은 맥락에서 유럽연합은 비핵화와 같은 중요한 이슈와 더불어 인권 문제 해결에 있어서 중요한 역할을 할 수 있는 위치에 있다.

V. 맺음말

유럽연합 28개 회원국들 중 26개국이 북한과 외교관계를 맺고 있다. 이들 중 6개국은 평양에 대사관을 운영하고 있다. 프랑스의 경우에는 대사관 대신에 인도적 지원국과 문화원을 운영하고 있다. 이와 같은 북한과 유럽연합 간의 양자 연결의 끈은 다양하다. 회원국들 중 북한과의 외교관계가 냉전시대 이전부터 시작된 국가도 존재한다. 북한 정권에게 있어서 이들 국가들은 합법성을 인정받기 위한 매우 중요한 존재이다. 미국은 유럽연합과 유럽연합 회원국들의 대북 영향력을 활용함으로써 대북협상에서 유리한 고지를 점할 수 있다.

유럽연합은 프랑스, 영국, 독일과 함께 이란과의 핵협상에서 중요한 중재자 역할을 수행했다. 대부분의 유럽연합 회원국들은 핵무기와 미사일 등 대량살상무기 확산을 막기 위해 무기 자체와 제조용 물질을 실은 선박들을 물리적으로 차단하자는 PSI에 가입해 있다. 더욱이 유럽연합은 핵확산을 막기 위해 북한에 대해 경제적 제재를 포함한 엄격한 수단을 강구하는 조치를 취하였다. 가장 최근인 2016년에는 북한의 핵확산 행위에 간접적으로 영향을 미칠 수 있는 해외 북한 노동자들의 북한으로의 임금 송금에 대한 제제 조치를 취하였다.

그럼에도 미국, 한국, 일본의 역할과 비교해서 유럽연합의 행위가 북한의 변화를 이끌어내지 못한 것도 사실이다. 지역 행위자로서 유럽연합은 6 자회담이 고착된 현 상황에 변화를 줄 수 있는 중요한 역할을 할 수 있다.

첫째, 기존 아시아의 주요 행위자들이 대북협상에서 미흡한 역할을 한 것에 비해 유럽연합은 지원과 엄격한 제재조치를 동시에 취할 수 있는 잠재 적 능력을 보유하고 있기 때문이다.

둘째, 유럽연합은 이익이 있을 때 행위자들 사이에서 동의를 이끌어 낼 수 있는 독특한 능력을 지닌 관료집단이기 때문이다.

셋째, 서로 다른 이익을 추구하는 6자회담 참여국들과는 달리 유럽연합은 제3자의 입장에서 북한을 바라볼 수 있기 때문이다. 이러한 관점에서 유럽 연합은 북핵 문제에 혁신적인 제안을 할 수 있는 존재로 볼 수 있는 것이다.

넷째, 지금까지 유럽연합은 북한 문제에 적극적 개입을 하지 않았다. 이는 KEDO의 경험으로부터 얻은 '트라우마'와도 무관치 않다. 유럽연합은 KEDO 에 재정적으로 상당한 기여를 하였다. 그러나 결국 KEDO 프로젝트는 2009 년에 중단되었다. 이후 유럽연합은 북한위기에 있어서 어떤 역할을 해야 할 지에 대한 내부적 합의를 보지 못했다.

다섯째, 무엇보다 북한 문제 개입에 대한 정치적 요구의 부재가 유럽대 외관계청(EEAS: European External Action Service)으로 하여금 통일된 행동 을 취할 수 없게 만든 중요한 원인이었다. 이와 같은 이유 때문에 유럽연합 은 UN의 결정을 자동적으로 따를 수밖에 없었고, 이는 북핵 문제 해결에 능동적 개입을 막는 요소로 작용하였다. 유럽연합의 무행동은 회원국 정부 를 비롯한 정책결정 행위자들 간에 의견차이가 있음을 인정하는 것이다. 북 한 문제에 적극적으로 개입하느냐 마느냐에 대한 문제 즉, 제재를 찬성하는 국가들과 제재에 대해 반대 입장 가진 국가들 간에는 근본적 원인을 두고 철학적 논쟁이 있을 수 있다. 스웨덴을 비롯한 몇몇 유럽연합 회원국들은 2000년대 이후 북한과 쌍무적 관계를 발전시켜 오고 있다. 이는 결국 북한 에 대해 유럽연합이 하나의 통일된 접근전략을 마련하는 것을 어렵게 만들 고 있다. 또한 유럽연합 많은 회원국들이 제한된 인력과 예산 때문에 북한 의 정책을 연구하는 전문가들이 상당히 부족하다. 이러한 것들이 EEAS가

통일된 정책을 실행하는 데 장애물로 작용하고 있다.

여섯째, 인식의 문제이다. 미국이 북한 문제에 유럽연합을 동원하려는 노력에도 불구하고 유럽연합은 단지 미국을 지원하는 역할 이상의 이익이 없다는 국제적 인식이 있다. 유럽연합은 북한경제를 흔들 만큼의 능력을 갖고 있지 않다. 단지 북한으로부터 철광석을 수입하는 일부 국가들만이 북한의 경제에 영향을 미칠 수 있다. 또한 유럽연합은 북한의 대륙간탄도미사일의 사정거리에서 벗어나 있다. 이런 이유들 때문에 유럽은 북한이 위협 대상이라는 인식이 부재한 상황이다. 무엇보다 북핵위기는 핵전력과 핵무기 보유금지를 지지하는 국가들에게 유럽연합이 집단적 행동을 취함으로써 핵확산금지조약을 수호한다는 것을 증명할 수 있다.

유럽연합이 국제사회에 신뢰 있는 행위자라는 점을 증명하기 위해서는 첫째, 북한에 대한 다차원적인 분석을 할 수 있는 있다는 점을 증명해 보이는 일이다. 그래야만 유럽연합의 기구들과 회원국들이 좀 더 나은 상황인식을 할 수 있을 것이다. 즉, 북한에 대한 자료를 축적함으로써 제재지정과 같은 정책을 실행하는 증거로 사용할 수 있을 것이다. 따라서 EU 비핵확산 컨소시엄(EU Non-Proliferation Consortium)과 같은 기존의 연구기관 한국, 미국의 싱크탱크와 협업을 함으로써 정책전문가들을 길러낼 수 있을 것이다. 이는 적은 예산으로 최대의 효과를 얻을 수 있고 북한에 대한 지식을 축적할 수 있는 유일한 길이기도 하다.

두 번째로는, 유럽연합은 통합된 접근을 할 수 있어야 한다. 그렇게 함으로써 상대국에게 정치적 비전을 제시할 수 있을 것이다. 만약 초국적 차원의 결정이 늦어진다면 정책발전과 정책실행에 가속도가 붙지 않을 것이다. 유럽연합은 다각적인 대북제재에 동참할 때 북한 문제에 있어 방관자라는 오명을 극복할 수 있을 것이다. 예를 들어 2016년 북한의 핵실험 이후 유럽연합의 정책은 낮은 수준의 제재에서 핵개발과 직접적인 연관이 있는 고위급 관료에 대한 제재로까지 확대되었다. 이와 같은 행위는 좀 더 강력할 필요가 있다.

마지막으로 유럽연합은 SLBM 발사와 같은 북한의 행위가 잠재적으로 유럽에 상당히 위험하다는 것을 회원국들에게 알릴 필요가 있고 제재 동의를 구할 필요가 있다. 이후 북한의 도발행위가 유럽의 즉각적인 대응을 가져올 수 있는 범주에 포함된다는 사실을 인식시킬 필요가 있다. 그렇게 함으로써 북한이 도발적 행위를 했을 시 외교적 관계 단절을 비롯한 양자 간 프로젝트를 무산시키는 등의 결정적인 영향력을 행사할 수 있을 것이다. 이와 같은 정치적 압력을 북한에 행사함으로써 유럽연합은 과거 역사적으로 북한과 동유럽국가들 간에 존재했던 소통채널을 재작동시킬 수 있을 것이다.

참·고·문·헌

김학노. 2004. "동북아시아 안보공동체 비전구상." 영남대학교 통일문제연구소. 『통일문제연구』 25-26집(합권호).

_____. 2006. "유럽연합의 대북한 정책과 남북한 평화구축 과정." 『대한정치학회보』 14집 2호.

박용수 외. 2002. 『Asia-Europe Meeting(ASEM): 아시아-유럽 동반자관계의 모색과 정립』. 서울: 엠에드.

박홍규. 2005. 『EU의 동아시아 전략: 북핵문제를 중심으로』 정책연구시리즈 2004-13. 서울: 외교안보연구원.

세종연구소 북한연구센터 엮음. 2007. 『북한의 대외관계』. 한울아카데미.

정규섭. 1997. 『북한외교의 어제와 오늘』. 서울: 일신사.

최성철 외. 2008. 『북한과 유럽』. 서울: 한양대학교 통일정책연구소 편.

최성철·홍용표. 2005. "냉전기 북한과 서유럽의 갈등과 협력." 『한국정치외교사논총』 제26집 2호(2월).

Agreed Framework between the United States of America and the Democratic People's Republic of Korea, Geneva, 21 October 1994. https://2001-2009.state.gov/t/ac/rls/or/2004/31009.htm

Berkofsky, Axel. 2003. "EU's Policy towards the DPRK: Enlargement of Standstill?" *EIAS Publications* BP 03/01.

Bridges, Brian. 2003. "Western Europe and North Korea: New Openings and Old Problems." *East Asia: An International Quarterly*, Vol.20, No.3, pp.86-107.

Council of the European Union, Guidelines on the EU's Foreign and Security Policy in East Asia, 15 June 2012, http://register.consilium.europa.eu/doc/srv?l=EN&f=ST 11492 2012 INIT

Egeberg, Morten, and Jarle Trondal. 1997. "An Organization Theory Perspective on Multi-level Governance in the EU." *Advanced Research on the Europeanization of the Nation-State*, Working Papers 97/21, Norway, pp.1-20.

EU Council-General Affairs. 1999. *Press Release, No.10135/99.*

_____. 2000. *Press Release, No.12012/00.*

_____. 2000. *Press Release, No.13430/00.*

EU Council-General Relations. 2002. *Press Release, No.14184/02.*

_____. 2005. *Press Release, No.16032/05.*

_____. 2007. *Press Release, No.17325/07.*

EU Institute for Security Studies (EUISS) and Korea National Diplomatic Academy (KNDA), Northeast Asia Peace and Cooperation Initiative (NAPCI) and EU-ROK Cooperation: Outcomes, Recommendations and Way Forward, September 2015, http://www.iss.europa.eu/activities/de tail/article/northeast-asia-peace-andcooperation-initiative-napci-and-eu-r ok-cooperation

European Commission. 1994. *Towards a New Asia Strategy.* Com (94) 314 final.

_____. 2004a. A World Player: The European Union's External Relations, Luxembourg: Office for Official Publications of the European Communities.

_____. 2004b. Strategy Paper and Indicative Programme for Multi-Country Programmes in Asia 2005-2006.

_____. 2005. "Overview." In EU's Relations with the Democratic People's Republic of Korea-DPRK(North Korea).

_____. 2006. "Overview." In The EU-South Korea Relations in 2006.

European Council, Joint Press Statement, 8th Republic of Korea-EU Summit, Seoul, 15 September 2015, http://europa.eu/!pD73QR

European External Action Service (EEAS). EU-DPRK Political Dialogue-14th Session, Brussels, 25 June 2015, http://europa.eu/!Xm36fP

_____. Fact Sheet: EU-Democratic People's Republic of Korea (DPRK) Relations, 1 June 2016, http://europa.eu/!Hq38kF

_____. Shared Vision, Common Action: A Stronger Europe. A Global Strategy for the European Union's Foreign and Security Policy, 28 June 2016, http://europa.eu/globalstrategy/en/node/2

"EU-South Korea Political Relations." 2015. http://europa.eu.int/comm/external relations/southkorea/intro/polit_relat.htm

Ferrero-Waldner and Benita. 2005. "Security in the Far East." Speech to the European Parliament, July 6, Speech 05/421.

Ford, Glyn, and Soyoung Kwon. 2005. "Pyongyang under EU's wing." *The Japan Times*, March 17.

Framework Agreement between the European Union and Its Member States, On the One Part, and the Republic of Korea, On the Other Part, 10 May 2010. http://ec.europa.eu/world/agreements/prepareCreateTreaties Workspace/treatiesGeneralData.do?step=0&redirect=true&treatyId=8983

Geun-hye, Park. "A Nesw Kind of Korea: Building Trust between Seoul and Pyongyang." In *Foreign Affairs*, Vol.90, No.5(September/October 2011), pp.13-18, https://www.foreignaffairs.com/node/1108418

Joint Statement of the Fourth Round of the Six-Party Talks, Beijing, 19 September 2005, https://www.state.gov/p/eap/regional/c15455.htm

Leng, Jean-Pierre. "The European Perspectives of KEDO." LNCV Korean Peninsula; Enhancing Stability and International Dialogue, 1-2 June 2000, Rome.

Lewis, Jeffrey. "Revisiting the Agreed Framework." in 38 North, 15 May 2015, http://38north.org/?p=7277

Manyin, E. Mark, and Mary Beth D. Nikitin. "Foreign Assistance to North Korea." In CRS Reports, No.R40095(2 April 2014), https://fas.org/sgp/crs/row/R40095.pdf

Maurisio, Martellini. 2006. "Cooperative Threat Reduction Initiatives towards the DPRK: the EU Standpoint." 『영남대학교 통일문제연구소』 28집, pp. 107-145.

Pardo, Ramon Pacheco. 2012. "Normal Power Europe: Non-proliferation and the Normalization of EU's Foreign Policy." In *Journal of European Integration*, Vol.34, No.1, pp.1-18.

_____. 2014. *North Korea-US Relations under Kim Jong Il. The Quest for Normalization?* London and New York: Routledge.

_____. "The EU and North Korea: Stopping Bombs, Encouraging Shops." In Analyses of the Elcano Royal Institute (ARI), No.32/2014(26 June 2014), http://www.realinstitutoelcano.org/wps/portal/rielcano_en/contenido? WCM_GLOBAL_CONTEXT=/elcano/elcano_es/zonas_es/asia-pacifico/ar i32-2014-pachecopardo-eu-and-north-korea-stopping-bombs-encouragin g-shops

_____. "EU-DPRK Engagement: Maximising Influence." In Mariam Khotenashvili, ed. Workshop on Human Rights in North Korea: Accountability vs. Engagement. Brussels. European Parliament, May 2016, pp.21-25, http://www.europarl.europa.eu/thinktank/en/document.html?reference =EXPO_IDA(2016)578004

Patten, Christopher. "The Relationship between the EU and Asia One or Many? Speech at Chatham House, London, 6 September 2002, Speech/02/368.

Prodi, Romano. "2000-2005: Shaping the New Europe." European Parliament, Strasbourg, DN: Speech/00/41, 15, Feb.

Smith, Hazel. 2005. *Hungry for Peace: International Security, Humanitarian Assistance, and Social Change in North Korea.*

South Korean Ministry of Foreign Affairs, Northeast Asia Peace and Coopera- tion Initiative. Moving beyond the Asian Paradox towards Peace and Cooperation in Northeast Asia, Seoul, May 2014, http://www.mofa. go.kr/ENG/North_Asia/res/eng.pdf

United Nations Human Rights Council (UNHRC), Report of the Commission of Enquiry on Human Rights in the Democratic People's Republic of Korea (A/HRC/25/63), 7 February 2014, http://undocs.org/A/HRC/25/ 63

제**4**부

한반도 평화체제와 통일

제11장

통일 당위성에 대한 새로운 논의의 모색*

함규진 • 서울교육대학교

I. 머리말

통일은 헌법에도 명시되고, 대한민국 정부수립 이후 지속적으로 표명되어 온 국가 목표이자 국민의 책임이다. 그러나 과연 그것이 오늘날의 상황에서 국민 일반적으로 수긍되는 목표이자 가치인지, 현실적으로 통일과정에 따르는 각종 비용과 부담을 인내할 수 있을 만큼 집단과 개인 차원에서 납득되고 있는 과제인지는 갈수록 의문시되고 있다. 이는 단순한 문제일 수 없다. 통일에 대한 당위성과 필요성이 국민 다수에게 받아들여지지 않고 있는 데도, 국가가 그것을 계속 목표로 삼으며, 그 추진 과정에서 국민의 희생까지 요구한다고 하면, 그것은 민주주의 체제

---

* 이 글은 "통일운동과 통일교육을 위한 통일 당위성에 대한 연구"라는 이름으로 『통일인 문학』 제68집(2016)에 게재된 필자의 논문을 일부 수정·보완한 것이다.

에서 허용될 수 없는 일종의 파시즘적 통치라고 볼 수 있기 때문이다. 따라서 통일을 앞으로도 국가 목표이자 국민적 과제로 지향해 나간다고 하면, 국민 일반에 그 당위성과 필요성에 대한 합의가 있어야만 한다. 또한 통일 추진 과정에서 일부 또는 일시적인 희생이 요구된다고 하면, 통일의 필요성 (손익계산에 따른)을 넘어서는 당위성이 반드시 존재해야 할 것이다. 국가 전체적, 또는 미래 세대 차원에서 통일의 손익이 긍정적으로 나타나더라도, 일부의 국민에게 지금 희생을 강요할 정당성은 확보되지 않기 때문이다. 즉 통일 논의 과정에는 정치적 책임(political obligation)의 정당성 문제가 숙의되어야 한다.

통일의 당위성이 국민적으로 합의되려면 그 당위성론이 아무리 정교하고 타당하더라도 정부에서 일방적으로 지시하는 것일 수는 없고, 시민사회 차원에서 자발적이고 적극적인 숙려와 동의가 나타나야 한다. 그것은 곧 통일운동과 통일교육의 존재를 요청하며, 따라서 통일운동과 통일교육을 효과적으로 실시하기 위해서라도 적절한 통일 당위성 정립이 필요해지는 것이다. 대략 1990년대까지만 해도, 통일의 당위성에는 이론(異論)이 필요하지 않았다. '민족의 단결과 번영을 위한 통일'은 "확실한 도덕적 명분을 갖추고 있기 때문에 반대 논의는 찾아보기 힘들"다고 여겨졌으며, 통일담론은 다만 통일의 방법에 대해서만 형성되었다.[1] 그러나 이후 시대와 의식의 변화는 더 이상 그러한 상황을 허용하지 않고 있다. 따라서 새로운 통일 당위성 논의가 제기되기 시작했는데, 이는 대체로 종전의 민족주의적 당위성론과 함께 실리주의와 보편주의 내지 인도주의 담론으로 크게 정리해볼 수 있다. 그러나 이들 논의는 모두 일정한 설득력을 갖는 한편으로, 오늘날의 현실과 국민의식에 비추어 실효성이 낮거나 논리적 정합성이 부족한 것으로 나타난다. 따라서 새로운, 더 적절한 통일 당위성 담론을 모색할 필요가 있다.

이러한 문제의식에 근거하여, 이 글에서는 먼저 시민사회에서의 통일 논

---

1) 신중섭, "통일의 당위성과 현실성: 통일에 대한 한가지 사고 실험," 『사회과학연구』 35집(강원대학교, 1996), 177-178쪽.

의의 최근 상황을 점검한 다음, 기존 통일 당위성 논의를 간략하게 정리해 본다. 마지막으로 각각의 한계와 장단점을 고려하여 새로운 통일 당위성 담론을 제시할 것이다.

II. 통일운동 및 통일교육의 현황과 국민의 통일의식

1. 민주화 이후 통일운동, 분출에서 쇠퇴까지

'통일운동'은 좁은 의미로 "통일의 실현을 위해 추진되어야 할 구체적인 방안을 찾아내고 연구하며 정립된 통일방안을 실천에 옮기는 직접적인 활동"으로, 넓은 의미로 "남북한의 긴장 완화와 이해 증진 및 관계개선에 영향을 주는 일체의 교류, 협력활동"이라고 한다.[2] 그러나 넓은 의미든 좁은 의미든 활동의 주체를 적시하지 않아 정부가 추진하는 남북교류사업이나 국책기관의 통일 관련 연구 및 남북교류활동까지 포함하게 된다. 또한 국내외의 구분이 없어 외국 전문가의 북한 연구 활동이나 외국 영화감독의 북한 소재 영화 제작 등까지 모두 통일운동으로 포함될 수 있다. 그리고 일종의 사회운동(Common Cause)으로서의 통일운동만이 아니라 통일에 관련된 거의 모든 활동이 포함되고 만다. 이는 이 글에서 다루려는 대상에 비해 지나치게 범위가 확대되는 것이므로, 여기서는 통일운동을 "통일의 실현을 목표로 국내에서 민간 주도로 실행하는 일체의 활동"을 의미한다고 정의하기로 한다.[3]

---

2) 안리라, "한국 통일운동의 프레임 분화," 『기억과 전망』 통권 33호(민주화운동기념사업회, 2015), 264쪽.

3) 따라서 국외 및 정부 주도의 활동은 포함되지 않으며, 통일, 북한을 주제로 하는 학술, 연구 활동이나 문화, 예술 활동도 그 자체로는 통일운동에 포함되지 않는다. '종교 부

남북한 단독정부 수립 이전, 김구 등이 평양을 방문해 남북연석회담을 가졌을 때부터 통일운동은 시작했다고 볼 수 있다. 하지만 한국전쟁과 숱한 무력 갈등, 이에 편승한 강력한 반공 권위주의 정권의 장기 집권에 따라 1950년대에서 1980년대 말까지는 민간에서 통일을 거론하는 일조차 위험했다. '우리의 소원은 통일'이라는 명제가 반복 제시되었지만 그것은 '북한괴뢰집단을 타도하고 그 마수에서 북한주민을 해방시키는 일'이라는 함의를 가졌고, 통일과 남북관계에 대한 모든 활동은 정부를 통해야만 정당화될 수 있었다. 그러므로 본격적인 통일운동은 '1987년 민주화,' 즉 형식적인 민주주의 제도의 복원 내지 창립이 이루어진 이후에야 시작되었다고 보아야 한다.[4] 이후 통일운동은 1987년대 말의 '분출기,' 1990년대의 '정체기,' 2000년대의 '부흥기'를 거쳐 오늘날까지의 '침체기' 또는 '쇠퇴기'에 이르는 것으로 크게 흐름을 잡아볼 수 있다.

1987년의 민주화는 오랫동안 금기시되어 온 통일운동이 '분출'하는 배경이 되었으며, 민주화운동을 전개해온 학생, 재야세력은 '남북 청년학생 체육회담', '남북 사회단체회담', '남북 작가회담', '남북 농민교류', '남북 음악합동대제전', '남북 불자공동기원법회', '88올림픽 남북 공동개최', '한반도 평화와 통일을 위한 세계대회 및 범민족대회' 등등의 다양한 남북 교류협력 사업안을 남한 또는 북한 정부에 제기하거나 자체적으로 추진했다.[5] 이 시기에 통일운동의 주된 이념은 민족주의였는데, '민간 차원에서 북한과의 직접 대화를 통한 화해와 통일 모색', '외세(미국)를 배제하는 자주성 확보' 등이 그 중점이었다. 당시 정부는 냉전의 종식을 맞이하여 자체적으로 박철언 등에게

홍 운동'에 종교학 연구나 종교적 주제를 다룬 창작활동이 포함되지 않는 것과 같은 맥락이다.

4) 그 이전에도 조봉암, 장준하, 강만길, 백낙청 등이 통일의 당위성과 방법에 대한 담론을 제시했으나, 대부분 사회운동의 수준에 이르기 어려운 상태의 개인적 사상의 피력에 그쳤으며, 일부는 정치적 탄압도 받았다. 건국대학교 통일인문학연구단, 『통일담론의 지성사』(패러다임북, 2015) 참조.

5) 최은아, "통일운동의 성찰과 과제: 민족자주, 화해의 관점," 경실련통일협회 편, 『통일논의의 쟁점과 통일운동의 과제』(선인, 2015), 225-226쪽.

북한을 방문케 하면서 이를 '통치행위'를 내세워 정당화하는 한편[6] 1989년 이루어진 임수경, 문익환, 황석영의 방북은 국가보안법을 들어 철저히 사법 처리하는 모습으로 민간 차원의 통일 논의를 봉쇄하려 했다. 일반 대중 역시 이렇게 분출적이던 통일운동에 대해 회의하거나 기피하는 경향이 짙었는데, 한국전쟁이 남긴 '북한 트라우마'와 오랫동안 강조되어 온 반공 이념에 따라 형성된 '레드 콤플렉스'가 친북-반미적인 통일운동에 쉽게 동조하기 어렵게 했기 때문이다. 학생과 재야가 중심이 된 통일운동 세력도 대중에 기반한 풀뿌리 사회운동으로 확장하려는 인식과 노력이 부족했다고 할 수 있다.

1990년대는 정부가 추진해온 '북방정책'이 결실을 보아 1991년에 남북한이 UN에 동시가입하고 남북 간에 남북기본합의서가 합의되는 등 남북관계 개선과 통일의 전망이 밝아지면서 시작되었다. 그러나 1993년 북한이 핵확산금지조약에서 탈퇴하며 '북핵위기'가 발생하고, 남북관계는 급냉각된다. 그리고 1994년 김일성이 사망하고 사회주의권의 몰락, 자연재해 등의 위기까지 겹치며 '고난의 행군' 시기에 진입함에 따라 '북한이 곧 붕괴될 것'이라는 관측이 두드러진다. 이에 따라 1980년대 말의 화해와 교류 분위기는 실종되고, 통일운동도 정부의 탄압과 대중의 외면을 견디지 못하고 침체기를 맞게 된다. 그리고 1997년의 'IMF 경제위기'는 '한국적·동아시아적 사고와 이념에 대한 비판적 재조명'의 계기가 되었고,[7] 이에 따라 통일운동의 중심 이념이던 민족주의에 대해서도 회의하는 시각이 등장하게 되었다. 또한 독일 통일과정에서의 후유증을 지적하면서 '한반도의 경우는 그보다 훨씬 큰 통일비용이 불가피하다'며 손익계산적 관점에서 통일을 회의적으로 보는 시각도 나타났다.[8]

2000년대에 통일운동이 부흥기를 맞은 것은 통일운동 자체의 노력보다는 정세의 변화 덕분이었다. 북한에서는 김정일 정권이 안정기에 들어간 한

---

6) 최일남, "지금은 대통령이 나설 때," 『한겨레신문』, 1989년 8월 6일, 8쪽.
7) Francis Fukuyama, "위기 이후 아시아적 가치 사라진다," 『신동아』 1998년 8월호.
8) 이병수, "통일의 당위성 담론에 대한 반성적 고찰," 『시대와 철학』 제21권 2호(통권 51호)(한국철학사상연구회, 2010), 368-369쪽.

편 미국과의 계속되는 대립관계에 새로운 돌파구를 찾으려 했고, 남한에서는 비교적 북한관이 온건하며 통일운동의 주체세력과도 교감이 있던 정권이 들어서면서, 2000년 남북정상회담을 시작으로 전례 없는 남북 화해 시기가 찾아온 것이다. 2000년 7월부터 진행된 장관급회담, 2000년 8월 15일부터의 이산가족 상봉, 2000년 9월 비전향 장기수 북송, 2002년 개성공단 착공, 2003년 경의선 연결, 2007년 개성관광 시작 등등 전에는 상상하기도 어려웠던 남북교류가 실현되었다.

또한 당시의 정부는 오래 지켜온 '대북 창구단일화 원칙'을 폐기하고, 민간영역이 정부와 협력하거나 자체적으로 남북교류에 나설 수 있는 장을 마련했다. 그리하여 1990년대 말인 1998년에 출범했던 민족화해협력범국민협의회(약칭, 민화협)이 본격 가동되면서 정당, 종교, 시민단체 등 200여 단체가 하나의 틀에서 통일준비, 남북 교류, 통일정책 자문과 통일대축전, 평화대행진 등의 행사를 추진하였다. 남북의 학자들은 개성의 만월대를 공동 발굴하거나 남북한 공동 국어사전을 편찬하는 등의 활동을 전개하기도 했다.

그러나 이 시기의 통일운동은 이전 시대의 '민중지향적 통일운동'의 성향에서 벗어나 '시민지향적 통일운동'의 성격을 띠었으며, '민족'보다는 '평화'에 중점을 두는 양상이었다.[9] 이전과는 달리 통일운동이 정권 내지 체제 반대 투쟁과 맥을 같이하지 않게 되었다는 점, 민족주의의 당위성이 이전보다 약화되었다는 점 등이 원인이라 할 수 있다. 다만 2002년의 미선·효순 장갑차 사망 사건에서 2003년의 이라크 파병, 2006년의 한미 FTA 체결, 2008년의 광우병 수입소 파동 등을 계기로 벌어진 사회운동에서 민족주의적 정서가 환기되고, '반미', '반정부'적 주장이 제기되기도 했다. 그러나 그것이 통일과 남북한의 관계개선 필요성에 대한 환기로 이어지지는 않았다.

2010년대에는 남한에 다시 북한에 대해 보수적인 입장의 정부가 들어섰으며, 북한에서는 김정일이 사망하고 김정은이 계승했다. 이는 '삼대세습'으로서 남한의 지식인과 대중에게 북한에 대한 혐오감을 높이는 계기가 된 한

---

9) 안리라, 앞의 논문, 267-278쪽.

편, 불안한 북한 정권의 유지 강화를 위해 북한이 핵개발과 무력도발에 더욱 의존하는 행태를 보임에 따라 북한에 대한 남한 정부의 태도는 갈수록 냉랭해지게 된다. 그리하여 각종 남북교류사업들이 중단되다가 2016년에는 개성공단이 폐쇄되고 남북교류활동이 '핵 문제 해결 이전에는 일체 중단'되는 상황까지 초래하였다. 이런 가운데 통일운동은 인도적인 대북지원 활동조차 정부에 의해 차단되고, 조금이라도 북한에 대한 포용적인 태도는 '종북'이라는 의심을 받으며, 다수의 대중은 통일과 남북한 관계개선이라는 의제에 냉담한 반응을 보였었다.[10]

2. 통일교육의 변화와 한계

'통일교육'은 "자유민주주의에 대한 신념과 민족공동체의식 및 건전한 안보관을 바탕으로 통일을 이룩하는 데 필요한 가치관과 태도를 기르도록 하기 위한 교육"이라는 것이 『통일교육지원법』 제2조에 따른 정의이다. 여기서는 "통일의 실현을 목표로 하면서 관련된 사실과 가치에 대해 이루어지는 교육"으로 정의하기로 한다. 따라서 통일운동과는 달리 정부 주도, 학교 차원의 통일교육도 포함되는데, 대상자가 민간, 즉 일반 국민으로서 그 통일의식과 통일의지를 형성하는 교육이라는 점에서 굳이 주체의 관-민 여부를 구분할 필요가 없다는 점과, 실질적으로 통일교육의 대부분이 관제 교육으로 이루어져 왔다는 점에서 그렇게 정의한 것이다.

통일교육의 실시는 한국전쟁 이후부터 이루어져 왔다고 할 수 있으나, 그 의미와 기조는 시대와 정권의 변천에 따라 변화해 왔다. 1987년까지는 '반공교육' 내지 '승공교육'이 실시되어 오다가, 1990년대 초까지는 '통일·안보교육'으로 전환되었다. '체제우위 교육' 기조는 유지되었으나 북한과의 평

---

10) 정욱식, "통일운동의 성찰과 과제: 평화정착의 관점," 경실련통일협회 편, 『통일 논의의 쟁점과 통일운동의 과제』(선인, 2015), 240-241쪽.

화공존과 화해협력을 지향하는 기조 역시 처음으로 도입되었다.[11]

1990년대 초에는 통일을 단지 결과적 당위로만 제시하는 교육 기조에서 벗어나, 그 과정에 눈을 돌리는 '통일 비용' 개념이 처음으로 도입되었다. 1992년 발간된 『통일교육 지도자료』에 따르면 "통일은 고통과 희생이 따르는 것"이다.[12] 1999년에는 『통일교육지침서』가 처음 발간되어 종전의 '통일·안보교육'에서 '통일교육'으로의 전환이 제시되었고, 1997년부터 시작된 제7차 교육과정에서는 2000년대의 남북 화해협력시대와 궤를 같이하여 "통일의 결과보다는 과정을 중시하고, 하나의 민족공동체를 이루는 것보다는 남북 간의 서로 다른 문화와 생활방식을 이해하고 존중하며 평화롭게 공존하는 것을 중심에 두며, 교육자 중심이기보다는 교육의 수요자를 중심에 두는 '신패러다임 통일교육' "[13]이 대두되었다. 이 시기에는 정부 주도의 통일교육이 이렇게 대전환을 했을 뿐 아니라, 1999년에 통일교육지원법이 제정되어 통일교육이 민간에서도 시행될 수 있도록 길을 열어주기도 했다. 그러나 관련 제도의 정비나 민간 통일교육 단체의 지원책 마련 등이 미비한 데다, 통일교육지원법 제11조에서 "통일부장관은 통일교육을 하는 자가 자유민주적 기본질서를 침해하는 내용으로 통일교육을 하였을 때에는 수사기관 등에 고발하여야 한다"고 규정함으로써 정부가 통일교육의 이념적 범위를 한정하고 사법적 수단에 의해 통제하려는 의도를 나타내었다. 이런 한계는 여러 차례의 개선 및 폐지 제안에도 불구하고[14] 아직까지 유지되고 있다.

제7차 교육과정의 통일교육이 지나치게 민족 화합과 평화 공존을 강조하고, 북한의 비민주적 실태, 인권 억압 실태와 안보 위협에 대해서는 외면

---

11) 길은배, "외국 민주시민교육의 통일교육적 함의," 『시민정치학회보』 제6권(시민정치학회, 2003), 249쪽; 전형권, "다문화 시대 한국 학교 통일교육의 성찰과 이념적 지평: 민족주의와 다문화주의의 융합모형 연구," 『한국동북아논총』 제72호(한국동북아학회, 2014), 246-247쪽.

12) 교육부, 『통일교육 지도자료』 장학자료 제89호(1993), 17쪽.

13) 조정아, 「국민통합에 기여하는 통일교육 방향」, 2013년 북한연구학회 추계학술회의 발표문(2013), 293쪽.

14) 강국진, "통일교육지원법 실질적 개정 절실," 『시민의신문』, 2004년 12월 16일, 4쪽.

하고 있다는 비판 역시 상당했다.[15] 그리하여 보수적 정권이 수립된 이후 개정된 제9차 교육과정에서는 안보 문제와 북한 인권 문제는 강화하면서 통일의 당위성 제시와 남북 상호존중의 필요성은 상대적으로 약화된 모습을 보여주었다.[16] 또한 민족주의의 퇴조와 다문화주의의 중요성 대두에 따라, 교육과정 전체적으로 통일교육이 다문화교육에 비해 경시되는 경향을 띠었다.[17] 이러한 경향은 최근 발표된 2015 개정 교육과정에서도 비슷하게 나타났다.[18]

3. 한국사회 통일의식과 통일의지의 감소 추세

통일운동과 통일교육은 모두 권위주의 정권 시대에 오래 억압되어 있다가 1987년의 민주화 이후 본격화되었다. 그러나 그때그때의 정세 변화와 정권 성향에 너무 크게 좌우되었다. 그것은 둘 다 대중에, 시민사회에 제대로 뿌리내리지 못하고 있음의 원인이자 결과였다. 그 시민사회 내 주체세력은 통일교육의 경우 현재까지도 제대로 형성되었다고 볼 수 없고, 통일운동은 민주화운동을 추구해온 재야가 일단 주체가 되었으나 시대상황의 변화에 따라 응집력과 추진력을 잃어버렸다. '재야'이기에 개인의 단합을 넘어서는 제도화가 미비했을 뿐 아니라, 민주화 이후, 앞서서는 민주화라는 목표가 달성되었다는 점에서, 뒤에 가서는 보수 세력의 부흥에 맞서기 어려웠던 점에서

---

15) 변종헌, "초등학교 도덕과 통일교육의 비판적 검토," 『초등도덕교육』 제39집(초등도덕교육학회, 2012), 83-84쪽.

16) 함규진, "통일교육의 쟁점과 과제: 초등학교 학교교육을 중심으로," 『입법과 정책』 제7권 제1호(국회입법조사처, 2015), 87쪽.

17) 전형권, 앞의 논문, 247-248쪽.

18) 교육부, 『고시 제2015-74호 별책6: 도덕과 교육과정』(2015). 그런데 이처럼 정권의 성향이나 시대적 상황의 변화에 따라 통일교육의 기조가 변동한다는 사실에 대해 통일교육을 담당할 일선 학교에서는 큰 혼란과 부담을 느끼고 있으며, 이는 통일교육 효과성의 저하로 이어진다는 분석이 있다. 전형권, 앞의 논문, 247-248쪽.

그랬던 것이다. 그러한 주체세력의 실종 내지 지리멸렬함은 민족주의라고 하는 본래 당연시되던 중심 이념이 퇴조하는 가운데 통일운동과 통일교육의 새로운 당위성 근거가 불확실해진 당대의 사상적 흐름과 연관되어 있다.

단순히 '그 결과'라고 할 수는 없으나, 현재 한국사회의 통일의식, 통일의지는 갈수록 저조해지고 있다. 서울대학교 통일평화연구원 조사에서, 2008년 이래 '통일이 필요하다'는 의견은 50퍼센트 대에서 등락을 거듭하고 있다. '그래도 과반수가 통일 필요성을 인정한다'고도 볼 수 있겠지만 '헌법에도 명시된 의무'이며 어떤 방식으로든 수십 년 동안 통일운동과 통일교육을 해온 끝에 나타난 결과라고 보자면 현저히 낮다고 할 수 있다. 더구나 '통일이 필요하지 않다'는 매년 꾸준히 증가, 2016년에는 역대 최대치인 24.7퍼센트까지 이르렀다.[19] 통일무용론 내지 통일반대론이라고 할 수 있는 이런 의견은 통일연구원의 2015년도 조사에서도 31.5퍼센트에 달했다.[20] 또한

○그림 1 　　　　　　　　　　국민 통일의식의 변화

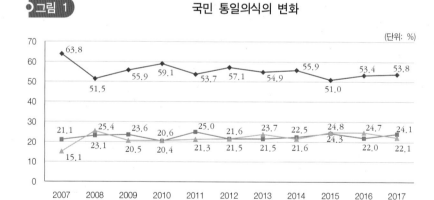

자료: 통일평화연구원

---

19) 통일평화연구원, 『2017 통일의식조사: 전환기 통일·대북정책 방향은?』(서울대학교 통일평화연구원, 2018), 34쪽.

20) 박종철 외, 『2015 남북통합에 대한 국민의식조사: 인식, 요인, 범주, 유형』(통일연구원, 2015), 60쪽.

20대(36.7%)와 30대(36.4%)의 통일 필요성 인식이 전체 평균보다 크게 낮은데,[21] 이들이 장차 사회의 주축 세대가 되리라는 점에서 국민 통일의식 및 통일의지의 전망은 매우 부정적이다. 또한 이들이 이전 세대와 달리 본격적인 통일운동과 통일교육에 접하며 성장한 세대라는 점을 생각하면, 그러한 노력의 효과성이 참담한 수준이라고 할 만하다. 이러한 통일운동, 통일교육의 비효과성은 그 전략이나 정책, 제도적 기반 등의 개선을 통해 제고할 수도 있을 것이다. 그러나 앞서 지적한 대로 시대와 사조의 변화에 대응할 수 있는 새로운 통일 당위성 담론이 또한 절실하다고 하겠다.

III. 통일 당위성에 대한 기존 논의

1. 민족주의적 당위성 논의

통일의 당위성을 민족주의적으로 확보하려는 입장은 오래되었다. '우리는 수천 년 동안 단일민족국가를 유지해 왔으며, 따라서 분단은 비정상적 현상이다. 더욱이 그 분단이 외세에 의해 강제된 현실이므로 반드시 바로잡아야 할 역사적 사명이 존재한다'는 입장이 이 중에서 가장 기초적인 것이다.[22] 헌법에서도 전문에 "민족의 단결을 공고히 한다"를 언급하고 있으며, 통일을 어떻게 교육할지에 대해 국가 차원에서 제시하는 유일한 기준이라고 할 수 있는 『통일교육지침서』에서도 "민족사적 당위성"을 명시하고 있다.[23] 이런 관점은 '우리'라고 하는 자기성찰적 주체를 은연중 상정하는데, '단일민

---

21) 통일평화연구원, 앞의 책, 16쪽.

22) 이병수, 앞의 논문, 358쪽.

23) 통일부 통일교육원, 『2016 통일교육지침서』(2016), 8쪽.

족으로서의 한민족'을 본질로 하는 그 주체는 분단이라는 '주어진 현재'에서
실존적 불안(unheimlichkeit)을 경험하며 "민족공동체의 단일성 회복"[24]을
지향한다.

이런 담론은 앞서 언급했듯이 1990년대 중반까지만 해도 거의 이론(異
論)이 없는 '도그마'에 가까웠다. 그러나 1990년대 말부터 한국 민족주의를
'퇴화된 에트노스적 민족주의'[25]로 보며,[26] 한국 국민이 스스로를 '단일민족
으로서의 한민족'으로 성찰하고 '민족공동체의 단일성 회복'을 지향한다는
명제는 자발적인 것이 아니라 권력자들에 의해 발명되고 강제된 것이라 여
기는 입장이 대두했다. 권혁범은 권위주의 정권에서 여성, 노동자, 소수집단
등을 억압하는 일에 민족주의가 활용되어 왔다고 보며, '민족주의의 발전적
해체'를 주장한다.[27] 임지현은 민족주의가 지배 엘리트의 권력 강화에 복무
하면서 엘리트와 대중의 실질적 간극을 넓혀 왔다며, 건전한 시민사회 발전
을 위해서는 에트노스적인 한국의 민족주의를 데모스적 민족주의로 변환해
야 한다고 한다.[28]

실증적 차원에서 '단일민족으로서의 한민족'이라는 명제에도 비판이 가
해진다. 한반도 주민은 태고부터 꾸준히 여러 인종과의 혼혈로 형성되어 왔

---

24) 김영명, "민족통합을 보는 정치학적 관점," 서대숙 외, 『민족통합과 민족통일』(한림
    대출판부, 1999), 38쪽.
25) 박찬승, 『민족·민족주의』(소화, 2010), 103-116쪽.
26) 민족주의를 구분하는 방식에는 여러 가지가 있으나, 그 가운데 '에트노스(ethnos)'적
    민족주의란 혈연, 언어, 문화 등 공통된 정서적 요소를 민족 정체성의 핵심으로 보는
    이념이며 이에 대비되는 '데모스(demos)'적 민족주의란 자유로운 시민 개개인이 합
    리적 이성에 따라 시민 공동체를 유지하고 발전시키려는 이념이다(박찬승, 위의 책,
    33-34쪽). 에트노스적 민족주의는 감정적·낭만적이며 민족을 하나의 운명으로 제시
    하지만, 데모스적 민족주의는 이성적·이지적이며 민족의 범위와 정체성이 열려 있
    다고 본다.
27) 권혁범, "통일에서 탈분단으로: '민족동질성 회복'론 및 '민족 번영'론에 대한 비판적
    성찰," 『통일문제연구』 22호(평화문제연구소, 2000); 권혁범, 『민족주의는 죄악인가』
    (생각의나무, 2009).
28) 임지현, 『민족주의는 반역이다: 신화와 허무의 민족주의 담론을 넘어서』(소나무,
    1999).

다는 것이다. 이런 점에서 '단군 반만년 역사'와 단일민족이란 독일 낭만주의에 뿌리를 두는 낭만적 민족주의에 따라 '발명'된 신화적 상상물일 뿐이라는 주장이 대두된다.[29] 또한 최근 이주노동자, 결혼이민자 등의 지속적인 유입으로 대한민국이 '다문화사회'로 진입함에 따라, 단일민족을 강조하는 이념과 교육이 더 이상 유효하지도 타당하지도 않은 상황이 전개되고 있다고도 여겨진다.[30]

이러한 '민족주의의 일식(日蝕)'은 학계에만 국한되지 않고, 2000년대 이후 일반의 의식 차원에서도 진행되고 있다. 이는 통일 당위성으로서의 민족주의의 약화 또한 수반한다. 임대규에 따르면, 트위터, 페이스북, 블로그 등의 소셜미디어에서 2014년 한 해 동안 '통일'에 관련해 작성된 글 25,850건 중 7,285건(37%)이 긍정적, 10,825건(55%)이 부정적이었으며 매달 1,000건 가량의 부정적 게시글이 작성되고 있다고 한다.[31] 이는 앞서 제시한 통일평화연구원 조사에서 통일에 대해 20, 30대 청년층이 보이는 호불호 수치와 대략 일치하고 있다. 그는 또한 북한 관련 관심은 '인물(김일성, 김정은 등)', '안보' 주제에 집중되는 한편 '민족 정체성 회복'이나 '통일' 등의 주제는 외면되고 있으며[32] 2014년의 이산가족 상봉 행사 중 소셜미디어상에서 '이산가족' 언급량은 급격히 늘었으나 '통일' 언급량과 긍정 빈도는 별 변화가 없었음을 발견한다. 따라서 그는 이산가족의 고통을 환기하는 통일교육적 방법이 통일의식 제고에 효과가 적다고 추정한다.[33]

캠벨(Emma Campbell)은 남한주민 전반에 "북한 피로(North Korea Fatigue)"가 만연해 있다면서, 특히 청년층이 통일, 북한 문제에 무관심해지고 있음을 연세대학교와 이화여자대학교의 대학신문에서 통일, 북한 관련 어휘의 빈도

---

29) 이병수, 앞의 논문, 358쪽.

30) 전형권, 앞의 논문, 240쪽.

31) 임대규, 「빅데이터를 활용한 통일의식 분석 연구」 서울대 윤리교육과 석사논문(2016), 95-98쪽.

32) 임대규, 위의 논문, 140쪽.

33) 임대규, 위의 논문, 141쪽.

가 1980년대와 2010년대 사이에 십분의 일 내지 오분의 일에 이르도록 지속적으로 격감했음을 통해 제시한다.[34] 그녀는 그런 현상의 원인으로 남한 주민이 에트노스적 민족주의에 공감하지 않게 된 현실을 지적한다.[35] 그러나 이처럼 학계와 일반사회에서 모두 민족주의에 대한 지지도가 낮아지고 있음을 인정하면서도, 아직도 통일 당위성의 근거로 민족은 유효하다는 입장들도 있다.

양영자는 사회 전반적으로 다문화주의의 중요성이 인정되지만 북한이탈주민 대상의 '다문화주의' 교육에서는 민족주의가 활용될 수밖에 없음을 지적하고,[36] 한국적 현실에서 민족주의는 아직 유효하다고 본다. 그러나 종전의 '분단 민족주의'의 편협성과 정치 이데올로기적 성격을 유지할 수도 없으므로, '민족 그 자체'를 목표로 삼지 않고 정의, 인권, 민주주의 등 보편적 가치의 향상을 목표로 삼는 '성찰적 민족주의'를 통일과 통일교육의 당위성으로 삼을 것을 주장한다.[37]

정지웅은 민주화 이후 '아래로부터의 민족주의'를 추구해온 세력이 정치권에 합류했으며, 이제 민족주의는 정권 유지를 위한 이데올로기가 아니라 사회 통합을 위한 기제로 복무할 수 있게 되었다고 본다. 그리고 여러모로 이질적인 북한과 남한을 하나로 묶을 수 있다면 그것은 민족 말고 무엇이 있겠냐며, 통일 당위성으로서의 민족주의가 아직도 유효하다고 주장한다.[38]

박형빈도 통일 이전의 통일의식 제고 과정과 통일 이후의 사회통합 과정에서 모두 민족주의가 유효하다면서, 뇌과학적인 시각에서 '자기 이익 추구' 의식과 '타자에 대한 배려' 의식은 서로 다른 메커니즘에 따라 발생하는데

---

34) Emma Campbell, *South Korea's New Nationalism: The End of "One Korea"?* (Boulder, Colorado: FirstForumPress, 2016), pp.53-54.

35) Emma Campbell, *ibid.*, pp.73-74.

36) 양영자, "분단-다문화시대 교육 이념으로서의 민족주의와 다문화주의의 양립가능성 모색," 『교육과정연구』 제25권 제3호(한국교육과정학회, 2007), 23쪽.

37) 양영자, 위의 논문, 33-36쪽.

38) 정지웅, "민족주의 통일론의 의의와 한계," 경실련통일협회 편, 『통일 논의의 쟁점과 통일운동의 과제』(선인, 2015), 37쪽.

두 의식의 공동 발생이 있어야 '도덕적 상상력'이 계발되어 다만 감상적, 낭만적이지 않으면서 공공선을 추구할 원동력이 부여된다. 그런데 두 의식이 공동 발생하려면 타자에 대해 적절한 수준의 친근감이 필요하며, 따라서 통일이라는 과제를 추구함에 있어 민족주의는 필요하다고 본다.[39]

결국 통일 문제에 있어서 민족주의는 반성을 요하나, 그렇다고 완전히 배제하기도 어려운 점이 있다. 과거 권위주의 정권과 같은 민족주의에서 벗어나야 할 필요성은 거의 모두가 인정하며, 그것은 "우리가 지향하는 민족공동체는 단순히 혈연에 기초한 폐쇄적인 민족주의가 아니라, 다른 민족과 그들의 문화도 존중하는 열린 민족주의에 바탕을 두고 있는 것이다"는『통일교육지침서』의 언급에도 나타나 있다.[40] 그러나 과연 '열린 민족주의'가 무엇을 의미하는지, 기존 민족주의에서의 탈피는 '에트노스적 민족주의를 마감하고 데모스적 민족주의로 전환'을 의미하는지, '에트노스적 민족주의도 일부 활용'하게 될 것인지, 아예 민족주의 자체와 단절하지 않으면 안 되는지에 대한 논의도 분분한 가운데에 있다.

2. 실리주의적 당위성 논의

실리주의적 통일 당위성, 또는 실용적·경제적 통일 당위성이란 통일의 당위성을 통일 이후 기대되는 대한민국의 국익 및 국민의 '편익,' 이른바 '통일 편익'에서 찾는다는 담론에서 나온다. 이는 김대중, 노무현 정부 당시 통일 회의론을 설득하기 위해 시작된 담론이라고 한다.[41] 민족주의의 힘이 약화되는 가운데 독일 통일 이후의 후유증이 인식되면서 '통일 비용 공포감'이 만

---

39) 박형빈, "통일교육에서 민족주의와 다문화주의,"『윤리교육연구』제31호(한국윤리교육학회, 2013). 다만 뇌과학적 접근에 대해서는 해당 저자의 미발표 원고 및 해당 저자와의 대화를 통해 보충했다.

40) 통일부 통일교육원, 앞의 책, 10쪽.

41) 이병수, 앞의 논문, 368쪽.

연되자, 통일 비용이 든다고 해도 통일 편익이 더 크기 때문에 통일의 당위성이 실리적으로 뒷받침된다고 국민을 설득하기 위해서 개발되었다는 것이다.

김영명은 이 통일 편익의 내용을 "소극적으로는 분단 고통의 해소, 적극적으로는 민족국가의 완성을 통한 통일 한국 위상을 제고하고 경제사회 발전에 이바지함으로써 궁극적으로 국민 개개인의 삶의 질 향상"이라고 정리했다.[42] 보다 구체적인 수치를 거론하는 경우로는, "GDP 연 11.25% 고도성장, 7,000만이 넘는 국내시장, 세계 10위권 내의 경제규모,"[43] "최소 1인당 실질 GDP 약 7만 달러, 실질 GDP 약 5조 3천억 달러, 최대 1인당 실질 GDP 약 9만 2천 달러, 실질 GDP 약 6조 2천억 달러"[44](현대경제연구원 동북

그림 2   '통일한국은 경제대국'의 장밋빛 전망

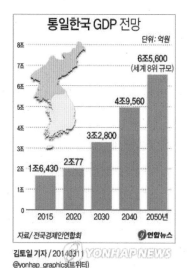

자료: 연합뉴스

42) 김영명, 앞의 논문, 37-38쪽.

43) 정세현, "통일은 남는 장사다," 『프레시안』, 2009년 11월 9일.

44) 현대경제연구원 동북아·통일연구실, "2050, 통일 한국의 경제적 미래," 『통일경제』 제1호(현대경제연구원, 2014), 68-71쪽.

아·통일연구실 2014, (68-71) 등등이 제시된다.

　이러한 실리주의적 당위성 담론은 '통일 대박'이라는 구호에도 나타나며, 『통일교육지침서』에서도 적극적으로 강조되고 있을 만큼45) 민족주의를 대체할 통일론으로 최근 중시되고 있다. 그러나 몇 가지 점에서 의문의 대상이 된다. 근본적으로 '당위성'을 논의할 때 '실리적(practical) 손익계산'이 중심이 될 수 있는지가 의문이다. 선행은 그 결과 기대되는 이익이 선행에 따라 발생하는 손해보다 크기 때문에 선행인 것은 아니다. 어떤 목표가 당위적이라고 하면 손익계산을 초월한 어떤 항구적 가치가 그 핵심에 있기 때문이라고 추론하는 일이 적절한 것이다. 그런데 당장의 추산에서 통일 편익이 통일 비용보다 크기 때문에 통일이 당위성을 갖는다면, 상황의 변화에 따라 비용이 더 커질 때는 당위성도 사라지는 것이 아닌가?

　애초에 편익이나 비용을 구체적 수치를 따져 계산하는 일은 불가능하며, 공동체의 주요 사안을 결정하는 과정에도 손익계산 이상의 요소가 개재될 수밖에 없다는 주장도 있다. 김영명은 실리주의적 당위성론에 대해 이렇게 비판한다. "통일 비용은 계산이 불가능하며, 그것이 분단 비용보다 높다는 근거는 아무도 제시할 수 없다. 또한 공동체의 일반의지는 계산 불가능한 속성을 포함한다."46) 또한 실리주의적 통일 당위성 담론에서 국가경제 규모의 증대나 내수시장의 확대 등을 앞세우고 있는 점은 권위주의 시대 이래 한국의 불균등발전과 여러 사회적 모순, 병폐를 발생시킨 '경제우선주의'의 영향으로 여겨진다거나47) 이러한 관점에서의 통일은 공동체 전반의 복지보다는 북한 지역을 '내적 식민지화'하려는 일부 거대 자본의 이익을 실현하는 과정으로 의심된다는48) 등의 비판도 제기된다. 무엇보다 국민 다수가 '통일

---

45) 통일부 통일교육원, 위의 책, 8, 19, 32, 34-36, 38쪽. 『통일교육지침서』에서는 "통일편익은 사실상 무한대"라는 언급까지 하고 있다. 통일부 통일교육원, 위의 책, 36쪽.

46) 김영명, 앞의 논문, 47쪽.

47) 이병수, 앞의 논문, 370-372쪽.

48) 변종헌, "통일 필요성 논거의 새로운 정향," 『윤리연구』 제90호(한국윤리학회, 2013), 126-127쪽.

비용은 우리 몫이고, 통일 편익은 국가 또는 장래 세대의 몫'이라고 판단하고 있다는 점에 유의할 필요가 있다.[49] 통일을 실리적인 견지에서 이해하더라도 그 결과 통일의지가 더욱 저하될 수 있다는 것이다. 실제로 국민의 일정 세대가 통일 비용을 거의 전담하면서 국가(및 일부 거대 자본) 또는 미래 세대에게 편익이 대부분 향유된다면, 그것은 정치적 책임은 사회구성원 전반에 공정하게 배분되고, 부담에 비추어 혜택을 향유할 수 있어야 한다는 공정성과 호혜성의 원칙에 위배된다고 볼 수 있다.[50]

3. 보편주의-인도주의적 당위성 논의

'보편주의 통일론'은 "통일이란 한반도 통일을 한반도 전역에 인류 보편 가치를 달성하는 과정으로 정의"하는 담론이다.[51] 이때 '인류 보편 가치'란 민주주의, 평화, 인권, 정의, 화해, 인도주의, 지속가능한 발전 등을 의미한다.[52] 말하자면 통일은 전쟁 위험이 높고 갈등이 상존하는 한반도에서 평화를 이룩할 수 있으며, 북한주민의 인도적 차원에서의 악조건과 인권적 차원에서의 문제점을 해결할 수 있는 방법이다. 따라서 인류 보편적 가치 차원에서 긍정적인 의미를 가지기에 당위성을 띠는 것이다.

서보혁은 최근 여론조사에서 통일의 민족적 당위성이 약화되는 한편 평화, 인권, 인도주의 등의 과제가 중시되고 있는 점을 들고,[53] 또한 국제사회

---

49) 서울대학교 통일평화연구원의 최근 조사에 따르면 통일이 남한사회 전체에 이익을 줄 것이라는 응답이 53%, 자기 자신에게 이익이 될 것이라는 응답이 24.6%이며 2012년 이래 그 격차는 지속적으로 늘고 있다. 통일평화연구원, 『2016 통일의식조사: 전환기 통일·대북정책 방향은?』(서울대학교 통일평화연구원, 2016), 19쪽.
50) George Klosko, *Political Obligations* (Oxford: Oxford University Press, 2008), pp.4-9.
51) 서보혁, "보편주의 통일론과 인권·민주주의 친화형 남북관계의 탐색," 경실련통일협회 편, 『통일 논의의 쟁점과 통일운동의 과제』(선인, 2015), 59쪽.
52) 서보혁, 위의 논문, 59쪽.

에서도 북한이 '악당 또는 동정의 대상'으로 비쳐지면서 한반도 문제를 한민족의 문제라기보다 북한의 '정상화' 문제로 있음을 볼 때, 통일을 보편주의 시각에서 접근할 필요성이 도출된다고 한다.[54] 그리하여 '보편 가치 구현과 분단 극복 노력의 조화', '보편 가치들 사이의 상호의존', '이 양자의 대·내외 및 남북관계 차원에서의 포괄적 추진'을 주장한다.[55] 그러기 위해 대내적으로 민주주의를 공고화하여 북한주민들의 남한에 대한 선호를 증대시키고, 보편 가치 구현을 목표로 하는 대외정책을 전개하며, 북한에 대해서도 보편 가치의 차원에서 대화와 통일 노력을 추진하는 대안을 제시한다.[56]

변종헌도 "남북한의 통일은 과거 중심적인 민족사적 당위나 현재의 실용주의적 필요도 일정 부분 고려해야 하지만 남북한주민들의 안전과 평화를 보장하고 삶의 질을 높이는 방향으로 전개되어야 한다"[57]면서 통일은 "민족

---

53) 그러나 이 해석은 다르게 볼 여지도 있다. 서보혁이 근거로 들고 있는 통일평화연구원 의식조사(2013년도)에서 군사긴장해소, 인도 문제 해결, 북한인권개선은 각각 81.5%, 70.8%, 79.4%로 '통일을 위한 과제별 시급성'이 높은 과제로 나타났다. 그러나 '이산가족 문제 해결'을 내용으로 하는 '인도 문제 해결'은 민족주의적 사안으로 해석할 수도 있다. 또 북한인권개선에 대한 응답률이 높은 것은 최근 정권에서 '체제경쟁적 관점'을 홍보나 교육 지침 등에서 재강조함에 따라 북한을 멸시, 혐오하는 정서가 반영된 것이며, 응답자들의 인권에 대한 관심이나 의식이 높음을 반영한 것은 아닐 수도 있다. 그리고 '군사긴장해소'에 대한 관심은 어떤 당위성이나 관점에서 남북한을 바라보든 당연히 높을 수밖에 없다. 통일평화연구원의 최신 의식조사(2016년도)에 따르면 '통일이 되어야 할 이유'에서 '같은 민족이니까'가 38.6%, '남북간 전쟁위협 해소'가 29.8%, '이산가족 문제 해결'은 11.8%, '북한주민의 생활 개선'은 5.0%였다 (통일평화연구원, 앞의 책, 16쪽). 민족주의적 통일관이 꾸준히 감소되고 있으나 아직 최대이며, 인도 문제나 북한인권개선에 대한 관심은 낮은 수준에 머물러 있다. 한편 '통일을 위한 과제별 시급성'에서는 인도 문제 해결이 72.9%를 나타낸 것을 제외하면 나머지 두 가지 모두 2013년 조사에 비해 하락세를 보였다(통일평화연구원, 위의 책, 33쪽).

54) 서보혁, 앞의 논문, 60-61쪽.

55) 서보혁, 위의 논문, 62-63쪽.

56) 서보혁, 위의 논문, 63-64쪽.

57) 변종헌, "북한인권 문제와 남북한 통일의 상호작용," 『윤리연구』 제103호(한국윤리학회, 2015), 74쪽.

적 동질성 회복에 기초한 편협한 민족주의적 당위나 통일 편익에 주목하는 경제학적 사고에서 벗어나 보편적 가치의 회복이라는 보다 근원적인 터전에 기반해야" 하며, "북한주민들의 인간다운 삶을 보장할 수 있는 적극적이고 전향적인 수단"으로서 당위성을 갖는다고 본다.58) 결국 북한 인권 문제는 남북관계에서 핵심적인 문제가 되며, 북한주민의 인권 문제를 해결하는 수단이 통일인 것이다. 그는 또한 "남북한의 통일은 갈퉁(J. Galtung)이 말하는 이른바 적극적 의미의 평화가 한반도 나아가 동북아에 실현되는 과정이어야 한다"59)라고 밝히며, 인권과 함께 평화라는 보편적 가치가 통일 당위성으로 제시되어야 한다고 보았다.

이러한 보편주의-인도주의적 통일 정당성 논의는 1990년대 말 이후 민족주의적 통일 당위성론의 영향력이 갈수록 퇴조하고 세계화와 다문화주의 담론이 강력해지는 현실과 '통일은 보편적 가치보다 못하다'는 인식에 따라 '통일보다는 평화공존을 추구'해야 한다는 국내외의 '평화운동' 담론60)의 대두에 직면하여,61) 보편주의적 평화운동의 인식을 받아들이면서도 '바로 그런 차원에서 통일이 필요하다'는 논지를 통해 통일 당위성을 확보하려는 문제의식에서 비롯되었다고 할 수 있다.

민족주의에 몰입하지 않으며 민족을 '설명이 필요없는 그 자체로서 절대적인 지상 가치'로 상정하지 않는 이상, 통일은 대한민국의 과제이며 대한민국의 차원에서 정당성을 검증해야 한다(또는 인류사회의 과제로서 인류사회의 차원에서 정당성을 검증해야 한다). 그렇게 볼 때 '통일보다는 보편 가치가 중요'하며 '통일은 보편 가치를 향상하는 수단으로서만 정당화된다'는 시각이

---

58) 변종헌, 위의 논문, 75쪽.
59) 변종헌, 앞의 논문(2013), 130쪽.
60) "남북한의 분단과 적대적 대립으로 해서 한반도 주민들의 복지, 행복, 자유, 평화, 인권, 환경 등의 가치가 위협받기 때문에 통일이 필요한 것이지 통일 그 자체가 목적이 될 수는 없는 것이다. (…) 통일은 그 자체로서 한반도 주민의 보편적 목표나 기본적 전제가 되기에는 지나치게 현실적이고 편협하고 인류가 근대사의 우여곡절을 통해서 합의한 기본적 가치의 하위 수준에 머물러 있다"(권혁범, 앞의 논문, 5쪽).
61) 이병수, 앞의 논문, 379-380쪽.

허용될 수도 있다. 그러나 과연 그렇다면 '그런 문제는 통일이 아닌 관계개선과 평화공존으로도 해결 가능하지 않은가?'라는 질문에 효과적인 대답을 하기 어렵다. 설령 북한 체제가 본질적으로 보편 가치에 역행할 수밖에 없으며 보편 가치를 위해서는 북한 체제의 교체(regime change)가 불가피하다고 해도, 그 결과 반드시 대한민국 위주의 한반도 통일이 아니라 북한 지역의 새로운 체제 수립을 통해서 보편 가치를 추구할 수 있는 것이다.

한편 북한 체제 교체를 추진하지 않으며, 남한사회의 민주주의와 인권개선을 통해 북한이 남한사회를 선망하게 하고, 그것으로써 북한의 자체적인 변화와 통일을 촉진한다는 접근도 있다.[62] 그러나 종래의 '경제교류 위주 햇볕정책'이 북한을 자본주의적 개혁과 대외 개방으로 이끌어내지 못했듯, '보편 가치 위주 햇볕'이 과연 북한의 자체적인 인권개선과 민주화를 촉발할지는 의문이다. 정지웅은 이런 접근이 통일의 상대로서의 북한 사정에 대한 고려가 부족한 것이라며, '보편주의나 국제주의는 통일 이전이 아닌 통일 이후를 위한 담론'이라고 주장하는 한편, 통일의 상대방인 북한이 이런 보편주의, 국제주의에 전혀 생소하다는 점을 지적한다.[63] 의도가 어떻든 남북대화에서 보편 가치를 강조하게 된다면 북한은 강한 체제 위협을 인식할 것이며, 결국 남북관계 개선과 통일에는 역기능이 초래될 수 있다. 또한 이 담론에서 '남한의 민주주의 공고화, 인권개선이 선결 과제'[64]라고 하지만, 그것은 북한의 변화를 이끌어내기 위한 선결 과제이며, 중점은 남한이 아닌 북한에 주어져 있다. 즉 대한민국과 대한민국 국민의 발전이 아니라 북한의 인권, 민주주의 등 보편 가치의 발전이 목표인 것이다.

이는 '타자(민족주의적 접근을 포기하는 이상 북한은 타자일 수밖에 없다)'의 복지를 위해 자체의 복지를 희생할 수도 있다는,[65] '배려의 윤리'적 접근이

---

62) 서보혁, 앞의 논문, 63쪽.
63) 정지웅, 앞의 논문, 20-21쪽.
64) 서보혁, 앞의 논문, 63-70쪽.
65) 보편주의적 통일론이 정말 '통일론'이며, 남북 관계개선과 평화공존만을 목표로 삼지 않는 이상 통일 비용 문제를 고려하지 않을 수 없다.

라고 풀이할 수 있다. 그런데 배려의 윤리만으로는 국민적 차원에서 강력한 당위성을 갖기 어렵다. 정치적 책임 논의에서, '정부가 국민에게 부과하는 정치적 책임이 윤리적 측면에서 선량하다면, 수행할 당위성이 수립된다'는 사마리안주의(Samaritanism)는 그것이 '대수롭지 않은 희생만을 요구하고' '희생이 공평하게 부담되며' '구성원들의 명시적 동의 내지 해당 사안의 윤리적 당위성에 대한 광범위한 합의가 있지 않는 한' 정당화되기 어렵다고 여겨진다.[66]

IV. 새로운 통일 당위성 논의의 모색:
근본적 사회개혁으로서의 통일

이에 여기서 새로운 통일 당위성을 모색, 제기해 본다. '사회개혁주의'라고도 할 수 있을 그것은 '대한민국의 전반적 사회개혁의 계기이자 과정'으로 통일을 자리매김하는 것이다. 통일은 보통 대한민국의 체제와 관행이 그대로 유지되면서, 북한이 이에 병합-통합되는 것인 듯 상상된다. 그러나 실제의 통일과정이 그렇다고 해도, 대한민국 자체적으로도 많은 변화가 필요할 것이다. 보다 이상적인, 현실을 망각하지 않는 범위에서 최대한 바람직한 정치사상적 지표를 달성할 수 있는 통일을 모색한다면, 당연히 더 대규모이며 심도 있는 변화가 요구되지 않을 수 없다. 동시에 지금 대한민국의 현실을 비춰 보자면, 북한 현실과의 비교는 논외로 할 때 결코 완전하거나 적절한 수준이라고 볼 수 없다. 종전의 국가 운영 방식에는 한계가 보이며, 체제적인 모순은 갈수록 심화되고 있다. 국가를 체제적, 제도적, 문화적으로 크

---

66) Dudley Knowles, *Political Obligation: A Critical Introduction* (NY: Routledge, 2010), pp.160-170; George Klosko, *op. cit.*, pp.92-95.

게 개혁하지 않으면 쇠퇴나 혼란을 피할 수 없다는 전망이 점차 뚜렷해지고 있다. 그러나 그러한 크고 심도 있는 개혁이란 상당한 계기와 추진력이 없이는 진행되기 어렵다.

따라서 통일을 그러한 크고 심도 있는 개혁의 계기이자 실제 과정으로 삼을 수 있다. 그것은 동시에 통일의 새로운, 설득력 높은 담론을 구성할 수 있다. 미래의 한국인이 민족적 자존심을 충족하고, 사회적-개인적 차원에서 더 큰 이익을 향유하고, 인류 보편적 기준과 인도주의에 비추어 더 나은 조건에서 생활할 수 있도록 대한민국의 크고 심도 있는 혁신은 절대적으로 필요하다. 그리고 그것은 곧 우리가 통일을 위해 노력할 이유가 된다. 이러한 통일 당위성론은 앞서 열거한 민족주의적 당위성론, 실리주의적 당위성론, 보편주의-인도주의적 당위성론을 배제하거나 대체하는 것이 아니다. 공동체의 발전과 더 바람직한 수준으로의 향상은 바로 민족주의에서 지향하는 것이다. 그런 발전은 당연히 국가사회와 구성원의 편익을 증대시킨다. 그러한 발전은 곧 민주주의의 심화, 인권 문제의 개선, 사회적 모순의 해소 등을 통하여 보편주의와 인도주의의 목표에 부응한다. 말하자면 "통일은 단순히 분단 이전 상황으로 되돌아가는 것이 아니라, 더 나은 미래의 삶을 창조하기 위하여 자유민주주의와 시장경제, 인간의 존엄과 가치 존중 등을 기반으로 하는 새로운 민족공동체를 형성하는 과정이다"[67]라는 『통일교육지침서』의 서술처럼, 보편적 가치의 향상을 통해 민족공동체를 완성하고 재창조한다. 그 결과 더 많은 이익이 기대된다.

그러나 이때 통일은 '민족의 당연한 지상과제'라기보다 '민족이 민족답기 위한 과제'가 된다. 즉 '성찰적 민족주의'에 따라, 소속된 공동체가 세계적으로 자랑스럽도록 거듭날 수 있게 노력하게 되는 지표가 된다. '분단 자체'가 불안(unheimlichkeit)의 근거라기보다 분단에 따른 공동체의 기형화와 저발전이 근거가 되는 것이다. 이때 기형화와 저발전을 가늠하는 기준은 '보편 가치'와 인도주의를 중심으로 한다. 대한민국의 정당성은 북한에 비하여 그

---

67) 통일부 통일교육원, 앞의 책, 9-10쪽.

러한 기준에서 상위에 있다는 남북 상대적-체제경쟁적 우위에서 발로하는 것이 아니라, 세계적으로 '높은 수준에 있으며 더 높은 수준이게끔 노력한다'는 데서 발로해야 한다. '헬조선'이라 성찰되는 수준에 머물러 있으면서 '불만이면 북한에 가서 살아라'는 폭언으로 정당성을 주장할 수 없는 것이다.

마찬가지로 통일을 추구하는 과정이 상대적으로 낮은 보편 가치를 구현하고 있는 북한사회의 향상에 중점을 두기보다, 남한사회의 향상을 위한 적극적이고 대대적인 개혁에 중점을 두어야 한다. '통일과 보편 가치의 향상을 비교할 때 후자가 우선시되어야 한다'는 시각 대신, '통일이 곧 보편 가치의 향상이다'라는 시각이 필요한 것이다. '항산(恒産) 없이 항심(恒心)이 없다'는 말처럼, 국민 다수가 공동체 및 자신에 대한 자존감이 낮고 삶의 여유를 갖지 못하는 사회는 '사회학적 상상력' 또는 '도덕적 상상력'을 발휘하기 어려우며, 통일을 비롯한 근본적 사회 변화, 개혁에 대한 의지가 낮을 수밖에 없다. '치열한 경쟁, 적자생존적 사회 분위기가 통일 문제에 대한 무관심의 배경'[68]이라는 캠벨의 지적도 그러한 맥락에서 이해할 수 있다. 그러나 뭔가 뚜렷하고 구체적인 목표, 비전이 없다면 그렇게 지쳐 있는 국민 다수에게 개혁과 향상의 의지를 촉구하기도 어려울 것이다. 대한민국은 그러한 원대한 목표로서 통일을 갖고 있음을 '행운'으로 인식할 필요가 있다.

그러한 통일-개혁을 완성하면 국가사회 전반과 국민 다수에게 많은 편익이 확보될 것으로 당연히 전망된다. 그러나 그 과정에서 국민 일부에 일시적인 손해와 희생이 요구될 수도 있다. 또한 통일의 당위성을 찾는 범위를 대한민국, 한민족, 인류사회 중 어디에서 찾느냐의 문제도 남는다. 이 점에서 통일 과제를 대한민국의 국가적 과제로 삼음에 대한 정치적 정당성을 검증해야 한다.

모크로신스카(Dorota Mokrosinska)는 어떤 정치적 책임의 정당성은 그 책임 과제의 실현이 해당 정부에 우선적으로 귀속될 것과 더불어 그 책임이 사회구성원의 '네트워크적 상호작용'[69] 차원에서 공동 이익에 기여하느냐에

---

68) Emma Campbell, *op. cit.*, p.181.

달려 있다고 본다.[70] 여기서 그녀는 시민적 정의(civil justice)를 정치적 책임의 정당성 기준으로 제시한다.[71] 즉 하나의 정부에서 해당 시민사회에 우선적으로 요구하는 정치적 책임이 있어야 하고, 그 책임의 실현은 그 시민사회의 공동 이익에 기여해야 한다. 그렇게 볼 때 통일은 한민족의 과제일 수 있으나, 북한이 지향하는 '통일'이 남한의 그것과 일치한다고는 볼 수 없다. 또한 인류사회의 관심사일 수 있으나, 대한민국만큼 통일에 따라 발생하는 비용, 편익, 그리고 도덕적·정치적·사회적 의미를 크고 직접적으로 가지는 정치사회는 달리 없다. 따라서 통일이라는 과제의 정치적 책임은 대한민국에 우선적으로 귀속된다고 보아야 할 것이다. 그리고 근본적인 사회개혁이 통일의 당위성 원천이라고 할 때, 그 개혁을 통해 실현되는 시민적 정의는 경제적 비용-편익 계산을 초월한다. 따라서 모크로신스카의 시민정의론을 적용하면, 사회개혁적 통일 당위성론은 상당히 뒷받침된다.

보다 공동체주의적으로 정치적 책임을 논하는 경우로는 드워킨(Ronald Dworkin)을 들 수 있다. 그는 '특정 정치 공동체에 직접적으로 귀속되는 정치적 책임은 그 공동체 구성원 전체의 복지에 기여하고, 구성원 전체에 공평하게 부여되는 한 정당하다. 가족이나 친구집단의 경우와 같다'고 본다.[72] 이에 대해서 과연 사회에 가족이나 친구집단과 같은 상호친밀감이 존재하느냐의 비판이 제기되지만,[73] 여기에는 앞서 논의한 '민족주의의 공동체 의식 유지-발전 기능'이 고려될 수 있으리라 본다.

길버트(Margaret Gilbert)는 공동체주의적인 관점과 사회계약론적인 관점을 종합하여 정치적 책임 문제에 접근한다. 그녀는 공동체 구성원들이 협력

---

69) 즉 사회적-공공적 상호작용으로, 구성원 개개인이 서로 간에 개인적으로 갖는 상호작용과는 구별된다.

70) Dorota Mokrosinska, *Rethinking Political Obligation: Moral Principles, Communal Ties, Citizenship* (New York, NY: Palgrave Macmillan, 2012), p.9.

71) Dorota Mokrosinska, *ibid.*, pp.124-137.

72) Ronald Dworkin, *A Matter of Principle* (Cambridge: Harvard University Press, 1985), pp.195-200.

73) Dudley Knowles, *op. cit.*, p.177.

해서 어떤 활동을 할 때 실질적인 '사회계약의 재계약'이 이루어질 수 있다고 본다. 그러나 그런 활동에는 구체적이고 명시적인 '동의'는 필요하지 않으며, 다만 사회구성원들이 해당 활동에 대해 그 필요성의 이해, 활동에 참여하려는 준비 수준, 활동에 대한 충분한 인지를 갖추고 있어야 한다.[74] 길버트는 그런 조건이 미비한 상황에서 특정 사회세력이, 가령 정부가, 특정 책임을 강요한다면 사회구성원은 그 책임을 거부하고 해당 활동을 진행하는 조직에서 탈퇴할 자유가 있다고 본다.[75] 그녀의 이론은 통일을 추진하려면 국민에게 그 당위성과 필요성에 대한 충분한 이해와 준비가 갖춰져 있어야 한다는 점, 즉 통일 당위성이 그 당위성을 피력하는 행동 자체에 의해 확보될 수 있다는 점을 시사한다.

김기봉도 이런 관점에서 통일 당위성을 논의했다. 그는 통일 그 자체를 목표로 삼는 '민족통일,' 국익을 근거로 통일을 추진하려는 '국가이성,' 그에 앞서 더 나은 사회의 건설에 주목하는 '사회정의'라는 3대 목표 사이의 길항이 현 상황에서의 통일 논의 침체의 핵심이라고 보며, '공정사회'를 먼저 확보하면서 그 과정에서 공동체의 범위를 민족적 범위로 넓혀감으로써 통일의 당위성을 확보해야 한다고 본다.[76] 물론 이러한 정치적 책임 논의는 자유지상주의나 무정부주의를 비롯한 여러 학설에는 부합하지 않는다. 그러나 대한민국의 국가 목표로 통일을 설정하고 추진하는 일에 당위성을 확보하는 문제에, 기존의 민족주의나 실리주의, 또는 보편주의 내지 인도주의 일변으로만 접근하는 것보다는 더 설득력을 가질 수 있을 것이다.

---

74) Margaret Gilbert, *A Theory of Political Obligation: Membership, Commitment, And the Bonds of Society* (Oxford: Oxford University Press, 2006), p.44.

75) Margaret Gilbert, *ibid.*, pp.114-115.

76) 김기봉, "민족통일의 토대로서 공정사회,"『통일인문학논총』제51집(건국대학교 인문학연구원, 2011), 143-149쪽.

V. 맺음말

통일은 '역사성', '현재성', '미래지향성'을 모두 고려해야 한다고 한다.[77] 기존의 통일 당위성 담론 가운데 민족주의적 통일론은 역사성에, 실리주의와 보편주의 통일론은 미래지향성에 각각 중점을 두고 있다고 볼 수 있다.

여기서 '지금 여기,' 현재 대한민국의 문제점을 극복하고 더 나은 사회를 지향하려는 현재성을 환기할 필요가 있다. 사회개혁적 통일론은 그에 부응하면서, 역사성과 미래지향성 모두를 반영하려고 한다. 사회개혁의 계기로서 통일을 제시할 때 '민족사적 과제'와 '민족정체성'에 대한 환기가 필요하다. 또한 사회개혁의 최종 목표로서 통일을 제시할 때, 경제적 실리나 보편가치에서 탁월한 수준에 도달한 통일 한반도의 비전을 제시해야 한다.

지금 한국사회는 가히 '혁명적'인 변화가 요청될 만치 여러 가지 모순과 갈등이 고조되고 있다. 따라서 근본적인 사회개혁을 추진하는 일에는 광범위한 사회적 합의가 가능한 조건이다. 그 목표이자 계기로 통일을 제시하고, 국민 다수의 이해와 지지를 얻는 과정이 필요하다. 그러기 위해서는 평화운동만이 아니라 공정사회운동, 경제민주화운동, 인권운동 등의 여러 사회운동과 통일운동이 유기적으로 결합되어야 한다.

통일교육도 민주시민교육, 다문화교육 등과 적절히 연계되어야 한다. 그리고 '레드콤플렉스'의 극복과 북한과의 화해협력 기조 복원을 단기 목표로 하여, 민간 차원에서 적극적이고 다원화된 통일운동, 통일교육이 이루어지게끔 민·관·학의 다방면에서 노력이 경주되어야 한다. 지금과 같이 북한의 태도가 조금만 부정적이면 곧바로 냉전기로 돌아가 버리는 대북정책이나 사실상 좌익적이라고도 할 수 없는 정당과 사회개혁안이 '종북 좌파'라는 낙인에 따라 좀처럼 입지를 얻을 수 없는 현실의 배경에는 레드콤플렉스가 있기 때문이다.

---

77) 통일평화연구원, 앞의 책, 20쪽.

레드콤플렉스의 극복과 북한과의 내실성 있는 교류의 시작은 한국사회의 개혁에, 그리고 통일에 중요한 기여를 할 것이 틀림없다.

참·고·문·헌

강국진. 2004. "통일교육지원법 실질적 개정 절실." 『시민의신문』, 2004년 12월 16일.

건국대학교 통일인문학연구단. 2015. 『통일담론의 지성사』. 패러다임북.

교육부. 1993. 『통일교육 지도자료』 장학자료 제89호.

_____. 2015. 『고시 제2015-74호 별책6: 도덕과 교육과정』.

권혁범. 2000. "통일에서 탈분단으로: '민족동질성 회복'론 및 '민족 번영'론에 대한 비판적 성찰." 『통일문제연구』 22호. 평화문제연구소.

권혁범. 2009. 『민족주의는 죄악인가』. 생각의나무.

길은배. 2003. "외국 민주시민교육의 통일교육적 함의." 『시민정치학회보』 제6권. 시민정치학회.

김기봉. 2011. "민족통일의 토대로서 공정사회." 『통일인문학논총』 제51집. 건국대학교 인문학연구원.

김영명. 1999. "민족통합을 보는 정치학적 관점." 서대숙 외. 『민족통합과 민족통일』. 한림대출판부.

박종철 외. 2015. 『2015 남북통합에 대한 국민의식조사: 인식, 요인, 범주, 유형』. 통일연구원.

박찬승. 2010. 『민족·민족주의』. 소화.

박형빈. 2013. "통일교육에서 민족주의와 다문화주의." 『윤리교육연구』 제31호. 한국윤리교육학회.

변종헌. 2012. "초등학교 도덕과 통일교육의 비판적 검토." 『초등도덕교육』 제39집.

_____. 2013. "통일 필요성 논거의 새로운 정향." 『윤리연구』 제90호. 한국윤리학회.

_____. 2015. "북한인권 문제와 남북한 통일의 상호작용." 『윤리연구』 제103호. 한국윤리학회.

서보혁. 2015. "보편주의 통일론과 인권·민주주의 친화형 남북관계의 탐색." 경실련 통일협회 편. 『통일 논의의 쟁점과 통일운동의 과제』. 선인.

신중섭. 1996. "통일의 당위성과 현실성: 통일에 대한 한가지 사고 실험." 『사회과학연구』 35집. 강원대학교.

안리라. 2015. "한국 통일운동의 프레임 분화." 『기억과 전망』 통권 33호. 민주화운동기념사업회.

양영자. 2007. "분단-다문화시대 교육 이념으로서의 민족주의와 다문화주의의 양립 가능성 모색." 『교육과정연구』 제25권 제3호. 한국교육과정학회.

이병수. 2010. "통일의 당위성 담론에 대한 반성적 고찰." 『시대와 철학』 제21권 2호 (통권 51호). 한국철학사상연구회.

임대규. 2016. 「빅데이터를 활용한 통일의식 분석 연구」. 서울대 윤리교육과 석사논문.

임지현. 1999. 『민족주의는 반역이다: 신화와 허무의 민족주의 담론을 넘어서』. 소나무.

전형권. 2014. "다문화 시대 한국 학교 통일교육의 성찰과 이념적 지평: 민족주의와 다문화주의의 융합모형 연구." 『한국동북아논총』 제72호. 한국동북아학회.

정세현. 2009. "통일은 남는 장사다." 『프레시안』, 2009년 11월 9일.

정욱식. 2015. "통일운동의 성찰과 과제: 평화정착의 관점." 경실련통일협회 편. 『통일 논의의 쟁점과 통일운동의 과제』. 선인.

정지웅. 2015. "민족주의 통일론의 의의와 한계." 경실련통일협회 편. 『통일 논의의 쟁점과 통일운동의 과제』. 선인.

조정아. 2013. 「국민통합에 기여하는 통일교육 방향」. 2013년 북한연구학회 추계학술회의 발표문.

최은아. 2015. "통일운동의 성찰과 과제: 민족자주, 화해의 관점." 경실련통일협회 편. 『통일 논의의 쟁점과 통일운동의 과제』. 선인.

최일남. 1989. "지금은 대통령이 나설 때." 『한겨레신문』, 1989년 8월 6일.

통일부 통일교육원. 2016. 『2016 통일교육지침서』.

통일평화연구원. 2016. 『2016 통일의식조사: 전환기 통일·대북정책 방향은?』. 서울대학교 통일평화연구원.

함규진. 2015. "통일교육의 쟁점과 과제: 초등학교 학교교육을 중심으로." 『입법과 정책』 제7권 제1호. 국회입법조사처.

현대경제연구원 동북아·통일연구실. 2014. "2050, 통일 한국의 경제적 미래." 『통일 경제』 제1호. 현대경제연구원.

Fukuyama, Francis. "위기 이후 아시아적 가치 사라진다." 『신동아』 1998년 8월호.

Campbell, Emma. 2016. *South Korea's New Nationalism: The End of "One*

Korea"? Boulder, Colorado: FirstForumPress.

Dworkin, Ronald. 1985. *A Matter of Principle*. Cambridge: Harvard University Press.

Gilbert, Margaret. 2006. *A Theory of Political Obligation: Membership, Commitment, And the Bonds of Society*. Oxford: Oxford University Press.

Klosko, George. 2008. *Political Obligations*. Oxford: Oxford University Press.

Knowles, Dudley. 2010. *Political Obligation: A Critical Introduction*. NY: Routledge.

Mokrosinska, Dorota. 2012. *Rethinking Political Obligation: Moral Principles, Communal Ties, Citizenship*. New York, NY: Palgrave Macmillan.

통일정책거버넌스:
국가-시민사회의 협력 필요성

윤철기 • 서울교육대학교

I. 머리말

분단이 70년을 훌쩍 지나버렸다. 지난 시간 동안 남북한은 여러 차례 중요한 합의에 도달하기도 했지만 모두 제대로 이행되지 못했다. 김대중과 노무현 정부 시기 대북포용정책으로 남북한 간 교류와 경제협력이 활발하게 진행되기도 했다. 하지만 이명박 정부의 5·24 조치 이후 남북한 간의 교류는 차츰 줄어들게 되었다. 게다가 결정적으로 북한이 핵실험을 지속하게 되면서 박근혜 정부는 한반도신뢰프로세스를 포기하고 국제사회와 함께 대북제재를 주도했다. 특히 4차 핵실험 이후에는 남북한 경제협력의 마지막 보루라고 불리던 '개성공단'마저 문을 닫았다. 문재인 정부 출범 이후 두 차례의 남북정상회담이 개최되었고, 사상 처음으로 북미정상회담이 성사되었다. 현재 남북한관계는 새로운 국면을 맞이하고 있다. 그러나 북한 핵 문제 등 남과 북 사이에는 여전히 해결해야 할 일들이

산적해 있다.

한반도의 군사안보적인 긴장이 고조되면서 이명박 정부 시기에는 남북한 간의 교류와 협력이 하나씩 불가능해졌고, 박근혜 정부 시기에 이르러서는 사실상 '창구단일화'의 논리가 부활했다. 시민단체의 인도적 지원사업을 비롯한 남북한 교류와 대북지원은 할 수 없게 되었다. 개성공단은 문을 닫았고 위탁가공 등 남북한 간 경제협력도 중단된 상태이다. 모두 대북제재의 일환이다. 제재는 북한과 교류하는 시장과 시민사회를 위축시켰다. 남한에서 정부의 허락 없이 대북 교류와 지원은 불가능하다. 북한에 대한 제재를 위해서 정부는 대북지원과 교류를 중단할 것으로 기업들과 시민단체에 요구했다. 결국 기업들과 시민단체들의 대북 활동은 중단된 상태이다. 또다시 남북한관계에서 정부만이 유일한 행위자가 되었다.

권위주의 정부하에서는 정부 이외의 행위자가 남북한관계에 개입하기조차 힘들었다. 그러나 민주화 이후에도 정부 이외의 행위자들이 남북한관계에 개입하기 위해서는 반드시 정부의 '허가'를 필요로 한다. 정부가 민간의 교류와 협력을 통제하고 관리할 필요성이 인정되고 있다. 정부의 허가는 보통 남북한관계의 상황에 큰 영향을 받게 된다. 특히 남북한관계의 긴장이 고조될 때 정부의 허가 기준은 보다 엄격해지기 마련이다. 이때 위기의 양상과 수준에 대한 인식과 평가에서 민간이 개입할 여지는 거의 없다. 정부가 위기로 규정하고 민간의 교류와 협력을 차단하더라도 그것을 막을 방법이 없다. 정부의 판단에 따라 창구는 정부로 언제나 단일화될 수 있다. 실제로 5·24조치 이후 민간의 대북접촉과 북한 방문은 어려워지기 시작했다.

창구단일화의 논리는 남북한관계의 긴장이 고조될 때, 출구를 찾기가 쉽지 않다는 문제를 가지고 있다. 정부의 공식적인 대화 채널이 막혔을 때 남북한 간 교류·협력 사업을 하는 기업과 시민단체는 공식적·비공식적 대화 채널 역할을 했다. 그러나 고강도 제재 국면이 지속되면서 정부는 남북한관계의 출구 역할을 해줄 수 있는 창구를 모두 포기했다. 오랜 시간과 많은 비용을 소요하면서 어렵게 만든 창구가 위기 국면에서 이렇다 할 기능을 하지 못했다. 남북한관계의 위기 국면에서 시민사회는 무기력하게 스스로의

의사와는 상관없이 북한과의 어떠한 교류도 대화도 할 수 없었다. 남한에서 안보 위기 국면에서는 시민사회가 자신의 이해관계를 반영할 수 있는 충분한 힘과 능력을 가지기 어렵다. 안보 위기는 민주적인 정책결정을 중단시키는 이유가 되며 시민사회는 하향식(top-down) 결정에 문제를 제기하기보다는 복종해야 한다. 물론 민주화 이후 정부는 무조건적이고 일방적인 의사결정 보다는 설득과 회유의 과정을 거치지만 어차피 위기 국면에서 정부의 정책과 방침을 어기는 것은 사실상 불가능하다.

　남한 정부는 위기 국면에서는 국제사회와의 공조는 강조하면서도 시민사회와의 논의를 기초로 대북정책을 결정할 뜻이 없었다. 이는 결국 사회적 갈등을 초래하는 원인이 된다. 정부는 안보라는 명분을 가지고 시민사회를 설득하려 하지만 직접적인 이해관계를 가진 사회세력들은 정부 정책결정부터 집행에 이르는 과정 그리고 정책의 효과성에 대해서 문제를 제기하고 있다. 안보의 위기가 모든 것을 정당화시킬 수는 없다. 민주주의가 심화되면서 남북한관계 및 통일과 관련된 일련의 정책형성과 집행에서도 민주적 절차와 시민들의 관심과 참여가 중요한 의미를 가지게 되었다. 특히 김대중, 노무현 정부 시기에 대북포용정책이 확대되면서 시민사회 참여의 폭이 넓어졌다. 개성공단의 경우에는 단지 남한의 시민사회만이 아니라 북한주민들도 직접 참여하는 계기를 마련했다. 남북한 사람들이 직접 만나고 교류하기 시작한 것이다. 이러한 상황에서 안보의 위기라는 이유로 시민사회의 이해와 요구를 충분히 반영하지 않고 창구단일화가 강행되었을 때 결국 많은 부분 정책의 정당성은 약화되고 손실은 시민들이 떠안게 된다. 즉, 창구단일화가 가진 핵심적인 문제는 정책결정과정에서 국가–시민사회 간의 협력적 정책거버넌스가 어려워진다는 점이다.

II. 이론적 배경과 분석틀

1. 거버넌스의 개념

거버넌스 개념은 1970년대 말 사회복지정책의 한계를 인식하게 된 서구 선진국들이 경제·사회 문제에 대한 국가의 개입을 축소하고 시장과 시민사회의 역할과 책임을 강화하기 위해서 '정부'라는 용어 대신 국가경영의 의미를 가진 '거버넌스'라는 단어를 사용하게 됨으로써 국정운영의 새로운 패러다임이 등장하게 되었다.[1] 제솝은 거버넌스의 개념이 확대되게 된 이유를 사회적 복잡성이 현저히 심화되었기 때문으로 설명하기도 한다. 첫째, 기능적인 차이는 기능적 시스템 간의 상호의존성이 증가한 결과이다. 둘째, 몇몇 제도의 경계가 점점 더 모호해졌기 때문이다. 예컨대 경쟁성이 증가하는 시대에 '경제적'으로 간주되는 것에 관한 것들이 대표적이다. 셋째, 공간적 인식의 범위가 넓어져 다시 계산할 필요가 있게 되었다. 넷째, 행위의 시간적 범위가 더욱더 복잡해졌다. 다섯째, 정체성이 확대되었다. 여섯째, 지식과 조직된 학습의 중요성이 증대되었다. 마지막으로 스스로 복잡성이 강화되는 본성 때문이다.[2]

그렇지만 사회과학적 개념들이 언제나 그러하듯 거버넌스의 개념은 학계의 동의가 이루어진 개념이 아니다. 가장 광의의 의미로 해석하게 되면 거버넌스는 '사회적 상호작용의 양식'으로 이해되고 있다. 글로벌거버넌스위원회(commission on global governance)는 거버넌스를 "개인들과 사적·공적 제도들이 그들의 공동업무를 관리하는 여러 방식들의 합"으로 정의한다. 코헨과 나이는 거버넌스를 "조직의 집단적 활동을 이끌고 제약하는 공식 혹

---

1) 김권식·이광훈, "노무현 정부 통일정책거버넌스의 특성에 관한 탐색적 연구: 정부, 시장, 시민사회 간의 관계를 중심으로," 『사회과학연구』 제22집 1호(2014), p.79.

2) Bob Jessop, "Governance and Metagovernance: On Reflexivity, Requisite Variety, and Requisite Irony," *Lancaster University On-Line Papers* (2003), p.2.

은 비공식적 과정과 제도들"로 정의한다.[3] 한편 개념의 외연을 축소하게 되면 거버넌스는 '국가와 시민사회의 협치(協治)라고 번역되는 새로운 관리양식'을 의미한다. 협치로서 거버넌스 개념은 "소수에 의한 결정(정부나 위계적 관료제)이나 보이지 않는 손(시장)에 의한 결정이나 보이지 않는 손에 의한 결정 보다 대화, 협상, 조정을 통한 타협이나 동의에 더 큰 가치를 두는 양식이라 할 수 있으며 국가와 시민사회 행위자 간 함께 방향잡기, 함께 규제하기, 함께 안내하기, 수평적 복합조직, 네트워크 등 수평적 관계와 참여 그리고 정치적 권위 내의 민주주의의 확대를 강조하는 개념이다."[4]

개념의 외연과 내포적 의미는 상이한 측면이 있지만 공통적으로 과거와 같이 정부의 위계적이고 하향식의 통치나 시장의 교환을 가격의 원리에 의한 문제 해결과는 명확하게 구별되며 시민사회의 다양한 행위자들의 이해관계가 반영되는 민주적인 정책결정 방식을 의미한다. 이는 민주주의가 심화되는 단계에서 정책결정과정에 참여자가 확대되고 다양한 이해관계를 반영하는 수평적이고 민주적인 의사결정 구조가 형성되고 있음을 말해주는 개념이다. 또한 이는 정부의 중앙집권적이고 위계적인 권한이 약화되고, 분권적이고 다른 행위자들과의 대화와 협력이 강조되기 시작했음을 의미한다.

제솝은 거버넌스 개념의 장점을 다음 몇 가지로 설명하고 있다. 첫째, 코포라티즘적 협력과 같은 오래된 실제에 현대적이고, 새로운 정당성을 부여한다. 둘째, 혼합경제에 국가 계획의 위기와 최근의 신자유주의적 시장에 대한 환멸에 대해서 부분적이고 일시적이지만 잠정적인 해결책을 제공한다. 셋째, 복잡성이 더욱 증가하는 가운데 협동의 문제에 대해서 어떠한 해결책을 제시한다. 그리고 철학적으로 거버넌스 개념은 공적 영역과 사적 영역의 경계를 넘어 협력 문제에 대해서 해결책을 제시한다. 정치이론가들은 거버넌스가 대의적 민주제에서 지배하는 사람과 지배받는 사람들 사이의 분리를 극복할 수 있는 중요한 수단으로 인식하고 있다.[5]

---

3) 김의영, 『거버넌스의 정치학』(서울: 명인문화사, 2015), p.13에서 재인용.
4) *Ibid.*, p.14.

2. 통일정책과 메타거버넌스

통일정책은 오랜 시간 동안 분단구조하에서 정부가 시민사회를 배제하고 독점적이고 독단적인 결정을 내린 분야였다. 권위주의 시기에 통일정책은 북한에 대한 불신과 적대성을 숨기지 않았다. 시민사회의 통일운동은 4·19 이후 지속되었지만 통일정책에 시민사회의 의견과 이해관계는 반영되기 어려웠다. 오히려 국가보안법은 일부 통일운동단체의 철학과 의견을 의심하는 모습을 보였다. 민주화 이후에 시민사회는 보다 적극적으로 대북 문제와 통일 문제에 견해를 피력하고 정책에 자신들의 견해를 반영하려는 모습을 보였다. 그리고 시민사회에서 직접 북한과의 교류를 정부에 요구하는 일이 증가하기 시작했다. 정부는 무조건적으로 이를 반대하고 불허할 수 없었다. 비로소 통일정책에도 거버넌스적 접근이 가능해진 것이다.

노태우 정부 시기 7·7선언 이후 재일교포 이대경 목사의 방북 신청, 한국기독교협의회의 북한 기독교협의회와의 회의, 조선학 국제학술대회, 뉴욕 남북영화제, 평양 범민족통일음악회, 서울 송년통일전통음악회, 남북통일축구대회, 세계청소년축구 단일팀 평가전, 아시아의 평화와 여성의 역할에 관한 서울 세미나, 두만강 지역 개발계획관리위원회 참가 등 다양한 사회문화적 교류가 이루어졌다.[6]

그런데 민주화 이후에도 통일정책의 수립과 실행은 정부의 역할이 가장 중요했다. 노태우 정부 시기 남북한 기본합의서는 다섯 차례의 고위급회담 결과 남북한의 합의로 발표되었다. 그렇지만 노태우 정부는 '창구단일화'의 원칙을 강조하면서 시민사회 내부의 통일운동을 통제하려 했다. 이 시기 고(故)문익환 목사와 임수경의 평양축전 참가가 불허됐다. 그리고 최근에도 남북한관계가 위기 국면을 맞게 되면서 또다시 창구단일화의 원칙은 강조되었

---

5) Bob Jessop, "Governance and Metagovernance: On Reflexivity, Requisite Variety, and Requisite Irony," pp.2-3.
6) 이정희·이진명, "민주화 이후 통일정책 거버넌스의 등장과 발전 연구," 2016 한국국제정치학회 60주년 기념학술대회 발표논문(2016), p.5.

다. 대북·통일정책에서 남북한관계의 긴장이 고조되고 한반도의 안보 위기가 발생하게 되면 여전히 정책결정과정에서 시민사회의 참여는 제한된다. 이명박 정부는 천안함 사건 이후 5·24조치를 발표함으로써 개성공단을 제외한 남북한 교역을 전면 중단시켰다. 박근혜 정부는 4차 핵실험 이후 개성공단을 폐쇄시켰다. 5·24조치와 개성공단 폐쇄에서 시민사회의 의견을 수렴하고 시민사회의 이해관계가 반영되기 어렵다는 점을 확인할 수 있었다.

통일정책에서 거버넌스가 실현되기 어려운 조건들이 있다.[7] 첫째, 분단구조하에서 남과 북은 적대적 대립관계에 있기 때문이다. 북한의 핵과 미사일 개발은 남한에게 분명히 안보위협이다. 분단구조에서 안보위협은 일반적으로 위협으로만 끝나지 않는다. 이는 남과 북이 서로에 대한 적대성이 강화되는 형태로 나타난다. 이는 외교적 레토릭에 머무는 것이 아니라 군사적인 대립으로 이어지는 경우가 반복적으로 발생했다.

둘째, 통일정책에서 시민사회의 참여와 북한 방문과 직접적인 교류는 기본적으로 정부의 '허가'를 필요로 하기에 자율성에 분명한 한계가 존재한다. 남북한은 여전히 분단된 상태에서 군사적 대립이 빈번하게 발생하기 때문에 자유로운 왕래와 교류가 어렵다.

셋째, 북한은 여전히 고립된 사회이며 북한에 대한 정보는 국가비밀로 취급되기 때문에 시민사회는 북한에 대한 충분한 정보를 가지기 어렵다. 정책결정에서 정보는 중요한 판단의 기준이 되지만 시민사회는 대북정보에 대한 접근 자체가 어렵다.

---

7) 제솝은 거버넌스 실패의 일반적 원인을 다음과 같이 설명하고 있다. 첫째, 자본주의 본질적 속성에 내재하고 있다. 자본주의는 시장화된 조직형태와 비시장화된 조직형태 간의 모순적 균형에 의존해 있다. 거버넌스는 축적과 정치적 동안의 갈등적 논리에 대한 새로운 만남의 지점을 제공한다. 그러나 자본과 노동 그리고 축적을 위한 경제적 조건과 경제외적 조건 간의 상호의존성의 불균형이 발생한다. 둘째, 파트너십과 다른 반사적인 자발적 조직 기구들(reflexive self-organization arrangements)이 더 일반적인 국가시스템에 장착되기 쉽다는 점이다. 셋째, 거버넌스가 반사적인 자율적 조직(reflexive self-organization)이라는 특성에 기인한다. Bob Jessop, "Governance and Metagovernance: On Reflexivity, Requisite Variety, and Requisite Irony," p.4.

넷째, 시민사회의 역량과 관련된 문제들이다. 시민사회 내부에서 자발적으로 대북정책과 통일정책에 참여하고 북한과의 교류와 협력을 희망하는 조직과 단체들은 일반적으로 정부의 도움 없이 자발적으로 운영되기 어려운 측면이 있다. 대북 지원 시민단체들 대부분은 재정적으로 정부의 지원을 필요하다는 점 역시 정부와의 관계에서 정부의존적이 될 수 있다.

다섯째, 한국사회에는 '남남갈등'이 존재하기 때문에 대북·통일정책 결정과정에서 대화와 협력을 기반으로 하는 정책 거버넌스가 형성되기 어려운 측면이 있다.

마지막으로 북한은 교류와 협력 과정에서 시민사회 부문을 파트너로 인식하지 않는 경향을 가지고 있다. 북한은 정치사회와 시민사회가 명확하게 구별되지 않는 사회이기 때문에 남한과의 교류에서 정부와 민간을 구별하지 않으며, 결국 남한 정부만을 교류와 협력의 파트너로 인식하는 경향을 보일 때가 많다. 물론 대북 지원과 협력 사업이 진행되면서 북한의 실무자들은 차츰 민간 혹은 시민사회를 이해하게 되지만, 이러한 인식변화가 북한의 정책결정과정에 얼마나 영향을 미치게 되는가에 대해서는 판단하기 어려운 측면이 있다.

통일정책에서 현실적으로 정부의 역할을 무시할 수 없다. 정부는 여전히 통일정책결정과정에서 가장 중요한 역할을 한다. 물론 정부의 독점적이고 하향식의 정책결정을 옹호하는 것은 아니다. 정부가 정책결정과정에서 중요한 역할을 담당하면서도 다른 행위자들의 참여를 보장하고 민주적인 의사결정과 정책집행을 실시하는 역할을 수행해야 한다. 그래서 이 글은 제솝의 메타거버넌스(metagovernance) 개념을 수용하고자 한다.

메타거버넌스는 다량 거버넌스 방식을 재구성하고 협력을 필요로 한다. 메타거버넌스는 과거의 협력방식에 발견된 복잡성, 다양성, 그리고 헝클어진 위계를 관리하는 것과 관련된다. 메타거버넌스와 관련된 관점으로부터 가능한 한 최선의 결과를 성취하기 위한 시장, 위계 그리고 네트워크의 신중한 결합과 관련되어 있다.

정부는 메타거버넌스의 모든 측면에서 주요한 역할을 담당하게 된다.

정부는 시장의 새로운 기획, 헌법적 변화, 조직형태와 목적의 사법적 탈규제, 자주적 조직을 위한 조건의 조직, 그리고 가장 중요한 것은 협력과 관련된다. 정부는 거버넌스 파트너가 목적을 추구할 수 있는 거버넌스와 규제된 질서를 위한 기본적 원칙을 제공한다. 정부는 정책 공동체들 사이에서 가장 주요한 조직자이다. 물론 메타거버넌스는 다른 협력 방식을 제거하지 않는다. 시장, 위계, 수평적 관계는 여전히 존재한다. 그러나 이것은 '협상된 정책결정'의 맥락에서 작동한다.[8] 이렇게 메타거버넌스는 현실적으로 정부정책결정의 측면을 강조하면서도 다양한 행위자의 존재를 인정하고 협상을 통한 정책결정을 강조한다는 점에서 의미를 가진다.[9]

3. 분석틀: 통일정책거버넌스와 세 가지 층위

민주화 이후 통일정책은 메타거버넌스의 관점에서 행위자 간의 관계에 따라 세 가지 층위에 따라서 분석될 수 있다. 첫째, 정부와 시민사회 간의 관계이다. 정부는 남북한관계의 개선을 위한 대북·통일정책의 기본적인 원칙과 가이드라인을 제시한다. 뿐만 아니라 정부는 정치적 주요현안에 대한 외교협상이나 군사분야의 회담을 주도하는 역할을 한다. 또한 남북한관계에서 북한과 대화, 교류, 협력할 수 있는 시민사회의 행위자들을 관리한다. 시민사회는 북한과의 교류 내용과 방식 등을 우선적으로 남한 정부와 협상을 실시하게 된다. 이때 남한 정부는 독립적인 결정을 내리기보다는 미국과 국제사회와의 협상을 통해서 만들어진 가이드라인을 준수하려 한다. 정부는

---

8) Bob Jessop, "Governance and Metagovernance: On Reflexivity, Requisite Variety, and Requisite Irony," p.6.
9) 제숍의 논의를 통일정책거버넌스의 관점에서 의미를 가진다는 주장은 다음 글들을 참고할 것. 임성학 외, 『한반도 평화·번영 거버넌스의 활성화를 위한 이론적 논의와 개념적 틀』(서울: 통일연구원, 2007), pp.70-80; 이정희·이진명, "민주화 이후 통일정책 거버넌스의 등장과 발전 연구"(2016).

이러한 과정에서 대북 정보 가운데 시민사회에게 필요한 부분을 제공하기도 하고 재정적 지원을 하기도 한다.

둘째, 정부와 시장 간의 관계이다. 남북한 경제협력의 경우에는 시장, 특히 기업들의 이해관계가 직접적으로 반영되게 된다. 기업들의 경제협력을 위해서 정부는 기업들의 투자와 경제활동에 필요한 인프라스트럭처나 법·제도를 제공한다. 또한 결정적으로 남한 정부는 북한 정부와의 대화와 협상이 필요한 부분이다. 북한 정부 역시 제도적 장치를 마련하고 토지, 자연자원, 노동력이 제공되어야 한다.

마지막으로 시장과 시민사회의 관계이다. 통일정책에서 정부의 역할이 중요하지만, 정부 이외의 행위자 간의 대화와 협력 역시 필요하다. 시장과 시민사회의 정책네트워크가 형성되지 못하게 됨으로써 통일정책거버넌스에서 정부의 영향력과 비교할 때 비정부기구와 시장의 역할이 극히 취약했다. 이는 지금까지 시장 행위자 가운데 자본을 제외하면 통일정책에서 자신의 이해관계를 관철시키지 못했기 때문이다. 따라서 대안적 통일정책거버넌스를 고민하기 위해서는 시장과 시민사회 간의 관계 변화가 가장 중요한 의미를 가진다고 할 수 있을 것이다.

III. 통일정책거버넌스의 실제와 문제점

1. 정부와 시민사회의 관계

김대중 정부 시기 이후 남북한관계가 개선되면서 정부는 시민사회 단체가 직접 대북교류를 할 수 있는 장을 마련하였다. 아이러니하게도 북한 경제위기는 시민사회가 통일정책에서 위상과 역할을 강화할 수 있는 기회의 창을 제공했다. 대북 인도적 지원의 주체는 크게 정부, 민간(한국적십자와 다른 민간단체), 국제기구 등을 통해서 진행되었다. 대북지원에서 국제기구를 통해서 우회하는 루트는 국내정치에서 '대북 퍼주기' 논란을 무마하기 위해서 적극적으로 활용되었다. 국제기구를 통해서 모니터링을 강화하는 방식이었다. 적십자 이외의 민간단체들이 본격적으로 대북지원을 시작한 것은 1999년부터였고, 2000년에 들어서면서 그 규모가 비약적으로 증가했다(〈그림 1〉과 〈표 2〉 참조).

북한 경제의 위기를 계기로 한국의 시민단체들은 인도적 지원에 직접 나서는 계기를 마련했다. 정부는 1998~1999년 사이에 네 차례에 걸쳐 민간 차원의 대북지원 활성화 조치를 발표했다.10) 그리고 정부는 2004년 북한의 용천재해를 계기로 같은 해 9월 1일 '민관정책협의회(민관협)'를 발족시켰다. 민관협의 두 동력은 정부 차원의 '남북교류협력추진협의회'와 민간 차원의 '대북협력민간단체협의회'이다. 민관협은 대북지원 관계부처인 통일부, 농림부, 보건복지부와 대북지원 단체들의 모임인 '북민협' 간의 민관협의체였다.11)

민관정책협의회는 정부와 시민사회 간의 포괄적인 대북지원전략을 모색하는 정책협의 틀로서 정부, 시민사회가 역할분담과 협력을 통해 상호 보유한

---

10)

표 1	민간 차원 대북지원 활성화 조치 내용
1998.3.18.	민간 차원 대북지원 활성화 조치: 대북지원 협의 및 분배확인 목적의 방북허용, 협력사업 방식의 대북지원 허용, 언론사/개별 기업체의 협찬, 후원 및 이벤트 모금 행사 지원
1998.9.18.	한국적십자를 통한 민간단체 개별 지원 시범적 허용: 민간단체가 대북협의 물품 구입, 운송, 모니터링을 직접 담당
1999.2.10.	준법성, 전문성, 분배투명성 등 요건이 확보된 단체에 대하여 한국적십자 외 독자적인 대북지원 창구로 허용, 기타 단체 및 개인은 한국적십자 창구를 통해 지원
1999.10.21.	민간대북지원 단체에 대한 재정지원 방침 발표: 보건의료 및 어린이, 노약자 등 취약계층과 농업생산성 향상 지원을 위해 남북협력기금 지원기준 마련

출처: 통일부, 『2000 통일백서』, p.11; 이정희·이진명, "민주화 이후 통일정책 거버넌스의 등장과 발전 연구," p.10에서 재인용

11) 김권식·이광훈, "노무현 정부 통일정책거버넌스의 특성에 관한 탐색적 연구: 정부, 시장, 시민사회 간의 관계를 중심으로"(2014), pp.92-93.

표 2

대북지원 현황

(단위: 억 원)

구분		'95	'96	'97	'98	'99	'00	'01	'02	'03	'04	'05	'06	'07	'08	'09	'10	'11	'12	'13	'14	'15	'16	합계
정부차원 무상지원	당국차원	1,854	-	-	-	339	944	684	832	811	949	1,221	2,000	1,432	-	-	183	-	-	-	-	-	-	11,249
	민간단체 기금지원	-	-	-	-	-	34	62	65	81	102	120	134	216	241	77	21	-	-	-	-	23	1	1,177
	국제기구 등을 통한 지원	-	24	240	154	-	-	229	243	205	262	19	139	335	197	217	-	65	23	133	141	117	-	2,743
	계	1,854	24	240	154	339	978	975	1,140	1,097	1,313	1,360	2,273	1,983	438	294	204	65	23	133	141	140	1	15,169
	식량차관						1,057		1,510	1,510	1,359	1,787	-	1,505	-	-	-	-	-	-	-	-	-	8,728
	계	1,854	24	240	154	339	2,035	975	2,650	2,607	2,672	3,147	2,273	3,488	438	294	204	65	23	133	141	140	1	23,897
민간차원(무상)		2	12	182	275	223	387	782	576	766	1,558	779	709	909	725	377	200	131	118	51	54	114	28	8,957
총액		1,856	36	422	429	562	2,422	1,757	3,226	3,373	4,230	3,926	2,982	4,397	1,163	671	404	196	141	183	195	254	29	32,854
*양곡관리 특별회계		-	-	-	-	-	-	-	(6,518)	(6,644)	(1,444)	(6,726)	(1,522)	(2,252)	-	-	(45)	-	-	-	-	-	-	(25,151)

※ 반출기준(정부: 수송비 및 부대경비 포함, 민간: 수송비 및 부대경비 미포함)

* 세부항목 금액의 단수 반올림 처리로 합계와 차이가 발생할 수 있음

* '13년도 지원액 183억 원: 정부 133억 원(UNICEF 67.4억 원, WHO 65.1억 원), 민간 51억 원(50.8억 원)

※ 2015년 국제기구 지원액 117억 원 중 MR백신 지원(33.6억 원)은 보건복지부 출연금

출처: 통일부 홈페이지 자료실

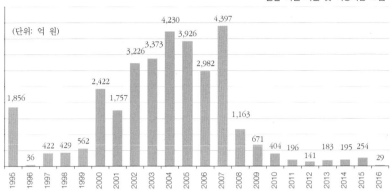

그림 1   대북 인도적 지원 포함

* 민간 차원 자원 및 식량차관 포함

출처: 통일부 홈페이지 자료실

지원자원을 통합적으로 활용하여 지원효과를 극대화시키는 방안을 모색하기 위한 것이었다. 이 협의회는 2005년 본회의 3회, 운영위 2회 등 정례적 실질적 토의를 진행해 민관상호보완 구도 정착에 기여하였다. 정부 지원은 물론 시민단체 간 합동사업은 정부의 재원과 민간단체의 대북지원 경험을 결합하는 전형적인 거버넌스로 평가된다. 2005년 합동사업은 주거환경개선, 축산현대화, 농업보건용수개발, 모자보건복지, 병원현대화 사업 등 5개가 추진되었다. 2006년은 북한 강남군 지역개발 사업을 통한 지역주민 종합복지모델개발사업, 농촌주거환경개선사업, 복토직파신기술을 이용한 남북농업협력증진사업, 북한 보건, 의료, 식수환경개선사업, 보건의료체계개선사업 등이 추진되었다. 2007년은 강남군 종합복지모델 개발사업, 보건의료체계 개선사업, 농촌시범마을 조성사업 등이다.[12)

그러나 민관협은 이명박 정부 출범 이후 남북·교류협력이 침체되면서 유명무실해졌다.[13)] 시민단체들은 남북한관계가 긴장 국면에 있을 때에도 회

---

12) 이정희·이진명, "민주화 이후 통일정책 거버넌스의 등장과 발전 연구"(2016), p.12
   에서 재인용.

의소집을 요구했지만 통일부는 남북한관계가 좋지 않다는 이유로 회의 소집
자체에 불응하기도 했다.[14] 남북한관계가 긴장 국면이 지속되면 통일정책
에서 시민단체가 들어설 공간은 좀처럼 없다. 시민단체들은 일반적으로 남
북한관계가 지속되더라도 대북 인도적 지원을 지속해야 한다는 입장이다.
정부는 이러한 시민단체의 입장을 수용하지 않는다. 군사안보적 대립과 갈
등이 진행되는 가운데 대북지원을 지속해야 한다는 점에 대해서는 정부만이
아니라 시민사회 내부에서도 이견이 존재한다. 그렇지만 정책결정과정에서
시민사회와 정부 간의 논의 체계가 무너지게 된다는 점은 통일정책거버넌스
의 취약성을 말해준다.

과거 박근혜 정부는 2014년 2월 25일 통일준비위원회 설치를 발표하였
다. 이 위원회는 대통령, 민간위원 30명, 국회 2명, 정부위원 11명, 국책연
구기관장 6명 등 50명으로 구성되었다. 자문단은 시민자문단, 언론자문단,
통일교육자문단 등이 구성되었다. 애초에 통일준비위원회는 북한주민의 생
활인프라 개선이나 인도적 개발협력, 농촌자립기반 구축 방안 등 대북 인도
적 지원과 개발협력 사업에 대한 논의가 있었지만, 거의 대부분 실천되지
못했다. 2016년 6월 대북지원 민간단체들의 협의체인 '대북협력민간단체협
의회'산하 54개 단체는 통일부가 민간단체들의 북한주민사전접촉신고를 허
가하지 않자 인도적 지원 활동을 보장해줄 것을 요구하는 성명서를 발표하
기도 했지만 결국 받아들여지지 않았다. 이 과정에서 창구단일화의 논리가
부활했으며 시민사회가 참여할 수 있는 여지는 남아 있지 않았다.

13) 월드비전, "새로운 패러다임의 대북 인도적 개발협력 방안: 농업 및 보건분야," 통일
준비위원회 정책보고서(2014), p.124.
14) 김은지, "한국 통일부, 대북지원 민관정책협의회 소집 거부," VOA 2011년 5월 16일 자.

2. 정부와 경제협력 민간기업 간의 관계

남북한 경제협력은 남북한의 교역의 규모를 현저히 증가시켰다. 특히 2000년대 들어서 비약적인 발전을 시작했다. 남북한 경제협력은 노태우 정부 시기에 시작되어 북한 경제 위기가 시작되는 시기에 시작되어 남북한의 첫 번째 정상회담이 있었던 2000년 이후 본격적으로 확대되기 시작한다. 남북한의 경제교류는 일반교역, 위탁가공교역, 직접투자의 순으로 발전해왔다. 2009년 금강산관광이 전면 중단되었다(〈표 3〉 참조). 남북한의 일반교역과 위탁가공은 2011년 이후 차츰 감소하지만 개성공단을 통한 경제협력으로 2015년 27억 1,400만 달러까지 상승하기에 이른다(〈그림 2〉, 〈표 4〉 참조).

대북 관련 사업의 정부 승인 시스템에는 4가지 유형의 확인과 승인절차가 있다.[15] 첫째, 북한주민 접촉 승인이다. 주민접촉 가능 기간은 현재 1회의 단수와 3년 동안 복수가 있다. 둘째, 방북승인이다. 교류협력법 9조 1항

남북 교역액 현황

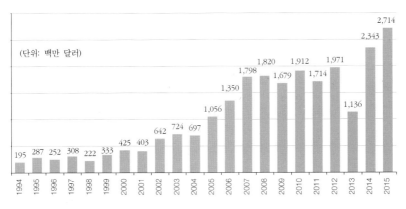

출처: 통일부 홈페이지 자료실

---

15) 김권식·이광훈, "노무현 정부 통일정책거버넌스의 특성에 관한 탐색적 연구: 정부, 시장, 시민사회 간의 관계를 중심으로"(2016), pp.90-91.

표 3 남북 관광협력사업 현황

(단위: 명)

구분		'98~'00	'01	'02	'03	'04	'05	'06	'07	'08	'09~'15	계
금강산 관광	해로	371,637	57,879	84,727	38,306	449	–	–	–	–	–	552,998
	육로	–	–	–	36,028	267,971	298,247	234,446	345,006	199,966	–	1,381,664
	합계	371,637	57,879	84,727	74,334	268,420	298,247	234,446	345,006	199,966	–	1,934,662
개성 관광		–	–	–	–	–	1,484	–	7,427	103,122	–	112,033
평양 관광		–	–	–	1,019	–	1,280	–	–	–	–	2,299

출처: 통일부 홈페이지 자료실

표 4 유형별 남북 교역액 현황

구분	남북교역 유형	'05	'06	'07	'08	'09	'10	'11	'12	'13	'14	'15
반입	일반교역·위탁가공	320	441	646	624	499	334	4	1	1	0	0
	경제협력 (개성공단·금강산관광·기타·경공업협력)	20	77	120	308	435	710	909	1,073	615	1,206	1,452
	비상업적 거래 (정부·민간 지원/사회문화협력/경수로사업)	0	1	0	0	0	0	1	–	–	0	0
	반입 합계	340	520	765	932	934	1,044	914	1,074	615	1,206	1,452
반출	일반교역·위탁가공	99	116	146	184	167	101	–	–	–	0	–
	경제협력 (개성공단·금강산관광·기타·경공업협력)	250	294	520	596	541	744	789	888	518	1,132	1,252
	비상업적 거래 (정부·민간 지원/사회문화협력/경수로사업)	366	421	367	108	37	23	11	9	3	4	10
	반출 합계	715	830	1,033	888	745	868	800	897	521	1,136	1,262

* 반올림에 의해 세부금액의 합계와 전체금액이 다를 수 있음. 교역액 백만 불 미만은 "0"으로, 없을 경우 "-"으로 표시

출처: 통일부 홈페이지 자료실

은 "남한과 북한의 주민이 남한과 북한을 왕래하고자 할 때에는 대통령령이 정하는 바에 의하여 통일부장관이 발급한 증명서를 소지하여야 한다"고 규정하고 있다. 셋째, 교역대상물품에는 자동승인 품목과 제한승인 품목이 있다. 물품의 반출과 반입 시에 승인을 요하는 품목과 금지품목을 구분하고, 승인품목에 대해서는 승인절차를 거쳐야 한다. 넷째, 협력사업 승인과 협력사업자 승인이다. 그리고 통일부는 2003년 2월 17일부터 북한주민 접촉신청, 북한물품반입, 수송장비 운행, 남북교류협력 사업 승인요청 등 32종의 교류협력 민원을 인터넷으로 신청할 수 있도록 하였다.

대북사업의 승인절차를 보면 민간의 대북사업의 자율성은 극히 취약하다. 대북 경제협력이 정치와 경제의 분리 원칙에 따라서 진행되어야 한다는 점이 천명되었지만, 이는 실제 사실과 달랐다. 남북한 경제협력은 남북한 간의 외교안보적 관계에 영향을 직간접적으로 받을 수밖에 없었다. 민간기업들의 교역과 투자는 결국 남북한 간 외교 협상의 산물이 되었다. 민간기업들이 교역과 투자할 수 있는 품목이 제한되어 있기 때문에 남북경제협력에 참여할 수 있는 기업들 역시 제한될 수밖에 없게 된다. 게다가 남북한관계가 긴장 국면에 있을 때, 민간기업들의 활동은 많은 제약을 받게 된다.

북한의 4차 핵실험 이후 남북한 경제협력의 마지막 보루였던 개성공단마저 고강도 대북제재의 일환으로 기업들의 피해에도 불구하고 있고 문을 닫기로 결정되었다. 2017년 2월 7일 개성공단 폐쇄 1년을 맞이해서 개성공단기업협회 비상대책위원회는 개성공단 입주기업들의 피해액을 1조 5천억 원 이상이라고 발표한 바 있다.16) 정부의 독단적인 정책결정으로 인해서 기업들은 큰 손해를 감수해야 했다. 개성공단 폐쇄에서 볼 수 있듯이 정책결정과정에서 정부과 기업 간의 논의체계는 결정적 국면에서 이렇다 할 역할을 하지 못했다. 개성공단 입주기업들은 지속적으로 문제를 제기하고 있지

---

16) 신호경·김은경, "개성공단 폐쇄 피해 1조5천억 원 이상 … 1/3도 보상 못 받아," 『연합뉴스』, 2017년 2월 7일 자(http://www.yonhapnews.co.kr/bulletin/2017/02/06/0200000000AKR20170206171200030.HTML).

만 정부가 안보의 위기가 발생했다고 규정하면 이의를 제기하거나 적절한 피해보상을 받을 제도적 장치도 미비하다는 문제가 있다.

3. 통일정책거버넌스의 한계와 그 원인: 시민단체와 민간기업 간의 정책적 연대와 정책적 정당성의 필요성

통일정책의 목표는 남북한관계의 개선과 통일의 평화적 실천에 기여하는 데에 있다. 그래서 권위주의 시기 정부의 독단적이고 독점적 결정을 극복하고 통일과정에서 시민들의 참여를 확대하기 위한 차원에서 시민단체와 민간기업의 참여가 결정되었다. 이로써 남북한 접촉면의 정치외교적 영역에서 사회, 경제, 문화적 영역으로 넓어졌고, 자연히 인적·물적 교류는 확대되었다. 처음에 북한은 민간 혹은 시민사회라는 영역에 대한 이해가 없었지만 시간이 지나면서 북한의 남북교류와 협력 사업을 진행하는 실무자들을 중심으로 정부와는 또 다른 시민사회 혹은 민간의 영역에 대한 이해도가 높아지기 시작했다. 곧 북한은 정부 외에 민간과의 교류협력이 가능하다는 사실을 알게 되었으며, 남북한관계에서 정부 이외의 행위자가 등장하게 되었다.

그렇지만 여전히 통일정책에서 정부의 영향력은 지배적이다. 남북한 간의 대화와 교류 자체가 정부의 승인과 허가를 거쳐야 하기 때문이다. 남북한관계에서 시민사회의 자율성은 극히 취약하다. 이는 남북한관계의 긴장이 고조되는 순간에 분명하게 확인된다. 위기 국면에서 거버넌스는 사라지고 정부의 독단적인 결정이 남는다. 물론 정부는 거버넌스 실패(governance failure)의 원인을 북한 정부 탓으로 돌린다. 그렇지만 위기 국면의 정부의 정책결정과정에서 시민단체와 민간기업들의 배제는 민주적 절차가 생략되어 있다는 문제 외에도 내용적으로 정책 효과성의 측면에서 모두 문제점을 가지고 있다.

민주적 절차상의 문제점은 정부가 정책결정과정에서 시민사회를 참여자로 인식하지 않는다는 문제점을 가진다. 안보상의 비밀을 유지하기 위한 것으로 간주될 수도 있지만 대북 인도적 지원 문제와 경제협력 문제에서 시민단체와 민간기업들은 단순히 동원의 대상이 아니다. 인도적 지원과 경제협력에서 시민단체와 민간기업의 역할은 매우 중요하다. 정부의 허락이 필요하다고는 하지만 정부 역시 이들의 역할이 없었다면 대북정책과 통일정책에서 정책의 다변화를 추진할 수 없었다. 외교협상에서 인도적 지원과 경제협력을 협상의 주요한 수단으로 이용하면서 정작 그러한 사업을 주도하고 있는 시민사회와 협상을 하지 않는다는 것은 정부가 여전히 남북한관계에서는 '국가안보'라는 이름으로 시민사회를 배제하고 있음을 말해주는 것이다. 위기 국면이라고 하더라도 정부는 정책결정과정에서 시민사회와의 협상절차를 거쳐야 할 것이다. 정부정책이 정당하다면 시민사회에 대한 대화와 설득의 과정을 거쳐 정책거버넌스를 실현해야만 한다. 그러한 절차가 생략되게 되면 정부와 시민사회 간의 불신과 갈등이 발생할 위험이 존재한다. 만약 그렇게 될 경우 통일정책 결정에서 오히려 민주주의는 위협받게 된다.

정책효과성에 대한 문제점은 민간의 교류와 협력이 단절되는 것이 과연 안보 위기 해결에 도움을 주고 있는가에 대한 문제이다. 남한 정부의 대북 강경정책의 정책효과성에 대한 물음이다. 북한의 핵과 미사일 실험은 지속되고 있다. 남북한의 경제협력이 약화되는 동안 북중 간의 교류는 더욱더 중요한 의미를 가지게 되었다. 북한의 4차, 5차, 6차 핵실험에 대한 유엔의 〈결의 2270〉, 〈결의 2321〉, 〈결의 2375〉는 모두 만장일치로 통과되었다. 중국은 분명 동참의 뜻을 내비쳤지만 북중 간의 교류는 아직도 이어지고 있다. 게다가 공식적인 통계에 잡히지 않는 비공식적인 북중 간의 '밀무역' 역시 실재한다. 남한 정부는 정책효과성을 자신하는 듯 하지만 중국의 적극적인 동참이 있지 않는 한 국제공조는 분명한 일정한 한계에 직면하게 될 수밖에 없다. 게다가 경제협력이 단절되면서 한국기업들의 경제적 손실을 감안해야 한다. 지금까지의 인프라스트럭처와 공장과 설비에 대한 투자를 고려하면 과연 이러한 정책이 얼마만큼의 효과를 거두었는지에 대해서 회의적일 수밖에 없다.

안보 위기 국면에 발생한 거버넌스 실패의 원인은 정부 정책의 문제도 있지만 시민사회의 영향력이 극히 제한되어 있다는 문제도 고려해야 한다. 이는 기업들과 시민단체들이 정부의 승인절차가 필요하기 때문이기도 하지만 이들 간의 정책적 연대가 취약하기 때문이기도 하다. 대북사업을 진행한다는 측면에서 동일한 이해관계를 가진다. 기업과 시민단체들은 군사외교적 문제에 영향을 받지 않을 수 없겠지만, 그로부터 일정한 자율성을 부여받을 때 사업의 지속성을 확보할 수 있다. 이들은 '정경분리의 원칙'이 안보 위기 국면에서 지켜지기 어렵다는 점을 경험적으로 잘 알고 있다. 그러면 정부가 이들 세력들의 이해관계와 무관하게 대북사업이 결정되는 이유는 무엇인가? 남북한 경제협력과 인도적 지원이 일종의 대북 퍼주기이며 이것이 오히려 북한 내 소수의 특권세력을 위해서 혹은 군사적으로 전용되고 있다는 의구심 때문이다. 이는 비단 정부만의 생각이 아니다. 한국의 시민사회 역시 이러한 의혹을 가지고 있다. 결국 이러한 상황에서는 경제협력과 인도적 지원을 주도하고 있는 기업과 시민단체의 이해관계는 시민사회로부터 외면받을 수밖에 없다. 국제구호단체를 통해서 모니터링을 강화하는 등 나름의 대안을 제시했지만 여전히 정부와 시민사회는 북한에 대한 의혹을 가지고 있다.

남북한 경제협력과 대북 인도적 지원은 향후 통일의 과정에서 분명히 재개되어야 한다. 특히 남북한 간의 사회경제적 격차를 줄이기 위해서는 반드시 필요하다. 현재 남북한의 경제적 격차는 심각한 수준이다. 한국은행 통계에 따르면 남한은 2010년 1인당 국민총소득(명목소득)이 2만 2천 달러를 넘었으며, 2014년에는 2만 8천 달러를 넘어섰다. IMF의 통계에 따르면 남한의 GDP는 세계 13위이며, 1인당 GDP는 29위이다. 반면 북한의 경제 수준은 2013년 현재 명목 GNI가 33,844십억 원(한국 원화 기준), 1인당 GNI가 2012년 현재 138만 원(한국 원화 기준) 정도 수준밖에 되지 않는다. 한국은행 통계를 기준으로 할 때, 북한의 경제수준은 남한과 비교할 때 40배 이상 차이가 나는 수치이다. 구체적으로 생산력 수준과 주민들의 생계 수준을 살펴보게 되면 그 격차는 더욱더 벌어질 가능성이 있다.

통일정책거버넌스의 실패를 막기 위해서는 민간기업과 시민사회 단체들은 정책적 연대를 통해서 시민사회를 설득할 수 있는 대안을 마련해야 한다. 그렇지 않으면 정책적 정당성은 끊임없이 의혹에 시달리게 될 것이며, 정부에 의해서 일방적으로 중단될 위험에 놓이게 될 것이다. 시민사회의 참여를 확대하는 민주적인 통일정책거버넌스를 실현하기 위해서는 한편으로 대북지원과 협력과정에 대한 모니터링을 강화하고 다른 한편으로 시민들을 설득하고 더 많은 시민들이 참여할 수 있는 방안을 마련해야 한다. 그래야만 남북한관계의 문제와 통일정책결정에서 정부와 시민사회 간의 정책참여 불균형을 해소하고 거버넌스 실패를 방지할 수 있다.

IV. 맺음말

통일은 과정이다. 그 과정은 민주적이고 평화적이어야 한다. 이에 대해서는 그 누구도 이견이 없을 것이다. 민주적이고 평화적인 통일을 위해서는 정부와 시민사회의 협력이 필수적이다. 물론 여전히 통일과정에서 정부의 역할은 매우 중요하다. 하지만 정부가 전체 통일과정에서 모든 문제를 해결할 수는 없는 일이다. 남북한의 통일과정은 분단을 경험한 다른 국가들과 비교할 때, 그 조건과 상황이 다르다. 북한은 1990년대 고난의 행군 이후 경제적으로 일정정도 회복되었다고는 하지만 여전히 주민들 가운데 다수가 빈곤상태에 있으며 영양, 주택, 교통, 건강과 보건, 환경 등에서 문제를 가지고 있다. 게다가 남북한의 경제적 격차의 수준은 분단/통일국가의 역사적 사례에서 유례를 찾아보기 힘들 정도로 현저하다. 이러한 상황으로 현재 남한 정부의 힘만으로 이러한 문제를 충분히 해결하기 힘들다. 정부와 민간의 협력이 없다면 통일과정에서 발생할 수 있는 수많은 난관들을 헤쳐 나가기 힘들다.

남한 정부는 북한의 핵과 미사일 실험이 계속되면서 국내 시민사회와의 협력 보다는 국제사회와의 공조를 강조했다. 북한은 '한반도의 비핵화'란 국

제사회에 대한 약속을 어기고 '핵보유국'으로서의 지위를 헌법에 명기하고
당대회에서 대내외적으로 공표했다. 이는 쉽게 북한이 핵을 포기하지 않을
것임을 의미한다. 국제사회는 고강도 대북제재를 이어가고 있지만, 문제 해
결의 실마리는 좀처럼 보이지 않는다. 이 과정에서 남한의 시민사회는 남한
정부의 대북정책에 참여하기 어렵게 되었다. 한반도의 평화정착과 남북한의
통일을 위한 일련의 정책은 추진조차 어려운 상황이 전개되고 있다. 이 과정
에서 시민사회는 참여의 기회를 좀처럼 보장받지 못하고 있다. 새로운 정부
가 출범한 이래로 통일부는 '우리민족서로돕기운동'이란 시민단체가 오랜만
에 대북접촉을 승인했다. 하지만 새로운 정부에서도 남북한관계에 따라 시
민사회의 대북정책과 통일정책에 참여할 수 있을지 여부가 결정될 것이다.

국가-시민사회의 협치로서 통일정책거버넌스는 무엇보다 먼저 시민을
통일의 주체로 인식한다는 점에서 중요한 의미를 가진다. 남한에서 통일은
누군가가 주는 선물처럼 막연히 미래에 다가올 수 있는 사건으로 생각하는
경향이 있다. 이는 통일을 '우리의 소원'이라고 생각한 적은 있어서 "우리가
주인이 되어서 만들어 나가야 할 것"이라고 생각하지 못했다는 점을 말해준
다. 오랫동안 통일정책의 결정과정에서 시민은 참여할 공간이 없었다. 시민
은 단순히 결정된 정책에 따르는 피동적인 존재에 불과했다. 물론 통일과정
에서 행위자가 많아지면 더욱 문제는 복잡해질지도 모른다. 하지만 그 과정
에서 시민들이 배제된다면 통일과정에서 발생할 수 있는 다양한 갈등과 문
제들에 대해서 시민들은 적절히 대처하기 어렵게 될 것이고 그러한 곤란을
겪은 시민들은 통일에 대해서 긍정적인 생각을 하기 어려울 것이다. 그래서
국가와 시민사회의 협치로서 통일정책거버넌스는 중요한 의미를 가진다.

물론 통일정책거버넌스에서 정부의 역할은 여전히 중요하다. 정부는 통
일정책의 수립과 집행에서 중심적인 역할을 담당해야 한다. 통일을 준비하
기 위해 의제설정에서부터 정책결정에 이르는 과정에서 정부는 시장과 시민
사회의 이해관계를 조정하는 역할을 담당할 뿐만 아니라 통일 한반도의 미
래상을 사회적 합의를 토대로 추진해야만 하는 실천적 과제를 가지고 있다.
특히 정부는 한반도 평화와 더불어 남북한의 경제적 격차를 극복해야 하는

지난한 과제를 가지고 있다. 한반도의 평화를 위해서는 한반도의 비핵화와 주변국과의 관계개선을, 남북한 간의 경제적 불균형의 극복을 위해서는 북한의 저발전을 극복하기 위한 개발협력이 필요하다. 그런데 문제는 지금까지의 역사적 경험을 통해서 남북한의 안보위기가 발생하게 되면 인도적 지원과 경제협력이 어려워진다는 점이다. 북한의 핵개발 등으로 인한 안보위기가 남북한 간의 경제적 격차를 더욱더 확대시키는 경향을 보이게 된다. 바로 이점이 통일정책거버넌스의 핵심적인 과제이다.

이러한 악순환 구조를 선순환으로 평화적으로 전환할 수 있는 유일한 출구는 '대화와 협력'뿐이다. 시민사회는 대화와 협력을 통해서 악순환의 고리를 끊어낼 수 있는 중요한 행위자이다. 남북한관계의 특성상 정부의 역할이 중요하지만 안보위기 상황에서 시민사회를 통해서 해법을 모색하는 것을 고민해야 한다. 지원과 협력을 통해서 안보위기를 극복할 수 있는 기회의 창을 열어야 한다. 인도적 지원과 경제협력은 남북한 간 군사적 충돌의 가능성을 약화시킬 수 있는 중요한 외교적 레버리지이다. 남북한 간에 긴장이 고조된다고 해서 민간기업과 시민단체의 경제협력과 인도적 지원이라는 카드를 버리는 것은 북한을 대화로 이끌어 낼 수 있는 주요한 외교적 수단을 포기하는 일이다. 북한이 저발전을 극복하지 못하면 통일 한반도의 경제적 번영은 기대하기 어렵다. 북한이 스스로 이 문제를 해결하기에는 역부족이다. 지속적인 경제협력이 필요한 이유이다.

물론 현재 수준의 인도적 지원과 경제협력만으로는 불가능한 일이다. 대북 인도적 지원과 경제협력은 북한의 저발전을 극복하기 위해서 개발협력으로 확대·재편되어야 한다. 남한사회는 통일의 필요성과 당위성을 설명하기 위해서 통일 편익을 이야기한다. 하지만 현재처럼 남북한 간의 경제적 격차가 심각한 상황에서 통일의 이익을 기대하기란 어렵다. 통일 편익은 남북한 간의 경제적 격차가 감소되고 한반도 경제가 통일이전부터 새로운 활로를 찾을 수 있을 때 비로소 가능한 일이다.

지금까지의 경험을 통해서 볼 때 통일정책거버넌스는 다음과 같은 세가지 과제를 가진다. 첫째, 남한사회에서 '안보'에 대한 기존의 인식이 변화될 필요성이 있다. 특히 한반도의 안보 상황에 대한 평가와 대처에서 정부가 독점하는 일부터 변화되어야 한다. 국가안보에 대해서는 정부의 역할이 가장 중요하다는 점은 누구도 부인하기 어려울 것이다. 하지만 정부가 안보의 상황에 대해서 독점하고 일방적으로 대응방안을 결정하는 일은 적절하지 않다. 이는 단지 대북정책과 통일정책에서 시민사회의 참여보장이라는 문제의 차원이 아니다. 위기의 수준에 대한 정확한 평가와 적절한 대응전략의 모색에서 시민사회와의 협치가 중요하다. 대북정책과 통일정책의 수립과 집행과정에서 이러한 인식의 변화가 없다면 정치권력이 권력의 필요에 의해서 위기상황으로 규정하고 대북 문제를 이용하려 해도 이를 막을 방법이 없다. 이는 구체적으로 '창구 다변화'라는 형태로 실천되어야 한다. 통일정책결정의 참여자를 다양화함으로써 남북한 정부 이외의 행위자들에게 자율성을 부여할 필요성이 있다. 남북한관계는 상대방이 서로의 주권을 인정하기 어렵다. 이는 곧 남북한의 상대방의 존재를 부정하고 적대성을 보이는 이유이다. 1992년 남북기본합의서는 이러한 관계를 '특수관계'로 명명하고 적대성을 감소하고 대화와 협력의 필요성을 역설하고 있지만 현실에서는 그렇지 못하다. 특히 군사안보적인 갈등이 첨예한 상황에서 남북한의 모든 논의를 정부가 주도하는 것은 오히려 긴장을 고조시킬 우려가 있다. 남북한 대화와 협력의 창구를 다변화하는 문제를 고려해야 한다.

둘째, 대북 인도적 지원만이 아니라 남북한 경제협력에서도 시민들의 참여를 확대할 방안을 마련해야 한다. 통일정책거버넌스에서 정부의 영향력이 지배적인 또 다른 이유는 시민들의 참여가 저조하기 때문이다. 따라서 사회적 대타협을 전제로 시민들의 참여를 확대할 방안을 모색해야 한다. 향후 개성공단이 다시 문을 열고 개발협력으로 확대되는 과정에서 시민들의 참여를 확대하기 위해서는 경제협력에 협동조합이나 사회적 기업들의 참여가 필요하다. 시민들의 참여가 확대되면 정부는 경제협력에서 시민사회와의 협치를 쉽게 포기하지 않게 될 것이다. 지속가능한 통일정책거버넌스를 위해서는 정부가 시민사회를 정책파트너로 인식하는 것 역시 중요하다. 물론 시민들은 일정한 리스크를 안게 된다. 따라서 조합원의 형태로 참여하는 시민들이 일종의 사회보험의 형태로 손해를 보지 않도록 보장해줄 수 있는 방안을 모색해야한다. 또한 개성공단처럼 북한지역 인프라를 투자하고 노동력을 활용하는 것만이 아니라 자본투자와 기술이전을 고민해야 한다. 특히 북한의 경제개발을 위해서 필요한 적정기술에 대한 논의가 필요하다. 이를 통해서 남북한의 상호의존성이 높아질 수 있을 것이다. 결과적으로 이는 한반도의 평화에도 기여하게 될 것이다.

끝으로, 대북 인도적 지원과 남북한 경제협력에 대한 사회적 합의가 필요하다. 남남갈등이 존재하는 상황에서 남북한 경제협력은 추진되기 어렵다. 따라서 안보 문제와 남북한 간 구조적 이질성 문제를 해결하고 평화적인 과정을 성취하기 위해서 정치사회와 시민사회가 함께하는 '사회적 대타협'이 추진될 필요가 있다.

대북정책과 통일정책은 인식의 전환이 필요한 시점에 와 있다. 우리의 노력에 따라 또 다른 남북관계도 가능해질 수 있을 것이다.

참·고·문·헌

김권식·이광훈. 2014. "노무현 정부 통일정책거버넌스의 특성에 관한 탐색적 연구: 정부, 시장, 시민사회 간의 관계를 중심으로." 『사회과학연구』 제22집 1호.

김은지. 2011. "한국 통일부, 대북지원 민관정책협의회 소집 거부." VOA 2011년 5월 16일 자.

김의영. 2015. 『거버넌스의 정치학』. 서울: 명인문화사.

신호경·김은경. 2017. "개성공단 폐쇄 피해 1조5천억 원 이상 … 1/3도 보상 못받아." 『연합뉴스』, 2017년 2월 7일 자(http://www.yonhapnews.co.kr/bulletin/2017/02/06/0200000000AKR20170206171200030.HTML).

월드비전. 2014. "새로운 패러다임의 대북 인도적 개발협력 방안: 농업 및 보건분야." 통일준비위원회 정책보고서.

이정희·이진명. 2016. "민주화 이후 통일정책 거버넌스의 등장과 발전 연구." 2016 한국국제정치학회 60주년 기념학술대회 발표논문.

임성학 외. 2007. 『한반도 평화·번영 거버넌스의 활성화를 위한 이론적 논의와 개념적 틀』. 서울: 통일연구원.

Jessop, Bob. 2003. "Governance and Metagovernance: On Reflexivity, Requisite Variety, and Requisite Irony." *Lancaster University On-Line Papers*.

한반도 평화체제를 위한 평화담론 구축과 평화협정 모색*

문인철 • 서울대학교 통일평화연구원

I. 머리말

정권에 따라 그 강도가 다르게 나타나기는 하지만, 약 70여 년 동안 지속되고 있는 남북 간 군사화된 형태의 장기갈등으로 인해, 그동안 우리사회를 지배했던 주류 담론은 안보담론이다. 보통 담론은 그 자체로 생명력을 가지고 지속된다는 점에서 국민들의 인식에 영향을 미친다. 그리고 이러한 인식은 국가의 정책에 영향을 미친다. 그러한 점에서 우리사회의 안보담론은 한반도 분단체제를 더욱 견고하게 만드는 하나의 요인으로서 작용했다. 따라서 '평화담론'을 형성하는 것은 분단체제를

* 이 글은 "New Perspectives on Building a Peace Regime on the Korean Peninsula: Restorative Peace Discourse and Restorative Peace Treaty," *Journal of Peace and Unification*, Vol.7, No.2(Fall 2017)에 게재된 필자의 논문을 수정·보완한 것이다.

해체하고, 나아가 평화체제를 구축하여 '평화통일'을 이룩하기 위한 첫 걸음이라고 할 수 있다.

그러나 남한과 북한이 제안한 평화협정 문제는 시대별로 의미가 변하긴 했지만, 정권 존립을 위한 하나의 수단으로 활용되었다는 점에서 역설적으로 한반도 안보담론과 분단체제를 지속시키는 또 다른 요인이 되고 있다. 다시 말해, '통일을 위한 평화'를 이야기하기보다는 '평화를 위한 통일'을 이야기함으로써(정영철 2010) 오히려 평화협정 문제는 기존의 안보담론을 강화시키는 역설을 초래했다. 남북한 간 평화협정을 둘러싼 논의는 주로 당사자 문제, 주한미군 철수, 유엔사 해체, 분단체제 무력화 등 안보적 차원에서 진행되었다. 그 때문에 평화협정 논의는 통일과정, 통일 이후 등 한반도 통일을 지향하는 평화체제 구축의 논의로 이어지기보다는 오히려 남북갈등과 남남갈등을 초래하였다. 이처럼 평화협정 구축 그 자체를 목적으로 하는 것은 역설적으로 분단체제 지속, 즉 반통일적 모습이 나타나게 만든다. 남북 평화협정은 하나의 상징가치로서 통일을 활용한 안보의 또 다른 수단화가 아닌, 실질적 가치로서 통일을 지향하는 한반도 평화체제 구축이 목적이 되어야 할 것이다.

6·25전쟁 휴전 이래로 남한과 북한은 평화협정 체결과 평화체제 구축의 필요성을 공감해 왔다. 그러나 남북한 모두 이에 대한 구체적 실행 방안 또는 방법에 대해서는 의견을 달리했다. 앞서 밝혔듯이, 평화협정을 둘러싼 남북 간 의견 대립은 '평화협정 체결의 당사자 문제'와 '주한미군 철수 또는 조정 문제', '유엔사령부 해체 문제'를 둘러싸고 전개되었다. 본론에서 자세히 논의하겠지만, 북한은 '정전협정 체결의 당사자론'을 근거로 '북미 평화협정' 체결을 주장했고, 남한은 '한국전쟁의 실질적 교전 당사자론'을 근거로 '남북 평화협정' 체결을 주장했다. 특히, 북한의 주한미군 철수 및 유엔사령부 해체 주장은 남북갈등의 또 다른 원인이 되었다. 북한은 통일의 최대 장애물을 주한미군으로 규정했다. 그 때문에 북한은 평화협정 체결의 조건으로 주한미군 철수를 주장했다. 물론 냉전 해체 이후 북한이 처한 현실을 고려할 때 '평화협정 체결→ 주한미군 철수 및 유엔사령부 해체→ 전쟁→ 적

화통일'이라는 논리는 적실성이 떨어진다. 그럼에도 불구하고 공식적으로 북한이 한반도 적화통일을 포기하고 있지 않다는 점에서 한반도 평화협정 체결의 진의는 또 다른 논쟁거리가 되었다.[1]

남한에서 평화협정 체결과 평화체제 수립에 관한 논의는 1991년 체결된 남북기본합의서, 1996년 4자회담 과정, 그리고 김대중 정부의 햇볕정책 추진 과정 등을 거치면서 활발하게 진행되었다. 그러나 지난 두 차례의 보수 정권(이명박, 박근혜 정부) 동안 그 논의가 수면 아래로 가라앉았는데, 이는 한국 정부의 태도에 기인하기도 하지만, 무엇보다 북한의 크고 작은 대남 적대적 군사 행동이 주요 원인이기도 하다. 즉, 군사화된 형태의 대남 적대 행위는 평화협정 체결에 대한 북한 주장의 진의를 더욱 의심케 만들었다. 특히, 북한 핵 문제는 평화협정과 평화체제 구축을 위한 평화담론 형성을 억제시키고, 안보담론을 강화시킴으로써 남북갈등(분단체제)을 재생산시켰다.

그런데 이러한 갈등 상황의 지속은 오로지 북한의 탓으로만 돌리기 어렵다. 왜냐하면 때때로 북한뿐만 아니라 남한에서도 정권의 정치적 목적을 위해 남북한 갈등 상황을 활용했기 때문이다. 예를 들어, 선거 때마다 등장하는 소위, '북풍'이 그것이다(정준표 1986; 세계일보 17/04/12). 그렇기 때문에 평화협정은 통일을 지향하는 '적극적 평화' 달성을 지향하기보다는 사실상 전쟁의 부재 또는 갈등 확대를 억제하고자 하는 안보적 목적의 '소극적 평화' 달성의 목적이 강했다(Galtung 1996).

한반도의 평화정착은 단순히 평화협정을 체결한다고 해서 이루어지지 않는다. 여러 사례들에서도 나타났듯이, 단지 갈등적 상황을 봉합 또는 억

---

1) 남한에서 북한의 평화협정 체결에 대한 의도는 크게 두 가지 입장으로 해석되고 있다. 첫째, 북한이 평화협정 체결을 통해 주한미군을 철수시켜 대남 혁명을 완수하고자 한다는 입장이다. 둘째, 북한이 비록 적화통일을 공식적으로 포기하지 않고는 있지만, 이는 주민 지지를 동원하는 정권 존립의 정당성을 여전히 '남조선 해방' 즉, 통일에 두고 있기 때문이라는 입장이다. 이에 따르면 북한 정권은 대내 정치적 필요성에 의해 지속적으로 남조선 해방을 추구하고, 그것의 수단으로서 평화협정 체결을 모색하는 것이라고 해석된다. 때문에 북한의 평화협정 체결은 전쟁이 아닌 체제 생존을 위한 또 다른 안보적 수단이 된다.

제하기 위한 평화협정 체결은 평화체제 구축이라는 적극적 평화를 달성하기 어렵다. 평화협정은 갈등 상황을 억제 또는 해소하는 데 그치는 것이 아니라 완전한 평화체제 구축을 위한 미래지향적인 목적을 추구할 때 성공할 수 있을 것이다. 그렇기 때문에 이 글은 남북 간 안보담론을 대체할 평화담론을 형성하여, 이러한 환경을 기반으로 평화협정이 체결될 때가 진정한 한반도 평화체제 구축의 시작으로 본다. 따라서 이 글은 평화 그 자체를 위한 평화협정 논의를 지양해야 한다고 본다.

우리는 분단으로부터 발생하는 남북 간 현상적 갈등뿐만 아니라, 우리의 삶 전반에 만연해 있는 구조적·문화적 갈등과 폭력을 해소하고, 나아가 민족공동체 회복을 위한 과정으로서 평화체제 구축을 위한 평화협정 논의를 지향해야 할 것이다. 이를 위해서는 평화담론의 형성을 통해 도출된 평화협정과 평화체제 구축, 그리고 통일이라는 미래 지향적 선형성이 전제되어야 할 것이다. 평화가 한반도의 지배적 담론일 경우, 또 다른 안보적 수단으로서의 평화협정이 아닌, 실질적인 평화 달성을 위한 평화협정 체결 논의가 모색될 것이다. 그렇게 되면, 주한미군 철수, 유엔사 해체를 비롯하여 군비통제 및 군비축소는 더 이상 평화협정의 주된 목적으로 설정될 수 없을 것이다. 단지 이들 문제는 평화체제 구축을 위한 과정 속에서 다루어지는 하나의 하위 주제가 될 것이다. 이러한 점에서 이 글은 기존의 평화협정 내용과 주요 쟁점들을 살펴보고, 한반도 평화체제 구축의 시작으로서 '평화담론' 형성과 관련한 '평화협정' 체결 문제를 논의하고자 한다.

II. 왜 우리는 그동안 '평화협정'을 체결하지 못했는가?

남북갈등은 분단과 전쟁이라는 경험뿐만 아니라 지속적인 적대적 상호작용에 의해 재생산되어왔다. 즉, 적대적 상호작용 속에서 통일을 활용한 남북한 존립의 정당화는 그 자체로 각자의 인식과 서로에 대한 행동들을 제한해 왔다. 그리고 이러한 남북관계는 숙적관계, 분단체제, 분단구조라는 표현과 같이 정치, 경제, 사회, 문화적인 갈등이 중첩된 형태로 구조화되었다. 이러한 남북한 갈등관계는 국가라는 보편성과 민족이라는 특수성이 공존하는 이중적 속성을 통해 재생산되었다. 일례로 1991년 9월 17일 남한(161번)과 북한(160번)은 국제사회의 주권국가로서 UN에 동시 가입했다.

반면, 1991년 12월에 체결된 '남북기본합의서'는 남북한을 "쌍방 사이의 관계가 나라와 나라 사이의 관계가 아닌 통일을 지향하는 과정에서 잠정적으로 형성되는 특수관계"로 규정하고 있다. 그 때문에 국제법상 남북한은 주권국으로서 서로의 실체를 인정해야 함과 동시에 특수관계로서 서로의 국가성을 부정하는 모순적 또는 이중적 실체로 존재하고 있다(박명규 2012, 73). 그러나 주권국가로서 서로에 대한 실체 인정은 한반도 분단의 공식화를 의미한다는 점에서 남북관계에서는 사실상 특수관계 논리가 지배적이었다(유정열 1992, 2; 김근식 2001, 99).

이러한 남북관계 성격에서도 알 수 있듯이, 그동안 서로는 자신을 불완전한 존재로서 인식했다. 따라서 통일이라는 자기완결성을 지향하는 것과 궁극적으로 이를 이루는 것은 남북한 각각은 스스로 모두에게 있어 '정의로운' 것이라 인식하고 행위한다. 즉, 남북관계에서 통일은 '정의의 회복 또는 실현'으로 이해되었다. 통일을 정의로운 것으로 이해할 때, 이에 근거한 행위는 옹호되고 정당화되며, 나아가 도덕적인 것이 된다. 그렇기 때문에 남북한 서로에 대한 적대감 표출은 비난받을 행위가 아니었으며, 그 자체로서 정권 존립의 정당화에 기여하게 되었다. 그리고 이러한 적대감 표출은 남북한사회의 일상적 삶 속에서 받아들여졌으며, 이는 때때로 극단적인 사회 통제를 정당화했다.[2]

사실 남북한 간 적대감 표출과 이를 활용한 내적 통제는 단순히 통일의

---

2) 예를 들어, 다원적 가치를 지향하는 남한사회조차도 여전히 '애국-종북 프레임'을 통한 사회 통제 문제는 극복되지 못하고 있다.

정당성 문제에만 기인하는 것은 아니었다. 한국전쟁의 경험과 냉전은 남북 갈등의 한 축인 국민들의 '강압적 동의'와 '자발적 동의'를 추동했기 때문이다. 한국전쟁 이후 남북한은 갈등을 재생산하는 동원, 감시체제를 구축했고, 동시에 이는 국민들의 인식에 영향을 미침으로써 서로에 대한 적대감과 불신을 구조화했다(김득중 2007). 따라서 남북한 갈등은 정서적 차원과 제도 및 체제의 차원에서 작동함으로써 평화의 논리는 안보의 논리에 종속되었다.3)

한편, 민족공동체 회복이라는 통일의 정당성 그 자체의 근거에 의해서도 남북갈등이 지속되었다. 남한과 북한이 주장하는 통일에 대한 논리는 '민족적 회복'이라는 공동체 회복을 공유한다(박명규 2012, 45). 그러나 남북관계에 있어 '민족' 개념은 실질적인 행위 주체로서 영향력을 행사하지 못하며, 나아가 그 개념도 다르게 규정된다(강성윤 1981; 서재진 1993; 전상인 1994; 전미영 2003). 그렇기 때문에 당위적 차원에서 민족은 통일의 주체이고, 또 회복해야 할 정의의 기준이지만, 이는 곧 갈등을 재생산하는 역설적 근거가 되었다. 따라서 남북은 통일을 지향하는 '국가-민족'이라는 이중적인 관계적 속성을 공유함으로써 서로가 '피해자'이자 '가해자'로서 존재했다. 결국, 남북관계의 특수성으로 인해 갈등 해결에 대한 인식은 서로에 대한 이해와 포용이 아닌 책임전가 및 처벌의 고통에 초점을 맞추게 되었다.

특히, 북한의 대남 적대적 군사 행동 이후 국제사회 및 남한의 대북제재 (즉 책임부가 및 처벌의 고통에 초점을 둔 응보적 정의의 실현)는 역설적으로 관계 회복보다 갈등을 더욱 심화시켰다. 게다가 이러한 갈등 해결 방식은 북한이 자신을 피해자로 규정하게 만듦으로써 인권 탄압 및 정권의 독재를 정당화하는 데 활용되게 만들었다. 응보적 정의 차원에서 북한의 행위 조정을 목적으로 한 제재는 그것이 정권 존립 근거로 활용되었고, 남북갈등을 재생산

---

3) 김정은은 2016년 5월 10일 제7차 당대회 폐회사에서 "당 제7차 대회는 온 사회의 김일성-김정일주의화의 기치 밑에 사회주의강국을 전면적으로 건설하여 우리 인민의 꿈과 리상을 실현하기 위한 휘황한 설계도를 펼쳐놓았으며 조국의 자주적 통일을 이룩하고 온 세계의 자주화를 다그치는데서 나서는 강령적 과업들을 제시하였습니다"라고 밝히고 있다(로동신문 16/05/10).

하는 '제재의 역설'을 발생시켰다.

　이러한 점에서 필자는 행위자의 관계적 회복에 초점을 둔 '회복적 평화협정' 문제를 논하고자 한다. 즉, 평화협정이 역설적으로 남북갈등을 재생산하는 문제인 응보적 관점을 지적하고, 그것의 대안으로서 '회복적 관점'에 초점을 맞추어 남북한관계 회복에 대해 논의하고자 한다. 여기서 응보적 관점이란 '응보적 정의(retributive justice)'로서 제재 및 처벌과 같은 징벌적 갈등 해결을 의미한다. 반면, 회복적 관점이란 '회복적 정의(restorative justice)'로서 피해자뿐만 아니라 가해자도 동시에 치유함으로써 갈등의 처벌 또는 봉합이 아닌 관계 회복에 초점을 둔 근원적 문제 해결을 의미한다(하워드 제어 2015).

III. 왜 한반도 '평화협정'은 '평화담론'이 전제되어야 하는가?

　그동안 많은 연구들은 "왜 남북한은 '평화협정'을 모색해야 하는가?"라는 물음에 치중해 있었다. 그 때문에 기존 연구들은 "왜 남북한은 평화협정을 체결하지 못했는가?"에 대한 문제에는 상대적으로 소홀했다. 사실 후자의 문제는 그 이유가 상대적으로 명확히 드러나는데, 평화협정을 둘러싼 논의 즉, 행위자·방법·구성 문제가 남북한 간에 있어 쉽게 타협하기 힘든 정치적, 안보적 이익과 밀접한 관련이 있기 때문이다. 따라서 남북한이 평화협정을 주장할수록 대립과 갈등이 발생하는 역설이 발생했다. 즉, 그동안의 평화협정을 둘러싼 논의는 평화의 문제라기보다는 안보의 문제로 접근되었고, 이는 안보를 지배적 담론으로 존재시킴으로써 분단체제를 지속시켰다.

　이렇게 볼 때 평화협정이 체결되지 못한 근본적 원인은 평화에 대한 행위자의 인식과 이에 따른 실천을 제약하는 안보담론이 여전히 강력하기 때문이다. 남북한 인식을 전환시키고, 이에 기초한 평화적 실천으로서 평화협정을 모색하기 위해서는 평화담론이 안보담론을 대체한 한반도의 지배담론이 되어야 할 것이다. 한반도 갈등 구조를 해체하고 평화체제 구축을 통한 평화통일이라는 긍정적 방향성을 전제할 때 평화협정은 체결될 것이고, 이렇게 체결된 평화협정은 실패하지 않을 것이다. 그렇다면, 평화담론이란 무엇이며, 이러한 평화담론이 어떻게 평화협정으로 전환될 수 있는가? 나아가 우리가 지향해야 할 평화협정의 형태는 어떠해야 하는가?

1. 평화란 무엇인가?

우선, 평화담론에 대해 논의하기 전에 평화의 개념이 무엇인지 살펴봐야 한다. 평화개념은 정치적, 사회적, 문화적 상대성을 나타낸다. 예를 들어, 아랍 문화권에서 평화는 삶의 형식으로서 정의의 실현 문제와 관련된다. 한편, 중국에서의 평화는 공동체의 번영을 위한 법, 질서와 관련된다. 그리고 중세 유럽과 인도에서의 평화는 민중의 경제적 빈곤 문제 즉, 최소한의 생존 기반이 확보된 상태를 의미했다(구갑우 2007, 91; 이상근 2015, 133-134). 그러나 1, 2차 세계대전의 경험과 서구식 근대 산업화가 확산되면서, 평화는 국제관계의 힘의 논리를 그대로 반영한 '질서'로서의 개념으로 전 세계에 투사되었다(정천구 2011, 40). 그 때문에 근대의 평화 개념은 질서 유지를 위한 '전쟁과 폭력의 부재 상태'로 이해되었다. 그러나 이러한 개념은 그 스스로 평화에 대한 인식과 실천성을 축소·제한했고, 나아가 정의, 조화, 협력, 통합과 괴리되는 문제를 발생시켰다.

이러한 문제를 해소하고자 갈퉁(Johan Galting)은 평화를 '소극적' 차원과 '적극적' 차원으로 나눔으로써, 행위자의 인식과 실천성을 강조한 '진정한 평화' 관념을 확립했다. 여기서 소극적 차원의 평화는 '직접적인 폭력의 부재 상태'를 의미한다. 적극적 차원의 평화는 직접적인 폭력의 부재 상태와 더불어 인간의 삶과 밀접한 관련이 있는 '구조적·문화적 폭력이 부재한 상태'를 의미한다. 그 때문에 갈퉁의 '적극적 평화(positive peace)' 개념은 평화연구와 평화운동을 위한 '평화담론'의 관념적 기반이 되었다(Galtung 1967).

갈퉁의 소극적 평화와 적극적 평화는 다음의 세 가지 평화 개념을 통해서 그 의미가 좀 더 명확히 드러난다. 첫째, 고전적 의미의 평화로서 이는 안정과 균형의 상태를 의미한다. 이러한 평화는 보통 법과 질서에 의해 달성된다는 점에서 소극적 평화 개념과 유사하지만, 폭력을 배제하지 않는다는 점에서 차이가 발생한다.

둘째, 집단적·물리적 폭력이 부재한 상태의 평화이다. 이러한 평화는 종족 간, 계급 간에 발생하는 집단적인 물리적 폭력 발생의 부재를 의미한다. 즉, 소극적 평화로서 이러한 평화는 내전과 같은 집단 학살을 비롯하여 개인 간 폭력이 발생하지 않는 상태를 뜻한다. 따라서 이러한 개념은 완전히 전쟁이 부재하지 않더라도 그것이 예방되거나 억제되면, 평화가 달성된 것으로 이해한다.

셋째, 앞서 두 가지 형태의 소극적 또는 부정적 차원의 개념과 달리 폭력의 부재 그 이상의 상태로서 갈등 해결과 협력이 달성된 평화이다. 이는 적극적 형태의 평화로서 단지 폭력의 극단적 형태인 전쟁 억제뿐만 아니라 구조적 폭력 등이 배제된 상태의 평화를 의미한다. 여기서 구조적 폭력의 부재는 물리적 폭력을 비롯하여 심리적 폭력의 부재까지 포함된다. 또한 이는 의도적인 폭력과 의도치 않은 폭력의 부재를 비롯하여 현재적 폭력과 잠재적 폭력의 부재를 의미한다. 그리고 구조적 폭력의 부재는 또다시 개별적 폭력과 구조적 폭력의 부재로 구분된다. 개별적 폭력은 직접적 차원에서 어떠한 변화를 초래하는 폭력을 의미하는 반면, 구조적 폭력은 사회 문화적 영향력과 같은 보이지 않는 간접적 차원의 폭력을 의미한다. 그렇기 때문에 갈퉁은 개별적 폭력이 분명 해롭고 나쁜 것임에도 불구하고, 구조적 폭력을 평화를 방해하는 문제의 본질로서 규정한다(Galtung 1969, 168).

볼딩(Kenneth Boulding)도 평화를 '안정적 평화(stable peace)'와 '불안정한 평화(unstable peace)'로 구분한다. 안정적 평화는 전쟁의 발생가능성이 없는 상태를 의미한다. 반면 불안정한 평화는 갈퉁의 소극적 평화와 마찬가지로 합의된 규제나 협정, 나아가 힘에 의한 균형과 안정을 통해 달성된 평화를 의미한다(Boulding 1979).

갈퉁의 소극적 평화나 볼딩의 불안정한 평화 개념은 현실의 문제를 반
영하고 있다는 점에서 한반도 안보담론이 지배적 위치를 유지하게 만든다.
그러나 이는 우리가 평화협정을 위해 지양해야 할 지점이다. 하지만 불안정
한 평화나 소극적 평화는 한반도 상황을 고려할 때 절대 간과할 수 없는
개념이기도 하다. 왜냐하면 평화협정은 현실의 문제를 반영하고 있고, 나아
가 그에 기반을 둔 실천성을 모색해야 하기 때문이다. 물론 갈퉁이나 볼딩
의 개념에 의하면 한반도는 소극적 차원의 평화조차도 달성되지 못하고 있
다. 전쟁은 억제되고 있을지 몰라도 남북한 간에는 지난 70여 년 동안 군사
적 충돌이라는 직접적인 물리적 폭력이 상시적으로 발생했기 때문이다. 그
렇게 볼 때 소극적 차원이라도 평화를 달성하고자 노력하는 것이 적극적 평
화라는 이상적 목표보다는 오히려 한반도 평화 달성에 있어 더 현실적일 것
이다(이상근 2015, 136).

그러나 현실적 차원이든, 하나의 목표이든 적극적 평화가 아닌 평화의
개념은 그동안 남북이 겪었던 갈등의 재생산을 초래할 뿐이다. 게다가 적극
적 평화는 소극적 평화라는 하나의 과정을 겪어야지만 달성되는 것도 아니
다. 어쩌면 적극적 평화는 한반도 분단체제에서 실현 불가능할 수도 있다고
평가하는 것이 오히려 더 현실적이 될 수도 있다. 왜냐하면, 남한과 북한은
서로의 존재를 부정하는 가운데 정권의 정당성을 확보했기 때문이다. 즉,
소극적 차원의 평화 달성은 반대로 분단 유지의 공고화를 의미할 수 있다는
점에서 남북한 모두 정권 존립의 정당성을 훼손하기 때문이다. 북한은 과거
흐루시초프(Nikita Khrushchyov)의 평화공존을 비판한 바 있으며, 현재도 공
식적으로 한반도 적화통일을 포기하지 않고 있다. 남한도 선거 때마다 안보
문제가 중요한 이슈로 존재하고 있다.

이렇게 볼 때 우리가 적극적 평화를 지향한다고 해서 무조건 현실의 문
제를 간과한다고 볼 수 없다. 오히려 적극적 평화를 지향하는 것이 한반도
의 특수성을 반영한 분단 문제를 평화통일이라는 방향성 속에서 다룰 수 있
기 때문이다. 다시 말해, 이렇게 접근할 때 평화는 수단이자 목표이고, 또한

과정이 될 수 있다(서보혁 2015, 138).

2. 평화담론이란 무엇인가?

보통 담론은 사회 속 인간의 제 관계와 관련된 언어로서 형성되고 유통되는 집합을 지칭한다. 그렇기 때문에 담론은 우리가 사회 내에서 일상적으로 접하게 되는 무수한 문제들 즉, 인간의 모든 언어 행위와 이로 인해 이루어지는 모든 관계를 포괄한다. 따라서 담론은 아주 작은 범위에서 개별 행위자 간 대화부터 특정 사회의 문화적, 사회적, 정치적, 역사적 지식이나 이데올로기일 수 있다. 이러한 점에서 하워스와 토핑은 담론을 "언어의 의미론과 화용론적 측면을 결합시켜주는 의미화의 연쇄 고리들로 이루어진 관계망"으로 정의한다(Howarth & Torfing 2005, 14).

이는 담론이 평화와 결합하여 평화협정 체결의 전제가 되어야 하는 이유를 잘 나타낸다. 담론은 인간 삶의 전반과 밀접한 연관을 맺고 있기도 하지만, 무엇보다 사회를 구성하고 지배하는 지식 및 권력과 관계되기 때문이다. 담론은 사람들의 인식과 관념에 영향을 미침으로써 사회적 실천 관계 또는 목표의 방향성을 바꾼다. 따라서 안보담론은 분단체제를 통해 기득권을 유지하고자 하는 권력자들에 의해 구성된 정치적 담론의 결과라고 할 수 있다.

그렇게 볼 때 "평화란 무엇인가?"라는 문제제기는 그 본질의 문제도 중요하지만 궁극적으로 "무엇을 평화로 간주하게 되는가?"의 질문으로 치환됨으로써 안보담론을 대체할 수 있다. 평화를 이룩하기 위한 행위나 사건이 어떤 의미가 있는지, 나아가 그러한 것들이 한반도 평화를 달성하는 데 어떠한 영향이 있는지에 대한 공감대를 형성하는 것이 중요하다. 그리고 나아가 한반도 평화를 달성하는 것이 우리의 삶에 어떠한 밀접한 관련이 있는지를 인식하는 것이 중요하다.

소위, 한반도를 '평화화'하기 위해서는 우선 특정 문제 또는 형태를 평화라고 인식해야 하고, 이에 대한 사회 구성원의 동의가 수반되어야 한다. 그렇게 될 때 평화 문제는 소위 '정치화'되어 기존의 지배적 담론인 안보담론을 평화담론으로 대체할 지식과 권력 투쟁이 형성될 수 있다. 평화와 관련된 어떠한 특정 문제 즉, 평화협정의 문제가 평화화하는 데 성공하여 평화 문제로 다루어지게 되면, 관련 조치들은 정당화되고, 나아가 자원 배분에 있어 우선순위를 갖게 될 것이다. 물론, 평화담론이 형성되었다고 해서 당장에 안보담론을 대체할 수 있는 것은 아니다. 다양한 세력 간 권력 투쟁의 과정을 거쳐야 하며, 나아가 평화협정이라는 특정 사안뿐만 아니라 관련된 평화 문제가 모두 정치화되어야 할 것이다.

　그런데 문제는 평화담론이 지배적 담론으로 형성되면 그것이 그 자체로 권력화되어 폐쇄성을 갖게 된다는 점이다. 이러한 폐쇄성은 평화라는 명목 하에 또 다른 억압과 폭력을 생산할 수 있다. 게다가 남북관계의 특수성에 의해 안보담론을 대체한 평화담론이라고 하더라도 한편의 시각에 매몰될 가능성이 크다. 따라서 우리가 지향할 평화담론의 구축은 사실상 안보담론을 지배한 기존의 분단 구조 속 시각에 놓여 있을 수 있다는 점에서 새로운 패러다임을 구축해야 할 것이다. 그러한 점에서 회복적 정의의 개념은 남북한과 같이 장기갈등을 하고 있는 행위자 간 관계성 회복에 있어 완전히 새로운 관점을 제시한다.

　분단체제로 인한 지배적 안보담론은 응보적 정의의 관점에 기반을 두고 있다. 여기서 응보적 정의란 가해자에 대한 보복과 범죄 억제(예방) 효과를 목표로 한 처벌을 통해 사회적 질서를 유지하는 데 그 목적을 두고 있는 것을 말한다. 그렇기 때문에 응보적 정의 관점에 기반을 둔 안보담론은 강압적 방식의 처벌을 통해 미래의 폭력을 예방하고, 사회의 자기 방어력을 높임으로써 사회정의 즉, 평화를 실현하는 데 주된 목적을 두고 있다(Sanders and Young 2007, 1; Markel 1999, 425). 그러나 이러한 방법은 갈등에 의해 발생한 행위자의 피해나 행복에는 전혀 관심을 두지 않을 뿐만 아니라, 행위자 간 신뢰 회복도 가능케 하지 않는다. 그럼에도 불구하고 안보담론을 형성하는 사람들은 응보적 정의의 관점에서 평화 문제에 접근하는데, 이는 공정한 처벌이 갈등 발생 행위자에게 책임을 부과함으로써 균열된 질서를 회복시킨다고 믿기 때문이다(Croker 1999, 43-64).

남한과 북한은 그동안 갈등의 책임 문화를 분단체제 속에서 형성함으로써 한반도의 무질서 또는 부조화를 바로잡을 수 있다고 보았다. 그러나 약 70여 년간 군사화된 갈등관계를 유지하고 있는 데서 잘 나타나듯이, 응보적 정의 관점의 안보담론은 남북한 각자의 개인적 손상에 대한 치유, 그리고 이를 통한 공동체의 관계성 회복, 나아가 한반도 평화 실현에 대한 노력을 오히려 저해했다. 게다가 분단체제로 인해 남한과 북한 모두 문제 해결에 대한 노력은 오로지 죄의 유무성에만 초점을 맞춤으로써 오히려 서로의 관계는 악화되었다. 이러한 상황에서 아무리 평화담론이 안보담론을 대체한다고 한들 평화는 또 다른 갈등의 원인이 될 수밖에 없다.

따라서 새로운 평화담론은 기존과 다른 완전히 새로운 관점을 필요로 한다. 이러한 점에서 응보적 정의의 문제점들을 극복하고, 또한 더 나은 문제 해결 이론의 대안으로서 제시되기 시작한 회복적 정의의 관점은 우리가 지향해야 할 평화담론 및 평화협정의 새로운 시각을 제시한다.

3. 회복적 평화협정이란 무엇인가?

1) 회복적 정의의 개념

회복적 정의라는 용어는 1977년 이글리쉬(Eaglash)에 의하여 처음 사용되었다. 여기서 회복은 "어떠한 사물이나 사실관계를 본래의 상태로 되돌려 놓는 것"을 의미한다(Eaglash 1977, 92). 그 때문에 회복적 정의는 가해자의 처벌이라는 사후적 성격보다는 범죄로 인해 발생한 피해자의 손해에 집중하고, 문제 이전 상태로의 회귀에 집중한다. 따라서 브레이스웨이트(Braithwaite)는 범죄에 대한 피해자 중심성과 범죄 당사자 간 관계 및 사회적 동등성을 강조했다. 그리고 이 분야를 체계화한 제어(Zehr)는 범죄에 대한 당사자 간 관계성과 행위자 피해 회복의 의무를 강조했다.

먼저, 마셜(Marshall)의 정의는 좀 더 일반적이다. 그는 제어와 같이 행위자 중심성과 관계성에 초점을 맞추고 문제 해결 과정에 집중한다. 이러한 점에서 그는 "범죄의 여파와 그것의 의미를 어떻게 다룰 것인지를 결정하기 위해 특정 피해와 관련된 모든 당사자들이 함께 모이는 과정"으로서 회복적 정의를 규정한다(Marshall 1996, 37). 그 때문에 절차적 측면에서 마셜은 회복적 정의의 '과정'과 '결과'에 집중한다. 하지만 그는 정의의 목적에 부합한 핵심 가치에 대해서는 큰 관심을 기울이지 않았다. 그는 과정과 결과를 중시했지만, 과정을 정당화하는 가치, 그리고 결과를 정당화하는 가치 문제에는 소홀히 했다. 여러 논의에서 드러나듯이, 회복적 정의는 과정 이상의 것을 포함하는 데 그 목적이 있다. 또한 그는 과정과 결과를 중시한 나머지 집단적 논의를 중시하는 편향성을 나타냈다. 회복적 정의가 가해자, 피해자, 공동체를 중시하지만, 궁극적으로 피해자의 회복에 초점을 둔다는 점에서 반드시 집단적 논의가 정의를 실현하는 데 필수적인 것은 아니다(Phil Clark 2009, 197-199). 그리고 무엇보다 그의 논의는 체계적이지 못하다는 문제점이 존재한다.

회복적 정의에 대한 제어의 논의는 좀 더 체계적이다. 제어는 기본적으로 범죄를 "사람과 관계에 대한 침해다. 따라서 범죄는 잘못을 바로잡을 의무를 창출한다. 사법은 피해자, 가해자, 공동체가 잘못을 시정하고 화해와 안전을 촉진하는 해결책을 찾는 것이다"라고 정의한다. 그리고 그는 범죄로 인해 발생한 치유해야 할 손상을 '피해자에 대한 피해', '개인 상호 간의 관계에 대한 피해', '가해자에 대한 피해', '공동체에 대한 피해'로 구분한다. 이러한 네 가지 차원은 궁극적으로 정의 회복이라는 점에서 개별적인 것이 아닌 상호 유기적으로 존재한다(하워드 제어 2015, 207-211). 따라서 제어는 회복적 정의를 "잘못을 바로잡기 위해 노력하는 것"으로 규정한다. 그러나 그는 단지 '잘못을 바로잡는 것'에서 더 나아가 '가능한 많은 사람들이 발생한 잘못에 관여'하며, '잘못에 의해 발생한 손상과 그것에 대한 치유의 과정'으로써 회복적 정의를 설명한다(Zehr 2002, 37). 그 때문에 회복적 정의는 범죄로 인해 발생한 손상을 치유하는 것에 역점을 둔다(Ness and Strong 2010). 나아가 회복적 정의는 피해자가 이전과 다른 좀 더 나은 삶을 살아갈 수 있도록 하는 데 초점을 맞춘다. 제어가 설명한 회복적 정의에서 '회복'은 손상을 치유함으로써 단순한 과거의 상태로 회귀하는 것 이상을 의미한다.

그런데 문제는 마셜과 마찬가지로 제어도 행위자 중심성과 관계성에 너무 집중한 나머지, 정작 정의라는 중요한 '가치'의 문제를 소홀히 취급하고 있다는 것이다. 이러한 점에서 브레이스웨이트와 스트랭(Braithwaite and Strang)은 회복적 정의를 '정의 실현 과정'의 일환으로 보면서도 치료나 회복과 같은 '가치'의 문제를 강조했다(Braithwaite and Strang, 2001, 1-3). 특히, 브레이스웨이트는 회복적 정의를 "가장 회복적인 방법으로 불의에 대항해 투쟁하는 것"으로 규정함으로써 그것이 지향해야 할 실천적 방안에 집중하도록 만들었다(Braithwaite 2003, 1).

키스(Kiss)의 회복적 정의 구축 논의는 실천적 방안에 초점을 둔다는 점에서 개념의 체계화 및 실천적 방향성에 많은 함의를 제공한다. 그에 따르면 회복적 정의는 세 가지 측면의 노력을 통해 달성할 수 있다. 우선 그는 범죄로 인해 발생한 피해자의 인권에 대한 존엄성 회복을 강조한다. 두 번째로 그는 가해자의 책임성을 강조한다. 세 번째로는 가해자로 하여금 인권의 존엄성이 존중될 수 있는 사회적 조건 형성을 강조한다(Kiss 2000, 79). 키스의 회복적 정의 구축 방안은 응보적 정의와 상당 부분 중첩된다는 문제점이 노출된다. 피해자의 존엄성 회복 문제는 '가해자의 처벌을 통한 피해자의 존엄성 확인과 회복'이라는 응보적 정의론자들의 주장과 크게 다르지 않다. 그러나 그는 보복이 아닌 화해를 강조한다. 그는 문제 해결의 과정과 결과에서 가해자보다 피해자를 중시하고 또한 더 많은 역할을 부여한다.

지금까지의 논의를 정리하면, 대략 회복적 정의는 '부정의를 해소하기 위한 과정', '치유·화해에 초점을 맞춰 피해자 회복을 중심으로 가해자-피해자-공동체의 관계성 회복을 위한 과정,' 그리고 '이러한 과정을 통해 궁극적으로 사회정의 회복 및 실현에 도달하는 것' 등으로 이해할 수 있다.

2) 회복적 평화협정 모색

회복적 정의는 갈등에 대해 피해자를 중심으로 공동체의 관련 당사자가 참여하는 문제 해결 방식에 초점을 두고 있다. 회복적 평화협정은 특정한 하나의 실천적 방식을 고수하지 않고 일련의 원칙들을 지향하게 되는데, 이러한 원칙들은 크게 네 가지로 구성된다. 첫째, 남한과 북한 정부뿐만 아니라 관련된 개별 행위자 및 국가가 참여하는 하나의 '공간'을 구성한다. 둘째, 평화적 맥락에서 갈등을 바라본다. 셋째, 궁극적으로 평화통일이라는 미래 지향적인 또는 예방적인 문제 해결을 추구한다. 넷째, 앞서의 원칙들을 실행하는 데 있어 유연성 또는 창조성을 갖는다.

이러한 원칙들을 구성하기 위한 회복적 평화의 전제는 다음과 같다. 첫째, 갈등의 원인을 한 편의 대상으로 지목하기보다는 공동체의 사회적 조건 및 관계에 그 원인이 있다고 본다. 둘째, 갈등 예방은 문제의 원인이 되는 사회적 조건들을 치료하기 위한 목적으로 상호 책임성을 갖는다. 셋째, 갈등은 당사자 참여 없이 완전히 해결될 수 없다. 넷째, 문제 해결 절차는 각 사건에 대한 조치의 가능성, 개인적 요구와 특정 사건에 대해 유연하게 반응할 수 있어야 한다. 다섯째, 평화는 하나의 목적만을 지향하지 않는 균형적인 접근으로 구성된다(Marshall 1999, 6).

이러한 전제하에 회복적 평화협정은 다섯 가지의 목적을 지향한다. 첫째, 갈등의 피해자뿐만 아니라 그와 관련이 있거나 비슷한 영향을 받은 행위자들의 감정적, 사회적 요구를 완전히 충족시켜줘야 한다. 둘째, 비록 갈등을 유발했다고 하더라도 공동체의 일원이라는 것을 자각시킴으로써 갈등의 반복을 방지한다. 셋째, 갈등 유발 행위자가 스스로 자신의 행동에 대한 자발적 책임감을 갖도록 만든다. 넷째, 비록 갈등을 유발했다고 하더라도 상호 간 피해를 회복하고 균열된 공동체 재건을 위해 노력한다. 다섯째, 갈등과 그 해결에 있어 지연과 또 다른 갈등 확대를 피하기 위해 미국, 중국을 비롯한 국제사회의 공동체와 협력한다.

회복적 정의의 관점으로 본 평화협정 즉, 회복적 평화협정은 전제, 목적 등 응보적 정의 관점의 안보담론과 그 구성 원리 및 체계와 확연히 구분된다. 무엇보다도 회복적 평화협정은 강제성을 배제하고 자율성을 강조한다는 점에서 문제 해결의 과정에서 낙관적 방향성을 지향하고, 결과의 긍정성을 기대할 수 있게 만든다. 여기서 과정의 낙관적 방향성과 결과의 긍정성은 문제와 관련된 행위자의 치유, 화해, 회복을 의미한다. 물론 행위자의 자율성 범위는 문제가 될 수 있다. 참여를 통한 과정의 낙관성과 결과의 긍정성은 도덕적 동기에 기초해야 진정한 의미의 자율성을 담보할 수 있을 것이기 때문이다. 그러한 점에서 회복적 평화협정은 완전한 자율성을 전제하지 않는다. 회복적 평화협정은 하나의 바람직한 방향성 차원에서 사회라는 하나의 구조를 전제하고 각 행위자와 공동체의 정의 실현 및 회복을 목적으로 한다.

한편, 회복적 평화협정은 암묵적으로 도덕성을 전제하기는 하지만 그것의 중요성을 부각시키지 않는다. 오히려 도덕성의 강조는 정형화된 절차를 강조하게 만드는 역효과를 발생시킬 수 있기 때문이다. 하나의 상식적 명제로서 결국 도덕적 기준이라는 것은 공동체의 규칙과 질서를 강조한 강제성을 내재한다. 따라서 엄밀한 도덕적 기준은 궁극적으로 회복적 평화협정의 관점에 부합하지 않을 수 있다. 이는 회복적 정의의 관점이 비정형적 방법(유연성)을 통해 창조적인 갈등 해결의 원동력 창출을 그 목적으로 한다는 점에서도 확인할 수 있다(이승호 2007, 343-344). 그러한 점에서 회복적 평화협정은 자율성, 그리고 도덕성 문제가 중요하지 않다는 것이 아니라 그것을 넘어서는 이상향적인 입장을 견지한다.

IV. 평화협정의 내용과 주요 쟁점, 이슈는 무엇인가?

평화협정에 대한 논의는 체결 당사자 문제, 주한미군 철수 문제, 유엔사령부 해체 문제, 협정 성립 이후 유지·보장 문제를 둘러싸고 전개되었다. 나열한 문제를 보면 알 수 있듯이, 이러한 쟁점은 평화협정이라는 명목하에 평화보다는 곧 안보의 문제로 인식되었다는 점에서 오히려 안보담론을 강화시켰다. 그러한 이유 때문에 평화협정은 또 다른 남북갈등의 원인으로 작용하였다.

1. 남북 간 평화협정 논의의 전개 과정

한반도 평화협정 체결에 대한 논의는 북한 김일성의 연설로부터 시작되었다. 1955년 8월 김일성은 '8·15해방 10주년 기념대회'에서 평화적 방법에 의한 남북한 주도의 통일 문제 해결을 주장했다. 당시 김일성은 이에 대한 방법으로 남북한 군대의 축소를 제안했다. 이후 1957년 9월 최고인민회의 제2기 1차회의에서 김일성은 '정전협정의 평화체제로 전환'을 주장함으로써 간접적으로 평화협정의 문제를 제안하기 시작했다. 이때도 김일성은 남북한 군대의 축소 문제를 제안했는데, 이전과 달라진 점은 남북한 주도의 통일에서 '모든 외국군대 철수'를 주장하기 시작했다는 것이다. 결국 1962년 10월 23일 최고인민회의 제3기 1차회의에서 김일성은 앞서의 발언들을 다시 한번 강조하며, 처음으로 직접적인 "북남 조선 간의 평화협정 체결"을 제안하였다.

당시 남한은 북한의 평화협정 제안에 대해 별다른 입장을 밝히지 않았다. 왜냐하면, 6·25전쟁 이후부터 1960년대까지 남한의 군사력과 경제력은 북한에 비해 열세였기 때문이었다. 또한 표면적으로 볼 때 남한의 이승만 대통령은 무력 북진통일론을 주장하는 등 강경한 대북 및 통일정책을 피력했지만, 사실상 이는 대내정치적 차원의 의미가 더 강했다. 그 때문에 남한은 평화협정에 대한 입장을 내놓기보다는 남북한 자유총선거 실시와 같은 통일 방안을 제안하는 데 그쳤다(심지연 2001, 49).

1960년대 북한의 평화협정 제안은 1963년 공화국 창건 15주년 기념보고를 끝으로 1969년까지 등장하지 않았다가 1970년대 들어서 재개되기 시작했다. 이는 데탕트라는 국제정세에 기인하는데, 1971년 4월 북한은 최고인민회의 제4기 5차회의에서 8개 항의 평화통일 방안을 통해 주한외국군 철수, 한미상호방위조약 및 한일조약 폐기, 남북군축 등을 주장했다. 그러나 1974년 3월 최고인민회의 제5기 3차회의에서 북한은 '미합중국 국회에 보내는 편지'를 채택함으로써 평화협정 당사자를 남한에서 미국으로 전환하기 시작했다. 북한은 그동안 남한을 상대로 주장하던 평화협정의 내용 즉, 상호불가침, 군비 축소, 주한미군 철수 등을 북미 평화협정의 내용으로 제안하기 시작했다. 그리고 북한의 북미 평화협정의 제안은 국제무대로까지 확대되었다. 1975년 8월 제30차 유엔총회에서 북한은 유엔군사령부 해체, 주한외국군 철수, 정전협정의 평화협정으로의 대체, 남북한 동등한 군비 축소 등이 포함된 한반도 평화·통일 관련 결의안을 상정하여 11월 18일 통과시켰다(서보혁 2009, 65-66).

북한의 북미 평화협정 체결 제안은 '당사자' 문제의 발단이 되었다. 북한이 남한이 아닌 미국과 평화협정을 체결해야 된다고 주장하는 근거는 바로 정전협정 체결의 당사자 논리이다. 정전협정에는 남한이 빠진 북한인민군, 중공군, 유엔군 사령관이 서명하였는데, 1958년에 이미 중공군이 북한에서 철수했다는 점에서 북한은 북미 평화협정을 주장하기 시작했다. 당시 북한의 입장 변화는 데탕트라는 국제정세의 변화도 있지만 무엇보다 '파리평화협정'이 많은 영향을 미쳤다. 미국은 베트남전쟁의 철군 명분을 위해 월맹과 평화협정을 체결했는데, 이때 월남의 입장은 철저히 배제되었다. 게다가 파리평화협정 체결로 인한 미군 철수 이후 베트남은 월맹에 의해 적화통일되었다.

한편, 1970년대 남한은 이전과 달리 통일에 대한 자신감을 피력했다. 그러나 여전히 남한은 북한에 비해 군사적으로 열세라고 인식하고 있었다. 때문에 남한은 통일보다는 평화를 강조함으로써 사실상 평화협정에 대해 소극적 입장을 견지했다. 1974년 8월 박정희 대통령은 '평화통일 3대 기본원칙'을 발표했지만, '선평화 후통일'을 기조로 내세우면서 평화와 통일을 간접적으로 분리시키고자 하였다(김영재 2003, 152-153).

1980년대 들어 북한의 평화협정 체결 주장은 다시 한번 변하는데, 소위 남한을 하나의 협상장치로 설정하기 시작한 것이다. 북한은 1984년 남북미 3자회담을 제의하면서, 남북 불가침선언 등을 이야기하고 있지만, 실질적인 평화협정 체결의 당사자로 여전히 미국을 지목하고 있다. 따라서 북한은 남한과의 불가침 협정을 활용하여 북미 평화협정 체결의 진의를 미국에게 호소하는 전략을 구사했다. 1988년 11월 북한은 통일 지향, 외국군 철수, 남북 군축, 남북미 3자대화 등 '평화보장 4원칙'을 제시하였다. 그러나 1990년 5

월 개최된 최고인민회의 제9기 1차회의에서 북한은 미국이 평화협정 체결 당사자라는 것을 다시 한번 강조하였다.

평화협정에 대한 북한의 기본 입장 즉, 북미 당사자 주한미군 철수 등은 냉전 해체 이후에도 지속되었다. 다만, 변화된 것이 있다면 1980년대 하나의 협상장치로서 설정하던 남한을 완전히 평화협정 체결 논의에서 제외하고 있다는 점이다. 또한 북한은 1991년 군사정전위 유엔 측 수석대표에 한국군 장성이 임명된 것에 반발하여 정전협정을 무력화하기 위해 노력했다. 하지만 1990년대부터 불거지기 시작한 북핵 문제로 인해 평화협정은 좀 더 복잡한 양상을 띠기 시작했다. 그리고 냉전기 대남전략의 일환으로서 활용되던 평화협정 문제가 탈냉전기에 들어서면서부터 북한 체제생존을 위한 또 다른 안보 수단으로서의 성격이 부각되기 시작했다.

1994년 10월 제네바합의로 제1차 북핵 위기가 해소되면서, 남한은 평화협정 체결에 대해 보다 적극적인 태도를 보이기 시작했다. 이의 일환으로 남한은 남북정상회담을 계기로 4자회담을 미국과 공동 제의하였다. 당시 남한이 설정한 4자회담의 기본원칙들은 다음과 같은데, 첫째 남북 간 신뢰구축을 위한 평화체제의 장기적 추진, 둘째 남북 당사자 간 협상 원칙, 셋째 관련 국가들의 협조와 뒷받침, 넷째 남북 간 합의사항 존중, 다섯째 현 정전체제 유지이다(전재성 2006, 54-56). 이렇듯 남한은 4자회담을 통해 북한의 평화협정에 대응했고, 나아가 한반도 문제에 대한 주도권을 쥐고자 하였다. 남한은 4자회담 방식을 '2+2'의 형식으로 구성함으로써, 북한이 주장하는 북미 평화협정 체결을 통한 남한 배제나 주한미군 철수 문제가 부각되는 것을 방지하고자 하였다. 남한은 4자회담에서 한반도 평화 문제와 북미 양자 간 교섭 문제를 분리하고자 했고, 동시에 평화협정 문제에 대한 미국의 대북 직접 협상 금지를 원칙으로 내세웠다.[4]

당시 북한은 4자회담에 대해 상당한 거부감을 갖고 있었는데, 그럼에도

---

[4] 남한은 남북 주도의 평화체제 구축과, 이에 대한 미국, 중국의 보장을 주장했다(이헌경 2002, 181-182).

불구하고 이를 받아들인 이유는 핵 문제를 비롯한 국제적 고립과 압박 때문이었다. 북한은 4자회담에 대해 "조선반도의 평화와 안전 문제를 논의하자는 회담으로서 우리의 안보이익에 부합되면 하는 것이고 그렇지 않으면 안하는 것"이라고 밝혔었다(조선중앙통신 97/04/12). 따라서 4자회담은 1999년 8월 제6차 회담 이후 종결되었고, 북한은 다시 대미 접근을 통한 북미 평화협정 체결을 지속적으로 주장하였다. 이의 일환으로 2000년 10월 북한과 미국은 "쌍방은 조선반도에서 긴장상태를 완화하고 1953년 정전협정을 공고한 평화보장체계로 바꾸어 조선전쟁을 공식 종식시키는 데서 4자회담 등 여러 가지 방도들이 있다는 데 대하여 견해를 같이하였다"고 '북미 공동성명'을 발표하였다(하영선 2006, 178). 그러나 2001년 부시 행정부가 등장하게 되면서 북한에 대한 압박과 고립이 더욱 심화되면서 북미관계는 악화되기 시작했다. 이 당시 북한의 발언들을 보면, 평화협정에 대한 북한의 입장이 냉전기와 다르다는 것이 극명히 드러난다. 가령, 2002년 10월 북한 외무성은 "조미 사이의 불가침조약 체결이 핵 문제 해결의 합리적이고 현실적인 방도"라고 주장하면서, 체제생존의 전략으로서 즉, 수세적 입장에서 평화협정 체결을 주장하고 있음을 알 수 있다. 이는 냉전기 대남 전략의 일환으로서 평화협정 체결 문제를 주장했던 북한의 공세적 입장과 대립된다.

정리하면, 그동안 평화협정에 대한 북한의 입장과 전략적 성격은 변화해왔다. 북한은 탈냉전 이후 국제사회의 고립과 압박에 대처하기 위해 핵을 한 축(강경전략)으로, 또 평화협정을 다른 축(유화전략)으로 한 체제생존 전략을 취하고 있다. 한편, 평화협정에 대해 남한은 냉전기에 수세적 입장을 보였던 것과 달리 탈냉전기에 들어 적극적 입장으로 선회했다. 결국, 북한과 남한의 평화협정이 그동안 안보적 차원에서 접근됨으로써 이는 분단체제의 지속을 구성하는 또 다른 원인으로 작용하고 있다.

2. 평화협정에 대한 주요 쟁점

1) 체결 당사자 문제

평화협정의 핵심 쟁점은 체결 당사자 문제이다. 북한이 주장하고 있는 당사자의 남한 배제 논리는 '정전협정'에서부터 비롯된다. 당시 정전협정은 유엔군사령관, 조선인민군 최고사령관, 중국 인민지원군 사령원의 서명으로 체결되었다. 그 때문에 정전협정 체결의 당사자로만 볼 경우 남한이 서명에 참여하지 않았다는 점에서 북한의 주장은 논리적으로 성립될 수 있다. 그러나 남한은 한국전쟁의 실질적 교전국으로서 북한의 주장은 단지 형식 논리일 뿐이다.

게다가 북한의 평화협정 체결 당사자 논리는 그 자체로 모순이 발견된다. 예를 들어, 북한이 주장하고 있는 정전협정의 체결 당사자 논리를 그대로 적용한다면, 사실상 미국은 협상 당사자가 아니다. 왜냐하면, 실질적으로 정전협정을 체결한 대표는 유엔군사령관으로서 미군이 아니기 때문이다. 더욱이 유엔군사령관은 집단군으로서 남한을 비롯한 참전국들을 대표하는 것이지 미국을 대표하는 것이 아니었다. 따라서 북한이 주장하는 논리대로라면 평화협정은 유엔과 하든지, 아니면 남한을 비롯한 유엔 참전국 모두와 체결해야 한다.

한편, 북한의 당사자 논리는 그 스스로의 초기 입장을 통해서도 반박될 수 있다. 1974년 이전까지 북한은 남한과의 평화협정 체결을 주장했었다. 특히, 1954년 제네바회담에서 북한은 평화협정 체결의 대상을 남북한 정부로 규정했었다. 당시 북한은 "전쟁 상태를 점차적으로 퇴치하기 위한 조건들을 조성하며 쌍방의 군대를 평화 상태로 전환시킬 데 대한 문제를 심의하여 조선민주주의인민공화국 정부와 대한민국 정부에 해당한 협정을 체결할 것을 제의하기 위하여 조선민주주의공화국과 대한민국 대표들로 위원회를 구성할 것"을 주장했었다(남일 1955, 350). 또한 북한은 1992년 남북기본합의서를 통해서도 평화체제의 당사자가 남북한이라는 것에 동의했었다. 물론 북한의 이러한 주장에 대해 남한은 일찍부터 부정하고, 평화협정 체결의 당사자로 남북한을 내세우고 있다. 그리고 이러한 입장은 한 번도 변하지 않았다.

2) 주한미군 철수 및 유엔사령부 해체 문제

당사자 문제와 마찬가지로 평화협정 체결에 있어 가장 쟁점이 되며, 또 그 진의가 의심되는 대목이 주한미군 철수와 유엔사령부 해체 문제이다. 주한미군 철수 및 유엔사 해체 문제는 북한의 당사자 논리와 마찬가지로 평화협정을 안보의 또 다른 수단으로 활용하고자 하는 것을 잘 나타낸다. 북한은 처음부터 한반도의 외국군 주둔 철수 문제를 주장하면서 주한미군을 한반도 평화의 장애물로 규정하였다. 그 때문에 북한은 기회가 있을 때마다 주한미군 철수 문제를 주장하였고, 이를 유엔사령부 해체와 연계했다.

사실 북한이 유엔사령부 해체를 쟁점으로 상정하고 있는 것은 평화협정에 대한 관심과 논의를 좀 더 확장하기 위함이라고 할 수 있다. 왜냐하면 현재 유엔사령부는 전투 병력이 없다는 점에서 하나의 상징적 존재 그 이상의 역할을 하지 못하고 있기 때문이다. 따라서 유엔사령부의 존재가 북한의 안보적 차원에 있어 위협이 된다고 보기보다는 북미 평화협정을 위한 제도적 장애물 해체에 그 목적이 있다고 볼 수 있다. 만약 그것이 아니라면, 북한 스스로 평화협정 체결 주장에 대한 진의를 무너뜨리게 되는 것이기 때문이다. 유엔사령부의 존재 이유는 북한의 무력 공격을 억제하는 데 그 목적이 있다. 또한 유엔사령부가 한반도 평화와 안정을 위해 존재한다는 점에서 사실상 북한에 큰 위협적 존재는 아니다.

게다가 정전협정이 평화협정으로 대체되게 되면 유엔안보리 결의에 의해 자동적으로 유엔사령부는 해체하게 된다. 물론 유엔안보리 결의에 의해 설치되었다는 점에서 평화협정을 체결한다고 해서 자동적으로 유엔사령부가 해체되지 않을 수도 있다. 또한 그 기능이 북한의 남침 억제에서 한반도 평화유지 활동으로 전환될 수 있다. 그러나 평화협정이 체결되고 평화체제가 형성된다면 사실상 유엔사령부에 의한 한반도 평화유지 활동은 큰 역할을 하지 못한다는 점에서 유엔사령부 해체 문제는 사실상 큰 문제가 아니다. 그럼에도 불구하고 북한이 유엔사령부 해체를 주장했던 것은 제도적 차원에서 분단체제 해체를 위한 하나의 조건이 되기 때문이다.

북한이 주장하는 주한미군 철수와 유엔사령부 해체 문제는 냉전기에 있어 대남 전략의 하나로 인식되었다. 반면, 북한이 처한 현실을 고려할 때 주한미군이 철수하고 유엔사령부가 해체되었다고 해서 곧바로 무력 침공을 할 것이라고 보기는 어렵다. 평화협정이 평화체제 구축이라는 한반도 평화화를 모색한다면, 무엇이 위협인가보다는 무엇이 평화인가에 집중해야 할 것이다. 그러나 정작 남북 간에 존재하고 있는 평화협정 즉 평화 문제는 무엇이 위협인가에 초점이 맞춰져 있다.

사실 주한미군 주둔 문제는 한국과 미국의 문제이지 북한과 미국의 문제가 아니다. 물론 북한이 미국을 위협으로 규정한다는 점에서 주한미군 철수를 주장할 수도 있다. 그러나 주한미군의 존속 이유가 북한의 적대적 군사 행동과 같은 대남 위협에 기인한다고 본다면, 북한은 주한미군 철수를 주장할 것이 아니라 평화의 문제에 집중함으로써 주한미군의 존속 이유를 없애는 것이 더 현실적일 것이다. 북한이 더 이상 대남 적대적 군사 행동을 하지 않고, 남한과의 협력을 통해 상호 긴장이 완화되고 신뢰가 구축되어 평화협정을 체결하고, 실질적인 각종 법제도 및 군비통제가 이루어진다면, 오히려 주한미군 철수 문제는 북미 간 문제가 아닌 한미의 문제로서 다루어지게 될 것이다.

V. 맺음말

문제 해결에 있어 상대방에게 책임을 부과하는 응보적 관점은 남북갈등 해결에 도움이 되지 않는다. 주한미군 철수나 유엔사령부 해체, 그리고 당사자 문제 등 기존의 평화협정 논의는 안보의 또 다른 쟁점사안으로서 상대방에게 한반도 분단의 책임을 전가하는 데 초점을 맞추고 있다. 특히, 평화협정의 문제가 사실상 안보담론의 강화로 이어지면서 통일은 평화의 수단으로써 활용되고 있다. 그렇기 때문에 평화협정 그 자체를 목적으로 하는 것은 어떻게 보면 분단 유지 또는 반통일적 지향과 결부된다. 그러한 점에서 평화협정은 통일을 목적으로 한 가치지향적인 선형성을 내재해야 한다. 이를 위해서 무엇보다 우리의 인식을 바꾸는 것이 중요하다. 남북 간 신뢰를 구축하기 위해서는 평화 또는 통일의 장애물인 위협에 집중할 것이 아니라, 무엇이 평화의 문제인지에 집중해야 할 것이다. 지배적인 안보담론을 평화담론으로 전환시켜 남북한 인식을 재구성할 때 평화협정은 안보의 수단화가 되지 않고 그 자체로 통일을 목적으로 한 평화체제가 구축될 것이다.

그러기 위해서는 우선적으로 남과 북 모두 정전체제를 준수해야 할 것이다. 또한 남과 북은 그동안 맺은 각종 합의들을 성실히 이행해야 할 것이다. 그렇게 될 때 남북한 간에는 긴장이 완화되고 신뢰가 구축될 것이다. 평화협정은 단순히 정전체제 또는 분단체제를 종식시키는 데 있는 것이 아니다. 평화협정은 통일의 과정으로서 평화체제를 구축하기 위한 첫 걸음이다. 여러 사례들에서 나타나듯이, 이러한 과정이 생략된 평화협정은 곧 실패로 이어지게 될 것이다.

따라서 한반도 평화협정 논의는 평화담론 구축을 비롯하여 통일담론과 연계해야 한다. 평화담론이 통일을 지향하는 시민사회의 공론으로서 기능하게 되면, '평화는 현재', '통일은 미래'라는 이분법적 단순 사고를 벗어날 수 있게 해준다. 사실상 평화협정 논의가 안보담론과 결합하여 기존의 지배담론을 더욱 강화시키는 것은 분단체제로부터 발생하는 위협의 현재성과 관련되기 때문이다. 다시 말해, 위협의 현재성으로 인해 평화의 논의가 현 위협의 제거에 초점이 맞춰짐으로써 소극적 평화달성이라는 안보담론을 재생산했다. 이는 분단체제가 깨지지 않는 한 안보담론을 대체하는 평화담론도 결국 안보의 틀을 크게 벗어나기 어렵다는 것을 의미하는 것이다.

그러한 점에서 회복적 정의의 관점은 평화담론과 평화협정에 새로운 시각을 제시해준다. 회복적 정의는 관계성 회복이라는 결과만 중요시하지 않고, 그것을 달성하기 위한 과정 또한 중요시한다. 회복적 정의는 문제 해결을 위한 행위자의 대화와 참여를 중요시한다. 그리고 이러한 대화와 참여는 행위자 간 신뢰를 증진시킨다. 그러한 점에서 남북한 간에 회복해야 할 정의는 결과로서의 '통일'보다 과정으로서 '적대감 감소'와 '신뢰 회복'이고, 이는 곧 평화체제의 구축이다. 때문에 평화와 통일은 분리될 수 있지만, 그것은 곧 하나의 목표를 지향한다는 점에서 대립적이거나 서로 다른 것이 아니다. 그러나 그동안 한반도 평화 논의는 평화와 갈등이 안보화되었다는 점에서 다르거나 때론 대립적인 것으로 간주되었다.

현재 남북 평화협정에 있어 최대의 문제는 북핵 문제이다. 북한의 핵은 그 어떤 이유에서라도 용인될 수 없다. 하지만 북한을 가해자로 규정하여 처벌의 방식에 초점을 둔 문제 해결 시도는 역설적으로 북한으로 하여금 북핵 보유의 의지를 강화시키게 만들었다. 다시 말해, 북한 핵에 대한 응징적 해결 방식은 핵 보유의 욕구를 더 강화시키고 포기의 가능성을 낮추었다. 그러한 점에서 회복적 정의의 관점은 북한 핵 문제 해결을 비롯해 한반도 평화협정 문제에 대해 지금까지와는 다른 시각을 제공할 것이다.

참·고·문·헌

강성윤. 1981. "북한에 있어서의 민족과 민족주의."『안보연구』제11호.

구갑우. 2007.『비판적 평화연구와 한반도』. 서울: 후마니타스.

김근식. 2001. "북한의 유엔외교: 유엔가입 이전과 이후의 비교를 중심으로."『국제정치논총』제41집 4호, 99.

김득중 외. 2007.『죽엄으로써 나라를 지키자: 1950년대 반공, 동원, 감시의 시대』. 서울: 선인.

김영재. 2003. "분단체제의 극복 과정과 새로운 평화체제의 모색."『국제정치논총』제43집 4호, 152-153.

김정은. "조선로동당 제7차대회에서 한 폐회사."『로동신문』, 2016년 5월 10일.

남 일. 1995. "조선에서 평화조건을 보장할 데 대하여."『조선중앙년감』. 평양: 조선중앙통신사.

박명규. 2012.『남북경계선의 사회학』. 서울: 창비.

북한 외교부 대변인.『조선중앙통신』, 1997년 4월 12일.

서보혁. 2009. "북한의 평화 제안 추이와 그 특징."『북한연구학회보』제13권 제1호, 65-66.

_____. 2015. "한국 평화연구의 현황과 과제."『한국과 국제정치』제31권 제2호, 138.

서재진. 1993. "주체사상과 민족주의의 관계." 통일연구원 세미나시리즈 93-01.

심지연. 2001.『남북한 통일방안의 전개와 수렴』. 서울: 돌베개.

유정열. 1992. "남북한 UN 동시가입후 남북한의 외교정책 추이."『한국외대중동연구』제11집, 9.

이백철. 2002. "회복적 사법: 대안적 형벌체제로서의 이론적 정당성."『한국공안행정학회』제13호, 143.

이상근. 2015. "'안정적 평화' 개념과 한반도 적용 가능성."『한국정치학회보』49집 1호, 136.

이승호. 2007. "회복적 사법과 우리나라의 형사제재체계."『형사법연구』제19권 제3

호, 343-344.

이헌경. 2002. "한반도 평화체제 구축을 위한 4자회담." 『세계지역학회보』 제19집, 181-182.

전미영. 2003. "통일담론에 나타난 남북한 민족주의 비교연구: 통일이념의 모색." 『국제정치논총』 제43집 1호.

전상인. 1994. 『북한 민족주의 연구』. 서울: 민족통일연구원.

전재성. 2006. "한반도 평화체제: 남북한의 구상과 정책 비교검토." 『한국과 국제정치』 제22권 1호, 54-56.

정영철. 2010. "한반도의 '평화'와 '통일': 이론의 긴장과 현실의 통합." 『북한연구학회보』 제14권 제2호.

정준표. 1998. "북풍의 정치학: 선거와 북한변수." 『한국과 국제정치』 제14권 1호.

정천구. 2011. "평화의 두 가지 개념에 관한 논쟁: 적극적 평화와 소극적 평화." 『서석사회과학논총』 제4집 1호, 40.

하영선. 2006. 『북핵위기와 한반도 평화』. 서울: 동아시아연구원, 178.

하워드 제어 지음, 손진 옮김. 2015. 『회복적정의란 무엇인가?』. 서울: KAP.

Boulding, Kenneth. 1979. *Unstable Peace*. Austin: University of Texas Press.

Braithwaite, John. 2003. "Principles of Restorative Justice." *Restorative Justice and Criminal Justice: Competing or Reconcilable Paradigms?* Andrew von Hirsch et al., eds. Portland, OR: Hart Publishing.

Braithwaite, John, and Heather Strand. 2001. "Introduction: Restorative Justice and Civil Society." *Restorative Justice and Civil Society*. Heather Strand and John Braithwaite, eds. Cambridge: Cambridge University Press.

Clark, Phil. 2009. "Establishing a Conceptual Framework: Six Key Transitional Justice Themes." In *After Genocide: Transitional Justice*. Post-conflict Reconstruction and Reconciliation in Rwanda and Beyond. Phil Clark and Zachary D. Kaufman, eds. New York: Columbia University Press, 197-199.

Croker, David. 1999. "Reckoning with Past Wrongs: A Normative Framework." *Ethics & International Affairs*, Vol.13, 43-64.

Eaglash, Albert. 1977. *Beyond Restitution: Creative Restitution*. In Hudson and

Galaway, eds. Restitution in Criminal Justice. N.Y.: Lexington Books.

Galtung, Johan. 1967. *Theories of Peace: A Synthetic Approach to Peace Thinking.* Oslo: International Peace Research Institute, Oslo, September.

_____. 1969. "Violence, Peace, and Peace Research." *Journal of Peace Research*, Vol.6, No.3.

_____. 1996. *Peace by Peaceful Means: Peace and Conflict, Development and Civilization.* London: Sage Publications Ltd.

Howarth, D., & J. Torfin. 2005. *Discourse theory in european politics: Identity, Policy, and Governance.* London: Palgrave.

Kiss, Elizabeth. 2000. "Moral Ambition Within and Beyond Political Constraints: Reflections on Restorative Justice." *Truth v. Justice: the Morality of Truth Commissions.* Robert I. Rotberg and Dennis Thomson, eds. Princeton, N.J.: Princeton University Press.

Marshall, Tony F. 1996. "The Evolution of Restorative Justice in Britain." *European Journal of Criminal Policy and Research*, Vol.4.

_____. 1999. *Restorative Justice: an Overview.* London: Home Markel, Dan. 1999. "The Justice of Amnesty? Towards a Theory of Retributivism in Recovering States." *The University of Toronto Law Journal*, Vol.49, No.3.

Ness, Daniel Van, and Karen Heetderks Strong. 2010. *Restoring Justice-An Introduction to Restorative Justice.* 4th ed. New Province, N.J.: Matthew Bender & co., Inc.

Sanders, Andrew, and Richard Young. 2007. *Criminal Justice.* New York: Oxford University Press.

Zehr, Howard. 2002. *The Littlebook of Restorative Justice.* UNICEF.

제14장

한반도 평화통일과 동북아 지역 질서의 연계성

채재병 • 국가안보전략연구원

I. 머리말

한반도 분단의 원인인 냉전체제가 해체된 지 꽤 오랜 시간이 흘렀음에도 불구하고 남북한은 여전히 정치적, 군사적 대립과 갈등을 반복하고 있다. 그리고 이는 '미국의 위대한 부흥', '중화민족의 위대한 부흥', '강한 일본의 부활', '강한 러시아 부활' 등 주변 4강 각자의 국가 발전 전략 속 세력 경쟁과 맞물려 동북아 지역 질서의 불확실성을 증대시키고 있다(손열 2017, 8). 특히, 북한 핵 문제는 한반도를 넘어 동북아 지역의 안정과 평화에 장애가 되고 있다. 게다가 동북아 역내 국가 간 청산되지 않은 과거사 문제는 또 다른 갈등의 축이 되고 있다.

따라서 한반도를 둘러싼 동북아 국가 간 갈등 구조는 '한·미·일 남방삼각관계'와 '북·중·러 북방삼각관계'의 지속이라는 '세력구조'와 개별 국가 간에 존재하는 '관념구조'가 중첩됨으로써 한반도 냉전체제를 지속시키고 있다.

다시 말해, 경제적 상호의존이 심화되고 평화와 협력의 문제로서 세계화와 지역화가 확산되고 있지만, 동북아 지역은 냉전과 탈냉전이 공존하는 즉, 경제적 상호의존과 정치·군사적 갈등이 동시에 나타나는 소위, '아시아 패러독스' 현상이 나타나고 있다.

이렇게 볼 때 한반도 냉전체제는 남북한 두 정체의 내부구조, 남북한 관계구조, 동북아 지역구조라는 세 차원의 구조가 중첩되어 있다. 한반도 분단 지속은 세 차원의 갈등 구조가 상호 유기적으로 작동하면서 재생산되는 문제라고 할 수 있다. 그리고 한반도 통일 문제는 세 차원의 갈등 구조 해체와 밀접한 관계를 갖는다고 할 수 있다. 그러한 점에서 한반도 문제 해결은 세 차원의 갈등 구조 속에서 분단, 갈등, 그리고 평화, 통일이라는 복합적 연결고리를 풀어나가는 역동적인 과정을 필요로 한다. 그러나 그동안 우리는 한반도 문제를 주로 통일 문제로서 접근해왔기 때문에 남북 분단과 갈등, 평화의 문제는 통일의 당위성과 가능성에 함몰되어 하나의 단선적 과정 속에 위치한 이데올로기적인 차원으로만 접근한 측면이 있었다. 마찬가지로, 동북아 지역의 갈등과 평화에 대한 접근도, 사실상 통일과 동일시 된 한반도 문제를 해결하기 위한 우리의 역할에 그 초점이 맞춰져 단편적으로만 접근되어졌다.

분단체제에 대한 논의는 이러한 문제를 이해하는 데 많은 함의를 제공한다. 한반도 분단체제에 대한 이해는 통일의 과정으로서 국제체제라는 상층구조와 남북한 내부체제라는 하층구조, 그리고 남북한관계라는 중층구조가 상호작용하는 문제에 기반을 둔다. 분단체제에 대한 논의에 따르면 남북한관계의 개선이 동북아 지역의 안정과 평화에 기여하고, 이는 다시 남북한 내부체제에 영향을 미친다. 그리고 이는 다시 남북관계, 동북아 지역 질서에 영향을 미친다. 따라서 분단체제에 대한 논의는 분단과 갈등, 평화와 통일 등 한반도 문제와 동북아 지역 질서의 연계성을 이해하는 단초를 제공해 줄 수 있다.

그러한 점에서 이 글은 궁극적으로 통일을 지향하는 한반도 문제 해결의 본질이 무엇인지 살펴보고자 한다. 그리고 이를 통해 한반도 통일이 동북아 지역 질서와 어떠한 연계성을 갖는지를 이해하고자 한다. 이러한 논의의 목적은 한반도 문제를 종합적으로 분석함으로써 평화통일의 올바른 방향성을 재정립하기 위한 우리의 인식제고에 있다. 그리고 이는 궁극적으로 남북한 간 장기갈등을 해결하기 위한 방안 마련에 있어 우리의 실천적 역할 모색에 도움을 주는 함의를 제공해줄 것이다.

II. 한반도 통일 문제에 대한 접근

한반도 통일은 단순히 분단 이전의 상태로 회귀하는 것이 아니라, 현재의 상이한 정치, 경제, 사회, 문화를 극복하고, 남과 북이 하나의 국가 체제 속에서 민족공동체를 새롭게 형성하는 문제이다. 따라서 "왜 한반도는 통일이 되어야 하는가?"라는 질문은 국가 체제 수립과 민족공동체 형성이라는 두 문제와 관련이 된다. 그런데 이는 남북한 내적 차원, 남북관계적 차원, 동북아 및 국제적 차원에서 통일과정 및 방법, 통일한국의 형태를 둘러싸고 전개되면서 통일 문제를 복잡하게 만들고 있다. 다시 말해, 한반도 '통일과정' 및 '통일한국의 형태'와 관련된 문제는 세 수준의 차원 또는 상호 중첩된 차원에서 행위 주체 간 이해관계에 따라 그 방법과 관점이 다르다는 점에서 그 복잡성이 쉽게 해소되지 못하고 있다.

기본적으로 한반도 통일 문제는 민족 문제로서 접근된다. 왜냐하면 통일이 여러 세력의 이해관계나 이데올로기에 따라 흔들리지 않고 하나의 대승적인 국가 목표로서 제시되고, 또 추진되기 위해서는 쉽게 깨질 수 없는 그 자체의 확실한 도덕적 명분이 필요하기 때문이다. 민족공동체 회복으로서 통일의 정당성을 확보하여 그 도덕적 가치를 내장하는 것은 통일의 당위성을 지나치게 강조하게 되어 역설적으로 통일의 원동력을 낮추는 문제를 드러내고 있다. 보통, 국가정책은 현실의 조건들을 고려하여 설정되지만, 그 목표가 도덕적 가치에 기반을 둘 경우 이는 당위적으로 정당화된다(이병수 2010, 357). 그리고 이러한 당위적 정당성에 의해 그 목표는 쉽게 포기되지 않고 지속된다. 즉, 특정 목표의 당위성은 기본적으로 절대성과 관련된다. 이렇게 볼 때 통일의 당위성을 민족공동체 재건에 둘 경우, 통일은 현실적 조건에 의해 좌지우지되어서는 안 된다. 만약 현실의 조건에 따라 통일이 좌지우지된다면 그건 그 자체로 당위성과 정당성을 잃어버리게 되기 때문이다.

결국 각 차원(남북한 내적 차원, 남북관계적 차원, 국제적 차원)과 각 행위 주체에게 있어 주어진 현실 조건이 다르다는 점에서 통일의 당위성이 강조될수록 실천적 차원의 통일 필요성 문제가 상대적으로 축소 또는 약화되는 문제점이 존재하게 된다. 게다가 통일담론이 민족 구성원 전체를 대상으로 하여 전개된다는 점에서 일부 또는 소수의 문제를 간과하거나 희생시키게 되는 한계도 나타난다. 따라서 통일 문제에 대한 이해 또는 접근이 그 당위성과 필요성이 현실 조건에 부합하거나 실효성이 있는 논리적 정합성을 전제하지 않을 경우, 통일은 단지 국가적 목표로서 설정된 하나의 상징 가치적 차원에 머물 수밖에 없게 된다. 그리고 통일이 이러한 절대적인 상징 가치로서 정당성을 확보하고 또 합리화될 경우 국가 행위는 때론 강권과 폭력을 수반할 수도 있다.

한반도 통일 문제는 단지 민족공동체 회복의 당위성으로만 접근해서는 안 되고, 현실 조건을 고려한 필요성이 잘 정합되어야 한다. 특히, 그 단위는 체제 내적 또는 관계적 차원만이 아닌 국제정치적 맥락에서도 고려되어야 한다. 그러나 여전히 민족적 당위성에 대한 통일담론이 모든 것을 압도하고 있으며, 이는 최근 현실 문제와 잘 접목되지 못하면서 통일에 대한 회의론을 확산시키는 부작용을 낳고 있다.[1]

한반도 통일이 국제정치의 새로운 단위 창출의 맥락에서 이해된다면, 통

---

1) 2016년 문화체육관광부가 발표한 전국 성인 남녀 5천 명을 대상으로 한 '통일에 대한 의식' 조사에 따르면 50.8%가 '통일을 서두를 필요가 없다'고 대답했다. 특히, 32.3%는 '굳이 통일할 필요가 없다'고 응답했는데, 이는 2006년 조사(16.8%) 때보다 두 배까지 증가한 것이다(문화체육관광부 2016, 281).

일한국은 근대주권 국가의 회복 또는 완성의 문제가 된다. 그리고 이는 다시 동북아 지역 질서와도 관련된다. 통일한국의 등장은 그동안 한반도를 중심으로 전개되던 동북아 세력균형을 다른 형태로 재편시킬 가능성이 크다. 특히, 북한의 군사적 위협 행동과 이를 명분으로 전개되던 미·중·일 간 세력 경쟁에 의한 동북아 지역 질서의 불확실성은 지금과는 달리 줄어들 가능성이 높다. 물론 통일한국과 미·중·일의 관계도 재편될 것이다. 한편, 동북아 역내 국가 간에는 과거사 문제나 영토 문제가 존재한다는 점에서 새로운 형태의 갈등이 전개될 수도 있다. 하지만 이미 동북아 지역은 경제적 상호의존이 높다는 점에서 유럽 통합의 사례와 같이 동북아 경제공동체나 동북아 다자안보협력이 구축될 수도 있다.

통일은 그 자체로 도덕적 명분을 내장한 절대성과 당위성을 갖추고 있기 때문에 자칫하면 그 이해와 접근이 단편적일 수 있다. 특히, 민족적 회복이라는 통일의 당위성 문제는 다양한 통일담론을 '억제'하거나 역으로 모든 통일담론을 '정당화'시킬 수 있는 문제를 나타낼 수 있다. 가령, 통일을 민족의 발전이라는 거시적 수준에서만 접근하게 되면 오히려 '통일은 반드시 해야 할' 또는 '좋은 것'이라는 가치함몰적인 모습을 드러낼 수 있다. 이는 그 실천적 차원의 내적 동기가 사라지고 외적 동기만 남게 되어 통일운동이 힘을 받지 못할 수도 있다. 통일의 당위성은 그 실현가능성이 함축된 통일의 필요성과 밀접한 관계를 가질 때 내적 동기가 유발될 것이다. 그리고 이러한 내적 동기는 통일의 필요성이라는 외적 동기에 의해 지속적으로 자극될 때 그 폭발력을 가짐으로써 '자기 재생산'될 수 있다.

따라서 한반도 통일 문제를 이해하는 것은 단순히 '왜 통일을 해야 하는가?'의 당위성과 필요성뿐만 아니라 분단과 갈등, 평화와 통일이 복합적 차원에서 고려되어진 문제로서 접근해야 할 것이다. 그래야 통일에 있어 민족은 단순히 그 정당성을 확보하기 위한 개념적 차원이 아닌 실질적인 정치적, 법적 주체로서 그 역할을 모색할 수 있게 될 것이다.[2] 또한 동북아를 비롯

---

2) 그동안 통일은 민족적 회복이라는 공동체적 귀속성을 공유함으로써 그 당위성을 민족

한 국제사회도 하나의 실질적 주체로서 그 역할과 영향력을 발휘할 수 있을 것이다.

III. 한반도 분단 갈등의 본질

통일의 당위성과 필요성 문제는 일종의 긴장관계에 있다. 그리고 이는 "왜 그동안 통일이 이루어지지 않았는가?"의 질문과도 관련된다. 가령, 통일 의 문제는 평화의 문제로서 접근되는 반면, 분단의 문제는 갈등의 문제로서 접근되고 있다. 그 때문에 분단과 갈등에 대한 분석과 논의가 궁극적으로 평화와 통일을 위한 것임에도 불구하고 이는 역설적으로 평화와 통일 논의 를 억제하는 문제를 나타냈다. 반면, 평화와 통일에 대한 논의는 궁극적으 로 분단과 갈등 문제를 해결하기 위한 근본적 접근임에도 불구하고, 오히려 평화와 통일을 가로막는 구성 요소의 중요성을 상대적으로 낮추는 문제를 나타냈다. 따라서 평화와 통일은 이상적 논의에 머무는 경우가 대부분이었 고, 이를 현실적으로 접근하게 되면 오히려 분단과 갈등을 강조하게 되는 회의적 시각에 함몰되는 딜레마에 빠지게 되었다.

그러나 이러한 문제점들은 통일의 당위성과 필요성을 잘 접목시키지 못 하고 분단, 갈등, 평화, 통일이라는 일종의 선형적 또는 단선적인 낙관적 방 향성을 그 전제로 하여 접근했기 때문에 발생한다. 또한 분단과 통일을 양 극으로 하여 갈등은 분단이라는 측면에서 부정적으로, 평화는 통일이라는 측면에서 긍정적으로만 이해했다. 평화와 통일이 분단과 갈등을 지속시키는 원동력이 될 수도 있고, 반면 분단과 갈등이 평화와 통일의 원동력이 될 수

개념에 두었다. 그러나 민족은 통일 문제에 있어 실질적인 행위 주체로서 어떠한 역할 도 하지 못했다(전미영 2003).

도 있지만, 이는 서로 다른 범주로 이해되어졌다. 이에 이 절과 다음 절에서
는 분단과 갈등, 그리고 평화와 통일이 한반도 문제라는 맥락에서 어떻게
이해되고 또 재생산되어 궁극적으로 통일을 저해하는지 또는 기여하는지 그
본질적 문제를 살펴보고자 한다.

1. 한반도 '분단'에 대한 이해

한반도의 분단 원인에 대한 견해는 남북한 내적 차원, 남북관계적 차원,
국제적 차원으로 분류할 수 있는데, 이러한 차원은 크게 내인론, 외인론 그
리고 내외연계론으로 나뉘어진다. 우선, 한반도 분단에 대한 내인론은 그
원인과 책임을 민족 내부에 둔다. 이에 따르면 한반도 분단의 본질은 민족
분열로서 일제 강점기에 전개된 독립운동의 분화에 그 근본적 원인이 존재
한다. 그리고 이러한 분화는 다시 해방 정국에서 전개된 정치노선이 분열되
면서 민족분단의 확산을 가져왔다. 따라서 내인론은 한반도 분단의 책임이
민족 내부에 있기 때문에 통일은 근본적으로 민족 내부의 문제라고 간주한
다. 따라서 내인론은 실질적인 행위 주체로서 아무 역할도 하지 못했던 민
족 개념을 강조함으로써 분단 고착화 과정과 분단 재생산성 문제를 복합적
으로 이해할 수 있게 도와준다.

그런데 문제는 내인론을 지나치게 강조하게 되면 분단 해소와 통일이
규범적 또는 당위적으로 접근될 수 있다는 것이다. 통일과 같은 특정 목표
가 절대성과 도덕적 가치를 갖게 되면, 이는 그 자체로 특수성을 갖게 되어
이에 대한 다양한 담론과 견해가 억제될 수 있다. 같은 맥락에서 가치의 특
수성은 역사성을 강조하게 되어, 한반도 분단 및 통일에 대한 문제 해결과
인식이 미래지향적이라기보다는 과거지향적 성격으로 흐를 수 있게 된다.
게다가 분단과 통일을 민족의 문제로서만 접근하게 되면, 이에 대한 이론화
는 '민족공동체'라는 규범적 지향성을 전제하게 되어, 관련 문제에 대한 이
론화는 폐쇄성을 갖게 될 수도 있다. 즉, 규범적 이론화는 그 자체로 구조화

되어 다른 요인, 가령 외인론과 같은 국제적 요인과 분단체제 또는 분단구
조론 같은 남북관계적 요인을 상대적으로 소홀히 취급하게 될 수 있다. 또
한 이를 하나의 요인에 전제하여 분석 및 설명함으로써 환원주의에 빠지게
만들 수도 있다.

　그러한 점에서 민족보다는 외세에 중점을 둔, 즉 국제관계적 관점에서
한반도 분단의 원인을 분석하는 외인론은 분단과 통일 문제에 대해 내인론과
다른 견해를 제공해준다. 내인론과 외인론에 대한 논의는 결국 한반도 문제
에 대해 어떤 지점을 강조하느냐와 관련되어 있는데, 이는 이론화의 내용
및 형태로 이어졌으며, 또 통일에 대한 국민의 인식 및 태도, 그리고 국가정
책과 같은 실천적 문제에 영향을 주고 있다(구갑우 2007, 109). 외인론은 한
반도 분단의 원인을 민족 또는 그 의지와 상관없는 강대국 국제정치의 결과
로 인식한다. 그 때문에 외인론은 한반도 분단을 제2차 세계대전 이후 처리
과정에서 미국과 소련의 전략적 이해관계에 따라 강제적으로 만들어진 국제
권력정치의 산물로 파악한다. 외인론자들은 한반도 분단에 대한 분석, 그리
고 통일 논의의 전제로서 외세의 영향력을 절대화했고, 현재에도 이러한 입
장에 있는 사람들은 미국, 중국을 비롯한 국제사회 또는 동북아 주변국들의
역할을 매우 중요시하고 있다.

　외인론은 전통주의적 해석의 흐름 속에서 한반도 분단 구조화 과정을
미국과 소련의 양대 강대국 관계를 통해 분석함으로써 이 분야에 대한 학문
적 관심을 제고시켰다. 그러나 외인론은 이내 많은 비판에 직면하게 되었는
데, 우선 분단에 대한 책임을 외세로 전가시킴으로써 발생하는 일종의 숙명
론적 무력감으로부터 벗어나지 못하게 만든다는 것이 그 주된 이유였다. 이
는 외인론이 국제적 세력 갈등에 오로지 그 초점을 맞추게 되면서, 분단 행
위자로서 민족을 비롯하여 그 구성적 행위자인 남한과 북한의 역할을 축소
시키고, 비주체적 역사인식을 확산시켰다는 비판을 초래했다. 또한 외인론
이 한반도 분단의 불가피성을 주장하게 되는 논리적 편협성에 빠져 분단 해
소와 이를 위한 민족의 통일운동이 과소평가되게 만들고, 나아가 자주적 방
향성 제시가 억제되게 만듦으로써 오히려 분단이 재생산되게 만들고 있다는

비판을 가져왔다(주봉호 2014, 55-56).

이후 1970년대 중반 들어서 국외에서는 수정주의적 해석이, 국내에서는 내인론, 즉 민족 책임론이 등장하면서 국제적 세력 갈등의 원인으로만 이해되었던 한반도 분단 인식은 새로운 국면에 접어들었다. 한반도 분단에 대한 전통주의와 수정주의적 해석은 그 책임이 두 이데올로기 진영의 중심인 미국과 소련을 중심으로 전개되었다는 점에서 전통주의는 우파적 관점, 수정주의는 좌파적 관점으로 대변되었다. 국내 학계가 서구 중심적 합리주의로부터 자유롭지 못했다는 점에서 한반도 분단에 대한 내인론과 외인론은 이러한 전통주의적 해석과 수정주의적 해석으로부터 많은 영향을 받았고, 그것이 논의되는 과정에서 좌파와 우파라는 이분법적인 이데올로기적 성격을 심화시켰다. 그 때문에 한반도 분단을 어떻게 인식하고 분석하며, 나아가 통일을 하나의 해법으로 주장하는 문제들은 남북한 내적·남북관계적·국제적 차원 모두에서 이데올로기적 대립으로 전개되는 양상을 나타냈다. 그리고 이는 현재에도 이어지고 있는데, 북한에 대한 주적(主敵) 논란은 이를 잘 나타내는 사례라 할 수 있다.

지금까지 한반도 분단에 대한 본질을 이해하기 위한 사전 작업으로서 '한반도 분단 원인론'을 살펴보았다. 이는 궁극적으로 한반도 분단과 관련된 갈등, 평화, 그리고 통일 문제가 어떠한 복잡성을 가지게 되는지 이해하는데 그 목적이 있다. 내인론과 외인론, 전통주의와 수정주의 등 양비론적 견해는 분단 현실에 대한 분석을 통한 통일 방향성 제시라는 궁극적 목적을 오히려 저해했다. 이러한 점에서 대내적 차원과 대외적 차원 모두에 원인이 존재하고 또 그것이 상호작용함으로써 분단이 고착화되었다는 내외복합연계론 등의 절충주의적 시각은 가치지향적 편향성을 극복하고 보다 객관적인 입장에서 한반도 분단 현실을 이해할 수 있게 도와준다. 그러나 이러한 시각도 온전히 객관적이지 못하고 지향하는 가치에 따라 그 입장이 분리되었다. 한반도 분단에 대한 절충주의적 시각은 사실상 가치가 내재됨으로써 의도했건 하지 않았건 '내인론 우세의 복합적 관점'과 '외인론 우세의 복합적 관점'으로 분리되었다(이완범 2007, 25-27). 그리고 이는 한반도 문제 즉, 분단과 갈등, 평화와 통일을 이해하는 데 더 복잡한 상황을 만들었다.

2. 한반도 '분단 갈등'에 대한 이해

한반도 분단이 남북한 내적·남북관계적·국제적 차원 그 이상의 의미를 갖는다고 해서, 또 문제의 초점을 어디에 두느냐에 따라 분단의 성격이 달라질 수 있다고 해서 일반적 개념으로서의 분단이 상대주의적으로만 이해되는 것은 아니다. 왜냐하면 분단은 현실 또는 현재의 문제인 동시에 그 자체로 '실재'하기 때문이다. 그러나 그동안 우리는 이데올로기적 대립에 매몰되었을 뿐만 아니라 양비론에 사로잡혀 분단을 현상론적으로만 이해하는 경향이 강했다. 특히, 분단에 대한 현상론적 이해는 분단 지속 메커니즘에 대한 관심을 소홀히 인식하게 만들었다. 이는 결과적으로 통일을 이상적 가치로 규정하고, 분단은 이를 위해 해소되어야만 하는 일종의 통일 제약적 차원(장애요인)으로만 접근하게 만들었다. 따라서 이는 분단 지속(재생산성)과 통일 및 그 과정을 구성하는 복합적 차원의 문제들을 규범적이고 단선적으로 접근하게 만들었다.

분단은 갈등, 평화, 통일 등의 각 차원과 남북한 내적·남북관계적·국제적 구조와 관련된 특정 현상을 발생시키고, 또 이를 상호 연결시키며, 또 연합되어지는 중층화된 메커니즘의 작용이 전제된 '실체(entity)'로서 존재한다. 한반도 분단 현실은 반드시 관찰되지는 않더라도 그 작동 메커니즘에 의해 재생산되고 있기 때문이다. 따라서 한반도 분단 현실을 경험적 일반화로 구성된 인과관계 또는 상관성에 대한 인식으로만 규정하게 되면, 그것이 재생산되고 또 재구성되는 실체와 발생구조(메커니즘)를 온전히 이해할 수 없게 된다. 이렇게 되면, 한반도 분단을 단편적이고 또 단선적으로 이해하게 되어 갈등, 평화 그리고 궁극적으로 통일에 대한 인식의 개방성이 제한된 폐쇄적 관념체계를 지속하게 된다(채오병 2007, 249-283).

그동안 우리는 한반도 현실에 매몰되어 통일을 하나의 이상적 가치로 절대화하고 분단은 역사적 발전 과정에서 필연적으로 형성된 것으로 이해해 왔다. 이는 분단 해소, 평화, 통일 문제와 관련된 우리의 인식과 실천이 수 동적이고 피동적인 성격을 내장하게 만들었다. 그리고 이러한 모습들은 한 반도 분단을 곧 '갈등 현실 또는 현상'과 똑같은 것으로 등치시킴으로써, 오 히려 '분단 갈등'을 재생산시켰다. 그러나 분단 갈등은 남북한 내적·남북관 계적·국제적 차원에서 모두 존재했고, 이는 그 자체로 또는 행위 주체의 이 해관계에 의해 재생산되어졌다. 이처럼 한반도 분단은 정체된 것이 아닌, 중층적이고 또 그 자체로 유기적이며 생명력을 갖고 존재하는 역동적 성격 의 객관적 물질세계로서 존재한다. 이와 마찬가지로 갈등도 단지 분단의 산 물로서만 존재하는 것이 아닌 분단을 지속시키고 재생산하는 역동적 성격을 갖는다.

그렇다면, 한반도 문제의 한 축을 구성하는 '분단 갈등'의 본질은 무엇인 가? 하나의 현상으로서 갈등은 행위 주체 간 발생하는 일상적 상호작용의 결과이며, 이는 그 수준(내적인 심리적 수준, 외적인 관계적 수준)에 따라 일차 원적이거나 또는 다차원적인 성격을 지니고 있다. 개인·집단·사회·국가· 국제적 차원에 따라 그 갈등 주체와 행위 양상, 그리고 기능에 따라 단선적 이거나 복합적인 방향으로 전개될 수 있다. 이는 한반도 분단과 갈등의 본 질을 이해하는 데 있어 매우 중요한 함의를 제공해준다. 왜냐하면, 우리가 한반도 문제라 지칭할 때 그 주된 관심이 되는 '분단 갈등'은 주로 부정적 기능으로만 이해하는 경향이 있기 때문이다. 그러나 갈등은 역기능적인 요 소뿐만 아니라 사회 변화를 촉진시키는 순기능도 존재한다. 코저에 따르면 갈등은 단순한 '사회적 질병'이 아니며, 갈등은 집단 결속, 집단 유지, 이데 올로기 창출, 세력균형(소극적 평화) 등 긍정적 기능을 유발할 수 있다(Coser 1956, 190-191). 그러한 점에서 짐멜(Simmel 1955)은 갈등과 통일이 분리될 수 없다고 주장한다.

과거 남북갈등이 고조되었을 때 이는 오히려 갈등 해소 또는 평화의 목 소리가 높아지게 만들었다. 그러한 점에서 한반도 문제의 본질을 이해하는 것은 분단과 그로부터 발생하는 갈등을 단지 부정적 차원의 현상적으로만 볼 것이 아니라, '발생'부터 '전환', '해소'로 이어지는 다차원적인 과정과 제반 요인들을 포괄적으로 고려하는 작업이어야 한다. 따라서 남북갈등을 이해하고 해소하는 것은 정치, 경제, 사회, 문화적 차원에서 개인 간, 집단 간, 국가 간의 관계적 차원뿐만 아니라 이들 행위 주체의 내적 차원 모두가 고려되어야 한다.

이렇게 볼 때 한반도 문제에 있어 갈등을 이해하는 것은 통일과정으로서 현실을 진단하고 또 이를 관리하는 좀 더 적실성 있는 방안들을 도출하는 것과 관련된다. 한반도 분단이 내적 차원이든지 외적 차원이든지 아니면 내외적으로 복합연계된 차원이든지 그 근본적 원인은 갈등에 기반을 두고 있기 때문이다. 한반도 문제에 있어 갈등과 평화는 대립적 차원이라고 보기보다는 분단과 통일을 양쪽 끝으로 하는 하나의 수평적 스펙트럼 상에 존재한다고 할 수 있다. 하지만 갈등이 분단과 가깝고 또 평화가 통일에 가까운 것은 아니다. 왜냐하면 남북한 갈등이 고조되는 상황은 분단을 재생산하는 것이지만, 역설적으로 갈등 고조는 긴장완화 또는 평화의 상태로 급변하거나 또 그렇게 하는 원동력이 될 수 있기 때문이다. 실제로 그동안 남북 간에 군사적 충돌이 발생했을 경우 일정 수준으로 긴장이 고조되다가, 갈등 완화를 위한 서로의 노력을 추동하게 되었고, 이는 그것이 비록 일시적일지라도 ─ 단지 갈등이 억제된 소극적 차원이기는 하지만 ─ 평화의 상태로 전환되었다. 2018년 현재의 남북관계는 이를 잘 나타낸다.

같은 맥락에서 남북한 간 평화 상태는 역설적이게도 갈등의 원동력이 되었다. 따라서 분단이 곧 갈등 상황이라고 보기 어렵고, 마찬가지로 평화가 곧 통일로 이어질 것이라는 낙관적 견해를 담보할 수 없다. 그러한 점에서 한반도 분단 갈등은 부정적(역기능), 평화는 긍정적(순기능)이라는 단순히 이분법적으로 이해될 수 없는 복합적이고 동태적인 성격을 내재하고 있다.

분단은 갈등을 파생시키고, 다시 갈등은 분단을 재생산시키지만, 동시에 통일을 지향하는 평화로부터도 기인할 수 있고, 또 이는 평화와 통일 분위기를 증진시킬 수도 있다. 그러한 점에서 분단과 갈등, 평화와 통일은 양극단에 있는 상호 분리되고 대립된 것으로만 이해할 수 없다. 또한 이는 한반도만의 문제가 아닌 동북아 지역, 즉 국제적 문제와도 연계된다.

IV. 한반도 평화통일의 본질

1. 한반도 '평화'에 대한 이해

갈등과 마찬가지로 평화도 다양하게 개념화되고 있다. 그럼에도 불구하고, 보통 평화는 갈등, 대립, 전쟁 등 투쟁이나 폭력적 상황의 반대 개념으로 이해되고 있다. 그러한 점에서 평화는 갈등 또는 전쟁과 같은 폭력적 상황의 해소 또는 종결로서 인류가 지향해야 할 긍정적 상태로 인식되고 있다. 제2차 세계대전 이후 탈제국주의, 탈식민지화, 탈산업화, 평등, 시민사회, 자유 등이 세계적으로 확산되면서 단지 '전쟁이 없는 상태'로서의 평화 개념은 많은 비판을 받게 되었다(김학성 2000, 8). 이러한 비판점은 한반도 문제에서 평화의 본질을 이해하는 데 많은 함의를 제공한다. 한반도 문제에서 평화는 단지 전쟁이 억제된 상태(분단체제가 지속되고 있는 상태)가 아닌 분단 갈등으로부터 계속해서 발생하고 있는 남북한 내적 차원, 가령 국민의식을 비롯하여 정치, 경제, 사회, 문화적 차원에서 존재하는 구조적 갈등이 종식된 상태이다. 물론 국제적 차원에서도 한반도 평화의 문제는 이와 같이 이해되어진다.

1960년대 후반 다스굽타(Dasgupta 1968, 19-42)는 전쟁의 부재가 곧 평화가 아니라는 점에서 '비평화(peacelessness)'에 대한 논의를 촉발시켰다. 그는 빈곤, 기아, 질병, 오염 등을 비평화의 구성요소로 상정하고, 이는 물리적 폭력을 수반하는 행위 주체 간 대립 및 갈등, 특히 전쟁과 같은 국제적 대결의 산물이 아니라고 주장하였다. 이와 비슷한 시기에 갈퉁(Galting 1969)도 평화를 단지 전쟁이 없는 상태로 이해하는 것에 대한 문제점을 인식하고,

이를 '적극적(positive)' 차원과 '소극적(negative)' 차원으로 나누어 그 개념을 좀 더 확장시켰다. 그에 따르면 소극적 평화란 전쟁과 같은 폭력의 부재를 의미한다. 한편, 적극적 평화란 사회경제적 차원에서 발생하는 억압과 강제 등 구조적 폭력의 부재를 의미한다.

그러나 한반도 문제에서 평화는 이보다 더 복잡한 의미로 구성되어 있다. 아주 단순히 갈등의 소극적 평화 개념으로만 한반도 문제를 이해한다고 하더라도, 한계가 나타난다. 가령, 남북한 간에 군사적 갈등이 발생하지 않고 있는 상황은 흔히 소극적 평화가 유지되고 있다고 평가된다. 그러나 소극적 평화는 직접적 폭력의 부재와 직결되는 개념으로서 행위 주체의 의도적인 모든 물리적, 언어적, 심리적 폭력이 없는 상태이다(Galtung 1996, 31). 그렇게 보면, 분단체제가 해체되지 않는 한 남북한 간에 단지 전쟁이 부재하거나 또 협력과 교류가 진행된다고 해서 그것이 비록 소극적 차원이라고 할지라도 사실상 평화라고 평가하기 어렵게 된다.

현재 한반도에서는 '적극적 평화'를 적극적으로 실현하기 위해 노력해야 한다는 의견도 제기되고 있다. 이는 한반도 평화에 대한 지향점을 적극적 평화에 둠으로써 통일정책, 통일운동, 국민 인식, 평화담론 등 그 실천적 방향성의 확장 및 변화를 강조한다. 사실 소극적 차원의 평화 개념은 단지 전쟁을 억제하여 그것이 부재하게 만드는 데 초점이 두어져 있다는 점에서 역설적으로 안보 담론을 지속시켰다. 따라서 적극적 평화를 한반도 문제 해결의 지향점으로 삼으려는 의견들은 일견 타당해 보인다. 그런데 문제는 소극적 평화와 달리 적극적 평화는 매우 포괄적이고, 또 추상적이라는 점에서 매우 이상적 개념이라는 것이다.

한반도 문제에 있어 적극적 평화를 실현 목표로 삼을 경우 많은 문제점들이 제기될 수 있다. 우선 적극적 평화의 내용이 매우 광범위하다는 점 때문에 과연 어떤 과제를 우선순위로 둘 것인지를 결정하는 국민적 합의 도출에 많은 시간이 소요될 것이다. 특히, 한반도 분단체제가 이데올로기적 대립을 통해 지속되었다는 점에서 수단과 방법 등 이와 관련된 제반 요인들에 대한 입장 차이로 인해 오히려 갈등이 심화될 수 있다. 또한 적극적 평화를 달성하기 위해서는 미국, 중국을 비롯한 국제사회의 협력도 반드시 필요하다. 그러나 한반도에 대한 이들 국가들의 이해관계가 다르고, 또 그러한 점에서 분단체제가 지속되고 있다는 것은 주지의 사실이다.

한반도 문제에 있어 평화는 궁극적으로 통일을 지향하는 과정으로써, 그리고 이의 기반이 되는 인식틀로서 이해하는 것이 오히려 좀 더 현실적일 수 있다. 왜냐하면, 기본적으로 한반도 문제에서 평화는 분단체제를 구성하는 한 요소로서 분단 현실에 발생하는 현상적 가치와 권력관계를 반영하고 있기 때문이다. 볼딩(Boulding 1977, 83)이 '메타포(metaphor)'라며 갈등의 평화 개념을 비판한 것과 같이, 한반도에서의 적극적 평화는 분단 현실에 대한 끊임없는 비판과 성찰을 통한 바람직한 통일 미래상을 그리기 위한 인식적 개념틀이라고 볼 수 있다(김동진 2013, 35).

이렇게 볼 때 한반도 문제에 있어 평화는 단순히 남북한 간에 갈등과 전쟁이 부재하거나 협력과 교류로 인해 긴장이 완화된 상태로 이해하기 어렵다. 또한 한반도 문제에서 평화는 그 자체로도 역동성을 갖는다. 가령, 한반도 문제에서 평화는 분단체제를 해체하고 평화체제가 구축된 하나의 '상태'이거나 혹은 이에 도달하는 '과정'으로 이해될 수 있다. 나아가 평화는 궁극적으로 '통일을 지향하는 과정'이거나 '통일 상태'일 수 있다. 또한 한반도 분단체제로 인해 평화가 오히려 갈등을 추동할 수도 있다. 같은 맥락에서 평화는 분단으로 인한 남북한 내적 차원에서의 구조적이고 문화적인 억압, 폭력 등이 완전히 제거되는 과정이거나 제거된 상태일 수 있다. 이러한 점 때문에 많은 학자들이 한반도에서 평화를 전시와 평시, 혹은 분쟁(갈등)과 화해가 혼재된 잠정적인, 불안정적인, 위험한 비정상적 상태라고 규정하기도 한다(현인택 2002, 376; 박명규·백지운 2013).

2. 한반도 '통일'에 대한 이해

그렇다면, 한반도 문제에서 평화의 궁극적 목적인 통일은 어떠한 의미를 갖고 있는가? 보통 통일은 분단, 또는 분할된 두 집단이나 국가적 행위주체가 하나 되는 것을 의미한다. 하지만 통일도 학자에 따라 다양하게 개념 정의된다. 우선, 김용제는 통일을 "법적·정치적 차원에서 하나의 민족국가를 복원한 상태"로 정의하고, 그 당위성을 민족국가라는 공동체회복에 두고 있다. 그는 통일의 개념이 낮은 차원과 높은 차원으로 나뉘어진다고 주장하고 있다. 김용제에 따르면 낮은 통일 개념이란 민족을 기본단위로 한 국가적 실체를 분석하는 것을 의미한다. 여기서 민족공동체는 하나의 형식적 차원에서 복원을 지향한다. 높은 통일 개념이란 단순히 형식적 차원에서 민족공동체를 복원하는 게 아니라 법적, 정치적 통합에 도달하여 더불어 살아가는 것을 의미한다(김용제 2012, 16-17). 따라서 한반도 통일은 분단된 남한과 북한이 지리적으로 하나가 되는 것은 물론이고, 단지 이론적이고 학문적 차원이 아닌 도덕적이고 규범적이며, 나아가 실천적 차원에서 이해되는 민족 전체가 공유하는 하나의 담론으로 존재하고 있다. 때문에 한반도 문제에서 통일은 하나의 절대성을 갖는 민족적 목표로서 존재하고 있다.

그러한 점에서 김세균은 통일을 "하나의 국가 체제 속에서 하나의 민족공동체를 형성하고 살아야 할 우리 민족이 서로 적대적인 상이한 정치·사회체제를 지닌 두 개의 국가 속에서 살고 있는 현재의 상태를 극복하고, 하나의 민족국가 속에서 하나의 민족국가 속에서 하나의 민족공동체를 형성하면서 살아가는 상태를 창출"하는 일로 규정하고 있다(김세균 1993, 20). 이상우도 통일을 "분단 이전 상태로의 회귀가 아니라 서로 다른 역사의 길을 걷고 있는 남북한의 두 동족사회가 새로운 조건과 상황에서 다시 하나의 사회로 되게 만드는 창조 작업"으로 규정하고 있다(이상우 1993, 53). 최대권은 통일을 법적인 관점에서 "남북한주민이 하나의 정부가 제정한 동일한 헌법, 세법, 병역법, 형법 등의 지배하에 들어가는 것이므로 같은 주권하에 들어가는 것"으로 정의내리고 있다(최대권 1989).

그런데 통일을 남북한 내적 차원에서 바라보게 되면, 이는 남북한 모두 체제생존의 문제로서 인식된다. 통일은 한 체제의 소멸을 의미하기 때문이다. 따라서 한반도 문제에서 통일은 이를 주장할수록 오히려 갈등이 재생산되어 평화가 깨지고 통일의 가능성이 낮아지는 역설이 발생하게 된다. 그 때문에 조민은 통일을 "서로 다른 정치적 실체나 국가들이 하나로 결합되는 정치적·국제법적 사건만이 아니라, 제도적·사회적·문화적 부문 등 각 부문의 통합을 거친" 것으로 정의한다. 그는 통일이 "모든 부분의 통합과정을 포괄하는 하나의 총체적 과정"이라며, 통일과 통합을 분리시킴으로써 통일 과정에서 나타날 수 있는 남북관계적 차원의 갈등 문제를 고려하고 있다(조민 2004, 218).

나이(Nye 1968)는 통합을 "여러 부분들을 하나의 전체로 만들거나 상호 의존성을 갖게 만드는 것"으로 정의하였다. 이에 따르면 통합은 통일 이전의 최고 결합 상태로 전체 혹은 부문적 차원 모두에서 적용될 수 있다. 그런데 문제는 통일과 마찬가지로 이를 한반도 문제에 적용할 때 통합이 하나의 '과정'인지 또는 '상태'인지 불분명해진다는 데 있다. 통합이 통일을 지향한다고 한다면, 통합은 결국 통일과정의 하나이기 때문이다. 또한 통합을 상태로 보게 되면 통일을 지향하는 하나의 과정으로서의 역동성보다는 정태성이 강조될 수 있다. 이는 통합 이후 통일운동에 대한 원동력이 상대적으로 약해질 수 있다. 게다가 통합이 통일 이하의 최고 결합상태라고 한다면, 언제든지 결합이 깨질 수 있는 역방향성의 문제도 나타날 수 있다.

그렇지만 통일과 통합은 기본적으로 서로 다른 메커니즘을 갖고 있다. 통합은 국가를 기본 단위로 하면서 하위체제 또는 기능의 결합 현상이 존재할 수 있는 반면, 통일은 민족을 분석단위로 하고 있다. 따라서 통합은 국가를 기본 단위로 한다는 점에서 소수 엘리트를 주도 세력으로 하는 반면, 통일은 국민 또는 대중이 주도 세력이 된다. 같은 맥락에서 통합은 경제나 안보적 이익 증진이 그 발단이 되는 반면, 통일은 민족의 번영과 안녕, 생존이 목적이 된다. 그런데 한반도 분단체제로 인해 통일 문제는 갈등과도 밀접한 관계를 갖고 있어 오히려 통합이 국가적 차원과 민족적 차원에서 발생하는 충돌을 상쇄시키는 현실적 통일 개념이 될 수도 있다.

V. 동북아 지역 질서와의 연계성

지금까지 논의했던 한반도 평화통일의 문제가 동북아 지역 질서와 어떠한 관계를 갖고 있는가? 이 절에서는 우선 동북아 지역 질서에 대한 이해를 위해 현재 동북아 지역 질서의 구조와 특징들을 살펴보고, 이를 바탕으로 한반도 평화통일과 동북아 지역 질서와의 연계성을 도출해 보고자 한다.

동북아 지역 질서의 주요 특징으로는 첫째, 미국의 상대적인 국력 쇠퇴, 둘째, 장기 지속되는 중국의 경제성장과 이에 기반하는 외교·군사력 강화와 국제위상의 비약적인 증대, 셋째, 일본경제의 지속적 저성장과 군사대국화 추진, 넷째 러시아의 경제력 회복과 대국 외교안보노선으로 회귀 등을 들 수 있다. 특히 미국 패권의 상대적 약화와 함께 1990년대 이후 본격화된 중국의 부상이 동북아 지역 질서를 단극성(Unipolarity)에서 다극성(Multipolarity)으로 전환시키고 있다(Wallerstein 2007, 8-10; 연현식 2009, 110). 즉 미국 중심의 양자동맹의 영향력이 여전하지만 역내 이슈들이 더 이상 양자관계적 틀만으로는 해결할 수 없게 되었고, 역내 경제적 상호의존 심화와 사회문화적 교류 확대는 이러한 다자성을 제고시키고 있다.

동북아 지역 질서의 핵심은 중국의 급부상으로 인한 미중관계의 변화이다. 미국의 상대적 쇠퇴와 중국의 부상으로 전 세계적인 'G2 체제'가 등장하는 과정에서 미중 간의 패권경쟁이 심화되고 있다. 중국은 지역적 차원에서의 패권국가 지위를 위해 아시아에서의 입지를 강화하고 있고, 동북아 지역을 중심으로 미국과 중국의 주기적인 갈등 및 대립과 타협 및 협력의 관계가 전개되고 있다. 나아가 미중관계는 아시아의 패권을 둘러싼 군사경쟁에서 무역마찰과 환율 문제 등으로 경쟁영역이 확대되고 있는 상황이다. 중국은 막대한 경제력을 바탕으로 동북아 지역에서 군사 외교 방면의 힘의 우위를 추구하고 있고, 최근 동·남중국해를 핵심 국가이익으로 추가하고 동 지역에서 공세적 조치를 강화하고 있다. 이에 대응해 미국은 단순히 중국 봉쇄의 차원이 아닌 보다 포괄적인 아태지역 관여정책으로 접근하면서 군사·외교·경제적 차원 등 다차원적 접근을 추진하고 있다. 즉 중국에 대한 일시적인 정책이 아닌 전략적 방향 수정이 이루어지고 있는 것이다.

미국은 2013년 17조 1,100억 달러(중국 16조 9,100억 달러)를 기록한 이후 GDP 측면에서 중국에 뒤처져 있다(2017년 중국 23조 1,200억 달러, 미국 19조 3,600억 달러). 무역에 있어서도 2012년엔 미국의 무역액이 3조 8,827억 달러로 중국의 3조 8,670억 달러를 간발의 차로 앞서며 세계 1위를 유지했으나 2013년 이후에는 중국이 세계 1위 무역국이었다. WTO 자료를 보면, 2017년 무역액에서도 미국은 3조 9,562억 달러, 중국은 4조 1,106억 달러를 기록하며 중국이 미국을 앞섰다. 2017년 수출액에서 미국은 1조 5,468억 달러, 중국은 2조 2,702억 달러를 기록했고, 수입액은 미국이 2조 4,095억 달러, 중국이 1조 8,405억 달러였다.

중국의 부상이 두드러지고 있는 것은 사실이나 경제적인 부분은 물론이고 군사, 문화적인 부분에서의 미중 간 국력의 차이가 쉽게 줄어들기는 어려울 전망이다. 경제지표상 실현 가능성은 있으나 중국이 경제 전체에서 미국을 추월하는 시기는 상당히 미뤄질 가능성이 크며, 또한 중국의 경제성장률이 지금과 같이 유지될지도 의문이다. 물론 경제력과 군사력, 소프트파워 등을 종합해서 살펴보면, 앞으로 30~50년 안에 중국이 글로벌 강국이 되는 것은 충분히 가능하다. 그렇지만 미중 사이의 패권교체가 실제로 일어날 가능성이 희박한 것도 사실이다. 2017년 1인당 GDP를 보면 중국이 16,600 달러로 106위이고, 미국은 59,500 달러로 20위였으며, 같은 해 예산을 보면 중국이 3조 1,360억 달러이고, 미국이 3조 9,910억 달러로 상당한 차이를 보이고 있다.

또한 중국은 아직 가공무역 비중이 상당히 높고, 부가가치 측면에서도 떨어지는 등 세계 1, 2위의 무역 대국이 됐다고 해서 곧바로 무역 강국이 되는 것은 아닌 상황이다. 외자와 해외기술에 과도하게 의존하고 있기 때문에 무역 총액이 아무리 커져도 선진국 대열에는 들어갈 수는 없는 상태이다. 왜냐하면 중국 내부 문제의 심각성, 고속 성장 유지 가능성, 미국의 대응 등으로 인해 중국의 미래가 반드시 밝지만은 않기 때문이다. 중국의 양극화와 부패, 민주요구 탄압, 소수민족 억압 등 내부 모순은 급속한 경제발전 덕분에 덮어지고 있을 뿐 날로 심각성을 더하고 있고 조만간 폭발할 수밖에 없을 것으로 보인다. 중국이 지금까지의 고속성장을 앞으로 계속할 수 없으리라는 예측에 대해서도 많은 경제 전문가들이 동의하고 있다. 특히 역사적으로 경제발전을 이룬 나라는 모두 일종의 성장 감속과정을 겪었고 수확 체감의 법칙으로부터 자유로울 수 없었던 전례가 있고, 실제 중국도 이미 성장목표를 하향 조정했으며 앞으로 더 낮아질 가능성도 있다.

한편 군사 부문에서 미중 양국의 국방비 지출을 비교해보면(SIPRI), 2017년 미국이 6,110억 달러로 세계 1위이고, 중국이 2,160억 달러로 2위이다. 전 세계 국방비 비중에서 차지하는 비율을 비교해보면, 미국이 36.5%이고 중국이 12.9%이다. 또한 미국의 국방비가 나머지 상위 9개국의 국방비의 합에 버금간다. 특히 군사 부문에서 중국이 미국을 추월하는 데는 상당한 시일이 걸릴 것으로 전망되며, 중국의 비약적인 발전에도 불구하고 여전히 미국의 패권은 건재할 가능성이 크다.

미국의 트럼프 행정부 출범 이후 미국을 비롯한 중국, 일본, 러시아 등 주변 4강의 대외전략도 변화가 있었다. 중국은 지속적으로 사드 배치 반대 등을 주장하며 한중관계에 있어 반한류를 강화하는 등 대한반도정책의 변화 가능성이 증대된 바 있다. 일본도 아베 정권의 장기집권 가능성이 높아지면서 한일관계, 한미관계, 미일관계의 중대한 변화 가능성이 높아진 상황이다. 러시아는 미러관계의 설정에 따라 우크라이나 사태로 인한 제재상황과 대유럽관계에 커다란 변화를 가져올 수 있는 상황이다. 세계적 차원의 미중관계, 동북아 지역차원에서의 미중관계, 한반도 차원의 미중관계와 일본, 러시아의 대한반도 전략은 한반도 문제에 결정적 변수로 작용할 것이 분명하다.

최근 미국은 중국에 대해 협력보다는 견제의 비중을 높여가고 있는 상황이다. 미국은 군사적 측면에서 지리적으로는 분산, 전략적으로는 유연, 정치적으로는 지속가능한 배치를 추진하면서 오키나와 해병대 재배치, 싱가포르, 필리핀, 코코스 제도 등의 순환배치를 추진하고 있으며 외교적 측면에서는 APEC, ARF, EAS 등 지역다자체제를 강화하고 있다. 반면 중국은 군사

적 측면에서 군사현대화, 해양팽창을 추진하면서 A2/AD 전략 수행, 비대칭
전력 강화, 제1도련에서 제2도련으로 해양방어선 확대를 추진하고 있고, 외
교적 측면에서는 지역다자체제 참여를 확대하고 아세안에 접근하면서 '아세
안+3'에 호주·뉴질랜드·인도를 더해 RCEP으로의 발전을 꾀하고 있다.

　따라서 현재의 동북아 지역 질서는 전체적으로 '협력과 경쟁의 이중적
중층구조'를 보여주고 있다. 다시 말해 미국 주도의 군사적 단극, 주변강국
들의 대립과 갈등이 예기되는 정치·외교적 다극, 그리고 경제적으로 협력
적 다극체제를 나타내고 있다. 이는 경제적으로 교류와 협력을 활성화하고
증대하면서도 군사·외교적 측면에서 대결과 갈등의 구도에서 벗어나지 못
하는 딜레마적 상황이다. 전반적으로 통합의 구심력적 경향이 강화되고 있
는 유럽과 달리, 동북아의 지정학적 정세는 '통합'과 '분열'의 이중성이 보다
심화되고 있다. 역내 개별국가들이 자신의 국가이익을 극대화하기 위해 협
력과 갈등을 신축적으로 활용하고 있는 것이다. 특히 중국의 부상과 이에
따른 세력전이, 그리고 그에 대처하는 역내 국가들의 대응양식은 전형적인
근대적 세력균형체제의 갈등 및 경쟁상황을 보여주고 있다. 또한 군비증강
에 따른 안보딜레마와 동맹딜레마 등의 양상이 복합적으로 나타나고 있는
상황이다(채재병·나용우 2013, 264).

　북한 핵 문제를 비롯한 한반도 문제, 더 나아가 평화통일 문제에 있어서
미중 간 국력 격차의 축소는 미중 어느 일방에 대한 집중적 협력만으로는
해결될 수 없는 상황을 초래하였다. 북한 문제에 대한 중국 역할의 중요성
을 감안하여 장기적인 관점에서 중국과의 공조체제를 구축해 나갈 필요가
있지만 미국은 여전히 세계 유일의 초강대국으로서 주변 4강 중 한반도 평
화통일 문제에 가장 큰 영향력과 지원 능력을 보유하고 있다. 미국의 상대
적 약화가 미국 패권의 종식을 의미하는 것은 아니며 한반도 문제를 둘러싼
미중 간 갈등에 있어서도 미국은 여전히 패권국가로서 주도적인 역할을 수
행하고 있다. 미국은 북한 문제에 있어 한일 양국과 밀접한 정책 공조를 통
해 공동대응체제를 유지하고 있고, 한미동맹과 주한미군은 여전히 우리의
국가안보에 결정적인 역할을 수행하고 있다.

이와 같은 상황에서 평화로운 통일과정을 위한 동북아 지역 질서는 기본적으로 협력과 경쟁의 이중적 중층구조를 '통합적·전일적 협력구조'로 전환시킴으로써 가능할 것이다. 그러나 이는 사실상 동북아 지역에서의 평화협력체제 구축과 동일한 의미로 통일의 과정을 위한 환경이 아니라 통일의 결과물이라고도 할 수 있다. 따라서 현재의 동북아 질서하에서 통일의 과정으로서, 평화통일을 위한 동북아 지역 질서란 미중관계를 비롯한 동북아 역내 국가들 간의 경쟁과 갈등을 최소화하고, 협력과 통합을 강화시킬 수 있는 구체적인 외교안보전략을 모색하고 추진하는 과정에 실질적으로 정의되고 도출될 수 있을 것이다.

VI. 맺음말

지금까지 논의했듯이, 한반도 문제를 구성하는 분단과 갈등, 평화와 통일은 상호 유기적으로 존재하고 있다. 보통 우리는 한반도 분단과 갈등이 소위 분단체제를 지속시키고 평화체제를 억제하여 통일을 방해하는 부정적, 역기능적 차원에서만 이해했다. 반면, 평화는 통일의 전제조건이며, 긍정적이고, 순기능적으로만 역할을 한다고 이해했다. 특히 통일은 민족공동체의 회복이라는 도덕적이고 규범적인 절대성을 갖는 것으로 이해했다.

그러나 분단과 갈등이 오히려 평화와 통일의 기반이 될 수도 있고, 반대로 평화와 통일이 오히려 분단과 갈등을 재생산 시킬 수도 있다. 그리고 이러한 문제는 남북한 내적 차원, 남북관계적 차원, 그리고 국제적 차원에서 중첩되어 복합적인 문제들을 발생시켰다. 때문에 이 글은 한반도 분단, 갈등, 평화, 통일의 본질을 논의함으로써 이분법적이고 편향된 한반도 통일 문제를 타파하고자 하는 데 그 목적을 두었다. 또한 이는 한반도 문제가 단지 민족적 문제가 아닌 국가적 문제로 그리고 동북아 및 국제적 문제로 모든 차원에서 노력해야 통일을 이룰 수 있음을 밝히고자 하였다.

　국제정치적 관점에서 볼 때 한반도 문제는 동북아 지역의 '평화와 안정'이라는 거시적 관점 속에서 논의되어졌다. 그 때문에 한반도 분단을 비롯하여 갈등과 평화의 문제는 동북아 역내 강대국들의 권력정치에 좌지우지되는 것으로 이해되어졌다. 그러나 북한 핵 문제를 비롯하여 사드 배치와 같이 한반도 문제는 그 자체로 동북아 지역 질서에 영향을 미치고 있다. 동북아시아는 소위, 아시아 패러독스라 불리는 갈등적 현상과 협력적 현상이 동시에 존재한다. 물론 여기서 갈등적 현상은 비단 한반도 문제에만 국한되는 것은 아니다. 그렇지만, 지정학적 차원에서 볼 때 한반도는 해양세력과 육상세력이 교차하는 지점으로서 항상 동북아 지역 질서의 중심에 위치했었다. 그러나 한반도 분단은 남북한을 사실상 섬과 같이 고립시킴으로써 그 중심적 역할을 전혀 하지 못하게 만들었다.

　따라서 한반도 통일은 동북아 지역 질서에 큰 변화를 일으킬 수 있을 것이다. 우선, 한반도가 통일되면 동북아 안보 경쟁이 완화될 수 있다. 이는 특히, 동북아 다자안보협력과 같은 안보공동체를 현실적으로 구상할 수 있게 할 것이다. 또한 한반도 통일은 중국, 러시아를 비롯하여 유럽으로 연결되는 교통망이 형성됨으로써 유라시아 지역을 하나의 생활권으로 통합할 수 있다. 나아가 이러한 상황은 소위 '동북아인'이라는 지역정체성을 형성해 과거사 등으로 인해 존재하는 적대적 관념구조를 허물 수 있을 것이다. 물론 이러한 상황은 유럽과 같은 정치적 통합의 밑거름이 될 수도 있다. 그리고 무엇보다 한반도 통일은 그 과정에서 남북한 내적 차원과 남북관계적 차원, 그리고 국제적 차원이 동시에 고려됨으로써 평화, 자유와 민주적 가치, 인권 등 동북아 지역의 적극적 평화 달성의 기제로 작동할 것이다.

참·고·문·헌

구갑우. 2007. 『비판적 평화연구와 한반도』. 서울: 후마니타스.

김동진. 2013. "북한연구에 대한 평화학적 접근." 『현대북한연구』 제16집 3호.

김세균. 1993. "통일과정의 정당성과 남북한의 체제개혁." 한국정치학회 학술회의 자료집.

김용제. 2012. 『한반도 통일론』. 서울: 박영사.

김학성. 2000. 『한반도 평화체계에 대한 이론적 접근: 현실주의, 자유주의, 구성주의의 비교』. 서울: 통일연구원.

문화체육관광부. 2016. 『2016년 한국인의 의식·가치관 조사 결과 보고서』. 세종: 문화체육관광부.

박명규·백지운. 2013. "21세기 한반도발 평화인문학의 모색." 『동방학지』 제161집.

손 열. 2017. "동북아시아 지역공간의 복합지정학: 안보-경제-정체성 넥서스." 『서울대학교 국제문제연구소』. 워킹페이퍼.

연현식. 2009. "중국의 부상과 동북아 신안보질서의 형성." 『동서연구』 제21권 제1호.

이병수. 2010. "통일의 당위성 담론에 대한 반성적 고찰." 『시대와 철학』 제21권 2호.

이상우. 1993. "남북한 정치통합: 전망과 과제." 『국제문제』 제24권 제3호.

이완범. 2007. "한반도 분단의 성격: 국제적 성격이 우세한 복합형 분단." 한국전쟁학회 편. 『한국현대사의 재조명』. 서울: 명인문화사.

전미영. 2003. "통일담론에 나타난 남북한 민족주의 비교연구: 통일이념의 모색." 『국제정치논총』 제43집 1호.

조 민. 2004. 『평화통일의 이상과 현실』. 서울: 백산서당.

주봉호. 2014. "한반도 분단의 대내외적 원인에 관한 연구." 『통일전략』 제14권 제1호.

채오병. 2007. "실증주의에서 실재론으로: 역사연구 논리의 전환." 『한국사회학』 제41집 5호.

채재병·나용우. 2013. "동북아 지역질서 변화와 한국의 전략." 『한국정치외교사논총』제34집 2호.

최대권. 1989. "통일논의의 분석." 『국제정치논총』 제29집 제1호.

현인택. 2002. "한반도 평화의 군사안보: 이론적 접근." 하영선 편. 『21세기 평화학』. 서울: 풀빛.

Boulding, Kenneth E. 1977. "Twelve Friendly Quarrels with Johan Galtung." *Journal of Peace Research*, Vol.14, Issue 1.

Coser, Lewis A. 1956. *The Functions of Social Conflict*. New York: Free Press.

Dasgupta, Sugata. 1968. "Peacelessness and Maldevelopment: A New Theme for Peace Research in Developing Nations." Proceedings of International Peace Research Association Second Conference. Assen, The Netherlands: Koninklijke Van Gorcum & Comp, Vol.2.

Galtung, Johan. 1969. "Violence, Peace and Peace Research." *Journal of Peace Research*, Vol.6, Issue 3.

_____. 1996. *Peace by Peaceful Means*. Oslo: SAGE.

Nye, Joseph S. 1968. "Comparative Regional Integration: Concept and Measurment." *International Organization*, Vol.22.

Simmel, Georg. 1955. *Conflict and the Web of Group Affiliations*. N.Y.: Free Press.

Wallerstein, Immanuel. 2007. "Northeast Asian and the World-System." *Korean Journal of Defense Analysis*, Vol.19, No.3.

색 인

필자 소개 (원고 게재순)

❖ 김성주 (KIM Sung-joo)

현 | 성균관대학교 정치외교학과 명예교수

한국국제정치학회장(2011년)

미국 뉴욕주립대(SUNY-Buffalo) 정치학 박사

『대외정책론』(저서) 외 다수

❖ 조윤영 (CHO Yun-young)

현 | 중앙대학교 정치국제학과 교수

미국 아메리칸대학교 정치학 박사

"Consistent pattern of DPRK's policy on ROK: What shapes North Korea's foreign policy?"(논문) 외 다수

❖ 박영자 (PARK Young-ja)

현 | 통일연구원 연구위원

성균관대학교 정치학 박사

『김정은 시대 조선노동당의 조직과 기능: 정권 안정화 전략을 중심으로』(저서) 외 다수

❖ **신대진**(SHIN Dae-jin)

현 │ 성균관대학교 좋은민주주의연구센터 선임연구원

성균관대학교 정치학 박사

"김정은 시기 경제-핵무력 병진노선의 변화가능성: 정치, 경제, 관념적 제약요인을 중심으로"(논문) 외 다수

❖ **홍석훈**(HONG Sukhoon)

현 │ 통일연구원 연구위원

미국 조지아대학교 정치학 박사

"한반도 평화번영을 위한 새로운 로컬 거버넌스의 모색"(논문) 외 다수

❖ **나용우**(NA Yongwoo)

현 │ 통일연구원 연구위원

성균관대학교 정치학 박사

"김정은 시대의 대외개방정책과 남북경제협력: 경제개발구 전략을 활용한 새로운 협력모델의 모색"(논문) 외 다수

❖ **박인휘**(PARK Ihn-hwi)

현 │ 이화여자대학교 국제학부 교수

미국 노스웨스턴대학교 정치학 박사

『한국형 발전의 대외관계사』(저서) 외 다수

❖ **김현주**(KIM Hyunju)

현 │ 용인대학교 중국학과 초빙교수

중국 칭화대학교 정치철학 박사

"문화소프트파워의 강화를 통한 신중화주의질서의 세계화"(논문) 외 다수

❖ **이종서**(LEE Jong-sue)

　　현 ｜ 유럽연합정책연구소 원장

　　성균관대학교 정치학 박사

　　"유럽연합의 공동안보방위정책(ESDP)과 다층적 통치이론의 비판적 고찰"(논문) 외
　　　다수

❖ **함규진**(HAM Kyu-jin)

　　현 ｜ 서울교육대학교 윤리교육과 교수

　　성균관대학교 정치학 박사

　　"통일교육의 쟁점과 과제: 초등학교 학교교육을 중심으로"(논문) 외 다수

❖ **윤철기**(YOON Cheol Gee)

　　현 ｜ 서울교육대학교 윤리교육과 교수

　　성균관대학교 정치학 박사

　　"북한경제의 저발전 극복을 위한 대안적 체제전환 모델 모색"(논문) 외 다수

❖ **문인철**(MUN In Chul)

　　현 ｜ 서울대학교 통일평화연구원 선임연구원

　　성균관대학교 정치학 박사

　　"북한 핵무기 개발 및 보유의 인지심리학적 의미"(논문) 외 다수

❖ **채재병**(CHAE Jae Byung)

　　현 ｜ 국가안보전략연구원 책임연구위원

　　성균관대학교 정치학 박사

　　"동북아 지역질서 변화와 한국의 전략"(논문) 외 다수